SCHRIFTEN
DES VEREINS FÜR SCHLESWIG-HOLSTEINISCHE
KIRCHENGESCHICHTE

BAND 54

SCHRIFTEN
DES VEREINS FÜR SCHLESWIG-HOLSTEINISCHE
KIRCHENGESCHICHTE

BAND 54

Herausgegeben vom Verein
für Schleswig-Holsteinische Kirchengeschichte

Wachholtz Verlag

Abbildungsnachweis:
Umschlag-Abbildung aus: Konfirmationsunterricht Heft 1876/1877,
Aufnahme G. Mehnert
Abbildung Seite 94, Aufnahme A. Berlis

Alle Rechte, auch die des auszugsweisen Nachdrucks,
insbesondere für Vervielfältigungen, der Einspeicherung
und Verarbeitung in elektronischen Systemen sowie
der fotomechanischen Wiedergabe, der Übersetzung,
der Verfilmung, des Fernsehens und des Vortrages, vorbehalten.

ISSN 1616-0711
ISBN 978-3-529-04054-2

www.wachholtz.de
Wachholtz Verlag 2009

INHALT

Joachim Stüben
Nicolaus de Stadis – ein Handwerkerssohn als Vizerektor,
Propst und Vikar. Stationen einer norddeutschen Klerikerkarriere
im 14. Jahrhundert 9

Gottfried Mehnert
Konfirmationsunterricht 1876/1877
in der Kirchengemeinde Elmschenhagen.. 43

Simon Gerber
Lob der Polemik. Ein Leserbrief von Claus Harms 79

Angela Berlis
Eine Borromäerin im deutsch-dänischen Krieg (1864):
Amalie Augustine von Lasaulx und die Pflege Verwundeter 87

Simon Gerber
Eine freikirchliche Werbeschrift
für Christentum und Nationalsozialismus 113

Inge Mager
Theologische Schulungskurse im Pastoralkolleg Preetz 1946–1950 165

Rezensionen

Günter Weitling, Fra Ansgar til Kaftan. Sydslesvig i dansk
kirkehistorie 800–1920. Flensburg, Verlag der Dänischen
Zentralbibliothek für Südschleswig 2005
(Studienabteilung Nr. 51), 440 S., zahlr. Abb. ISBN 87-89178-52-1
(Frank Lubowitz) 183

Carsten Porskrog Rasmussen/Elke Imberger/Dieter Lohmeier/
Ingwer Momsen (Hg.), Die Fürsten des Landes. Herzöge und
Grafen von Schleswig, Holstein und Lauenburg.
Neumünster, Wachholtz Verlag 2008, 479 S., zahlr. Abb., Stammtafeln
und Karten. ISBN 3-529-02606-5 (Günter Weitling) 185

Enno Bünz/Klaus-Joachim Lorenzen-Schmidt (Hg.), Klerus,
Kirche und Frömmigkeit im spätmittelalterlichen Schleswig-Holstein.
Neumünster, Wachholtz Verlag 2006 (Studien zur Wirtschafts- und
Sozialgeschichte Schleswig-Holsteins 41), 359 S.
ISBN 3-529-02941-6 (Joachim Stüben) 192

Günter Bock, Kirche und Gesellschaft – Aus der Geschichte
des Kirchspiels Sülfeld 1207–1684. Sülfeld,
Eigenverlag Gemeinde Sülfeld 2007, 319 S. mit Abb.
ISBN 3-00-020428-9 (Enno Bünz) 198

Norbert Buske, Katechismusfrömmigkeit in Pommern.
Spätmittelalterliche niederdeutsche Reimfassungen der Zehn Gebote
aus dem Bereich des pommerschen Bistums Cammin und die in
Pommern gültigen Fassungen von Martin Luthers Kleinem
Katechismus. Schwerin, Thomas Helms Verlag 2006 (Beiträge zur
pommerschen Landes-, Kirchen- und Kunstgeschichte 7;
zugleich Beiheft 12 der Zeitung „De Kennung"), 63 S.
ISBN 3-935749-61-9 (Johannes Schilling) 202

Karsten Hermansen, Kirken, kongen og enevælden. En undersøgelse
af det danske bispeembede 1660-1746. Odense, Syddansk
Universitetsforlag 2005, 422 S. ISBN 87-7838-935-6 (Volker Seresse) 204

Gustav A. Krieg, Pierre Poiret – Pfälzischer Pfarrer,
Haupt der mystischen Theologie, vergessener Protestant.
In: Verein für Pfälzische Kirchengeschichte (Hg.), Blätter für
Pfälzische Kirchengeschichte 72. Heidelberg/Ubstadt-Weiher/Basel,
Verlag Regionalkultur 2005, 232 S. ISBN 3-89735-402-0 (Lorenz Hein) 207

Heinrich Detering, Andersen und andere. Kleine dänisch-deutsche
Kulturgeschichte Kiels. Heide, Boyens Verlag 2005, 199 S.
ISBN 3-8042-1159-3 (Wolf Werner Rausch) 210

Adelheid M. von Hauff (Hg.), Frauen gestalten Diakonie. Band 2:
Vom 18. bis zum 20. Jahrhundert. Stuttgart, Kohlhammer Verlag 2006,
563 S. ISBN 3-17-019324-4 (Barbro Lovisa) 212

Peter Stolt, Liberaler Protestantismus in Hamburg 1870–1970
im Spiegel der Hauptkirche St. Katharinen. Hamburg, Verlag Verein
für Hamburgische Geschichte 2006 (Arbeiten zur Kirchengeschichte
Hamburgs 25), 373 S., zahlr. Abb. ISBN 3-935413-11-4 (Martin Illert) .. 216

Armin Owzar, „Reden ist Silber, Schweigen ist Gold".
Konfliktmanagement im Alltag des wilhelminischen Obrigkeitsstaates.
Konstanz, UVK Verlagsgesellschaft 2006 (Historische Kultur-
wissenschaft 8), 482 S. ISBN 3-89669-718-9 (Angela Berlis) 219

Günter Weitling, Deutsches Kirchenleben in Nordschleswig seit der
Volksabstimmung 1920. Apenrade, Mohrdieck Buchdruckerei 2007,
143 S. ISBN 978-87-991948-0-3 (Barbro Lovisa) 221

Helmut Moll (Hg.), Zeugen für Christus. Das deutsche Martyrologium
des 20. Jahrhunderts (2 Bände). 4. Aufl., Paderborn,
Verlag Ferdinand Schönigh 2006, 1462 S., Photos ISBN 3-506-75778-4
und 978-3-506-75778-4 (Hans-Joachim Ramm) 224

Lisa Strübel, Continuity and Change in City Protestantism:
The Lutheran Church in Hamburg 1945–1965. Hamburg,
Verlag Verein für Hamburgische Geschichte 2005
(Arbeiten zur Kirchengeschichte Hamburgs 23), XXIII, 350 S.
ISBN 3-529-02941-6 (Claus Jürgensen) 226

Alexander Erdmann, Deutsch-deutsche Kirchenpartnerschaften
vor und nach der Wende 1989/1990. Das Beispiel der Landeskirchen
Pommern und Nordelbien. In: Zeitgeschichte regional, Sonderheft 1.
Rostock, Ingo Koch Verlag 2006, 138 S., Photos und Abb.
ISBN 3-938686-85-5 (Hans-Peter Martensen) 231

Dorothea Schröder (Hg.), GLORIA IN EXCELSIS DEO.
Eine Geschichte der Orgeln in der Hauptkirche St. Petri zu Hamburg.
Neumünster, Wachholtz Verlag 2006, 130 S. ISBN 3-529-02848-7
(Heiko Seidel) 234

R. Johanna Regnath/Mascha Riepl-Schmidt/Ute Scherb (Hg.),
Eroberung der Geschichte. Frauen und Tradition. Münster,
LIT Verlag 2007 (Gender-Diskussion 3), 302 S.
ISBN 978-3-8258-8953-1 (Angela Berlis) 236

Kurzanzeigen

Reimer Hansen, Die Kirche des Dominikanerklosters in Meldorf
als Problem und Gegenstand der historischen Forschung.
In: Dithmarschen – Zeitschrift für Landeskunde, Kultur und Natur
4/2006, S. 101–119 239

Günther Weitling, St. Jørgens Hospital i Sønderborg 1307-2007.
Sonderburg, Jelling Buchdruckerei 2007, 128 S., zahlr. Abb.
ISBN 978-87-991884-0-6 240

Karl-Emil Schade/[Martin Luther], De Lütte Katechissen vun
D. Martin Luther. Plattdüütsch vun Karl-Emil Schade.
Neumünster, Wachholtz Verlag 2005, 46 S., Ln.
ISBN 3-529-04962-X 240

Enno Bünz, Erforscher der Kirchengeschichte Dithmarschens.
Zur Erinnerung an Claus Rolfs (1856–1926). In: Dithmarschen –
Zeitschrift für Landeskunde, Kultur und Natur 4/2006, S. 120-126 241

Martin Becker/Gert Kaster, Kulturlandschaft Holsteinische Schweiz.
Neumünster, Wachholtz Verlag 2007, 197 S., zahlr. Photos und Abb.
ISBN 3529-02531-9 241

Verzeichnis der Mitarbeiterinnen und Mitarbeiter 242

Nicolaus de Stadis – ein Handwerkerssohn als Vizerektor, Propst und Vikar.

Stationen einer norddeutschen Klerikerkarriere im 14. Jahrhundert

Joachim Stüben

Der vorliegende Aufsatz soll einen fallbezogenen Beitrag zu dem Forschungsgebiet „Prosopographie der nordelbischen Geistlichkeit bis zur Reformation" leisten.[1] Die moderne Geschichtswissenschaft versteht unter Prosopographie die methodisch angelegte Erfassung derjenigen Menschen, die einem bestimmten Lebenskreis angehören oder angehörten. Dieser Lebenskreis ist zumeist regional begrenzt und an bestimmten Berufsgruppen, Institutionen oder Weltanschauungen orientiert. Im Rahmen der Territorialkirchengeschichte bieten sich geistliche Grundherrschaften wie Klöster, Domkapitel, Kanoniker- und Kollegiatstifte dafür als Untersuchungsgegenstände an. Die Ermittlung der beruflichen und ständischen Zugehörigkeit der jeweiligen Personen ist dabei von ebenso großem Gewicht wie deren familiäre Einbindungen und eventuelle öffentliche Tätigkeiten. Das gilt zumal für das Mittelalter, als Personenverbänden in besonderem Maße eine gesellschaftlich tragende Bedeutung zukam.

Das Kloster Uetersen

In diesem Sinne bildet das Zisterzienserinnen-Kloster Uetersen in Südwestholstein, eine durch die Familie von Barmstede, d. h. auf niederadelige Initiative zurückgehende Gründung, ein lohnendes Objekt, das in der folgenden Untersuchung als Ausgangspunkt dienen soll.[2] Es handelt sich um einen jener häufig begegnenden Frauenkonvente, die dem Zisterzienserorden nicht angeschlossen waren, aber trotzdem mehr oder weniger nach

---

[1] Erweiterte und sprachlich angepasste Fassung eines Vortrages, den der Verfasser gemeinsam mit Klaus-Joachim Lorenzen-Schmidt auf den „Klostertagen 2005 – Geistliche und weltliche Herrschaft" am 24. 9. 2005 in Uetersen hielt.

[2] Dirk Jachomowski, Uetersen. In: Ulrich Faust (Hg.), Die Männer- und Frauenklöster der Zisterzienser in Niedersachsen, Schleswig-Holstein und Hamburg. St. Ottilien 1994 (Germania Benedictina 12), S. 664–677. Eine gründliche Darstellung der Geschichte des Klosters fehlt bis heute.

dessen Vorschriften lebten und somit auch in den zuständigen Diözesanverband eingebunden waren.³ In Nordelbingen gab es deren vier: Reinbek, Itzehoe, Harvestehude, Uetersen; alle entstanden zwischen 1226 und 1246, d.h. während der ersten Hälfte des 13. Jahrhunderts, der Hochphase solcher Gründungen.⁴ Die zisterziensische Observanz Uetersens ist in den Quellen erstmals 1258 nachgewiesen, dürfte aber angesichts des Mutterklosters Reinbek von Anfang an bestanden haben. Der jüngste Beleg für die Ordenszugehörigkeit in einer edierten Quelle stammt aus dem Jahre 1419.⁵

Eine Schwierigkeit ergibt sich aus der Tatsache, dass nicht sämtliche für die Geschichte des Uetersener Klosters bedeutsamen Dokumente in gedruckter Form vorliegen. Das gilt etwa für die personenkundlich wichtigen Hamburger Testamente, die vollständig nur bis 1400 ediert sind.⁶ Hinzu kommt, dass man zuweilen mehr zufällig denn bei systematischer Suche auf Erwähnungen des Uetersener Klosters in Quellen stößt, in denen solche eigentlich nicht zu erwarten sind.⁷ Schon diese beiden Probleme zeigen, dass

---

[3] Ulrich Faust, Zisterzienser in Norddeutschland. In: Faust (wie Anm. 2), S. 21; Gerd Ahlers, Weibliches Zisterziensertum im Mittelalter und seine Klöster in Niedersachsen. Berlin 2002 (Studien zur Geschichte, Kunst und Kultur der Zisterzienser 13), S. 66–71. 95–104.

[4] Faust (wie Anm. 3), S. 22.

[5] Paul Hasse (Hg.), Schleswig-Holstein-Lauenburgische Regesten und Urkunden 2. Hamburg/Leipzig 1888, Nr. 172; ders. (Hg.), Schleswig-Holstein-Lauenburgische Regesten und Urkunden 1. Hamburg/Leipzig 1886, Nr. 608 (entstanden nach 1270); Hans Harald Hennings (Hg.), Schleswig-Holsteinische Regesten und Urkunden 8. Neumünster 1993, Nr. 159; Hans Heuer, Das Kloster Reinbek. Beitrag zur Geschichte der Landschaft Stormarn. Neumünster 1985 (Quellen und Forschungen zur Geschichte Schleswig-Holsteins 84), S. 34; Ahlers (wie Anm. 3), S. 96.

[6] Hans-Dieter Loose (Hg.), Hamburger Testamente 1351 bis 1400. Hamburg 1970 (Veröffentlichungen aus dem Staatsarchiv der Freien und Hansestadt Hamburg 11). Die älteren Testamente sind im „Hamburgischen Urkundenbuch" enthalten. Vgl. Marianne Riethmüller, to troste miner sele. Aspekte spätmittelalterlicher Frömmigkeit im Spiegel Hamburger Testamente. Hamburg 1994 (Beiträge zur Geschichte Hamburgs 47), S. 12f.

[7] Marianne Hofmann, Die Anfänge der Städte Itzehoe, Wilster und Krempe 1. In: ZGSHG 83, 1959, S. 21, spricht von „der Front der Lokalhistoriker, die das Werden ‚ihrer' Stadt oft nicht im Zusammenhang mit anderen historischen Ereignissen sehen, deren Stadtgeschichte häufig nichts weiter ist als eine Übersetzung der Urkunden, die das betreffende Stadtarchiv noch bewahrt, und ein Versuch, diese zu erklären."

es keinesfalls ausreicht, das Augenmerk lediglich auf die vor Ort jeweils noch verfügbaren bzw. die in den gängigen Urkundenbüchern abgedruckten Dokumente zu richten. Der Personenkunde des mittelalterlichen Klerus, besonders des niederen, wird neuerdings innerhalb der landesgeschichtlichen Arbeit in Schleswig-Holstein ein größerer Stellenwert zugemessen und damit ein lange vernachlässigter Bereich gründlicher beleuchtet. Zu diesem speziellen Befund passt die allgemeine Feststellung zweier in diesem Sektor verdienter Profanhistoriker, dass die hiesige Regionalkirchengeschichtsschreibung, vor allem die protestantischer Prägung, was die Erforschung und Bewertung des Mittelalters angeht, erhebliche Mängel aufweise.[8] Hier soll an einem der mittelalterlichen Pröpste Uetersens beispielhaft gezeigt werden, dass eine quellenorientierte Detailarbeit, die gewiss mühsamer ist als das Wiederkäuen mehr oder minder veralteter Sekundärliteratur, zu erstaunlichen Ergebnissen auf dem eben skizzierten Gebiet führen kann.

Der Propst innerhalb der Leitungsstruktur niederdeutscher Frauenkonvente

Die Amtsbezeichnung „praepositus" begegnet in schwankender Bedeutung bereits in den Primärzeugnissen des abendländischen Mönchtums. Neben diesem Terminus kommen in den hier relevanten spätmittelalterlichen Quellen aus dem niederdeutschen Raum (Urkunden, Akten, Kelchinschriften usw.) die Bezeichnungen „procurator", „provisor", „administrator", „vorweser" und „vorbidder" vor, die eher am weltlichen Aspekt der Klosterverwaltung orientiert sind.[9] Die Pröpste von Frauenklöstern gehörten in der Regel zum Niederklerus und stellten innerhalb desselben eine besondere Gruppe dar.

---

[8] Enno Bünz/Klaus-Joachim Lorenzen-Schmidt, Zu den geistlichen Lebenswelten in Holstein, Lauenburg und Lübeck zwischen 1450 und 1540. In: Manfred Jakubowski-Tiessen (Hg.), Geistliche Lebenswelten. Zur Sozial- und Mentalitätsgeschichte der Geistlichen in Spätmittelalter und Früher Neuzeit Neumünster 2005 (Studien zur Wirtschafts- und Sozialgeschichte Schleswig-Holsteins 37), S. 11–57; Enno Bünz/Klaus-Joachim Lorenzen-Schmidt, Einleitung. In: dies., (Hg.), Klerus, Kirche und Frömmigkeit im spätmittelalterlichen Schleswig-Holstein. Neumünster 2006 (Studien zur Wirtschafts- und Sozialgeschichte Schleswig-Holsteins 41), S. 7–14.

[9] Adalbert de Vogüé, Art. Propst. In: Lexikon des Mittelalters 7, 1995, S. 263, Sp. 2; Ida-Christine Riggert, Die Lüneburger Frauenklöster. Hannover 1996 (Quellen und Untersuchungen zur Geschichte Niedersachsens im Mittelalter 19), S. 105f.

Als Geistlicher übte so eine männliche Leitungsperson, häufig durch andere, untergeordnete Kleriker unterstützt,[10] zunächst geistliche Funktionen aus, war aber (teils gemeinsam mit der Äbtissin bzw. Priorin als der Konventsvorsteherin) auch für weltliche, insbesondere Verwaltungsangelegenheiten zuständig.[11] Es versteht sich, dass die Zusammenarbeit zwischen dem Propst auf der einen und der Äbtissin bzw. Priorin und dem Konvent auf der anderen Seite nicht immer reibungslos verlief – so sind etwa für das frühe 16. Jahrhundert solche Konflikte in Uetersen belegt.[12] Es ergab sich aus dem Status der nichtinkorporierten Zisterzen, dass deren Pröpste in der Regel Weltpriester, manchmal auch Stifts- bzw. Kapitelsgeistliche waren. Mönchskleriker begegnen selten; für Uetersen sind sie gar nicht zu belegen.[13] Grundsätzlich unterschied sich die Leitungsstruktur der norddeutschen Frauenzisterzen nicht von derjenigen der norddeutschen Benediktinerinnenklöster wie z. B. des Preetzer Marienklosters: Alle hatten in verschiedenen Ausprägungsformen die Propsteiverfassung, so dass Pröpste von einem Frauenkloster zu einem anderen wechselten, auch bei unterschiedlicher Observanz.[14] Die Regelungen über das Einkommen des Propstes waren von Kloster zu Kloster verschieden. Grundsätzlich ist aber zu unterscheiden zwischen Einkünften (Geld- und Naturalleistungen), die der jeweilige Amtsin-

[10] So gab es in Uetersen ab 1398 wohl drei Kapläne, s. Carstens, Werner (Hg.), Schleswig-Holsteinische Regesten und Urkunden 6. Neumünster 1962–1971, Nr. 1447. Bei Einführung der Reformation waren es vielleicht sogar vier, s. Kerckenbock der Gemeine Christi tho Utersenn, S. 27 (Handschrift im Archiv der Kirchengemeinde Uetersen Am Kloster, ohne Signatur). 1399 war ein Nicolaus de Winsen Beichtiger der Nonnen, s. Carstens (wie Anm. 10), Nr. 1491.

[11] Heuer (wie Anm. 5), S. 54–65.

[12] Doris Meyn, Liste der Pröpste und Priörinnen des Klosters Uetersen bis zum Ausgang des 17. Jahrhunderts. In: ZGSHG 101, 1976, S. 82–85, 91.

[13] Lorenz Hein, Preetz. In: Ulrich Faust (Hg.), Benediktinerinnen in Norddeutschland. Die Frauenklöster in Niedersachsen, Schleswig-Holstein und Bremen. St. Ottilien 1984 (Germania Benedictina 11), S. 502, 509; Meyn (wie Anm. 12), S. 84, Nr. 14. Vgl. ebd., S. 76, Anm. 15; Bernhard Vonderlage, Das hamburgische Domkapitel in seiner persönlichen Zusammensetzung bis zur Einführung der Reformation. Hamburg 1924, Nr. 258, S. 127; Riggert (wie Anm. 9), S. 106. Die Beispiele ließen sich mühelos vermehren.

[14] So war Hinrich Crevet 1397 Propst der Zisterzienserinnen in Reinbek, 1411 bis mindestens 1412 Propst der Benediktinerinnen in Preetz, s. Heuer (wie Anm. 5), S. 174, Nr. 149; Carstens (wie Anm. 10), Nr. 1339, 1560; Meyn (wie Anm. 12), S. 80, Anm. 26; Hein (wie Anm. 13), S. 509; Urkundensammlung der Schleswig-Holstein-Lauenburgischen Gesellschaft für vaterländische Geschichte 1. Kiel 1839–1849, S. 398, Anm. 12. Weitere Beispiele ließen sich leicht anführen.

haber aus den Mitteln der Institution, der er sich eidlich verpflichtet hatte, zog und Einnahmen, die aus anderen Quellen stammten.[15] Nicht zu verwechseln sind die Pröpste von Nonnenklöstern (und auch Niederstiften wie Bordesholm und Segeberg[16]) mit den Kapitelspröpsten, die leitende Regierungsgewalt („iurisdictio") über einen größeren kirchlichen Bezirk ausübten und deswegen in der Ämterhierarchie höher standen.[17] Das hier nahe liegende Beispiel ist der Hamburger Dompropst, der in den Gauen Dithmarschen, Alt-Holstein und Stormarn auch archidiakonale Funktionen wahrnahm.[18] Als oberster Repräsentant und erster Dignitär des Hamburger Domkapitels nach außen steht er, gefolgt von Dekan und Kollegium, in den Intitulationen an erster Stelle wie der Uetersener Klosterpropst entsprechend für „seine" Institution.[19] Dieses so kurz umrissene Gesamtprofil im Auge zu haben ist für prosopographische Bemühungen außerordentlich wichtig.

Nicolaus de Stadis als Propst des Klosters Uetersen

Zu den Uetersener Pröpsten des 14. Jahrhunderts gehörte ein gewisser Nicolaus. In den vorliegenden Listen der Pröpste und Priorinnen begegnet er deswegen, weil im Klosterarchiv noch fünf Dokumente aus den Jahren 1361

---

[15] Ulrich Faust, Benediktinerinnen in Norddeutschland. In: ders., Die Frauenklöster (wie Anm. 13), S. 28–30.

[16] Enno Bünz, Zwischen Kanonikerreform und Reformation. Anfänge, Blütezeit und Untergang der Augustiner-Chorherrenstifte Neumünster-Bordesholm und Segeberg (12. bis 16. Jahrhundert). Paring 2002 (Schriftenreihe der Akademie der Augustiner-Chorherren von Windesheim 7).

[17] Anton Hagedorn/Hans Nirrnheim (Hg.), Hamburgisches Urkundenbuch 2. Hamburg 1911–1939, Nr. 1024, S. 799f.

[18] Jürgen Wätjer, Macht und Gebet. 1000 Jahre Domkapitel in Hamburg. In: Verein für Katholische Kirchengeschichte in Hamburg und Schleswig-Holstein. Beiträge und Mitteilungen 7, 2002, S. 83–87; Bernhard Panzram, Art. Archidiakon. In: Lexikon des Mittelalters 1, 1980, S. 896f, bes. Nr. 3.

[19] Volquart Pauls (Hg.), Schleswig-Holsteinische Regesten und Urkunden 4. Leipzig, Kiel 1921–1924, Nr. 948: „Universis presentes literas inspecturis seu audituris nos Wernerus Dei gratia prepositus, Iohannes decanus et capitulum Hamburgensis ecclesie cupimus esse notum, quod honorabilis dominus Nicolaus prepositus, priorissa et conventus sanctimonialium in Vtersten ...". Faust (wie Anm. 15), S. 30: „Der Propst urkundete zusammen mit dem Konvent, allmählich erscheint in verschiedenen Dokumenten dann folgende Reihung: Propst, Priorin und Konvent." Allerdings gibt es auch Abweichungen von diesem Schema, z.B. wenn das Amt des Propstes vakant war. Vgl. Hein (wie Anm. 13), S. 504.

bis 1362 vorhanden sind, in denen er vorkommt; ein weiteres befindet sich im Lübecker Stadtarchiv.[20] Bei Doris Meyn, die die bisher beste, wenn auch in manchen Punkten ergänzungs- und verbesserungsbedürftige, Zusammenstellung der Leitungspersonen des Uetersener Klosters geliefert hat, trägt Nicolaus die Nummer 3.[21] Man darf indessen annehmen, dass seit der Gründung des Klosters um 1235 vor Nicolaus mehr als zwei Pröpste amtiert hatten; sie sind nur nicht mehr alle bekannt. Der erste Beleg, den Meyn anführt, wurde am 23. 9. 1360 ausgestellt: Margaretha Parkentin, Nonne in Uetersen, erteilt zwei Lübecker Bürgern, Christian Nyenkerken und Johannes de Stadis, ihren Oheimen mütterlicherseits, Vollmacht, Einkünfte, die sie aus einem Haus in der Hansestadt bekommt, zu veräußern oder ein anderes Objekt mit ihnen zu belegen. Der Propst Nicolaus und die Priorin Alheydis samt Konvent beglaubigen den Akt auf Bitten Margarethas hin mit ihren Siegeln. Die Bevollmächtigung wird somit in Uetersen erfolgt sein. Die Ausfertigung für die Lübecker Bürger ist erhalten geblieben, im Uetersener Archiv hingegen ist der Vorgang nicht dokumentiert.[22] Nicolaus fungierte hier also qua Amt als Garant einer offiziellen Autorisierung eines Rentengeschäftes, wie es im 14. Jahrhundert üblich war.[23] Das Propstsiegel, das kriegsbedingt nicht erhalten ist,[24] hätte für unsere Zwecke ein dingliches Zeugnis dargestellt, hatte aber in der Vorkriegsliteratur leider keine Beachtung gefunden.[25] Die Lübecker Urkunde beweist, dass die Nonne Parkentin über ein persönliches Einkommen verfügte, das nicht aus der klösterlichen Wirtschaft stammte. Dieser Befund berührt die Frage, inwieweit die Uetersener Nonnen in der Mitte des 14. Jahrhunderts, somit vor Beginn der Re-

---

[20] Klosterarchiv Uetersen, Nr. 27, 28, 31, 32, 33; Archiv der Hansestadt Lübeck, Sacra C, Nr. 104.
[21] Meyn (wie Anm. 12), S. 77.
[22] Pauls (wie Anm. 19), Nr. 891. Vgl. Joachim Stüben, Stifter- und Wohltätergedenken im Kloster Uetersen nach alten Quellen 3. In: Jahrbuch für den Kreis Pinneberg 2005, S. 194–200, dort besonders Anm. 10, S. 198.
[23] Klaus-Joachim Lorenzen-Schmidt, Umfang und Dynamik des Hamburger Rentenmarktes zwischen 1471 und 1570. In: Zeitschrift der Gesellschaft für Hamburgische Geschichte 65, 1979, S. 22f; Silke Urbanski, Geschichte des Klosters Harvestehude „In valle virginum". Wirtschaftliche, soziale und politische Entwicklung eines Nonnenklosters bei Hamburg 1245–1530. Münster u.a. ²2001 (Veröffentlichungen des Hamburger Arbeitskreises für Regionalgeschichte 10), S. 132f.
[24] Ulrich Simon, Archiv der Hansestadt Lübeck, an den Verfasser, 29. 6. 2005. Vgl. Hans Ferdinand Bubbe, Versuch einer Chronik der Stadt und des Klosters Uetersen 1. Uetersen 1932, S. 73.
[25] Stüben (wie Anm. 22), S. 197; Riggert (wie Anm. 9), S. 108. Jachomowski, Uetersen (wie Anm. 2), S. 675, führt nur die Konventssiegel an.

formbestrebungen im 15. Jahrhundert,²⁶ eher stiftisch als klösterlich lebten.²⁷ Die Problematik bedürfte einer besonderen Untersuchung und kann hier deswegen nur angeschnitten werden; die simple Interpretation als Verfallserscheinung dürfte den verwickelten Verhältnissen jedenfalls nicht gerecht werden.²⁸

Die zweite von Meyn angeführte Urkunde – und damit die erste des Klosterarchivs – ausgestellt am 7. 1. 1361, ist in der lokalgeschichtlichen Forschung wohl bekannt. Sie betrifft den Verkauf des Dorfes Heist im Gebiet des heutigen Kreises Pinneberg durch den Ritter Hartwig Heest und dessen gleichnamigen, damals offenbar noch minderjährigen Sohn an das Kloster Uetersen für 700 Hamburger Mark.²⁹ Dieses Rechtsgeschäft wurde am 15. 1. 1361 von der übergeordneten, landesherrlichen Instanz, Adolf VIII. von Holstein-Pinneberg, bestätigt.³⁰ Ein jüngeres Regest in Mittelniederdeutsch charakterisiert das Rechtsgeschäft als „tho einen ewigen Erfkop", d.h. als Kauf zu beständigem Besitz bzw. Eigentum im Unterschied zum Pfandbesitz.³¹ Dieser Sekundärüberlieferung zufolge hatte Eckard Heest bereits 1352 „syn Anpart im Dorpe tho Hesten verkofft to einen Erfkoop" an Hartwig d. Ä.³² Deutlich wird aber, dass Hartwig d. Ä. als Verkäufer stellvertretend für seine Familie handelte. Das wird zusätzlich durch eine Urkunde erhärtet, mit der ein weiteres Sippenmitglied mit Namen Henning zu Pfingsten 1361 den

---

²⁶ Diese scheinen nach jetzigem Erkenntnisstand Uetersen nur oberflächlich berührt zu haben: Erwin Freytag, Die Klöster als Zentren kirchlichen Lebens. In: Schleswig-holsteinische Kirchengeschichte 1. Neumünster ²1986 (SVSHKG I.26), S. 166.

²⁷ Immo Eberl, Stiftisches Leben in Klöstern. Zur Regeltreue im klösterlichen Alltag des Spätmittelalters und der frühen Neuzeit. In: Irene Crusius (Hg.), Studien zum Kanonissenstift. Göttingen 2001 (Veröffentlichungen des Max-Planck-Instituts für Geschichte 167), S. 275–315. Behandelt werden S. 302–308 u. 311–313 auch zwei norddeutsche Frauenklöster: Ebstorf und Harvestehude.

²⁸ Eberl (wie Anm. 27), S. 314f (Resümee). Vgl. Urbanski (wie Anm. 23), S. 104–114.

²⁹ Pauls (wie Anm. 19), Nr. 891; Wolfgang Laur, Die Ortsnamen im Kreise Pinneberg. Neumünster 1978, S. 99f; Margarethe und Jörg Eichbaum, Beitrag zur Geschichte des Dorfes Heist. In: Jahrbuch für den Kreis Pinneberg 1981, S. 19–31, dort besonders S. 24f.

³⁰ Pauls (wie Anm. 19), Nr. 906; Hans Gerhard Risch, Die Grafschaft Holstein-Pinneberg von ihren Anfängen bis zum Jahr 1640. Hamburg 1986, S. 149; Margarete u. Jörg Eichbaum, dat dörp to heest. Heist: Beiträge zu einer Geschichte eines Dorfes. [1. Tl.] Uetersen 1983, S. 27.

³¹ Johann v. Schröder, Alte Verzeichnisse von Urkunden zur Geschichte des Klosters Uetersen. In: Neues Staatsbürgerliches Magazin 9, 1840, S. 250, in einem kumulativen Regest unter der Überschrift „Bewyß vpp dat Dorp tho Heßten."

³² v. Schröder (wie Anm. 31), S. 250.

besagten Verkauf bestätigte.³³ Wir dürfen davon ausgehen, dass Henning wie Eckard seinen Anteil am Erbgut zuvor an Hartwig verkauft hatte.

Die übrigen vier Urkunden haben Rechtsgeschäfte zum Inhalt, die, 1361 und 1362 getätigt, mit dem Erwerb Heists zusammenhängen. Als Partner begegnen ein Hamburger Bürger namens Eler Bunstorp,³⁴ bekannt aus einem Testament des Jahres 1368, der dem Konvent Einkünfte aus dem Dorfe Heist zukommen lässt, die der Propst jährlich zu Michaelis (29. 9.), dem vierten Quatembertag eines jeden Jahres, zu gleichen Teilen an die Nonnen verteilen soll,³⁵ außerdem das Hamburger Domkapitel, dem das Kloster eine Rente aus Heist abgekauft hat, die ursprünglich von dem besagten Hartwig Heest stammte und für die Ausstattung einer von dessen Standesgenossen Johannes und Hartwig Hummersbutle gegründete Dauervikarie im Hamburger Dom verwendet worden war.³⁶ Die Nachdotierung durch Heest war 1360 erfolgt.³⁷ In der vierten Urkunde des Klosterarchivs bestätigt der schon erwähnte Eckard Heest, der Neffe Hartwigs, am 15. 2. 1362 dem Kloster Uetersen den Erwerb Heists unter Berufung auf die landesherrliche Beglaubigung.³⁸ Die fünfte und letzte Urkunde bezieht sich auf ein Folgegeschäft nach dem Eigentumsübergang Heists: Am 23. 2. 1362 verkauft der Adelige Wolder von Damme in Gegenwart des Landesherrn dem Kloster einen bei Heist gelegenen Hof. Adolf VIII. bestätigt diesen Rechtsakt noch am selben Tage auf der bei Wedel gelegenen Hatzburg.³⁹

Der Inhalt der im Uetersener Klosterarchiv aufbewahrten Urkunden, die die Erwerbung Heists betreffen, kann hier nur verkürzt wiedergegeben werden. Man ersieht aber schon aus diesen Angaben, wie kompliziert das Geflecht

---

[33] Abgebildet bei Eichbaum (wie Anm. 30), S. 35. Vgl. auch die Abbildungen ebd., S. 27.
[34] Vgl. Hamburger Testamente (wie Anm. 6), Nr. 23, S. 30. Z. 9; v. Schröder (wie Anm. 31), S. 250, wo noch eine weitere Urkunde Bunstorps registriert ist, die eine sonst nicht bekannte Schenkung ad pias causas an das Kloster Uetersen enthält.
[35] Pauls (wie Anm. 19), Nr. 902. Zu dem Termin vgl. Peters Vollmers, Die Hamburger Pfarreien im Mittelalter. Die Parochialorganisation der Hansestadt bis zur Reformation. Hamburg 2005 (Arbeiten zur Kirchengeschichte Hamburgs 24), S. 103.
[36] Pauls (wie Anm. 19), Nr. 948; Wätjer (wie Anm. 18), S. 112–119, dort 117, 242f; Meyn (wie Anm. 12), S. 77 (mit zutreffender Korrektur der Datierung). Personen- und Amtsdaten der Repräsentanten des Domkapitels Werner Miles und Johann Greseke bei Vonderlage (wie Anm. 13), S. 97f, 112f.
[37] Pauls (wie Anm. 19), Nr. 856; Gustav Apel, Die Güterverhältnisse des hamburgischen Domkapitels. Hamburg 1934, S. 191.
[38] Pauls (wie Anm. 19), Nr. 962.
[39] Pauls (wie Anm. 19), Nr. 963–964. Vgl. Eichbaum, Heist (wie Anm. 30), S. 26.

von Rechten, Verbindlichkeiten und familiären Banden gewesen sein muss, das sich in dieser Sequenz von Rechtsgeschäften spiegelt.[40] Die Erwerbung des Dorfes Heist ist als wichtige Etappe in der Besitzgeschichte des Uetersener Klosters anzusehen, die sich während der Amtszeit des Propstes Nicolaus und der Priorin Alheydis vollzog. Der Propst erscheint hier – auch als Verteiler von Geld- und Naturalgaben an die Nonnen – ganz als „provisor in temporalibus".[41] Die formelhafte Wiederkehr der Selbstvorstellung bzw. Adressierung des Klosters in der Reihenfolge Propst – Priorin – Konvent lässt darauf schließen, dass zuvor Einmütigkeit in Bezug auf die Transaktion erzielt worden war.[42]

Nicolaus de Stadis als Pfarrgeistlicher in Hamburg

Berücksichtigt man ausschließlich das im Klosterarchiv Greifbare bzw. dasjenige, was in der gängigen Urkundensammlung zu finden ist, kommt man nicht mehr weiter. So heißt es im ersten Teil der Heister Ortschronik: „Nicolaus, Propst im Kloster zu Uetersen ... Seine Herkunft bleibt ungewiss, obwohl gerade unter seiner Leitung das Kloster – wie später wiederholt bestätigt wird – die bei weitem ansehnlichsten und bedeutendsten Grunderwerbungen seiner Geschichte macht."[43] Dass es bei dieser Feststellung nicht sein Bewenden haben muss, wird im Folgenden gezeigt. Nicolaus ist nach jetzigem Forschungsstand der erste Uetersener Propst, dessen Bild genauere Konturen gewinnt. Er ist damit zugleich als ein wichtiger Vertreter der nordelbischen niederen Geistlichkeit vor der Reformation anzusehen.

Am 12. 10. 1341 vermachte der Hamburger Bürger Marquard von Calvede dem Hamburger Domkapitel letztwillig eine Rente von fünf Mark aus dem Dorf Nienhusen im Alten Land, die er 1325 von der adeligen Familie von Heimbruch erworben hatte.[44] Die Aufsetzung des Notariatsinstrumentes im

---

[40] Risch (wie Anm. 30), S. 149f.
[41] Pauls (wie Anm. 19), Nr. 902; Risch (wie Anm. 30), S. 143–158.
[42] Pauls (wie Anm. 19), Nr. 902, S. 576: „Nos Nicolaus prepositus, Alheydis priorissa totusque conventus sanctimonialium in Vtersten Cisterciensis ordinis ...". Faust (wie Anm. 15), S. 29f: „Der Propst konnte in Vermögenssachen nicht eigenmächtig handeln. In allen wichtigen Angelegenheiten war er an die Zustimmung des Konvents gebunden." Riggert (wie Anm. 9), S. 107f (mit Hinweis auf Regula Benedicti III, 1–3).
[43] Eichbaum (wie Anm. 30), S. 30.
[44] Hagedorn/Nirrnheim (wie Anm. 17), Nr. 635 u. 975; Apel (wie Anm. 37), S. 184.

Hause des Domvikars und Notars Johannes Mons geschah in Anwesenheit u.a. von „Nicolaus von Stade, dem stellvertretenden Kirchherrn von St. Katharinen in Hamburg."[45] Das Vermächtnis war, wie in der Verfügung von Todes wegen mehrfach betont wird, als eine fromme Schenkung, als ein so genanntes Seelgerät gedacht.[46] Es ist bezeichnend, dass uns hier in Gestalt des Johannes Mons ein Kathedralvikar als Notar begegnet – gehörte doch diese Betätigung zu den außergeistlichen Einkunftsquellen des niederen Klerus.[47] Und als Vizerektor an der Katharinenkirche haben wir in Nicolaus de Stadis einen Vertreter der hamburgischen Parochialgeistlichkeit vor uns, die vom Domkapitel, dem sämtliche Stadtpfarrkirchen wohl von Anfang an inkorporiert waren, ernannt und eingesetzt wurde.[48] Bei St. Katharinen handelt es sich den neuen Forschungsergebnissen Vollmers' zufolge als Dismembrat von St. Petri um das jüngste Kirchspiel, das im Mittelalter in Hamburg gegründet wurde. Der vergleichsweise kleine Pfarrbezirk umfasste nur innerstädtisches Gebiet, das im 14. Jahrhundert vor allem von Kaufleuten und Handwerkern, von denen viele im Braugewerbe tätig waren, bewohnt bzw. genutzt wurde.[49]

Aber sind der Uetersener Propst und der Priester an St. Katharinen identisch, zumal zwischen den Quellenbelegen ein Zeitraum von ca. 20 Jahren liegt? Um hier Klarheit zu bekommen, müssen wir uns verdeutlichen: Es war eine unruhige Zeit für Hamburg und seine Umgebung. Die gewissermaßen vor der Haustür des Klosters Uetersen gelegene Vogtei Haseldorf, bis 1379 zum Territorialverband des Erzstifts Bremen gehörig, war im 14. Jahrhundert hauptsächlich an Niederadelige verpfändet, u. a. auch an Hartwig Heest se-

---

[45] Reetz, Jürgen (Hg.), Hamburgisches Urkundenbuch 4. Hamburg 1967, Nr. 141: „Acta sunt hec in domo habitacionis ... domini Iohannis Mons perpetui vicarii ... Hamburgensis ecclesie ... presentibus discretis viris dominis Nicolao de Stadis vicerectore ecclesie sancte Katherine ...".

[46] Die Vergabung wurde 1346 noch einmal notariell festgehalten, ebd., Nr. 274; Vollmers (wie Anm. 35), S. 682f.

[47] Bünz/Lorenzen-Schmidt, Lebenswelten (wie Anm. 8), S. 39f.

[48] Hagedorn/Nirrnheim (wie Anm. 17), Nr. 1024, S. 807: „Item rectores parrochialium ecclesiarum constituentur et destituentur de consensu decani et capituli." Wätjer (wie Anm. 18), S. 159f; Bünz/Lorenzen-Schmidt, Lebenswelten (wie Anm. 8), S. 23–25; Vollmers (wie Anm. 35), S. 80f.

[49] Vollmers (wie Anm. 35), S. 38. 49–51, 76f, 690; Jörgen Bracker, Das Kirchspiel St. Katharinen. In: Axel Denecke/Peter Stolt u.a. (Hg.), Das Kirchspiel von St. Katharinen. Der Hafen, die Speicherstadt und die Kirche. Hamburg 2000, S. 12–17.

nior und junior.⁵⁰ Diese lagen zwischen 1362 und 1375/1379, wie wir aus dem schillernden, freilich apologetisch gefärbten Bericht des Hamburger Priesters Friedrich Krans (Kraus?) wissen, in heftiger Fehde mit dem dritten Pfandinhaber Borchhard von Krummendiek. Auf Landesebene rangen die Schauenburger Grafen mit Dänemark um Territorien und Macht, was sich bis in die Elbmarschen hinein auswirkte.⁵¹ Auf stadtpolitischer Ebene tobte ein Konflikt, wie er im Hoch- und vor allem im Spätmittelalter in Deutschland sehr häufig auftrat: der Kampf um bzw. gegen Privilegien zwischen Kathedralgeistlichkeit, hier in Gestalt des Hamburger Domkapitels, und weltlicher Stadtregierung, hier in Gestalt des Hamburger Rates. Dieser Gegensatz hatte seine Ursachen in geschichtlich gewachsenen Strukturen, die bis in die Missionszeit hinabreichten, als es noch keine sich selbst verwaltenden städtischen Gemeinwesen in Nordalbingien gab: „Die Konfliktpunkte betrafen zum einen – aufgrund der Inkorporation der Hamburger Pfarreien – die Berufung der Pfarrer und der Schulmeister, zum anderen die geistliche Gerichtsbarkeit, Abgaben von den städtischen Häusern und Grundstücken im Besitz der Domherren sowie die Instandhaltung der Mauern bei den Kurien der Domherren."⁵² Dieser Streit wurde in besonderer Schärfe zwischen 1335 und 1355 ausgefochten, und das nicht nur mit juristischen Waffen. Er gelangte bis vor das damals höchste Gericht des Abendlandes, die päpstliche Rota in Avignon. Die Sache endete mit einem Vergleich, der das Domkapitel glimpflich davonkommen ließ. Hinter dem offenen Parteienstreit stand überdies, auch sinnfällig in personellen Verflechtungen, das Konkurrenzverhältnis zwischen landesherrlich-schauenburgischer Stadthoheit und urbaner Selbstbestimmung. Der äußere Anlass soll eine Abfallgrube, die „cloaca ecclesiae Hamburgensis", auf der Scheide zwischen Dom-

---

⁵⁰ Hans G. Trüper, Ritter und Knappen zwischen Weser und Elbe. Die Ministerialität des Erzstiftes Bremen. Stade 2000 (Schriftenreihe des Landschaftsverbandes der ehemaligen Herzogtümer Bremen und Verden 12), S. 448.
⁵¹ Carstens (wie Anm. 10), Nr. 82; Detlef Detlefsen, Geschichte der holsteinischen Elbmarschen 1. Glückstadt 1891, S. 12, 273–284; Risch (wie Anm. 30), S. 174–182; Konrad Elmshäuser, Der werdende Territorialstaat der Erzbischöfe von Bremen (1236–1511). In: Hans-Eckhard Dannenberg/Hans-Joachim Schultze (Hg.), Geschichte des Landes zwischen Elbe und Weser 2. Stade 1995, S. 159–194; dort 182f; Rolf Hammel-Kiesow/Ortwin Pelc, Landesausbau, Territorialherrschaft, Produktion und Handel im hohen und späten Mittelalter. In: Ulrich Lange (Hg.), Geschichte Schleswig-Holsteins. Von den Anfängen bis zur Gegenwart. Neumünster 22003, S. 116–120; Vollmers (wie Anm. 35), S. 107.
⁵² Jürgen Sarnowsky, Stadt und Kirche in den spätmittelalterlichen Kirchen Holsteins. In: Bünz/Lorenzen-Schmidt, Klerus, Kirche und Frömmigkeit (wie Anm. 8), S. 68f.

bezirk und städtischem Weichbild gewesen sein.[53] Über diese langwierigen Streitigkeiten hat sich ein umfangreiches Schrifttum erhalten, das in großen Teilen in einer dreibändigen Druckausgabe leicht zugänglich ist. Es handelt sich hauptsächlich um Korrespondenz[54] und Prozessakten.[55] Studiert man das Personenregister unter dem Stichwort „de Stadis", so stößt man unter Nr. 11 auf den folgenden Eintrag: „Nicolaus, rector/ vicerector an St. Katharinen in Hamburg, dann prepositus in Uetersen".[56] Damit ist die Verbindung hergestellt. Man kann hier von Glück reden; denn die Identifizierung von Personen in Quellen des 14. Jahrhunderts kann sich, wenn man von Herrschern und anderen hohen Würdenträgern absieht, angesichts der Häufigkeit vieler Tauf- und dem schwankenden Gebrauch vieler Zunamen äußerst schwierig gestalten.

Zwischen 1337 und 1344 formulierte der Hamburger Rat Anschuldigungen gegen das Domkapitel, die in mehreren Fassungen vorliegen. Zu den Anstößigkeiten gehörte auch das Verhalten des Hamburger Pfarrklerus, dessen Kirchen dem Domkapitel inkorporiert waren.[57] Unter Beschwerdepunkt 19 beklagt der Rat, dass das Domkapitel – es wird in der üblichen Reihenfolge intituliert – nicht unterbindet, dass die Kirchherren fromme Gaben ihrer „christgläubigen" Pfarrkinder in unerhörter Weise zurückweisen, weil sie ihnen nicht reichlich genug zu sein scheinen.[58] Namentlich genannt werden

---

[53] Peter Gabrielsson, Die Zeit der Hanse 1300–1517. In: Werner Jochmann/Hans-Dieter Loose (Hg.), Hamburg. Geschichte der Stadt und ihrer Bewohner 1, Hamburg 1982, S. 101–190; dort 180f; Wätjer (wie Anm. 18), S. 170; Vollmers (wie Anm. 35), S. 347f.

[54] Richard Salomon (Hg.), Rat und Domkapitel von Hamburg um die Mitte des 14. Jahrhunderts 1. Hamburg 1968 (Veröffentlichungen aus dem Staatsarchiv der Freien und Hansestadt Hamburg XI, 1).

[55] Jürgen Reetz (Hg.), Rat und Domkapitel von Hamburg um die Mitte des 14. Jahrhunderts 2. Hamburg 1975 (Veröffentlichungen aus dem Staatsarchiv der Freien und Hansestadt Hamburg XI, 2).

[56] Jürgen Reetz (Hg.), Rat und Domkapitel von Hamburg um die Mitte des 14. Jahrhunderts 3. Hamburg 1980 (Veröffentlichungen aus dem Staatsarchiv der Freien und Hansestadt Hamburg IX, 3), S. 112.

[57] Reetz (wie Anm. 55), S. 16–32; Peter Vollmers, Pro divini cultus augmento ... Seelsorge und Benefizialwesen an der Hamburger St.-Jakobi-Kirche im Mittelalter. In: Hedwig Röckelein (Hg.), Der Kult des Apostels Jakobus d. Ä. in norddeutschen Hansestädten. Tübingen 2005 (Jakobus-Studien 15), S. 55–57.

[58] Reetz (wie Anm. 55), S. 23 § 19 (Fassung A von 1337, Fassungen C–F von 1339 bis 1344): „Item quod predicti prepositus, decanus et canonici non prohibent rectores parrochialium ecclesiarum Hamburgensium, ut ipsi rectores, cum ipsis a devotis matronis et aliis cristifidelibus dicti opidi oblationes fiunt, ipsas oblationes, si ipsis non bene pingues, de altari verbis turpibus et inhonestis non proiciant, prout per ipsos extit[it] iniuriose attemptatum in divine maiestatis offensam et scandalum plurimorum."

im Anschluss Matthias von St. Nikolai, Friedrich Boye von St. Petri, Johannes von Stade von St. Jakobi und Nicolaus [von Stade] von St. Katharinen, außerdem diejenigen, deren Gaben verschmäht wurden, mit dem Hinweis, dass die Vorfälle in die Zeit zurückreichen, bevor der Hamburger Dompropst die Stadt mit dem Interdikt belegte.[59] Bei den verschmähten Gaben („oblationes") handelte es sich, dem Sprachgebrauch des Mittelalters entsprechend, einmal um freiwillige Spenden, die die Gläubigen zu den Messfeiern an den Haupt- und Nebenaltären mitbrachten oder in die Opferstöcke, auf die Almosenbrettchen usw. taten, zum anderen um Pflichtabgaben, die die erwachsenen Kirchspielsleute zu bestimmten Terminen abzuliefern hatten, dann um die Messstipendien, schließlich um Zahlungen, die für die Spendung von Sakramenten und Sakramentalien zu leisten waren, die so genannten Stolgebühren.[60] Oblationen waren im 14. Jahrhundert bereits überwiegend geldlicher Art.[61] Im norddeutschen Niederkirchenwesen war es im Spätmittelalter gewöhnlich so, dass die im Sakralgebäude regelmäßig entrichteten Oblationen teils dem Rektor, teils der Kirchenfabrik („fabrica ecclesiae"),[62] d.h. dem Bauvermögen der Kirche, zugeschlagen wurden. Dabei kamen dem Pfarrer in der Hauptsache die Altargeschenke zu, und um diese geht es in der besagten Quelle: „Die in der Kirche ständig entrichteten Oblationen wurden zwischen dem Pfarrer und der Kirchenfabrik aufgeteilt. Meist erhielt der Pfarrer die vor den Altären entrichteten Opfergaben, während die Kirchenvorsteher die Spenden aus den Opferstöcken bekamen.

---

[59] Ebd.: „Mathias sancti Nycolai, Fredericus Boye sancti Petri, Iohannes de Stadis sancti Iacobi et Nycolaus sancte Katherine ecclesiarum parrochialium in Hamborch rectores conducticii infrascriptorum spreverunt oblationes [folgt eine Namensliste, J. S.]. Istud fuit, antequam prepositus Hamburgensis posuit, ut dicitur, interdictum opidum Hamburgense ...". Vollmers (wie Anm. 35), S. 682.

[60] Vollmers (wie Anm. 35), S. 99–105. Vollmers unterscheidet nicht zwischen Sakramenten und Sakramentalien. Der dogmatische Unterschied mag vielen frommen Laien in der Tat nicht bewusst gewesen sein.

[61] Vollmers (wie Anm. 35), S. 100: „Seit etwa dem 12. Jahrhundert ging man von der üblicherweise in Form von Brot und Wein dargebrachten Naturalobligation zur Geldoblation über." Julius Smend, Die römische Messe. 4.–6. Tsd. Tübingen 1928, S. 19; Richard Puza, Art. Messstipendium. In: Lexikon des Mittealters 6, 1993, Sp. 564f; Hans B. Meyer, Art. Oblation. In: Ebd., Sp. 1338; ders., Art. Offertorium. In: Ebd., Sp. 1370.

[62] Der Begriff der Kirchenfabrik darf nicht missverstanden werden – er bezieht sich nicht auf ein produzierendes Gewerbe. Vgl. jetzt Arnd Reitemeier, Pfarrkirchen in der Stadt des späten Mittelalters. Politik, Wirtschaft und Verwaltung. Wiesbaden 2005 (Vierteljahrsschrift für Sozial- und Wirtschaftsgeschichte. Beiheft 177).

Diese Regelung ist mit einigen Abweichungen aus Lübeck Rostock, Wismar und Stralsund bekannt."[63]

Im Zuge der Auseinandersetzungen zwischen Domkapitel und Kommune hatte der Dompropst 1337/38 das Interdikt über die Stadt Hamburg verhängt. Dagegen konnten sich die Vertreter des Rates allerdings in Avignon erfolgreich zur Wehr setzen. Dies hinderte den Dompropst Erich von Schauenburg 1343 jedoch nicht, über 21 Ratsherren die große Exkommunikation zu verhängen.[64] Auf diesen Vorgang bezieht sich vermutlich die Bemerkung, dass zu jener Zeit, da die Stadtpfarrer die Oblationen gewisser Parochianen in skandalöser Weise verachteten, einige der Genannten noch keine Ratsherren, d.h. Exkommunizierte, gewesen seien.[65] Bei dem Interdikt handelt es sich um eine geistliche Strafe, die nicht aus der Kirchengemeinschaft ausschließt, aber zur Folge hat, dass bestimmte geistliche Güter und Handlungen vorenthalten werden oder der Zutritt zu heiligen Stätten verboten ist. Die Exkommunikation gehört als Kirchenbann in dieselbe Kategorie, sie schließt vollständig von den kirchlichen Gnadengütern und Rechten aus, macht aber nicht die durch die Taufe erworbene Kirchengliedschaft zunichte. Die Kanonistik entwickelte im Spätmittelalter eine ausgefeilte Kasuistik dieser Zensuren.[66] Zu beachten ist, dass die beiden Heilsstrafen in den Quellen terminologisch nicht immer genau unterschieden werden. Die Beschwerden gegen die vom Kapitel eingesetzten Kirchherren an den Stadtpfarrkirchen beziehen sich offenbar auf Zustände, die in die Zeit vor 1338 herabreichen. Ihr Hintergrund lässt sich sogar noch genauer aufhellen: Aufgrund einer finanzpolitischen Maßnahme des Hamburger Rates waren nach 1325 minderwertige Kleinmünzen, so genannte Vierlinge („quadrantes"), im Nennwert von einem viertel Pfennig in Umlauf gekommen. Das Domkapitel fürchtete Realwerteinbußen bei den Oblationen und beschwerte sich 1336 über das neue Zahlungsmittel. Die Pfarrer an den Stadtkirchen, und damit auch Nicolaus de Stadis an St. Katharinen, begannen – unter dem Druck

---

[63] Antje Grewolls, Die Organisation des mittelalterlichen Pfarrkirchenbaues in den Städten Wismar, Rostock, Stralsund und Lübeck. In: Mecklenburgische Jahrbücher 111, 1996, S. 35. Vgl. Reitemeier (wie Anm. 62), S. 91.

[64] Jürgen Reetz, Die im Jahre 1337 in Lübeck ausgetragenen Streitigkeiten zwischen Domkapitel und Rat von Hamburg. In: Zeitschrift des Vereins für Lübeckische Geschichte und Altertumskunde 40, 1960, S. 37–53; Wätjer (wie Anm. 18), S. 170f; vgl. Reetz (wie Anm. 45), Nr. 10, 85, 99, Anm. 6, S. 78.

[65] Reetz (wie Anm. 55), S. 23 § 19: „et de predictis aliqui non fuerunt tunc consules."

[66] Hartmut Zapp, Art. Exkommunikation. In: Lexikon des Mittelalter 4, 1989, Sp. 170; ders., Art. Interdikt. In: Lexikon des Mittelalters 5, 1991, Sp. 466–467.

des Bremer Erzbischofs und des Domkapitels, aber auch im wohlgewahrten Eigeninteresse – Opfergaben zurückzuweisen, die ganz oder hauptsächlich aus solchen Scheidemünzen bestanden. Hinter diesem besonderen Streitpunkt stand für das Domkapitel die grundsätzliche Frage, ob der Hamburger Rat überhaupt das Münzrecht besitze, eine Ausdrucksform städtischer Selbstherrlichkeit.[67]

Es fällt auf, dass der erste Pfarrer der Jakobikirche auch von Stade hieß. Ein Johannes von Stade begegnet in der ersten hier angeführten Urkunde als Lübecker Bürger. Dass es sich um dieselbe Person handelt, ist aber eher unwahrscheinlich, auch dürfen verwandtschaftliche Beziehungen zu dem Pleban von St. Katharinen nicht vorschnell angenommen werden. Was aber finden wir hier von der Sache her? Es wäre voreilig,[68] die Hamburger Kirchherren pauschal in moralisierender Weise abzuurteilen, zumal die Abhängigkeit vom Domkapitel ihrem Ermessen Grenzen zog.[69] Andererseits geben die Schilderungen der Vorgänge in der Beschwerdeschrift des Rates, deren Inhalt von diesem ja vor Gericht verantwortet wurde, doch zu der Vermutung Anlass, dass der so genannte Vierlingsstreit Ausdruck eines tiefer liegenden Problemkomplexes und die Kritik am Verhalten der Amtsinhaber an den Hamburger Parochialkirchen, und damit auch des Nicolaus de Stadis, ihren Gemeindegliedern gegenüber durchaus berechtigt war.[70] Nimmt man hinzu, dass der Rat dem Domkapitel vorwarf, an den Stadtpfarrkirchen „zum Schaden der Seelen" („in detrimentum animarum") moralisch zweifelhafte und für ihr Amt nicht geeignete „Lohnpriester" („presbiteros conductitios") einzusetzen, dann wird man, auch wenn man deren Stellung be-

---

[67] Vollmers (wie Anm. 35), S. 101f, 682 (mit Quellenangaben).
[68] Der Verfasser ist dieser Versuchung bei dem mündlichen Vortrag, der diesem Aufsatz zugrunde liegt, erlegen: Joachim Stüben, Nicolaus de Stadis – ein Handwerkerssohn aus dem südelbischen Raum als Propst des Klosters Uetersen: Klostertage Uetersen 23.–25. September 2005. Geistliche und weltliche Herrschaft. Uetersen 2005, S. 88 (Typoskript im Besitz des Verfassers).
[69] Vollmers (wie Anm. 35), S. 100: „Am 21. 10. 1336 befahl ... der Erzbischof Burchard Grelle, offenbar durch das Hamburger Domkapitel instruiert, den Pfarrvikaren von Hamburg, sie sollten ihre Pfarrkinder ermahnen, unbeschadet des sonstigen Gebrauchs beim Opfer auf die Gabe von Vierlingen zu verzichten und stattdessen die Oblationen in numismate ... consueto zu spenden." Hagedorn/Nirrnheim (wie Anm. 17), Nr. 1031, S. 827f.
[70] Ein besonders krasser Fall in Reetz (wie Anm. 55), S. 23, Nr. 2a § 19 (Fassung A); Vollmers (wie Anm. 35), S. 101.

rücksichtigt, nicht einfach von polemischer Übertreibung sprechen dürfen.[71] Der oben erwähnte Johannes Mons stand ebenfalls in der Kritik: Ihm wurde vorgeworfen, als Geistlicher in der Kurie eines Domherrn Lübecker und Hamburger Bier zu verkaufen, ohne die nach dem Stadtrecht dafür fälligen Abgaben zu leisten.[72]

Unter den Akten zum erstinstanzlichen Prozess zwischen Rat und Domkapitel vor dem päpstlichen Untersuchungsrichter Alanus de Gars, der von 1338 bis 1340 dauerte, findet sich ein Dokument, dem zufolge Nicolaus, Vizerektor von St. Katharinen in Hamburg, am 23. 7. 1339 in Gegenwart eines Notars von einem widerrechtlichen Begräbnis berichtete, das auf dem Friedhof seines Gotteshauses stattgefunden habe: eine Hamburger Bürgersfrau sei von mehreren Mitbürgern, Ratsherren und Bürgermeistern ohne Beachtung des Interdikts und unter Missachtung seines Einspruchs feierlich zu Grabe getragen worden.[73] Diese Episode illustriert die Auswirkungen kirchlicher Zwangsmaßnahmen: Die Verweigerung des Begräbnisses ließ die Bürger in ihrer Not zur Selbsthilfe greifen, wobei sie z.T. durch Geistliche der Bettelorden Unterstützung erfuhren.[74] Nicolaus de Stadis handelte allerdings formal richtig, weil er als Stadtpfarrer dem Domkapitel unterstand und sich auf den päpstlichen Rechtsvertreter berief.[75]

Mit diesen Zeugnissen sind die Quellen zu Nicolaus' de Stadis Tätigkeit in Hamburg aber noch nicht erschöpft: Aus den Jahren 1354/55, der Spätphase des Streites, haben sich Akten erhalten, die sich auf einen Prozess zwischen vier Mitgliedern des Hamburger Rates und dem Domkapitel vor dem Kardinalbischof Bertrandus de Sabina beziehen. Der Hintergrund war ein von Seiten des Domkapitels zuvor wegen Häresie und Missachtung des kurialen Gerichts angestrengter Prozess.[76] Der Prokurator des Domkapitels warf den Beklagten vor, die Bekanntmachung und Ausführung der päpstlichen Anordnungen zu behindern. So seien am 13. Januar 1346 zur frühen Abendzeit ein Bürgermeister und mehrere Ratsherren mit einer Volksmenge von 250 Menschen in den Mariendom eingedrungen, hätten die dort befindlichen Kirchherren Friedrich Boye von St. Petri, Johannes von Stade von

---

[71] Reetz (wie Anm. 55), S. 24, Nr. 2 a § 21. Man beachte auch die Hinweise auf Unterschlagungen durch Kleriker ebd. Vollmers (wie Anm. 35), S. 83f.
[72] Reetz (wie Anm. 55), S. 118, Nr. 12 e.
[73] Reetz (wie Anm. 55), S. 118, Nr. 12 e; Vollmers (wie Anm. 35), S. 682.
[74] Reetz (wie Anm. 56), S. 244f, Anm. 4.
[75] Hagedorn/Nirrnheim (wie Anm. 17), Nr. 1024, S. 807f.
[76] Wätjer (wie Anm. 18), S. 171.

St. Jacobi und Nicolaus von Stade von St. Katharinen in ungestümer Weise bedroht und beschimpft, weil diese die päpstlichen Mandate nach Vermögen ausgeführt hätten. Sollten sie das fürderhin tun, so fuhren die Aufgebrachten fort, werde man ihnen die Tonsur oben abschneiden und am Unterbauch wieder ankleben, außerdem dafür sorgen, dass die sie ihre Kanzeln, die sie zur Verkündigung des Gotteswortes über Treppen bestiegen, ohne Treppen wieder würden verlassen müssen; überhaupt schere man sich um Papst, Kardinäle und Prälaten herzlich wenig und wolle ohne Exkommunikation im eigenen Gemeinwesen leben.[77] Einer anderen Darstellung zufolge verlangte der Ratsherr Bertram Lange, dass die drei Kirchherren – also auch Nicolaus de Stadis – ihn nicht mehr als exkommuniziert vom Predigtstuhl abkündigten, und drohte, falls sie sich weigern sollten, ernste Konsequenzen an. Die eingeschüchterten Priester baten um einwöchigen Aufschub, sie wollten sich darum bemühen, von dieser Pflicht entbunden zu werden, müssten aber so lange damit fortfahren, weil sie sonst in Gewissensnot kämen und ihrer Ämter und Einkünfte verlustig gehen könnten. Darauf drohte Bürgermeister Hellingbert Hittfeld unverhohlen:

„Wenn ihr es aus Furcht vor eurem Gewissen und dem Richter nicht wagt, von der Ausführung eines solchen Befehls abzusehen, werden wir mit euch so verfahren, dass ihr aus Furcht vor uns von dem Vollzug Abstand nehmt und uns in gleichem Maße innerhalb dieser Stadt Hamburg wie eure Vorgesetzten und Herren außerhalb der Stadt Hamburg zu fürchten habt."[78]

Ein anwesender Vikar namens Gottfried vom Ness gab zur Antwort:

„Mich erstaunt, dass Ihr diesen Vizerektoren die Ausführung eines solchen apostolischen Mandats so übel auslegt. Wäre ein ähnliches Mandat an mich gerichtet, dann müsste ich es notwendigerweise ausführen, wenn ich mein Gewissen, meine Pfründe und mein Amt wahren wollte."[79]

---

[77] Reetz (wie Anm. 55), S. 337, Nr. 39 a § 22; Vollmers (wie Anm. 35), S. 81, 683.

[78] Reetz (wie Anm. 55), S. 342, Nr. 39 d, S. 343: „Si metu consciencie et iudicis ab huiusmodi mandati executione cessare non audetis, vobiscum taliter ordinabimus, quod metu nostri ab eius executione cessabitis et nos in tantum infra [hier bedeutungsgleich mit intra, J. S.] opidum istud Hamburgense quantum superiores et dominos vestros extra opidum Hamburgense debebitis formidare."

[79] Ebd.: „Miror, quod istis vicerectoribus huiusmodi mandati executionem invertitis. Si simile mandatum michi foret directum, ipsum me exequi necessario oporteret, si consciderentiam, beneficium et officium meum vellem conservare."

Doch Hellingbert blieb unnachgiebig:

> „Geht doch, Herr Gottfried, für das Mandat zu Euren Herren und Vorgesetzten, steigt auf den Predigtstuhl bzw. die Stätte der Abkündigung, wo für gewöhnlich das Wort Gottes dargelegt wird, gewappnet mit einem Helm und 15 ... Brustharnischen und kündigt uns als exkommuniziert ab! Das alles wird Euch nichts nützen können ... Denn wir und unsere Anhänger wollen keineswegs in dieser unserer Stadt Hamburg von Euch oder sonst wem eine Exkommunikationsabkündigung in irgendeiner Form dulden, vielmehr wollen wir unter Missbilligung und gegen den Willen Eures Papstes und Apostolischen Stuhles und Euren Willen ohne Abkündigung irgendeines Exkommunikationsurteils in dieser Stadt Hamburg ruhig und friedlich leben."[80]

Diese letzten Worte sind auf dem Hintergrund der Auseinandersetzung, die Ludwig der Bayer († 1347) mit der Kurie in Avignon hatte, sehr bemerkenswert. Man beachte insbesondere die abschätzig-distanzierten Worte über das Papsttum.[81]

Die gerade angeführten Quellen atmen einen anderen Geist als die nüchternen Geschäftsurkunden, die wir aus dem Uetersener Klosterarchiv kennen. Sie führen uns ausschnitthaft Lebenssituationen des Klerikers Nicolaus de Stadis vor Augen, die nur aufgrund einer besonderen geschichtlichen Konstellation verschriftet wurden. Man kann ihren Wert, selbst wenn sie im Detail kritisch zu lesen sind, nicht hoch genug einschätzen. Eine umfassende Prosopographie der nordelbischen Geistlichkeit darf Dokumente wie diese und die folgenden nicht übergehen.

---

[80] Ebd.: „Eatis vos, domine Godfride, ad dominos et superiores vestros pro mandato, ascendatis ambonem vel locum denuntiationis, in quo proponi solet verbum Dei, galeatus et quindecim loricis ... prearmatus et denuntietis nos excommunicatos. Illa omnia vobis prodesse non poterunt ... Nam nos et nostri nequaquam volumus in hoc opido nostro Hamburgensi a vobis seu a quoquam alio aliquam excommunicationis denuntionem aliquatenus sustinere, sed volumus malis gratibus ac contra voluntatem vestri pape et apostolice sedis atque vestram sine denuntiatione cuiuslibet excommuncationis sententie in hoc opido Hamburgensi quiete et pacifice residere."
[81] Jürgen Miethke/Arnold Bühler, Kaiser und Papst im Konflikt. Zum Verhältnis von Staat und Kirche im späten Mittelalter. Düsseldorf 1988, S. 38–48.

Nicolaus de Stadis als Vermittler zwischen Rat und Domkapitel

Im Jahre 1348 – der Streit war inzwischen in eine neue Phase getreten – klagte das Domkapitel erneut gegen Rat und Stadtgemeinde und erwirkte die Einsetzung Johannes Habertis als päpstlichen Untersuchungsrichters. Dieser ließ 1349 die Beklagten bzw. Vertreter derselben nach Avignon zitieren. Der Ladungsbrief ging an die Pröpste der Nonnenklöster von Uetersen und Harvestehude sowie an die Pfarrgeistlichkeit der Bremer Kirchenprovinz mit der Aufforderung, diesen öffentlich und vernehmlich im Hamburger Mariendom, den Pfarrkirchen, im Rathaus und an anderen Orten abkündigen zu lassen.[82] Die Pröpste der beiden Nonnenklöster werden in diesem Schriftstück unter den Empfängern an erster Stelle genannt – warum, wird bald deutlich werden. Zunächst kam es anscheinend nicht zu der Abkündigung, weil es so aussah, als käme zwischen den gegnerischen Parteien ein Vergleich zustande. Doch man konnte sich über dessen Wortlaut und Inhalt nicht einig werden. Die Folge war, dass der amtierende Dompropst Johannes von Campe († 1354), der auch als Wohltäter des Klosters Uetersen nachweisbar ist,[83] den Pfarrern seines Synodalbezirkes am 5. 10. 1352 befahl, eine Reihe von Ratsherren als „excommunicati vitandi" abzukündigen, d. h. als Ausgeschlossene, mit denen kein Umgang gepflegt werden durfte. Es ist klar, dass so eine geistliche Strafe für das soziale Umfeld der Betroffenen eine große Belastung bedeutete. Sogar die Handlung der Abkündigung („denuntiatio") selbst, wie sie die Pfarrer vor versammelter Gemeinde an Sonn- und Festtagen vollziehen sollten, wird in der Quelle beschrieben.[84] Die Mandate des Hamburger Dompropstes ergingen als Zirkularschreiben

---

[82] Reetz (wie Anm. 55), S. 287–290, Nr. 35 a u. b.
[83] Wätjer (wie Anm. 18), S. 242; Joachim Stüben, Stifter- und Wohltätergedenken im Kloster Uetersen nach alten Zeugnissen 2. In: Jahrbuch für den Kreis Pinneberg 2000, S. 1176f.
[84] Reetz (wie Anm. 55), S. 291, Nr. 35 c: „ ... mandamus, quatinus prefatos consules in sua pertinacia obstinata dampnabiliter induratos excommunicatos denuncietis sollempniter in ecclesiis vestris, quando maior multitudo populi aderit, facto eciam propter hoc specialiter silencio, pulsatis campanis et candelis accensis et demum extinctis, singulis diebus dominicis et festivis, facientes ipsos tamquam excommunicatos a cristifidelibus arcius evitari ...". Vollmers (wie Anm. 35), S. 683.

an die einzelnen Kirchspiele, deren Rektoren oder Vizerektoren[85] den Empfang bzw. die Ausführung durch Unterschrift auf der Rückseite des Schriftstücks bestätigten.[86]

Noch im selben Jahre schrieb das Domkapitel einen Brief an „die ehrbaren Männer, die Herren Nicolaus in Uetersen und Willekin in Harvestehude, Nonnenpröpste, und die Rektoren der Kirchen von Wedel und Nienstedten."[87] Die Genannten bekamen am 4. 12. 1352 den Auftrag, den Ladungsbrief des Johannes Haberti zu vollstrecken, d.h. den betroffenen Bürgermeistern, Ratsmitgliedern und anderen Repräsentanten des Hamburger Gemeinwesens persönlich eine Kopie des Schreibens zu übergeben bzw. es den Genannten im Inhalt zur Kenntnis zu bringen.[88] Drei der Beauftragten – der Uetersener Propst Nicolaus sowie Johannes und Ludolph, die Pfarrherren von Wedel und Nienstedten – führten die Vorladung im Hamburger Rathaus in Anwesenheit von Ratsherren, Bürgermeistern, Amtsmeistern, Kirchenjuraten und einfachen Bürgern aus. Die Ratsmitglieder und Bürgermeister berieten sich und erklärten die Vorladung nach Avignon unter Berufung auf ihren Vergleichsvorschlag anschließend für unrechtmäßig. Die Sache verlief dann 1353 im Sande, nachdem weitere Vorladungen keinen Erfolg gebracht hatten.[89]

Die angeführten Dokumente zeigen, dass Nicolaus de Stadis 1352 als Geistlicher zusammen mit Standesgenossen als Vermittler zwischen Rat und Domkapitel tätig und somit in die regionale Politik involviert war. Nicht ohne Grund hatte der päpstliche Auditor bzw. das Domkapitel Niederklerikern der gehobenen Ebene – Vorstehern von Nonnenklöstern und Pfarrkirchen – diese Aufgabe übertragen: Die geistlichen Körperschaften gehör-

---

[85] So auch in der Salutation ebd.: „Iohannes Dei gracia prepositus Hamburgensis universis et singulis ecclesiarum rectoribus seu vicerectoribus per preposituram Hamburgensem constitutis salutem in Domino." Da der Dompropst hier von der Jurisdiktion über seinen Sprengel Gebrauch macht, kommen Dekan und Domherrenkollegium in der Intitulation nicht vor. Vgl. Gerhard Theuerkauf, Die Interpretation historischer Quellen. Schwerpunkt Mittelalter. Paderborn u.a. 1991, S. 111.

[86] Enno Bünz, Ein Dithmarscher Pfarrherr um 1500. Andreas Brus und die St. Clemens-Kirche in Büsum. In: Nordelbingen 74, 2005, S. 25.

[87] Reetz (wie Anm. 55), S. 292, Nr. 35 e: „Honorabilibus viris Nycolao in Uterseten et Willekino in Herwerdeshude sanctimonialium prepositis ac rectoribus ecclesiarum in Wedele et Nyenstede ...".

[88] Ebd.

[89] Reetz (wie Anm. 55), S. 292f, Nr. 35f.

ten zur Dompropstei und hatten zugleich aufgrund ihrer Funktion Beziehungen zum städtischen Bürgertum.[90] Nicolaus de Stadis war immerhin zuvor Pfarrer an St. Katharinen gewesen. Die engen Stadt-Umland-Beziehungen lassen sich hier an einem konkreten Beispiel verdeutlichen. Überdies zeigt sich, dass Pröpste von Nonnenklöstern wie auch Kirchherren der Hamburger Dompropstei bisweilen Aufgaben zu erfüllen hatten, die über die Mikrowelt ihrer Körperschaft hinausgingen. Des Weiteren erfahren wir, dass Nicolaus de Stadis schon 1352, also acht Jahre vor 1360 (so das älteste Datum in der gängigen Uetersen-Literatur), Propst in Uetersen war.[91] Nach welchem Muster eine Exkommunikationsabkündigung von der Kanzel verlief, wie sie auch Nicolaus de Stadis als Pfarrer in St. Katharinen und vermutlich auch später in der Uetersener Klosterkirche zu vollziehen hatte,[92] erfährt man außerdem noch. Schließlich werden in den Notariatsinstrumenten vom 10. 12. 1352 der zweite namentlich bekannte Kirchherr von Wedel und der erste von Nienstedten erwähnt. Das bedeutet in Bezug auf Nordelbien eine Ergänzung des prosopographischen Gesamtbefundes.[93]

Die Rechtsstellung des Nicolaus de Stadis in seinem Hamburger Pfarramt

In den Quellen wird Nicolaus wie seine Kollegen an den anderen Hamburger Pfarrkirchen teils als leitender Priester („rector"), teils als stellvertretender leitender Priester („vicerector") bezeichnet. Das darf nicht im Sinne eines Aufstiegs innerhalb der Ämterlaufbahn missverstanden werden, sondern hat mit der besonderen Stellung der Hamburger Kirchherren zu tun:

---

[90] Hagedorn/Nirrnheim (wie Anm. 17), Nr. 890; Wilhelm Jensen, Die Kirchspiele der hamburgischen Dompropstei um 1340 (Taxus beneficiorum prepositure). In: Rainer Hering u.a. (Hg.), Von der Christianisierung bis zur Vorreformation. Hamburgische Kirchengeschichte in Aufsätzen 1. Hamburg 2003 (Arbeiten zur Kirchengeschichte Hamburgs 21), S. 153.

[91] Zu Willekin s. Urbanski (wie Anm. 23), S. 24–27, 156–159, 227.

[92] Bei Abwesenheit des Propstes mussten die Kapläne diesen vertreten. Dass Uetersen um 1350 schon ein eigenes Kirchspiel bildete, ist kaum anzunehmen. Die Taxus (wie Anm. 90) nennen keines.

[93] Reetz (wie Anm. 55), S. 292, Nr. 35f. Vgl. Johann Adrian Bolten, Historische Kirchen-Nachrichten von der Stadt Altona und deren verschiedenen Religions-Partheyen, von der Herrschaft Pinneberg und von der Grafschaft Rantzau 2. Altona 1791, S. 260, 278, 285; Claus Heinrich Reinhold Thode, Chronik der Kirchengemeinde Wedel. Transkription nach der Original-Handschrift von Sabine Woermann. Wedel 1990 (Typoskript) S. 71, 73, 82 (z.T. fehlerhaft).

Diese Parochialkirchen waren dem Domkapitel inkorporiert, so dass die an ihnen haftenden Pfründen dem Domkapitel zustanden. Dieses wurde als juristische Person durch die natürliche Person des Dekans repräsentiert, der im strengen Sinne als Rektor aller Hamburger Pfarrkirchen galt. Die tatsächlich dort tätigen Priester setzte das Domkapitel nach festem Ritus ein – und gegebenenfalls auch wieder ab. Deswegen waren die Amtsverweser Angestellte des Domkapitels und folglich, wie man heute im katholischen Kirchenrecht sagt, Pfarrvikare. Daher die Bezeichnung „vicerectores", weil sie, juristisch gesehen, als Vertreter des Dekans fungierten.[94] Andererseits nahmen die Eingepfarrten sie als echte Kirchherren wahr, und selbst in normativen Quellen werden sie zuweilen so bezeichnet, nämlich als „rectores".[95] Über die wirtschaftliche Situation des Nicolaus de Stadis in dieser Position kann keine zuverlässige Auskunft gegeben werden. Es ist aber bekannt, dass zu seiner Amtszeit aus den Gefällen des Sprengels St. Katharinen jährlich 30 Mark Inkorporationsgeld („pensio") an das Domkapitel abzuführen waren.[96] Als Hamburger Pfarrvikar bezog Nicolaus de Stadis seine amtsbezogenen Einkünfte aus den vorhin genannten Oblationen einschließlich der Stolgebühren und Seelgelder, während Kapitalzinsen, Grundrenten und Zehntabgaben nicht dazugehörten.[97] Von diesen Einnahmen musste der Pfarrvikar nach Abzug des Inkorporationsgeldes noch seine Kapläne entlohnen, die ihn bei der Erfüllung seiner Amtspflichten, z. B. der Seelsorge, unterstützten bzw. vertraten.[98] Was dann noch zum Lebensunterhalt übrig blieb, dürfte von Jahr zu Jahr geschwankt haben. Auf diesem Hintergrund sind die aus den Quellen ersichtlichen Abhängigkeiten einmal vom Wohlwollen des Domkapitels, zum anderen von den Opfergaben der Gläubigen zu sehen; konkurrierende Ansprüche von beiden Seiten konnten die Pfarrvikare in ernste Bedrängnis bringen. Man darf indes davon ausgehen, dass die Hamburger Plebane außerdem über persönliche Einkünfte verfügten, wie für den hier behandelten Amtsträger gleich deutlich wird.

---

[94] Vgl. Vollmers (wie Anm. 57), S. 55–57.
[95] Hagedorn/Nirrnheim (wie Anm. 17), Nr. 1024, S. 807. Die Vielfalt der Funktionsbezeichnungen in den Quellen, die Vollmers (wie Anm. 35), S. 78–81, bei den Pfarrvikaren herausarbeitet, erlaubt es, im modernen Sprachgebrauch ebenfalls mehrere Titel zu verwenden, sofern der Zusammenhang eindeutig ist.
[96] Vollmers (wie Anm. 35), S. 109f.
[97] Ebd., S. 105–108, 116–120.
[98] Ebd., S. 113–115.

Zu Herkunft und Umfeld des Nicolaus de Stadis

Propst Nicolaus stammte – das ist aufgrund der angeführten Quellen sicher – aus Stade. Uns sind neben ihm bereits andere Träger dieses Namens in den Urkunden und Akten begegnet. Das legt verwandtschaftliche Beziehungen nahe. Wenden wir uns also Stader Quellen zu! Im Stader Stadtbuch I, das von 1286 bis 1367 reicht,[99] wird man dreimal fündig:

1) 1339 tritt Nicolaus, Sohn des Wicbernus, Priester, sein Erbteil am väterlichen Haus und Hof an seinen Bruder Heinrich, der dort wohnt, und dessen Erben ab.[100] Das Haus „liegt unterhalb der Burgsiedlung neben den Schusterkrügen (?) gen Osten", d.h. unterhalb des jetzigen Spiegelberges in der heutigen Straße „Am Wasser Ost."[101]

2) 1345 werden Nicolaus, Sohn des Wicbernus, dem Rektor an St. Katharinen in Hamburg, von Hebele, der Witwe seines verstorbenen Bruders, und deren Tochter Adelheid Gefälle im Umfang von zwei Mark aus ihren Erbgütern in Gauensiek auf Dauer übertragen; die Auszahlung hat jährlich an Petri Stuhlfeier zu erfolgen.[102]

3) 1349 erteilt die besagte Hebele ihrem Schwager Nicolaus, des Wicbernus Sohn, Propst in Uetersen, Generalvollmacht, die Angelegenheiten ihrer und der Kinder ihres Bruders und deren sämtlicher inner- und außerhalb Stades gelegener Güter zu regeln „nach freier Entscheidung im Geistlichen und Zeitlichen, im Leben und im Tode."[103]

---

[99] Jürgen Ellermeyer, Stade 1300–1399, Liegenschaften und Renten in Stadt und Land. Untersuchungen zur Wirtschafts- und Sozialstruktur einer Hansischen [sic!] Landstadt im Spätmittelalter. Hamburg 1975, S. 408; Bohmbach, Jürgen (Hg.) Urkundenbuch der Stadt Stade. Hildesheim, Stade 1981, S. 11.

[100] Stadtbuch I (Stadtarchiv Stade, StB I), Bl. 109,4; Ellermeyer (wie Anm. 99), S. 145, Anm. 589, Nr. 1186.

[101] Stadtbuch I (wie Anm. 100), Bl. 109,4: „ ... sita est sub urbe iuxta tabernas sutorum versus orientem ...". Für die Transkription der Stadtbucheinträge habe ich mich bei Jürgen Bohmbach, Stade, zu bedanken, ebenso für die Lokalisierung des Grundstückes (Schreiben an den Vf. vom 24. 5. 2006).

[102] Stadtbuch I (wie Anm. 100), Bl. 134,5; Ellermeyer (wie Anm. 99), S. 145, Anm. 589, Nr. 1521; Vollmers (wie Anm. 35), S. 683. Vgl. Jürgen Bohmbach (Hg.), Regesten und Urkunden zur Geschichte des Klosters St. Georg in Stade. Hildesheim 1982, Nr. 126 u. 127, S. 48.

[103] Stadtbuch I (wie Anm. 100), Bl. 171,6/172,1: „... prout sibi placu[er?]it in spirituali vel temporali, in vita et in morte." Ellermeyer (wie Anm. 99), S. 145, Anm. 589, Nr. 1861.

Diese Stadtbucheinträge verraten den Namen des Vaters (Wicbernus), außerdem des Bruders (Henricus), der Schwägerin (Hebele) und Nichte (Aleydis). Überdies erfährt man, dass der Vater ein Haus mit Hof („domus cum area") besessen hatte, das, wohl im Rahmen einer Erbauseinandersetzung, im November 1339 allein auf Heinrich überging. Die etwas seltsam anmutende Lagebezeichnung der Immobilie deutet darauf hin, dass Wicbernus von Beruf Schuster gewesen war und damit einem Amt angehört hatte, das im 14. Jahrhundert in Stade einen tragenden Teil der handwerklich und gewerblich geprägten Mittelschicht ausmachte. Dank einer sozialgeschichtlichen Untersuchung, die Jürgen Ellermeyer in den siebziger Jahren durchführte, sind wir über die wirtschaftliche Situation dieser urbanen Mittelschicht recht gut unterrichtet.[104] Aufgrund dessen, was aus Hamburger Dokumenten über Nicolaus de Stadis zu erfahren ist, können wir die Überlassung, die vermutlich nicht ohne irgendeine Gegenleistung erfolgte, nachvollziehen: Das von Heinrich bewohnte väterliche Erbe nützte Nicolaus in Hamburg wenig. Knapp sechs Jahre später, Ende September 1345, war Heinrich verstorben, und die Witwe, Nicolaus' Schwägerin, und ihre Tochter, Nicolaus' Nichte, übertrugen diesem eine kleine Ewigrente, die jeweils zu Petri Stuhlfeier (22. 2.) fällig war. Dieses Geld, das ein Beispiel für Personaleinkünfte eines Hamburger Pfarrvikars darstellt, stammte aus Gütern, die außerhalb Stades im Kirchspiel Drochtersen gelegen waren. Über die Hintergründe dieses innerfamiliären Handels kann man nur mutmaßen. In dem dritten Stadtbucheintrag von 1349, der Bevollmächtigung, ist von innerhalb und außerhalb Stades gelegenen Gütern die Rede. Die Familie war somit keinesfalls arm. Warum diese Autorisierung erfolgte, geht aus der Quelle nicht hervor. Es ist aber nicht abwegig, auf die in diesem Jahr bereits in Norddeutschland grassierende Pest hinzuweisen, an der Hebele vielleicht erkrankt war.[105] Firmiert Nicolaus laut Stadtbucheintrag erwartungsgemäß als Kirchherr von St. Katharinen in Hamburg, so weist ihn der Stadtbucheintrag von 1349 als Propst in Uetersen aus. 1352 war Nicolaus als Uetersener Propst einer Hamburger Quelle zufolge als Vermittler zwischen Rat und Domkapitel tätig. Seine Amtszeit lässt sich aufgrund der gerade behandelten Stader Quelle um drei weitere Jahre vorverlegen, so dass wir schon elf Jahre vor der von Meyn und anderen angegebenen Ersterwähnung für 1360 angekommen sind. Und wir können aufgrund der Untersuchungsergebnisse

---

[104] Ellermeyer (wie Anm. 99), S. 110f.
[105] Trüper (wie Anm 50), S. 639–649; Jens E. Olesen, Die Verbreitung des Schwarzen Todes in Skandinavien und Finnland. In: Torsten Fischer/Thomas Riis (Hg.), Tod und Trauer. Todeswahrnehmung und Trauerriten in Nordeuropa. Kiel 2006, S. 169.

Ellermeyers noch mehr sagen: Nicolaus entstammte dem Mittelschichtssegment der Schuster („sutores"), die „in Stade nicht nur zahlenstark, sondern bei aller Differenzierung der individuellen Möglichkeiten ... auch überdurchschnittlich finanzkräftig"[106] waren. Das passt in der Tat zu den Vermögensverhältnissen, auf die die angeführten Einträge im Stadtbuch I für Nicolaus' Familie hindeuten. Trotzdem war Nicolaus de Stadis kein Patrizier. Allerdings stellt Ellermeyer Nicolaus de Stadis als besondere Erscheinung heraus: „Dennoch [d.h. trotz der Kapitalkraft der Stader Mittelschicht, J. S.] ist ein Aufstieg in die Oberschicht nicht feststellbar. Stattdessen erschließt sich einem Einzelnen die geistliche Karriere: Nicolaus, Sohn des auf den Märkten unscheinbaren Schusters Wicbernus, wird erwähnt 1339 als presbyter, 1345 als dominus Nic. Wicerberni rector ecclesie St. Katerine in Hamborch und 1349 als Propst in Uterstede."[107] Vorausgesetzt, dass Ellermeyers Einschätzung zutrifft, ist die gesellschaftliche Schicht, der Nicolaus de Stadis zugehörte, damit umrissen. Auf dieser Grundlage lassen sich die Angaben Vollmers' zu seiner Person präzisieren und ergänzen.[108] Zugleich eröffnet sich die Möglichkeit, Klärendes über den Zunamen „de Stadis" zu sagen. Arend Mindermann zufolge führten „neben Patriziern verschiedener Hansestädte mit Namen von Stade, wie es sie in Bremen, in Lübeck, in Riga und einigen weiteren Städten gegeben hat ... allein in Stade mindestens drei völlig verschiedene Familien diesen Namen."[109] In der ersten hier vorgestellten Urkunde vom 23. 9. 1360 aus dem Uetersener Klosterarchiv kommt ein Lübecker Bürger namens Johannes de Stadis vor. Erinnern wir uns an die Hamburger Quellen: In ihnen begegnet ein Kleriker Johannes de Stadis als Kirchherr von St. Jacobi, der mit jenem Lübecker Namensträger schwerlich identisch ist.[110] Beide können in ihrer ständischen oder familiären Zugehörigkeit nicht eindeutig verortet werden. Aber welche Familien meint Mindermann in bezug auf Stade selbst? Einmal die schon im Hochmittelalter nachweisbare Stader Vogtsfamilie, der im weiteren Sinne auch die Barmstedes, das Gründergeschlecht des Uetersener Klosters, zuzurechnen sind und die sich später nach der gleichnamigen Burg von Brobergen nannten.[111]

---

[106] Ellermeyer (wie Anm. 99), S. 145.
[107] Ebd. (Rechtschreibung wie im Original). „Uterstede" ist eine dem Stadtbucheintrag von 1349 entnommene falsche Schreibung für Uetersen.
[108] Vollmers (wie Anm. 35), S. 120.
[109] Arend Mindermann, Die ‚von Stade': Anmerkungen zu den verschiedenen zwischen dem 13. und 18. Jahrhundert begüterten Familien mit Namen ‚von Stade'. In: Stader Jahrbuch 1995, S. 79f.
[110] Vollmers (wie Anm. 35), S. 120, 674f.
[111] Trüper (wie Anm. 50), S. 54–69; Mindermann (wie Anm. 109), S. 80.

Zum anderen die seit ca. 1300 belegte Patrizierfamilie von Stade, die im 14. und frühen 15. Jahrhundert mehrere Ratsherrn und Bürgermeister stellte, schließlich die von ca. 1250 bis ca. 1450 urkundlich greifbare Ministerialenfamilie von Stade.[112] Alle drei Familien scheiden aber auf dem Hintergrund dessen, was wir über den Priester Nicolaus wissen, aus: Dieser war ein Mitglied der Stader Mittelschicht und wird nur in außerstadischen Quellen als de Stadis bezeichnet. Daher darf er auf keinen Fall mit dem patrizischen Ratsherrn Nicolaus de Stadis verwechselt werden, der wie unser gleichnamiger Propst einen Bruder Heinrich hatte, von 1341 bis 1353 als Ratsverwandter in Stade fungierte und auch auf dem dortigen Kapitalmarkt aktiv war.[113] Man sieht an diesem Beispiel, wie kompliziert es ist, Personen in spätmittelalterlichen Quellen richtig zuzuordnen.

Geschäftliche Beziehungen des Klosters Uetersen nach Stade während Nicolaus de Stadis' Amtszeit

1357 verkaufte der Stader Ratsherr Otto van dem Karckhove, lateinisch de Cimiterio, dem Kloster Uetersen drei Stücke Ackerlandes („tria frusta terre arabilis") im Kirchspiel Drochtersen für 150 Mark. Diese wurden vermutlich 1466 wieder veräußert.[114] Das Handelsgeschäft ist im Stader Stadtbuch I dokumentiert.[115] Bei dem Verkäufer handelt es sich um den Vater des Bürgermeisters Daniel van dem Karckhove († 1421), somit um einen Angehörigen der Stader Patrizierschicht.[116] Da das Kloster Uetersen bis 1357 nach Quellenlage im südelbischen Raum keine Erwerbungen tätigte, ist es nicht abwegig, diesen Kauf mit Beziehungen des Propstes Nicolaus zu seiner Heimatstadt in Verbindung zu bringen. Seestern-Pauly weiß aufgrund eines Diplomatars im frühereren Schauenburg-Pinneberger Archiv von einer weiteren Uetersener Erwerbung im Kirchspiel Drochtersen: „Gleichfalls erhielt

---

[112] Mindermann (wie Anm. 109), S. 80–84.
[113] Ellermeyer (wie Anm. 99), S. 185; Mindermann (wie Anm. 109), S. 80f.
[114] Friedrich Seestern-Pauly, Beiträge zur Kunde der Geschichte so wie des Staats- und Privat-Rechts des Herzogthums Holstein 2. Schleswig 1825, S. 1–68, dort 58; v. Schröder (wie Anm. 31), S. 252 (hier mit einer auch im Stadtbuch verzeichneten Klausel); Bubbe (wie Anm. 24), S. 38.
[115] Stadtbuch I (wie Anm. 100), Bl. 213,2; Ellermeyer (wie Anm. 99), S. 111, Anm. 408, Nr. 2389.
[116] Ellermeyer (wie Anm. 99), S. 185; Arend Mindermann, Adel in der Stadt des Spätmittelalters. Göttingen und Stade 1300 bis 1600. Bielefeld 1996 (Veröffentlichungen des Instituts für Historische Landesforschung der Universität Göttingen 35), S. 258f u. d. Register S. 481, Sp. 2.

das Kloster 1376 mittelst einer Schenkung des Gothwerdt van Brochbergen mehrere Grundstücke, belegen in dem Lande Kehdingen an dem Kirchspiele Drochtersen bey der Brücke, und das Gut to dem Glouversyke."[117] Bei der genannten Person handelt es sich um ein Mitglied der erwähnten Stader Vogtsfamilie, vermutlich um Gottfried (mittelniederdeutsch Godewert oder Godert) V. oder VI.[118] Aufmerken lassen muss der Ortsname „Glouversyke". Er ist durch Abschreibfehler verunstaltet. Der Ort heißt eigentlich Gauensiek (so die heutige Schreibweise, früher „to dem Gowensyke"[119]) und liegt südöstlich von Drochtersen. Ohne Zweifel ist es dieselbe Bauerschaft, aus der Nicolaus de Stadis jährliche Einkünfte von zwei Mark übertragen bekam. Das kann kaum Zufall sein, wenn wir auch die genauen Hintergründe und das weitere Schicksal der Donation, die nach Nicolaus' Amtszeit in Uetersen erfolgte, nicht mehr aufhellen können. Die mittelniederdeutsche Sekundärüberlieferung, auf die sich Seestern-Pauly offenbar bezieht, präzisiert die Umstände der Transaktion: „vry van aller Vorhür ... dat se syn Memorien schollen holden",[120] d.h. Gottfrieds Schenkung geschah unter Befreiung von dem Rekognitionszins, einer bei Eigentumsantritt zu entrichtenden Gebühr, und erfolgte in üblicher Weise in Erwartung memorialer Gegenleistungen durch die Angehörigen des Klosters.[121]

Somit erwarb das Kloster Uetersen, sehr wahrscheinlich durch die Vermittlung des Nicolaus de Stadis, in der nördlichen Stader Elbmarsch Ländereien und hatte dabei in Otto van dem Karckhove Kontakt mit einem Vertreter der Stader Oberschicht sowie in Gottfried von Brobergen mit einem Vertreter des stadtnahen Vogteiadels. Wie schon der Kauf des Dorfes Heist gezeigt hat, muss es dem Kloster Uetersen unter dem Propst Nicolaus ökonomisch nicht schlecht gegangen sein.[122] Eine rege wirtschaftliche Tätigkeit legen neben den bekannten Urkunden auch einige nur durch Se-

---

[117] Seestern-Pauly (wie Anm. 114), S. 58f; Bubbe (wie Anm. 24), S. 39. In den in Frage kommenden Stader Stadtbüchern II A bzw. II B und dem städtischen Kopiar findet sich der Geschäftsvorgang nicht (freundliche Auskunft von Jürgen Bohmbach, Stade, vom 12. 9. 2005).
[118] Trüper (wie Anm. 50), S. 206, 299, 312–315 u. ö., S. 1110 (Register). Vgl. auch Mindermann (wie Anm. 116), S. 467 (Register).
[119] Adolf E. Hofmeister, Besiedlung und Verfassung der Stader Elbmarschen im Mittelalter 1. Hildesheim 1979 (Veröffentlichungen des Instituts für Historische Landesforschung der Universität Göttingen 12), S. 69, 92f, 115.
[120] v. Schröder (wie Anm. 31), S. 250f.
[121] Folglich ist Gottfried V. oder VI. von Brobergen zu den Wohltätern des Uetersener Klosters zu rechnen.
[122] Bubbe (wie Anm. 24), S. 38.

kundärüberlieferung belegte Geschäftsvorgänge nahe, wobei die Datierung allerdings nicht immer zuverlässig ist.[123] Güter des Uetersener Propstes in Gauensiek werden pauschal noch in einem Stadtbucheintrag von 1398 erwähnt, wobei nicht eindeutig ist, ob diese mit den genannten Erwerbungen identisch sind.[124]

Ergänzendes zur Biographie des Nicolaus de Stadis

Die Quellen zu Nicolaus de Stadis, die sich bisher aufgetan haben, reichen von etwa 1335 bis 1362 bzw. 1375/76, umfassen somit eine Zeitspanne von immerhin ca. 27 bzw. 40 Jahren. Wir kennen jetzt sogar die Namen mehrerer Verwandter, den Geburtsort und die gesellschaftliche Schicht, aus der er stammte. Nicolaus muss zwischen 1346 und 1349 von St. Katharinen zum Uetersener Kloster gewechselt sein. Für diese Entscheidung könnten die unruhigen politischen Verhältnisse während des Kapitelstreites ausschlaggebend gewesen sein. Der Befund legt nahe, dass Nicolaus de Stadis als geweihter Priester über das für liturgische Zwecke Notwendige hinaus lateinkundig, diplomatisch versiert und mit den Geschäftspraktiken der damaligen Zeit vertraut war. Das führt uns zu der Frage nach der Ausbildung, die er genossen hatte. Hierzu gibt es leider keine konkreten Hinweise in den Quellen. Man kann nur mutmaßen, dass er seine erste schulische Unterweisung in Stade empfing, weiterführenden Unterricht vielleicht auf der Domschule in Bremen oder in Hamburg, dem Marianum, genoss. Wir wissen, dass bei Eignung auch Schüler dort aufgenommen wurden, die nicht aus dem Adel oder dem Patriziat stammten.[125] Wo Nicolaus die Weihen empfing und wo er Primiz feierte, bleibt, zumindest vorerst, unbekannt. Geht man davon aus, dass Nicolaus in kanonischem Alter zum Priester ordiniert wurde, also mindestens 25 Jahre alt war,[126] dann muss er vor 1310 geboren

---

[123] v. Schröder (wie Anm. 31), passim; Risch (wie Anm. 30), S. 148–150.
[124] Stadtbuch II B (Stadtarchiv Stade, StB II B), Nr. 1916 (1398). Vielleicht gehörten die Gefälle aus den Gütern seinerzeit zur Besoldung des Propstes. Um Personaleinkünfte des Nicolaus de Stadis konnte es sich nicht mehr handeln.
[125] Alfred Löhr, Kult und Herrschaft. In: Der Bremer Dom. Baugeschichte, Ausgrabungen, Kunstschätze. Bremen 1979, S. 100; Eduard Meyer, Geschichte des Hamburgischen Schul- und Unterrichtswesens im Mittelalter. Hamburg 1843, S. 8–31; Wätjer (wie Anm. 18), S. 90–93; Bünz/Lorenzen-Schmidt, Lebenswelten (wie Anm. 8), S. 41.
[126] Friedrich Wilhelm Oediger, Über die Bildung der Geistlichen im späten Mittelalter. Leiden/Köln 1953 (Studien und Texte zur Geschichte des Mittelalters 2), S. 82, Anm. 3 (mit Quellenangaben).

worden sein. Zu Nicolaus' Lebzeiten war es für die Aufnahme in den Niederklerus jedenfalls nicht Bedingung, eine Universität besucht zu haben.[127] Sollte er das trotzdem getan haben, dann muss er dafür außerhalb Deutschlands gewesen sein – etwa in Paris oder Bologna – , weil es in der ersten Hälfte des 14. Jahrhunderts im deutschen Sprachgebiet noch keine Hochschulen gab.[128] Das ist allerdings nicht sehr wahrscheinlich, weil der Universitätsbesuch teuer war und weil vor 1450 nur wenige studierte Pfarrvikare in Hamburg nachweisbar sind. Zu beachten ist überdies, dass Weltpriester im Spätmittelalter offenbar wenn überhaupt, dann zumeist ein Artes-, Rechts- oder Medizin-, aber kein Theologiestudium absolvierten. Die Aussagen in der einschlägigen Literatur sind zwar nicht deckungsgleich, kommen aber in der letzteren Feststellung überein.[129]

Als Nächstes ist zu klären, bis wann Nicolaus de Stadis sein Amt bei den Uetersener Nonnen ausübte. Der jüngste Beleg für einen Terminus ad quem ist jene Urkunde vom 23. 2. 1362. Am 19. 7. 1368 war ein Albert Propst des Klosters. Unter ihm setzte sich der Ausbau der monastischen Grundherrschaft fort.[130] Zu einer engeren Eingrenzung kommen wir nach Quellenlage nicht. Gewiss ist aber, dass Nicolaus de Stadis nicht als Uetersener Propst starb, sondern noch zwischen dem 15. Juni 1370 und dem 28. März 1382 als Dauervikar am Hamburger Dom belegt werden kann. Damit erweitert sich die durch Quellen abgedeckte Zeitspanne um weitere sieben auf insgesamt 47 Jahre. Drei Dokumente (zwei Urkunden und ein Erbebucheintrag), die sich im Hamburger Staatsarchiv befinden, beweisen diese Funktion.[131] Nicolaus de Stadis heißt in diesen Quellen interessanterweise auch „de Clau-

---

[127] Bünz/Lorenzen-Schmidt, Lebenswelten (wie Anm. 8), S. 30f.
[128] Thomas Ellwein, Die deutsche Universität. Vom Mittelalter bis zur Gegenwart. Wiesbaden 1997, S. 23–38.
[129] Vollmers (wie Anm. 35), S. 122: „Gemeinhin studierten Weltkleriker die Rechte oder die Medizin. Das Studium der Theologie war für die meisten Kleriker ... zu langwierig und damit zu teuer. Die Pfarrseelsorge war in vorreformatorischer Zeit prinzipiell ein ‚Lehrberuf'. Die entsprechenden Qualifikationen wurden in den Lateinschulen und in den Häusern der Geistlichen erworben." Bünz/Lorenzen-Schmidt, Lebenswelten (wie Anm. 8), S. 32: „Allerdings haben die allerwenigsten [sc. Weltpriester, J. S.] die Theologische Fakultät besucht, die im wesentlichen von Ordensgeistlichen frequentiert wurde, sondern vielmehr die Juristische Fakultät und – dies gilt für die absolute Mehrzahl der Pfarrgeistlichen – die Artistenfakultät."
[130] Pauls (wie Anm. 19), Nr. 963 u. 1272; Meyn (wie Anm. 12), S. 77.
[131] Staatsarchiv Hamburg, Threse I Rr 136; Hypothekenamt V.4 – 159/6; Threse I, S 35 u. 36. Executio testamenti domini Ludolpi de Elredevlete: Meyer (wie Anm. 125), S. 210f, Nr. XII.

stro", was als unterscheidendes Merkmal mit seiner früheren Tätigkeit in Uetersen zu tun haben dürfte.[132] Über die Aufgaben und die wirtschaftliche Situation der Hamburger Domvikare, die gegenüber den Vikaren an den Stadtkirchen und -kapellen einen rechtlichen Sonderstatus genossen, sind wir recht gut unterrichtet. Es waren keinesfalls knapp dotierte Stellen, die damals zumeist von Priestern aus der Mittelschicht besetzt wurden, wie es bei den Kirchherren-, Vizekirchherren- sowie den Vorsteherposten in kleineren Frauenklöstern der Fall war.[133] Für Nicolaus de Stadis lassen sich alle drei Bereiche nachweisen, aber erwartungsgemäß nicht der Aufstieg in die Schicht der Präbendaten. Die Urkunde von 1370 bezeugt die Vollstreckung des Testaments[134] des Domvikars Ludolphus de Elredevlete. Aus seiner Hinterlassenschaft in Grundvermögen, die nach dem Willen des Erblassers der Verbesserung von sechs einkommensschwachen Vikarien dienen soll, weisen die Testamentarier des Kapitels, Johannes Greseke und Alanus Bosman, den Vikaren Hermannus Droste und Nicolaus de Claustro das Hinterhaus eines gegenüber dem Chorumgang („ambitus") des Mariendoms gelegenen Gebäudes als Wohnung zu.[135] Der Text sagt aus, dass die Einkünfte der Lehen der beiden dürftig seien und diesen Lehen deswegen jenes Hinterhaus zugeschlagen worden sei.[136] Dieser Umstand braucht aber nicht zu bedeuten, dass die betroffenen Vikare bettelarm waren; wir kennen ihre Vermögenssituation insgesamt nicht. Die beiden Vikarien wurden aus der Nachlassmasse nachdotiert – ein nicht seltener Vorgang, der in den Instrumenten zu formelhaften Wendungen führte, die man nicht allzu wörtlich nehmen darf.

Die Urkunde gibt noch eine zusätzliche Information: Nicolaus heißt dort „vicarius servans primae missae", d.h. er (oder sein amtsausübender Stellvertreter) war – neben drei anderen Klerikern – für die Zelebration der Früh-

---

[132] Das vermutet Klaus-Joachim Lorenzen-Schmidt, bei dem ich mich an dieser Stelle für hilfreiche Hinweise zu bedanken habe.
[133] Hagedorn/Nirrnheim (wie Anm. 17), Nr. 1024, S. 806f; Heuer (wie Anm. 5), S. 61; Wätjer (wie Anm. 18), S. 101–112; Bünz/Lorenzen-Schmidt, Lebenswelten (wie Anm. 8), S. 32f.
[134] Genauer müsste man von einer letztwilligen Verfügung sprechen, dazu Riethmüller (wie Anm. 6), S. 15.
[135] Executio (wie Anm. 131), S. 210. Dazu erläuternd Petrus Lambeccius, Origines Hamburgenses. Lib. II, Hamburgi 1661, S. 93, Anm. 8: „Per Ambitum ... significatur hîc porticus Basilicae Cathedralis, per quam olim antiquo more Ecclesiae Catholicae processiones sacrae fiebant." Greseke war von 1354 bis 1363 Dekan, s. Vonderlage (wie Anm. 13), S. 97f, Nr. 100; Wätjer (wie Anm 18), S. 243; Vollmers (wie Anm. 35), S. 766 (Register), Bosman einfacher Kanoniker, s. Vonderlage (wie Anm. 13), S. 83, Nr. 32.
[136] Executio (wie Anm. 131), S. 210.

messe im Dom zuständig.[137] Man nannte diese Geistlichen auch Primissare.[138] Sogar der Standort des Altares lässt sich mit einer gewissen Wahrscheinlichkeit ausmachen: Es wird der Matthäusaltar an der Nordseite des Domes gewesen sein.[139] Es ist eben dieser Altar, der von Heinrich (IV.) von Barmstede († 1285), dem Enkel des Gründers des Uetersener Klosters, dessen Mutter und einem Priester namens Johannes, vermutlich Heinrichs Neffen, 1279 für die Frühmesse dotiert wurde.[140] 1363 erfolgte die Neuerrichtung des Lehens durch den schon genannten Domdekan Johannes Greseke und den Domscholastikus Hinricus Witte mit 20 Mark Einkünften, die ein „armer Schüler" („pauper scolaris"), vermutlich ein Absolvent der Kathedralschule, übertragen bekam.[141] Das bedeutet auch, dass das Besetzungsrecht auf das Domkapitel übergegangen war.[142] Irgendwann zwischen 1363 und 1370 muss die Pfründe auf Nicolaus de Stadis übertragen worden sein, was sich gut in den bisher eruierten Zeitrahmen fügt. 1374 wird Nicolaus de Stadis in einem Erbebucheintrag im Zusammenhang der Abtretung eines Wohngebäudes in der Niedernstraße erwähnt.[143] Die letzte Nennung Nico-

---

[137] Wätjer (wie Anm. 18), S. 104. Die Primissarbenefizien bekamen aus dem besagten Hinterhaus schon vor dem Tod des Ludolphus de Elredevlete jährliche Gefälle von drei Schillingen, Executio (wie Anm. 131), S. 211.

[138] Albert Blaise, Lexicon latinitatis medii aevi praesertim ad res ecclesiasticas investigandas pertinens. Turnholti 1975, S. 732, Sp. 1: „primissarius, celui qui dit la première messe (14e s.)."

[139] Gustav Ferdinand Stöter, Die ehemalige St. Marien Kirche oder der Dom zu Hamburg. Hamburg 1879, S. 119f; Kai Mathieu, Der Hamburger Dom. Untersuchungen zur Baugeschichte und eine Dokumentation zum Abbruch. Hamburg 1973 (Mitteilungen aus dem Museum für Hamburgische Geschichte, Neue Folge, 8), Abb. 60 (unanschaulich); Volker Plagemann, Versunkene Kunstgeschichte. Die Kirchen und Künstler des Mittelalters in Hamburg. Hamburg 1999, S. 51f; ders., Der Hamburger Mariendom: Das Mittelalter in Hamburg. Kunstförderer, Burgen, Kirchen, Künstler und Kunstwerke. Hamburg 2000 (Vorträge der Stiftung Denkmalpflege 1), S. 111f.

[140] Johann Martin Lappenberg (Hg.), Hamburgisches Urkundenbuch. Hamburg 21907, Nr. 780; Stüben (wie Anm. 83), S. 180; Trüper (wie Anm. 50), S. 63, 65; Wätjer (wie Anm. 18), S. 106.

[141] Karl Koppmann (Hg.), Necrologium Capituli Hamburgensis. In: Zeitschrift des Vereines für hamburgische Geschichte 6, 1875, S. 99, Anm. 1, mit Bezug auf die „Redditus beneficiorum". Vgl. Vollmers (wie Anm. 35), S. 16. 256–262; Wätjer (wie Anm. 18), S. 243, 245.

[142] Wätjer (wie Anm. 18), S. 103f. Das Kollationsrecht ergab sich hier, unabhängig von gesetzlichen Fristen oder letztwilligen Verfügungen, einfach aus der (Re-)Dotation. Die Bestimmungen der Neudotierung von 1307 legen allerdings nahe, dass die Kollatur bereits früher dem Kapitel zugefallen war, s. Hagedorn/Nirrnheim (wie Anm. 17), Nr. 143. Vgl. Vollmers (wie Anm. 35), S. 168–186.

[143] Staatsarchiv Hamburg, Threse I Rr 136; Hypothekenamt V.4.

laus de Stadis' 1382 erfolgt als Zeuge der Beurkundung einer Schenkung an das Domkapitel: Der aus Lüneburg stammende Kanonikus Hartwicus de Salina überlässt seinem Kapitel „für die Kapelle im neuen Chorumgang" („pro capella in novo ambitu"), die so genannte Cäcilienkapelle, und für Memorien ein Stück Land jenseits des Reesendamms.[144]

Über den Tod des Nicolaus de Stadis gibt es keine Nachrichten. Sämtliche niederen Geistlichen mit Namen Nicolaus, die im Nekrolog des Hamburger Domkapitels vorkommen, sind andere Personen.[145] Ein Grabdenkmal, wie es für norddeutsche Niederkleriker in einer Reihe von Fällen die Zeiten überdauert hat, ist nicht erhalten.[146] Die Wahrscheinlichkeit, dass Nicolaus de Stadis als Domvikar starb, ist sehr hoch, zumal er bei seiner letzten bis jetzt bekannten Erwähnung in einem für die damalige Zeit recht fortgeschrittenen Alter gestanden haben muss. Geht man von dieser Vermutung aus, dann lässt sich aufgrund einer hier schon benutzten normativen Quelle, der Statuten des Hamburger Domkapitels („Consuetudines Hamburgensis ecclesie") von 1336, die Behauptung wagen, dass Nicolaus de Stadis seine letzte Ruhestätte in der Hamburger Kathedralkirche fand, und zwar an „seinem" Altar. Dieser Stelle kam als Amtsgrablege nicht zuletzt wegen der Totenmemoria eine besondere Rolle zu und bedeutete für den einzelnen Priester – im wörtlichen wie im übertragenen Sinne – die Einbettung in eine die eigene geschichtliche Existenz überschreitende Kontinuität.[147] Der Hergang der Sterbebegleitung und der Begräbnisfeierlichkeiten für die hamburgische Kathedralgeistlichkeit war genau vorgeschrieben: „Lag ein Domherr oder Domvikar im Sterben, sollten alle Priester des Doms zusammenkommen, um ihm mit den gewohnten Gebeten beizustehen. War er ver-

---

[144] Staatsarchiv Hamburg, Threse I S 35 u. 36. Die Kapelle war von de Salina 1378 gegründet worden. Stöter (wie Anm. 139), S. 127, 144f; Vonderlage (wie Anm. 13), S. 121, Nr. 219; Plagemann, Versunkene Kunstgeschichte (wie Anm. 139), S. 46f. Zum Typus der Chorkapelle Antje Grewolls, Die Kapellen der norddeutschen Kirchen im Mittelalter. Kiel 1999, S. 48–59.

[145] Koppmann (wie Anm. 141), S. 172 (Register).

[146] Ein Beispiel (Andreas Brus, † 1532) ist abgebildet bei Bünz (wie Anm. 86), S. 11. Vgl. Klaus Krüger, Corpus der mittelalterlichen Grabdenkmäler in Lübeck, Schleswig, Holstein und Lauenburg (1100–1600). Stuttgart 1999 (Kieler Historische Studien 40), S. 350f. 1805 genehmigte die Domheimfallskommission die Verwendung alter Grabsteine („Leichensteine") aus dem Dom für den Sielbau, s. Ralph Knickmeier, Der vagabundierende Altar. Berlin 2004, S. 25f.

[147] Klaus Krüger, Selbstdarstellung der Kleriker – Selbstverständnis des Klerus. Eine Quellenkritik an Grabdenkmälern anhand nordelbischer Beispiele. In: Bünz/Lorenzen-Schmidt, Klerus, Kirche und Frömmigkeit (wie Anm. 8), S. 171f.

schieden, sollte sich nach der Vesper eine Prozession zu seiner Heimstatt bewegen und die Leiche zur St.-Petri-Kirche tragen ... Den Transport sollten bei einem Domherrn seine Mitkanoniker, bei einem Vikar die Vikare mit dem Weihegrad eines Priesters übernehmen. In der St.-Petri-Kirche sollten dann die Vigilien und am darauf folgenden Tag zwei Messen für den Toten gesungen werden ... Erst nach ihrem Abschluss sollte der Leichnam in den Dom überführt werden, wo vier Messen gesungen werden mussten, eine im Chor, eine durch den vicarius sub cripta und zwei nach Anweisung der Testamentsvollstrecker des Verstorbenen."[148] Ausdrücklich wird bestimmt, dass alle in Hamburg verstorbenen Geistlichen im Dom beizusetzen seien,[149] so dass man das auch aufgrund dieser speziellen Quelle für Nicolaus de Stadis mit Recht annehmen kann. Der Kryptavikar hatte eine besondere Seelsorgebefugnis für den städtischen Klerus, war somit auch für die Reichung der Sterbesakramente zuständig.[150]

Auf welchen Wegen Nicolaus de Stadis als, wie angenommen werden darf, nicht unvermögender Handwerkerssohn zu seinen Ämtern kam, teilen die hier benutzten Quellen nicht mit. Als Pfarrvikar besetzte er einen Posten, wie ihn auch Kathedralkanoniker innehatten. Persönliche Verbindungen werden nicht ohne Ausschlag gewesen sein,[151] zumal es anscheinend keine Anwartschaft aufgrund von Geburt oder Zugehörigkeit zum Domkapitel gab.[152] Fragt man nach Stadern, die um 1345 Mitglieder des Domkapitels waren bzw. in dessen Diensten standen, so stößt man zunächst auf den Kanonikus Willecinus de Stadis, der (von Rechts wegen) auch Vikar am Ratzeburger Dom, Rektor in Proseken und danach in Klütz im Bistum Ratzeburg war,[153] dann auf den schon erwähnten Johannes de Stadis, der das Amt eines Pfarrvikars an St. Jacobi bekleidete, aber offenbar auch als Offi-

---

[148] Vollmers (wie Anm. 35), S. 54, aufgrund von Hagedorn/Nirrnheim (wie Anm. 17), Nr. 1024, S. 822.

[149] Hagedorn/Nirrnheim (wie Anm. 17), Nr. 1024, S. 822: „Item quilibet presbiter vel clericus moriens in [civitate] Hamburgensi in maiori ecclesia sepelietur ...".

[150] Vollmers (wie Anm. 35), S. 53–55.

[151] Klaus-Joachim Lorenzen-Schmidt, Anmerkungen zur Prosopographie des vorreformatorischen Niederklerus in Nordelbien. In: Bünz/Lorenzen-Schmidt, Klerus, Kirche und Frömmigkeit (wie Anm. 8), S. 105–125, dort 113.

[152] Vollmers (wie Anm. 35), S. 123–127.

[153] Reetz (wie Anm. 45), S. 483; Reetz (wie Anm. 56), S. 112; Vonderlage (wie Anm. 13), S. 123, Nr. 231; Stefan Petersen, Benefizientaxierungen an der Peripherie. Pfarrorganisation, Pfründeneinkommen, Klerikerbildung im Bistum Ratzeburg. Göttingen 2001 (Veröffentlichungen des Max-Planck-Instituts für Geschichte 166), S. 238.

zial des Domdekans fungierte.[154] Wie gezeigt, können wir zwar Verwandtschaft ausschließen, dürfen aber Bekanntschaft annehmen. Die Ämterlaufbahn des Nicolaus de Stadis, die sich im regionalen Dreieck der Städte Stade und Hamburg sowie des Uetersener Klosters vollzog, ist allerdings insofern ungewöhnlich, als er eine Tätigkeit als Altarist aufnahm, nachdem er bereits Vizerektor und Nonnenpropst gewesen war. Man kann vermuten, dass hier ein sozialer Abstieg vorliegt, beweisen lässt es sich nicht.

In diesem Beitrag sollte an einem Musterfall gezeigt werden, dass man zumindest bei vergleichsweise günstiger Quellenlage schon für das 14. Jahrhundert die Karrieren norddeutscher Niederkleriker ein Stück weit nachzeichnen und auch anschaulich machen kann. Das Urteil von Bünz und Lorenzen-Schmidt: „Beim Gros der Kleriker ist eine genaue Bestimmung der lokalen und sozialen Herkunft schwer – man könnte auch sagen: aussichtslos"[155] ist zwar grundsätzlich richtig, wir haben in dem behandelten Falle aber eben eine Ausnahme von diesem Gros vorliegen. Es steht zu erwarten, dass die Forschung in Zukunft weitere Ausnahmen zu Tage fördern wird, und es ist zu hoffen, dass sich der Verein für Schleswig-Holsteinische Kirchengeschichte[156] an diesbezüglichen Bemühungen beteiligt, nicht zuletzt auch um Fehlurteile in der bisherigen Sekundärliteratur richtig zu stellen. Dafür nur ein bezeichnendes, hier gut passendes Beispiel: Keinesfalls darf pauschal behauptet werden, „aus vorreformatorischer Zeit" der Hamburger Katharinenkirche „sind weder Zahl noch Namen"[157] der dort tätigen Geistlichen bekannt; eine solche Feststellung ist leichtfertig und gründet nicht auf Quellenkenntnis. Eine noch zu erstellende Prosopographie der nordelbischen Geistlichkeit insgesamt bzw. institutionsspezifisch des Klosters Uetersen wäre, wie das Beispiel des Nicolaus de Stadis lehrt, auf einer breiten Basis anzulegen.

---

[154] Reetz (wie Anm. 56), S. 112; Vollmers (wie Anm. 35), S. 674f.
[155] Bünz/Lorenzen-Schmidt, Lebenswelten (wie Anm. 8), S. 27.
[156] Vgl. Lorenz Hein/Johannes Schilling, Verein für Schleswig-Holsteinische Kirchengeschichte. In: Dietrich Blaufuß/Thomas Scharf-Wrede (Hg.), Territorialkirchengeschichte. Handbuch für Landeskirchen- und Diözesangeschichte. Neustadt an der Aisch 2005 (Veröffentlichungen der Arbeitsgemeinschaft der Archive und Bibliotheken in der evangelischen Kirche 26), S. 157–163.
[157] Peter Stolt, Pastorenporträts. In: Denecke/Stolt (wie Anm. 49), S. 135.

Konfirmationsunterricht 1876/1877 in der Kirchengemeinde Elmschenhagen

Gottfried Mehnert

Einführung

Quellen, die Einblicke in das Gemeindeleben und die darauf bezogene pfarramtliche Praxis vermitteln, sind nicht sehr zahlreich. Deshalb ist das Bild, das kirchengeschichtliche Darstellungen zeichnen, in der Regel bestimmt von den allgemeinen epochenprägenden Grundlinien der Theologie- und Frömmigkeitsgeschichte. Die Schilderung des realen kirchlichen Lebens, soweit es überhaupt in kirchengeschichtlichen Darstellungen Beachtung findet, fußt vorwiegend auf statistischen Angaben und Gemeindechroniken, und – wo es sich um die Amtsausübung der Pastoren handelt – hauptsächlich auf Predigten und Kasualreden. Das beruht auf dem Vorrang, den die Predigt als zentrale Aufgabe des geistlichen Amtes in der Evangelischen Kirche einnimmt.

Selten jedoch findet man Belege dafür, wie Pastoren die in der evangelischen Kirche nicht weniger bedeutsame katechetische Aufgabe des Konfirmationsunterrichts wahrgenommen haben. Dies ist besonders deshalb ein Mangel, weil gerade die kirchliche Unterweisung der Jugend das religiöse Bewusstsein und damit das kirchliche Leben der Gemeindeglieder nachhaltig geprägt hat. Zwar geben praktisch-theologische Handbücher und katechetische Lehrbücher Auskunft über die konzeptionelle und theoretische Seite der Katechetik, aber wie die kirchliche Unterweisung praktisch gehandhabt wurde, wie die Pastoren die Theorie der Katechetik in der pfarramtlichen Praxis umgesetzt haben, wie sie die evangelischen Glaubenslehren vermittelt haben, bleibt dabei im Dunkeln.

Es ist deshalb ein Glücksfall, dass die hier dokumentierte Quelle einen aufschlussreichen Einblick in die Praxis des Konfirmationsunterrichts in den Jahren 1876/1877 vermitteln kann. Dabei handelt es sich um ein Oktavheft mit einem festen Pappeinband von 76 Seiten, das dem Verfasser von einem Gemeindeglied aus dem zur Kirchengemeinde Elmschenhagen gehörenden Dorf Moorsee übergeben wurde.[1] Das auf das 13. Jahrhundert zurückge-

---

[1] Der Verfasser war von 1961 bis 1965 Pastor der 2. Pfarrstelle in der Kirchengemeinde Elmschenhagen, zu deren Bezirk die Dörfer Wellsee, Rönne, Schlüsbek und Moorsee gehörten.

hende Kirchspiel Elmschenhagen lag auf dem Gebiet des 1211 gegründeten Nonnenklosters Preetz, dessen Patronat es unterstand. 1811 wurde es der neu organisierten Propstei Kiel inkorporiert; 1876 erfolgte mit der Einführung der Kirchengemeinde- und Synodalordnung eine gebietliche Umformung der Propstei Kiel. Die Dörfer Wellsee und Moorsee kamen erst 1895 zur Kirchengemeinde Elmschenhagen dazu, ihre vorherige Zugehörigkeit ließ sich nicht ermitteln.[2]

Das in Moorsee aufbewahrte Heft enthält in anfangs noch kindlich akkurater Handschrift den augenscheinlich diktierten kompletten einjährigen Gang durch den Unterrichtsstoff zur Vorbereitung auf die Konfirmation. Der Name der Konfirmandin geht aus der ersten Seite des Hefts hervor: „Confirmations=Unterricht für Margaretha Thode 1876–77". Über ihre Person war Genaueres nicht zu ermitteln. Es bleibt deshalb auch eine offene Frage, wo sie zur Zeit des Konfirmationsunterrichts ansässig war; Ortswechsel infolge von Verheiratung sind in diesen damals noch gänzlich agrarisch geprägten Dörfern vorauszusetzen. Der Name Thode ist im Kieler Raum nicht selten.

Der Text wird buchstabengetreu ohne Angleichung an die heutige Rechtschreibung wiedergegeben, wobei auch offensichtliche Verschreibungen und orthographische Fehler nicht korrigiert werden. Wo es nötig schien, wurden erklärende Ergänzungen und Zusätze in eckigen Klammern [ ] zugefügt. Unterstreichungen entsprechen dem Dokument. Der Beginn einer neuen Seite im Oktavheft wird mit ¶ gekennzeichnet.

Die Gesangbuchlieder, die im Verlauf des Unterrichts vorkamen, sind mit Liednummern angegeben. Es handelt sich dabei um die Zählung des damals seit fast 100 Jahren im Gebrauch befindlichen „Cramerschen Gesangbuchs",[3] das erst aufgrund eines Beschlusses der zweiten ordentlichen schleswig-holsteinischen Gesamtsynode von 1883 durch ein neues Gesangbuch er-

---

[2] Zur Geschichte Elmschenhagens siehe Gottfried Mehnert, Die Maria-Magdalenen-Kirche zu Elmschenhagen. In: Kirche in Kiel. 750 Jahre Kiel, 750 Jahre St. Nikolai. Hg. im Auftrage des Ev.-Luth. Kirchenkreises Kiel von Karl-Behrnd Hasselmann. Neumünster 1991, S. 57–59; Lorenz Hein, Das Kirchspiel Elmschenhagen im Mittelalter. In: SVSHKG II.28, 1972, S. 53–72.

[3] Die Gesangbuchtexte sind entnommen aus: Allgemeines Gesangbuch auf Königlichen Allergnädigsten Befehl zum öffentlichen und häuslichen Gebrauche in den Gemeinden des Herzogthums Schleswig, des Herzogthums Hollstein, der Herrschaft Pinneberg, der Stadt Altona und der Grafschaft Ranzau gewidmet und mit Königlichem Allerhöchsten Privilegio herausgegeben. Altona. Zwote Ausgabe 1782. Das zum Gebrauch in den Gemeinden der Herzogtümer bestimmte Gesangbuch, das 914 Lieder enthält, darunter mehr als 200 von Cramer selbst gedichtete, wurde erstmals 1780 in Kiel gedruckt, vgl. Hans N. A. Jensen/Andreas L. J. Michelsen, Schleswig-holsteinische Kirchengeschichte 4. Kiel 1879, S. 301ff.

setzt worden ist. Seine Bezeichnung rührt daher, dass es zurückgeht auf Johann Andreas Cramer (1723–1788), der einer der prägenden Theologen der Aufklärungsepoche und ein mit Gellert und Klopstock befreundeter fruchtbarer geistlicher Dichter war.[4] Die zahlreichen von ihm selbst stammenden Lieder wie seine sprachlichen Umarbeitungen älterer Kirchenlieder sind vom personalistisch-moralischen Sprachgeist des 18. Jahrhunderts geprägt. Da diese Liedertexte des „Cramerschen Gesangbuchs" erheblich vom Wortlaut der gegenwärtigen evangelischen Gesangbücher abweichen oder heute nicht mehr in Gesangbüchern zu finden sind, werden die Liedertexte im Wortlaut im Anhang wiedergegeben, um damit auch einen Eindruck davon zu vermitteln, wie durch das um 1876 gängige evangelische Liedgut das religiöse Denken sprachlich und geistig geprägt war.

Die Konzeption des Konfirmationsunterrichts zeichnet sich aus durch den ausgesprochenen Bezug auf das persönliche Leben des Christen. Dies geht schon aus der zehnteiligen Gliederung des Unterrichtsmaterials hervor, das den Lebensgang von der Geburt bis zum Tod umfasst. Dem entspricht das Vorwalten individualethischer, auf die Lebensgestaltung bezogener Gesichtspunkte, wogegen die dogmatischen, theologisch-lehrhaften Aspekte zurücktreten. Intendiert ist offensichtlich die ethische Prägung der Person. Diese Absicht unterstreichen auch die Bibelsprüche, die einen breiten Raum einnehmen und die vorwiegend sittlich-belehrenden Charakter besitzen. Hauptsächlich sind sie der alttestamentlichen und der apokryphen Weisheitsliteratur, den Psalmen und den neutestamentlichen Briefen entnommen. Zitate aus den Evangelien dienen ebenfalls mehr der sittlichen Unterweisung als der Glaubenslehre. Auffällig ist der verhältnismäßig große Anteil der Lieder, deren Auswahl und Inhalt der Konzeption des Unterrichts entspricht. Auch in ihnen dominiert der ethische personalistische Aspekt einer auf Vertrauen und Ehrfurcht ausgerichteten Frömmigkeit. Infolge dessen haben die Lieder im Zusammenhang des Unterrichtsganges als Lese- und Lernstoff vorwiegend lehrhafte Funktion und Bedeutung; ihr liturgischer Charakter tritt in den Hintergrund, wie denn überhaupt der Gottesdienst nur am Rande erwähnt wird. Ein auffälliges Merkmal des Unterrichts sind ferner die „Denksprüche", durchweg gereimte einfache Lebens- und Verhaltensregeln von schlichter Einprägsamkeit, die jeweils einen Sinnabschnitt beschließen. In einigen Fällen handelt es sich um Gesangbuchverse.

---

[4] Über ihn: Gottfried Mehnert, Die Kirche in Schleswig-Holstein. Kiel 1960 S. 110ff; ders., Die Aufklärungsepoche in Schleswig-Holstein. In: Nordelbingen 30, 1961, S. 22ff, über das Gesangbuch bes. 33.

In nur geringem Umfang kommt der „Kleine Katechismus" zur Geltung. Aus ihm werden nur das 4. Gebot, das 2. Hauptstück, das 3. Hauptstück und die Beichte erwähnt. Diese geringe Berücksichtigung des Katechismus dürfte damit zusammenhängen, dass der wesentliche Stoff der Glaubensunterweisung zu jener Zeit seinen Platz im Religionsunterricht der Schule gehabt hat, worauf an einer Stelle auch ausdrücklich verwiesen wird.

Schließlich sei noch hervorgehoben, dass das Thema Eid einen auffällig großen Umfang einnimmt.

Dokumentation

Confirmations=Unterricht
für
Margaretha Thode 1876–77

¶I Stunde

Übersicht über den Confirmationsunterricht. Des <u>Christen</u>= Lebenslauf.

1. Der <u>Eintritt</u> in das Leben.
2. Die <u>Weihe</u> für das Leben.
3. Die <u>Erziehung</u> für das Leben.
4. Die <u>Selbstentscheidung</u> für das Leben.
5. Die <u>Schule</u> des Lebens.
6. Das <u>bürgerliche</u> Leben.
7. Das <u>kirchliche</u> Leben.
8. <u>Christliche</u> Lebens=Regel.
9. Der <u>Austritt</u> aus dem zeitlichen Leben.
10. Das <u>ewige</u> Leben.

I Der <u>Eintritt</u> in das Leben
Gesang 87 zu lernen [Anhang Nr. 1]
Ps. 39,13 Ich bin beides, dein Pilgrim und dein Bürger, wie alle meine Väter.

A. <u>Wer</u> <u>giebt</u> das Leben?
Zunächst <u>Gott</u>: Der Gott der die Allmacht Weisheit und Liebe ist.
Um seiner <u>Allmacht</u> willen müssen wir Gott in <u>Demuth</u> bewundern
Hiob 10,12 Leben und Wohlthat hast du an mir gethan, und dein Ansehen ¶bewahret meinen Odem.

Ps. 104,24 Herr, wie sind deine Werke so groß und so viel! Du hast sie alle weislich geordnet, und die Erde ist voll deiner Güter.
Um seiner Weisheit willen müssen wir Gott vertrauen, und einjeder mit Seinem loose zufrieden sein.
Ps. 37,5 Befiehl dem Herrn deine Wege und hoffe auf ihn; Er wird es wohl machen.
¶Hiob 2,10 Er aber sprach zu ihr: Du redest wie die närrischen Weiber reden. Haben wir Gutes empfangen von Gott, und sollten das Böse nicht auch annehmen? In diesem allen versündigte sich Hiob nicht mit seinen Lippen.
Sirach 11,14. Es kommt alles von Gott, Glück und Unglück, Leben und Tod, Armuth und Reichthum.
Einen Widerspruch gegen Gottes Weisheit scheint ¶das Leiden Unglück Armuth plötzliger Tod und dergleichen zubilden, zunächst aber mußten [müssen] wir diejenigen Leiden abrechnen die wir selbst verschuldet haben.
Klagel. Jeremia 3,39 Wie murren denn die Leute im Leben also? Ein Jeglicher murre wider seine Sünde.
Im übrigen sendet Gott den Menschen allerlei Leiden zur Prüfung und Übung in diesen Leben.
Ebr. 12,11 Alle Züchtigung ¶aber, wenn sie da ist, dünkt sie uns nicht Freude, sondern Traurigkeit zu sein; aber darnach wird sie geben eine friedsame Frucht der Gerechtigkeit denen, die dadurch geübt sind.
Jakobi 1,12 Selig ist der Mann, der die Anfechtung erduldet; denn nachdem er bewähret ist, wird er die Krone des Lebens empfangen, welche Gott verheißen hat denen, die ihn lieb haben.

III Stunde. Wenn Gott ¶jemanden unverschuldet schlägt mit Leiden Krankheit Armuth und dergleichen, so hat er bisweilen die Verherrlichung seines Namens zum Zweck durch wunderbarer [sic!] Errettung, wie bei den Blindgebordenen [sic!][Joh. 9,1–12] oder durch Werke der Liebe die er hervorruft in zeiten der Noth z. B. im Krieg bei Überschwämmungen u.s.w. Aber allermeist [über das durchgestrichene Wort ist mit Bleistift *immer* geschrieben] hat er [hier ist mit Bleistift eingefügt: *zugleich*] unsere[r] Seele Heil im Auge, indem ¶er das Leid zur Übung und Prüfung sendet, und dereinst dem, der behar[r]t bis ans Ende die Krone des Lebens giebt.
Wenn Gott das schlimmste Leid sendet, d. h. wenn er plötzlich aus dem Leben zum Tode führt, so müssen wir bedenken das der Tod wieder zum Leben führt, und das Gott nach seiner Weisheit gewiß gerade die rechte Stunde erwählt hat wo er zum ewigen Leben ruft. Gottes Wege sind uns oft Räthsel, aber die Räthsel ¶des Lebens lösen sich zum Theil schon hier, sicher dort.

Sprüche 1 Cor. 13,12 Wir sehen jetzt durch einen Spiegel in einem dunkeln Wort; dann aber von Angesicht zu Angesicht. Jetzt erkenne ich es stückweise, dann aber werde ich es erkennen, gleichwie ich erkannt bin.
Ps, 31,16 Meine Zeit stehet in deinen Händen.
Weisheit Salomos 4,14 Denn seine Seele gefällt Gott. Darum eilet er mit ihm aus dem bösen Leben.

¶Denksprüche
Möchtest du tauschen, du könntes[t] dich täuschen.

Wenn du Gott wolles[t] Dank für jede Wohlthat sagen,
so hättes[t] du nicht zeit erst über Weh zu klagen.

Gesang 671 zu lesen. [Anhang Nr. 2]

IIII Stunde
Um seiner Liebe willen müssen wir Gott danken.
Sprüche 1, Joh 4,16 Und wir haben erkannt und geglaubt die Liebe, die Gott zu uns hat; Gott ist die Liebe; und wer in ¶der Liebe bleibet, der bleibet in Gott und Gott in ihm.
Ephs. 3,15 Der der rechte Vater ist über Alles, was da Kinder heißt im Himmel und auf Erden.
Psalm. 103, 1 u. 2 Lobe den Herrn, meine Seele, und was in mir ist seinen heiligen Namen; Lobe den Herrn, meine Seele, und vergiß nicht, was er dir Gutes gethan hat.
1 Joh 5,3. Denn das ist die Liebe zu ¶Gott, daß wir seine Gebote halten; und seine Gebote sind nicht schwer.
Nächst Gott verdanken wir unser Leben den Eltern, den Stellvertretern Gottes.
Auch sie müssen wir um seiner Macht willen in Demuth anschauen; um ihrer Weisheit willen müssen wir ihnen vertrauen, um ihrer Liebe willen ihnen danken und sie wieder lieben.
Das 4te Gebot zu lernen.
Gesang 804 zu lernen [Anhang Nr. 3]

Sprüche Salomos 30,17
Ein Auge, das den Vater verspottet, und verachtet der Mutter zu gehorchen, das müssen die ¶Raben am Bach aushacken, und die jungen Adler fressen.

Denkspruch
Wer seine Eltern liebt und ehrt,
ist Gott und Menschen lieb und werth.

B. Wie treten wir ins Leben? Leiblich arm und hülflos, und doch im Vergleich mit anderen Geschöpfen reich von Gott ausgerüstet und der Pflege liebender Herzen anvertrau[t]
Geistig klein und schwach und doch zum Großen bestimmt.¶Wir sind sündige Menschenkinder und doch berufen Gotteskinder zu werden, d. h. weise gut und glückselig zu werden.

Sprüche. Röm 3,23 Denn es ist hier kein Unterschied; sie sind allzumal Sünder und ermangeln des Ruhms, den sie an Gott haben sollten.
Eph. 4,18 Welcher Verstand verfinstert ist, und sind entfremdet von dem Leben, das aus Gott ist, durch die Unwissenheit, so in ihnen ist, durch die Blindheit ihres Herzens.
¶Röm. 7,24 u. 25. Ich elender Mensch, wer wird mich erlösen von dem Leibe dieses Todes? Ich danke Gott, durch Jesum Christ, unsern Herrn.
1 Joh. 3,1 Sehet, welch eine Liebe hat uns der Vater erzeiget, daß wir Gottes Kinder sollen heißen! Darinn [unvollständig zitiert]
1. Tim 2,4 Welcher will, daß allen Menschen geholfen werde, und sie zur Erkenntniß der Wahrheit kommen.

V Stunde[5]
II die Weihe für das Leben oder die heilige Taufe¶Die Taufe ist ein Sakrament
der befehl zu Taufen ist enthalten in dem Spruch Matth. 28,19 u. 20.
Die richtige Übersetzung des Spruches lautet so:
Gehet hin in alle Welt und machet zu Jüngern alle Völker, indem ihr sie Taufet auf den Namen des Vaters, des Sohnes und des heiligen Geistes, und lehret sie halten alles, was ich euch befohlen habe.
Die Taufe ist die Einweihung zum christlichen Leben oder die feierliche Aufnahme ¶in die christliche Gemeinde. Darum ist die Taufe auch:
1. Ein Band der Christen untereinander.
Alle getaufte sind Glieder an einem Leibe, der Gemeinde, da Christus das Haupt ist.

---

[5] Die Zählung der Unterrichtsstunden bricht hier ab.

<u>Denkspruch</u>
Er das Haupt und wir die Glieder,
er das Licht und wir der Schein,
er der Meister, wir die Brüder,
er ist unser, wir sind sein.

Römer 12,5 u. 6 Also sind wir viele Ein Leib in Christo, aber unter einander ist Einer des Andern Glied. Und haben mancherlei ¶Gaben, nach der Gnade, die uns gegeben ist.
Sie soll ferner <u>sein</u> und immer mehr <u>werden</u>[. Sinngemäß müsste hier : stehen]
2. Ein <u>Bund</u> zwischen Gott und den Menschenkindern.
Gottes Verheizung [soll heißen: Verheißung] ist die Kindschaft und seine Kinder bringen ihn Leib und Seele zum Opfer dar.
Römer 8,17 Sind wir denn Kinder, so sind wir auch Erben, nämlich Gottes Erben, und Miterben Christe [sic]; so wir anders mit leiden, auf daß wir auch mit zur Herrlichkeit erhoben werden.
Marcus 16,16 Wer da glaubet und getauft wird,¶der wird selig werden; wer aber nicht glaubet, der wir[d] verdammet werden.
3. Ein <u>Bad</u> der neuen Geburt.
Sprüche Joh. 3,5 Jesus anwortet [sic]: Wahrlich, wahrlich, ich sage dir: Es sei denn daß Jemand geboren werde aus dem Wasser und Geist, so kann er nicht in das Reich Gottes kommen.
Eph 4,22 bis 24 So leget nun von euch ab, nach dem vorigen Wandel, den alten Menschen, der durch Lüste in Irrthum sich verderben. Erneuert euch aber im Geist eures Gemüths. Und ziehet den neuen Menschen an, der nach Gott geschaffen ist in¶rechtschaffener Gerechtigkeit und Heiligkeit.
Gal. 3,27 Denn wie Viele euer getauft sind, die haben Christum angezogen.

Gesang 389 zu lernen. [Anhang Nr. 4]
Gesang 569 von 1 bis 3 u. vers 12 [Anhang Nr. 5]

Die Kindertaufe
Gegenüber den Baptisten halten wir die <u>Kindertaufe</u> fest. Denn
1. Christus hat die Kindern [sic] schon zu Mitgliedern <u>seiner</u> <u>Gemeinde</u> machen wollen.
Marci 10,14 Da es aber Jesus sahe, ward er unwillig, und sprach zu ihnen: Laßt die Kindlein zu mit kommen, und wehret ihnen nicht; denn solcher ist das Reich Gottes.
¶2. Schon mit den Kindern will Gott einen <u>Bund</u> machen, und sie sollen schon früh einen Bund mit ihm machen und sich schon frühe Reinigen durch das <u>Bad</u> <u>der</u> <u>neuen</u> <u>Geburt</u>.

3. Die Aposteln haben ganze Familie [sic] getauft, also warscheinlich auch Kinder.
Apostelgeschichte 16,33 Und er nahm sie zu sich in derselben Stunde der Nacht, und wusch ihnen die Striemen ab; und er ließ sich taufen, und alle die Seinen alsobald.

III Die Erziehung für das Leben.
Matth 28,20 Und lehret sie halten alles was ich euch befohlen habe.
¶Die Erziehung besteht in einem Doppelten:
1. In Zucht und 2. in Belehrung.
Die Zucht wird besonders geübt im christlichen Hause, die Belehrung besonders in der Schule und Kirche.

Das christliche Haus
Glücklich, wer die Erziehung in einem christlichen Haus genießt;
Die Zucht des Hauses ist eine leibliche und geistliche.
Die Zucht geschiet mit Ernst aber mit Liebe.
Die Eltern haben ein aufmerksames Auge auf die Kinder, manches liebevolle und anrechende [anregende?] ¶aber auch warnende, und wenn es sein muß strafende Wort für sie! Vor allem sind sie ihnen Muster in Gottesfurch[t] und Tugend, Rech[t]lichkeit und Wahrheit. Unterdrückung des Bösen und Angewöhnung des Guten das ist der Zweck einer christlichen Erziehung im Hause.
Sprüche, Eph. 6,4. Und ihr Väter, reizet euer Kinder nicht zum Zorn; sondern ziehet sie auf in der Zucht und Vermahnung zum Herrn.
Sprüche Salomonis 22,6 Wie man einen Knaben gewöhnt, so lässt er nicht davon, wenn er alt wird.
¶Marci 10,13. Und sie brachten Kindlein zu ihm, daß er sie anrührete.

Denkspruch
Jung gewohnt, ist alt gethan

Die christliche Schule
Die Belehrung in der Schule besteht in der Aneignung von Kenntnißen und Fertigkeiten zur Übung des Geistes und zum Gebrauch im bürgerlichen Leben.
Durch den Unterricht zieht sich aber wie ein gol[d]ner Faden der Unterricht in der Religion, welche uns geschickt machen soll für ein ewiges Leben, die Schule ist die Kirche der Kleinen.

¶1 Tim. 4,8 Denn die leibliche Übung ist wenig nütze, aber die Gottseligkeit ist zu allen Dingen nütze, und hat die Verheißung dieses und des zukünftigen Leben[s].
Ebr. 13,17 Gehorchet euren Lehrern, und folget ihnen; denn sie wachen über eure Seelen, als die da Rechenschaft dafür geben sollen; auf daß sie das mit Freuden thun, und nicht mit Seufzen, denn das ist auch nicht gut.

<u>Denkspruch</u>
Die uns Lehren,
müssen wir Ehren.

Die Kirche
¶Wir müssen uns schon frühe zu der Kirche des Herrn halten, welche in uns die Religion pflegen soll und uns schon frühe zu guten Himmelsbürger[n] machen will.
Psalm 26,8 Herr, ich habe lieb die Stätte deines Hauses, und den Ort, da deine Ehre wohnet.
Die christliche Lehre gründet sich auf die Offenbarung Gottes.
Es gieb[t] eine allgemeine Offenbarung durch die Natur, die Geschichte und das Gewissen ¶ist die Stimme Gottes in uns; es ist entweder: Ein Gesetzgebendes oder ein Richtendes.
Röm. 2, 14 u. 15 Denn so die Heiden, die das Geset [sic] nicht haben, und doch von Natur thun des Gesetzes Werk, dieselben, dieweil sie das Gesetz nicht haben, sind sie ihnen selbst ein Gesetz. Damit das sie beweisen des Gesetzes Werk, sei beschrieben in ihren Herzen, sintemal ihr Gewissen sie bezeuget, dazu auch die Gedanken, die ¶sich unter einander verklagen oder entschuldigen.
Gott hat aber den Menschen auch eine besonderer [sic] Offenbarung in der heiligen Schrift gegeben.
Ps. 119, 105 Dein Wort ist meines Fußes Leuchte, und ein Licht auf meinem Wege.
2 Tim. 3, 15, u. 16. Und weil du von Kind auf die heilige Schrift weißt, kann dich dieselbe unterweisen zur Seligkeit, durch den Glauben an Christum Jesum. Denn alle Schrift von Gott eingegeben ist nütze zur Lehre, ¶zur Strafe, zur Besserung, zur Züchtigung in der Gerechtigkeit.
Wir sollen das Wort Gottes lesen und hören auber auch bewahren und befolgen.
Luk. 11, 28 Er aber sprach: Ja, selig sind, die Gottes Wort hören und bewahren.
Jakobi 1, 22 Seid aber Thäter des Wort[s], und nicht Hörer allein, damit ihr euch selbst betrüget.
Gesang 365, vers 12 [Anhang Nr. 6]

Denksprüche

1. Bei deiner Bibel sitze gern,
Sie ist der Weisheit Kern und Stern.
Die schlage auf, die schlage du
Erst mit des Sarges Deckel zu.

2. Dein Wort ist meine Speise
Auf meiner Pilger=Reise
Dein Wort reicht mir die Waffen
Denn [sic] Durchgang mir zu schaffen
Als Balsam wirds erfunden
In allen Weh und Wunden
Davon will ich nur Wissen
Auf meinem Sterbekissen.

3. Geh ohne Steuer nicht zur See,
Geh ohne Stab nicht in den Schnee,
Geh ohne Gott und Gottes Wort,
Niemals aus deinem Hause fort.

Die Lehren der heiligen Schrift hat man zu verschiedenen ¶Zeiten kurz zusammen zu faßen gesucht; dies sind die Bekenntniße der Kirche.
1. Das Apostolische Glaubensbekenntniß.
2. Das Augsburgische Glaubensbekenntniß aus dem Jahre 1530.

Kurze Widerholung dessen was wir in der Schule und Kirche gelernt haben über Gott Christum und den Weg des Heilands:

Gott
Gott ist der allervollkommenste Geist seine Vollkommenheit machen wir uns im einzelnen klar durch ¶seine Eigenschaften (siehe Abschnitt 1)
Joh. 2,24 Gott ist Geist; und die ihn anbeten, die müssen ihn im Geist und in der Wahrheit anbeten.
Gott ist vor allem die Liebe (Güte, Barmherzigkeit, Gnade, Geduld, oder Langmuth.)
Joh. 3, 16 Also hat Gott die Welt geliebt, daß er seinen eingeborenen Sohn gab, auf daß Alle, die an ihn glauben, nicht verloren werden, sondern das ewige Leben haben.
Gesang 108 zu lesen. [Anhang Nr. 7]

¶Durch Christum zu Gott
Oder von der Erlösung
2te Hauptstück über zu lernen.
Gesang 258 zulernen. [Anhang Nr. 8]
Gesang 191 zu lesen. [Anhang Nr. 9]

Wir haben hierbei auf ein Dreifaches zu Achten, auf die Person des Erlösers, auf das Amt des Erlösers, und auf das, was zu unserer Erlösung von uns erfordert wird.

1. Die Person des Erlösers.
Joh. 6,69 Und wir haben geglaubt, und erkannt, daß du bist Christus, der Sohn des lebendigen Gottes.
Matth 20,28 Gleichwie des ¶ Menschen Sohn ist nicht gekommen, daß er sich dienen lasse, sondern daß er diene, und gebe sein Leben zu einer Erlösung für Viele.

2. Das Amt des Erlösers.
Luk. 7,16 Und es kam sie Alle eine Furcht an, und priesen Gott, und sprachen: Es ist ein großer Prophet unter uns auferstanden, und Gott hat sein Volk heimgesucht.
Ebr. 7,26 Denn einen solchen Hohenpriester sollten wir haben, der da wäre heilig, unschuldig unbefleckt ¶ von den Sündern abgesondert und höher, denn der Himmel ist
Joh. 18,37 Da sprach Pilatus zu ihm: So bist du dennoch ein König? Jesus antwortete: Du sagst es, ich bin ein König. Ich bin dazu geboren, und in die Welt gekommen, daß ich die Wahrheit zeugen soll. Wer aus der Wahrheit ist, der höret meine Stimme.

Als Prophet hat Jesus die Menschen erleuchtet über den Weg des Heils und durch sein heiliges Leben uns ein Vorbild gelassen zu seiner Nachfolge.
¶ Als Hoherpriester hat er sein Leben als Opfer dargebracht für die sündige Menscheit. (Matth. 20,28)
Als König hat er ein Reich auf Erden gegründet, eine Gemeinde gestiftet, welcher er noch immer seinen heiligen Geist sendet.
Matth. 10,20 Denn ihr seid es nicht, die da reden, sondern euers Vaters Geist ist es, der durch euch redet.
Joh. 8, 31 u 32 Da sprach nun Jesus zu den Juden, die an ihn glaubten: ¶ So ihr bleiben werdet an meiner Rede, so seid ihr meine rechten Jünger. Und werdet die Wahrheit erkennen, und die Wahrheit wird euch frei machen.

3. Die Erforderungen der Erlösungen [sic]: Buße, Glaube, Heiligung.
Marci 1,15 Und sprach: Die Zeit ist erfüllet, und das Reich Gottes ist herbeigekommen. Thut Buße, und glaubet an das Evangelium.
2 Cor. 5, 19 u. 20. Denn Gott war in Christo, und versöhnte die Welt mit ihm selber, ¶ und rechnete ihnen ihre Sünden nicht zu, und hat unter uns aufgerichtet das Wort von der Versöhnung. So sind wir nun Botschafter an Christi statt; denn Gott vermahnet durch uns; so bitten wir nun an Christi statt; Lasset euch versöhnen mit Gott.
1 Ptr. 2,21 Sintemal auch Christus gelitten hat für uns, und uns ein Vorbild gelassen, daß ihr sollt nachfolgen seinen Fußtapfen.
Joh. 14,6 Jesus spricht zu ihm: ¶ Ich bin der Weg und die Wahrheit, und das Leben; Niemand kommt zum Vater, denn durch mich.

Denkspruch

Gebt ihr Sünder ihm die Herzen,
Klagt ihr Kranken ihm die Schmerzen,
Sagt ihr Armen ihm die Noth;
Er kann alle Wunden heilen,
Reichthum weiß er auszutheilen,
Leben giebt er nach dem Tod.

IV. Die Selbstentscheidung für das Leben.
(Die Confirmation)

Die Confirmation ist:
1. Ein selbständiges Bekenntniß das [sic! Soll heißen: des] durch die Erziehung ¶ und Belehrung befestigten Glaubens und ein Gelübde der Confirmanden Gott und Jesu treu zu sein bis an des Lebens Ende.
2. Eine Einsegnung der Confirmanden durch den Prediger und die Gemeinde. Sie ist seid vielen Jahren in der christlichen Gemeinde als heilige Handlung mit vielen Segen ausgeübt worden. Mit ihr verbunden ist bei den Meisten der Austritt aus der Schule und dem Hause und in das eigentliche Leben hinein; ¶ Sie treibt darum so recht zur Entscheidung alle die, welche wissen und bedenken, was sie thun.
Gesang 389 vers 8 [Anhang Nr. 10]
Offenb. Joh. 3,11 Siehe, ich komme bald. Halte, was du hast, daß Niemand deine Krone nehmen [sic].
2. Tim. 3,14 u. 15 Du aber bleibe in dem, daß [sic!] du gelernet hast und dir vertraut ist; sintemal du weißt, von wem du gelernt hast.

Die Gelübde

Dich, Jesu, laß ich ewig nicht
Dir bleibt mein Herz ergeben,
¶ Du kennst dies Herz, das redlich spricht:
Nur Einem will ich Leben.
Du, du allein, du sollst es sein,
Du sollst mein Trost auf Erden
Mein Glück im Himmel werden.

V Die Schule des Lebens
   Oder: Das Leben einer Schule
„Aus der Schule in eine neue Schule"
Das Leben an [sic! Soll heißen: in] der Welt ist reich an Versuchungen (zB Allerlei Reizungen zur Sünde in uns und außer uns, das Uebermaß ¶ von Vergnügungen, böse Menschen schlechte Bücher u.s.w.) und auch reich an Anfechtungen (Sorge, Leid, schwere Zeiten, schwere Arbeiten u.s.w.) Durch dieselben werden wir in einer Schule täglich geübt, wir werden oft ernstlich geprüft, aber wenn wir die Prüfung bestehen werden wir reichlich belohnt.
Sprüche Sirach 21,2 Fliehe vor der Sünde, wie vor einer Schlange; denn so du ihr zu nahe kommst, so sticht sie dich.
Sprüche Salomonis 1,10 ¶ Mein Kind, wenn dich die bösen Buben locken, so folge ihnen nicht.
Tobias 4,6 Und dein Leben lang habe Gott vor Augen und im Herzen, und hüte dich, daß du in keine Sünde willigest, noch thust wider Gottes Gebot.
Jakobi 1,12 Selig ist der Mann, der die Anfechtung erduldet; denn nachdem er bewähret ist, wird er die Korne des Lebens empfangen, welche Gott verheißen hat denen die ihn lieb haben.
¶ Als Lehrer und Rathgeber in dieser Schule können wir bezeichnen: Das Gewissen, das Wort Gottes in Bibel und Gesangbuch, im Hause und in der Kirche, das Gebet, gute Freunde, gute Bücher, die öfftere Rückkehr in Eltern Haus.

Denksprüche

„Kind, wirst du roth,
So warnt dich Gott"

„Besser allein,
Denn in böser Gemeind"

„Nicht Adel nicht Geschlecht,
Das Herz macht groß und klein;
Man kann im Kittel Herr,
¶ Ein Schwein in Purpur sein"

Gesang 583 vers 3 [Anhang Nr. 11]
Gesang 565 vers 3 bis 5 [Anhang Nr. 12]

VI. Das <u>bürgerliche</u> Leben.
Hier soll der Christ dasjenige anwenden und bewähren, wozu die Erziehung in [sic!] den Grund gelegt hat.
Der rechte Bürger zeigt:
1. Treue Pflichterfüllung bei der Arbeit.
Gesang 740 vers 1 [Anhang Nr. 13]
      "   " 749 "   3 u. 4 [Anhang Nr. 14]

<u>Denksprüche</u>

Müßiggang ist der Tugend Untergang

¶ Ein jeder Tag hat seine Plag
    "   " "s Herz "   " Klage
    "   " " Haus "   " Last

Wer mit zwanzig Jahren nichts weiß
    "   " Drei   "   " ist
    "   " Vier   "   " hat
für den giebt's in der Welt keinen Rath.

2. Aufopferrung für anderen.
1. Petr. 4,10 Und dienet einander, ein Jeglicher mit der Gabe, die er empfangen hat, als die guten Haushalter der mancherlei Gnade Gottes.
<u>3. Gehorsam</u> Gegen die ¶ Ordnungen des Staates (König, Fahneneid, Obrigkeiten, Civilstandsamt u.s.w.)
1. Ptr. 2,17 Thut Ehre Jedermann. Habt die Brüder lieb. Fürchtet Gott. Ehret den König.

VII Das <u>kirchliche</u> Leben.
Das 3te Hauptstück.
Der   "   Artikel.

Die christliche Kirche theilt sich in zwei große Partein. Die katholische und die evangelische Kirche und mehrere kleinere Partein, welche in einzelnen Lehren und Gebräuche ¶ von einander abweichen, jedoch alle die Heiligung und Beseligung der Menschen erstreben.
Die evangelische Kirche (lutherische und reformierte) hält fest an zwei Grundsätze:
1. Der Mensch wird gerecht vor Gott durch den Glaube allein und nicht durch das Verdienst der Werke.
Eph. 2,8 u. 9 Denn aus Gnaden seid ihr selig geworden, durch den Glauben; und dasselbe nicht aus euch, Gottes Gabe ist es. ¶ Nicht aus den Werken, auf daß sich nicht Jemand rühme.
2. Die heilige Schrift ist allein Regel und Richtschnur unsers Glaubens und Lebens. (Unfehlbarkeit des Papstes; alt und neu Katholiken)
Joh. 8,31 u. 32 Da sprach Jesus zu den Juden, die an ihn glaubten: So ihr bleiben werdet an meiner Rede, so seid ihr meine rechten Jünger, Und werdet die Wahrheit erkennen, und die Wahrheit wird euch frei machen.
Matth. 23,8 Aber ihr sollt euch nicht Rabbi nennen lassen; ¶ denn Einer ist euer Meister, Christus; ihr aber seid Alle Brüder.
Von den Secten nennen wir die Baptisten und die Herrnhuter. Letztere zeignen [soll heißen: zeichnen] sich aus durch ihr eifer für die Heidenmision.
Wir finden bei den Secten viel sitlichen Ernst aber auch geistigen Hochmuth; die Zersplitterung der Kirche ist zu verwerfen.
Augustin sagt sehr schön: In nothwendigen Dingen Einheit in zweifelhaften Dingen Freiheit in allen die Liebe.
¶ Die christliche Kirche ist eine von Christo eingesetzte und von heiligen Geist geleitete Anstalt, um die Menschen für das Reich Gottes zu gewinnen, sie zur Buße Glauben und Heiligung zu ermahnen und sie so zu beseligen, der Staat zwingt keinen in die Kirche hinein, aber unsere Christenpflicht ist es, an ihren heiligen Handlungen theil zunehmen Gott zur Ehre und zur Stärkung, und uns dann durch Tugendhaften Wandel als Lebendige Glieder zu beweisen.
¶ Matth. 22,21 Sie sprachen zu ihm: Des Kaisers. Da sprech er zu ihnen: So gebet dem Kaiser, was des Kaisers ist, und Gott, was Gottes ist.
Röm. 12,5 u. 6 Also sind wir viele ein Leib in Christo, aber unter einander ist Einer des Andern Glied.
Und haben mancherlei Gaben, nach der Gnade, die uns gegeben ist.
Lebendige Mitglieder der Gemeinde müßen daher ihrer Kinder Geburt nicht nur beim Staate anmelden sondern sie ¶ auch in der Kirche zur heiligen Taufe bringen, die Christus ausdrücklich geboten hat. Sie werden dieselben nicht bloß aus der Schule treten lassen sondern sie auch des Segens der von der Kirche geordneten Confirmation theilhaftig werden lassen. Sie wer-

den bei Schließung der Ehe nicht bloß vor den Staat erklären (Civilehe) sondern auch durch die kirchliche Trauung sich unter das verpflichtende und verheißende Gottes Wort zur Weihe und ¶ Segnung stellen und sich vor der christlichen Gemeinde als christliche Eheleute zu einander bekennen. Auch werden lebendige Christen zur Stärkung ihres Glaubens das einsame und gemeinsames <u>Gebet</u> nicht unterlassen, an den <u>gemeinsamen Gottesdienst</u> fleißig theil nehmen, und das heilige <u>Abendmahl</u> wird ihnen Feier von größter Bedeutung sein.
Ps. 145,18 Der Herr ist nahe Allen, die ihn anrufen, Allen, die ihn mit Ernst anrufen
¶ Jak. 4,8 Nahet euch zu Gott, so nahet er sich zu euch. Reiniget die Hände, ihr Sünder, und machet euer Herzen keusch, ihr Wankelmüthigen.
Matth. 18,20 Denn wo zwei oder drei versammelt sind in meinem Namen, da bin ich mitten unter ihnen.
Ebr. 10,25 Und nicht verlassen unsere Versammlung, wie Etliche pflegen; sondern unter einander ermahnen, und das so viel mehr, so viel ihr sehet, daß sich der Tag nahet.

<u>Denksprüche</u>

¶ Aus der Schule,
aber nicht aus der Kirche!

Bet' und arbeit,
so hilf Gott allezeit!

Der Sonntag macht die Woche

Das heilige Abendmahl ist:
1. Ein Mahl dankbarer Erinnerung an den Versöhner als das Haupt der Gemeinde.
1 Cor. 11,26 Denn so oft ihr von diesem Brod esset, und von diesem Kelch trinket, sollt ihr des Herrn Tod verkündigen, bis daß er kommt.
1 Cor. 10,16 Der gesegnete Kelch, welchen wir segnen, ist der nicht die Gemeinschaft des Blutes Christi? Das Brod, das wir brechen, ist das nicht die Gemeinschaft des Leibes Christi?
¶ 2. Ein Mahl der Versöhnung und der Liebe unter den Gliedern der Gemeinde.

1 Cor 10,17 Denn Ein Brod ist es, so sind wir Viele ein Leib, dieweil wir alle eines Brodes theilhaftig sind.
Dem Abendmahl geht voran die Beichte.
1 Cor 11, 28 u. 29 Der Mensch prüfe aber sich selbst, und also esse er von diesem Brod und trinke von diesem Kelch. Denn welcher unwürdig isset und trinket, der isset und trinket sich selber das Gericht, damit, daß er nicht unterscheidet den Leib des Herrn.
Die Beichte ist eine Prüfung nach 3 Stücken: Buße, Glaube und ¶ Vorsatz eines heiligen Lebens.

Eine Beichte ist zu lernen
Gesang 403 vers 1 " " " [Anhang Nr. 15]
  "   "   450   zu lesen [Anhang Nr. 16]
  "   "   662   "   "   [Anhang Nr. 17]

Endlich werden lebendige Christen die Werke christlicher Liebe an Heiden an evangelischen Glaubensgenossen in katholische Ländern und in der eigenen Kirche an gefallenen und leiden[d]en aller Art nicht vergessen (äußere Misionen, Gustav=Adolf=Verein, innere Misionen.)
Gal. 6,10 Als wir denn nun Zeit ¶ haben, so lasset uns Gutes thun an Jedermann, allermeist aber an des Glaubens Genossen.
Jakobi 2,13 Es wird aber ein unbarmherziges Gericht über den gehen, der nicht Barmherzigkeit gethan hat; und die Barmherzigkeit rühmet sich wider das Gericht.

VIII. Christliche Lebens=Regel
Der Glaube macht den Christen. Die Werke beweiße[n] den Christen.
Jakob 2,17 Also auch der Glaube, wenn er nicht Werke hat, ist er todt an ihm selber. Durch eifriges beachten der ¶ göttlichen Gesetze in alten und neuen Testament gewinnen wir folgende Regeln für ein rechtes christliches Leben.
Die Pflichten gegen Gott haben wir im ersten Abschnitt betrachtet, es folgen die Pflichten gegen uns Selbst und unseren Nächsten.
Der rechte Christ soll sein:
1. Immer ehrbar und züchtig.
Matth. 5,8 Selig sind, die reines Herzens sind; denn sie werden Gott schauen. (Philipper 4,8)
1 Petri 3, 3 u. 4 Welcher Schmuck soll nicht auswendig sein mit ¶ Haarflechten, und Gold umhängen, oder Kleider=Anlegen; Sondern der verborgene Mensch des Herzens unverrückt, mit sanften und stillen Geist, das ist köstlich vor Gott.

Denksprüche

1. Hüte dich vor den ersten Schritt
2. Was Sünde ist zu thun, das ist auch Schande zu reden.
2. Im Genusse mäßig.
Galat. 5,24 Welche aber Christo angehören, die kreuzigen ihr Fleisch sammt den Lüsten und Begierden.

Denkspruch

Spare in der Zeit, so hast du in der Noth

¶ 3. Im Berufe fleißig
Röm 12,7 Hat Jemand ein Amt, so warte er des Amts.
4. Gegen Wohlthäter dankbar
5. " " Vorgesetzte ehrerbietig
1 Petri 2,18 Ihr Knechte, seid unterthan mit aller Furcht den Herren, nicht allein den gütigen und gelinden, sondern auch den wunderlichen.
6. Gegen Untergebene freundlich
Col. 4,1 Ihr Herren, was recht und gleich ist, das beweiset den Knechten, und wisset, daß ihr auch einen Herrn im Himmel habt.
7. Gegen Jedermann dienstfertig.
¶ 8. Gegen Arme und Leidende mildthätig.
Jes. 58,7 Brich dem Hungrigen dein Brod, und die, so im Elend sind, führe in das Haus; so du einen nackend siehest, so kleide ihn und entziehe dich nicht von deinen Fleisch.
9. Gegen Feinde versöhnlich.
Matth 5,44 Ich aber sage euch: Liebet eure Feinde, segnet die euch fluchen, thut wohl denen, die euch haßen, bittet für die, so euch beleidigen und verfolgen.
10. Gegen Freunde treu.
Sirach 6,16 Ein treuer Freund ist ¶ ein Trost des Lebens; wer Gott fürchtet, der kriegt solchen Freund.
11. Im Handel u. Verkehr rechtschaffen.

Denksprüche

Ehrlich währt am längsten.
Es ist nichts so fein gesponnen,
Es kommt doch endlich an die Sonnen.

12. Im Reden <u>wahrhaftig</u>.
Epher 4,25 Darum leget die Lügen ab, und redet die Wahrheit, ein Jeglicher mit seinem Nächsten, sintemal wir unter einander Glieder sind.

<u>Denksprüche</u>

Der Christ spricht wie er denk[t],
denk[t] wie er spricht.

¶ Ein Wort ein Mann.
Eine Lüge sieht [zieht] 7 andere nach sich.
Der Lügner und der Dieb wohnen unter einem Dache.

<u>Vom</u> <u>Eide</u>

Der Eid ist eine feierliche Betäuerung der Wahrheit vor der Obrigkeit unter anrufen Gottes als des Richters unserer Worte.
Ebr. 4,13 Und ist keine Creatur vor ihm unsichtbar, es ist aber Aber [soll heißen: Alles] bloß und entdeckt vor seinen Augen, von dem reden wir.
Christus <u>wehret</u> dem Eide im gewöhnlichen Leben.
Matth. 5,34 Ich aber sage euch, daß ihr allerdings nicht schwören sollt. Eure Rede aber sei Ja, ja, nein, nein, was drüber ist, das ist von Übel.
Jakobi 5,12 Vor allen Dingen aber, meine ¶ Brüder, schwöret nicht, weder bei dem Himmel, noch bei der Erde, noch mit keinem andern Eide. Es sei aber euer Wort: Ja, das ja ist; und: Nein, das nein ist; auf daß ihr nicht in Heuchelei fallet.
Christus aber <u>ehrt</u> den Eid vor der Obrigkeit.
Matth. 26,63 u. 64 Aber Jesus schwieg stille. Und der Hohepriester antwortete, und sprach zu ihm: Ich beschwöre dich bei dem lebendigen Gott, daß du uns sagest, ob du seist Christus der Sohn Gottes. Jesus sprach zu ihm: Du sagst es.
Ebr. 6,16 Die Menschen schwören wohl bei einem Größeren, denn¶sie sind; und der Eid macht ein Ende alles Haders, dabei es fest bleibt (Zeugeneid, Reinigungseid, Amtseid) unter ihnen. Darum leget jeden seine Worte auf die Wagschale, und hüte sich vor dem <u>falschen</u> <u>Eide</u>.
Matth. 16,26 Was hülfe es dem Menschen, so er die ganze Welt gewönne, und nehme doch Schaden an seiner Seele? Oder was kann der Mensch geben, damit er seine Seele wieder löse?

Matth. 12,36 Ich sage euch aber, daß die Menschen müssen Rechenschaft geben am jüngsten Gericht von einem jeglichen ¶ unnützen Wort das sie geredet haben.
Gute Sprüche, weise Lehren muß man Ueben nicht bloß Hören.

IX Der Austritt aus dem zeitlichen Leben.
Dieser Ausgang ist unser Allen loß
Prediger Salomo 12,7 Denn der Staub muß wieder zu der Erde kommen, wie er gewesen ist, und der Geist wieder zu Gott, der ihn gegeben hat.

Denksprüche

Heute bist du Herr im Haus,
Morgen trägt man dich hinaus.

Menschenzeit,
Sieh [sic!] reicht nicht weit.

¶ Mancher denk[t] hinaus auf Jahren
Morgen liegt er auf die Bahre
Denn der Tod hält raschen Schritt
Und fragt nicht erst: Willst du mit.

Doch Christus ist unser Troß [soll heißen: Trost] im Tode.

„Sterben ist unser loß
Auferstehn unsere Hoffnung."

Gesang 530 von 1 bis 5 zu lernen. [Anhang Nr. 18]

Unsere Toden werden mit christlichen Begräbniß auf den Friedhöfen beigesetzt.

X Das ewige Leben.
Augustin sagt: „Wir haben schon hier ein seliges Leben; es fehlt nur die Dauer." Eben so gut können wir sagen ¶ es beginnt das unselige Leben schon hier. Gott hat ursprünglich alle zum ewigen Leben bestimmt.
Weisheit Salomonis 2,2 Denn Gott hat den Menschen geschafften zum ewigen Leben; und hat ihn gemacht zum Bilde, daß er gleich sein soll, wie er ist. Es tritt gleich nach dem Tode eine Entscheidung über Seligkeit oder Unseligkeit ein.

Luk. 23,43 Und Jesus sprach zu ihm: Wahrlich, ich sage dir, heute wirst du mit mir im Paradiese sein.
Wie haben wir etwa Seligkeit oder Unseligkeit zu denken?
¶ Die <u>Seligen</u> werden:
1. Bei Gott und Christo und lauter Selige sein.
2. Frei von Sünden sein
3. Frei von Leid sein
4. Gottes Wege im hellen Licht sehen.
Offbr. 21,4 Und Gott wird abwischen alle Thränen von ihren Augen, und der Tod wird nicht mehr sein, noch Leid, noch Geschrei, noch Schmerzen wird mehr sein; denn das Erste ist vergangen.
1 Cor 13,12 Wir sehen jetzt durch einen Spiegel in einem dunkeln Wort; dann aber von Angesicht ¶ zu Angesicht. Jetzt erkenne ich es stückweise, dann aber werde ich es erkennen, gleichwie ich erkannt bin.

Die <u>Unseligen</u> werden:
1. Fern von Gott und Christo mit lauter Unseligen zusammen sein.
2. Voll böser begierde aber ohne jeglicher Befriedigung sein.
3. Von dem bewußtsein ihrer großen Schuld stehts gepeinigt werden.
4. Erkennen das Gott sich nicht spotten lässt.
Gal. 6,7 Irret euch nicht, Gott lässt sich nicht spotten. Denn was der Mensch säet, das wird er ernten.
¶ Am Ende der Welt kommt das große Weltgericht.
Röm. 2,6 bis 8 Welcher geben wird einem Jeglichen nach seinen Werken. Nämlich Preis, Ehre und unvergängliches Wesen, denen, die mit Geduld in guten Werken trachten nach dem ewigen Leben. Aber denen, die da zänkisch sind, und der Wahrheit nicht gehorchen, gehorchen aber dem Ungerechten, Ungnade, und Zorn.
Gesänge 757 von 1 bis 8 [Anhang Nr. 19] u. 914 zu lernen [Anhang Nr. 20]

<u>Denkspruch</u>

Hilf Gott, das jeder kommen mach [soll heißen: mag]
Wo tausend Jahre sind wie ein Tag
Vor dem Ort uns, o Gott bewahr'
Wo ein Tag ist wie tausend Jahr.

———————————

ANHANG

Die im Dokumentationsteil durchnumerierten Lieder des Cramerschen Gesangbuchs werden hier in der Reihenfolge ihrer Zitierung wiedergegeben; die in Klammern gesetzte Zahl bezieht sich auf das Gesangbuch.

Nr. 1 (87)
Wie groß ist des Allmächt'gen Güte?
Ist der ein Mensch, den sie nicht rührt?
Der mit verhärtetem Gemüthe
Den Dank erstickt, der ihm gebührt?
Nein, seine Liebe zu ermessen,
Sey ewig meine größte Pflicht.
Der Herr hat mein noch nie vergessen.
Vergiß mein Herz auch seiner nicht.

2. Wer hat mich wunderbar bereitet?
Der Gott, der meiner nicht bedarf.
Wer hat mit Langmuth mich geleitet?
Er, dessen Rath ich oft verwarf!
Wer stärkt den Frieden im Gewissen?
Wer gibt dem Geiste neue Kraft?
Wer lässt mich so viel Glück genießen?
Sein Arm ists, welcher alles schafft.

3. Schau, o mein Geist, in jenes Leben,
Zu welchem du erschaffen bist,
Wo du, mit Herrlichkeit umgeben,
Gott ewig sehn wirst, wie er ist.
Du hat ein Recht zu diesen Freuden;
Durch Gottes Güte sind sie dein.
Sieh! Darum mußte Christus leiden,
Damit du konntest selig seyn.

4. Und diesen Gott soll ich nicht ehren?
Und seine Güte nicht erhöhn?
Er sollte rufen; ich nicht hören?
Den Weg, den er mir zeigt, nicht gehn?
Sein Will ist mir ins Herz geschrieben;
Sein Wort bestärkt ihn ewiglich:
GOtt soll ich über alles lieben,
Und meinen Nächsten gleich als mich.

5. Dieß ist mein Dank, dieß ist sein Wille.
Ich soll vollkommen seyn, wie er.
So lang ich dieß Gebot erfülle,
Stell ich sein Bildnis in mir her.
Lebt seine Lieb in meiner Seele,
So treibt sie mich zu jeder Pflicht;
Und ob ich schon aus Schwachheit fehle,
Herrscht doch in mir die Sünde nicht.

6. O Gott, laß deine Güt und Liebe
Mir immerdar vor Augen seyn!
Sie stärk in mir die guten Triebe,
Mein ganzes Leben dir zu weihn!
Sie tröste mich zur Zeit der Schmerzen,
Sie leite mich zur Zeit des Glücks,
Und sie besieg in meinem Herzen
Die Furcht des letzten Augenblicks.

Nr. 2 (671)

Befiehl du deine Wege / Und alles, was dich kränkt,
Der treuen Vaterpflege / Deß, der die Himmel lenkt.
Der Wolken, Fluth und Winden / Bestimmte Lauf und Bahn,
Der wird schon Wege finden, / Die dein Fuß gehen kann.

2. Ihm, ihm mußt du vertrauen / Und froh auf deinen HErrn
Und seine Werke schauen; / Denn er errettet gern.
Warum willst du dich grämen? / Will doch dein GOtt und HErr
Nicht dein Gebet beschämen! / Wer ist so gut wie er?

3. Er ist voll Treu und Gnade, / Und sorgt mit weiser Huld,
Daß dir kein Leiden schade; / Nur leide mit Geduld!
Er wird dich schon beschützen, / Auch Leiden müssen dir
Durch seine Weisheit nützen; / Erwart es nur von ihr.

4. Er irrt in seinen Wegen, / In seiner Wahl sich nicht.
Sein Thun ist lauter Segen; / Sein Gang ist lauter Licht.
Wer, wenn er seinen Kindern / Ein Glück beschieden hat,
Wer kann sein Werk verhindern? / Wer seiner Güthe Rath?

5. Und brausten alle Stürme / Und Wetter her auf sie:
Sie, unter seinem Schirme, / Vergingen dennoch nie!
Im Himmel und auf Erden / Kann GOtt nichts widerstehn,
Was er beschließt, muß werden; / Was er gebeut, geschehn!

6. Vertrau ihm, meine Seele; / Er will dein Unglück nicht.
Daß er dein Bestes wähle, / Das glaub und zweifle nicht.
Er führt zu einer Wonne, / Die, wenn dein Gram entfleucht,
Dem Glanze seiner Sonne / Nach trüben Tagen gleicht.

7. Entreiß dich allen Sorgen; / Sey fröhlich; immer sey
Dir, wie er herrscht, verborgen: / Gehorch und sey ihm treu!
Du kannst ja nicht die Welten, / Nicht Erde, Luft und Meer
Regieren; nicht vergelten / Mit gleicher Macht wie er.

8. Ihn, ihn laß thun und walten; / Er ist ein weiser Fürst.
Er wird sich so verhalten, / Daß du ihn preisen wirst;
Wenn er, wies ihm gebühret, / Mit wunderbarem Rath
Sein großes Werk vollführet, / Das dich bekümmert hat.

9. Zuweilen mags wohl scheinen / Dir, als verstellt' er sich;
Als hört er dich nicht weinen; / Als übersäh er dich.
Doch, wird in trüben Stunden / Dein Herz nur heilig rein,
Und ihm getreu erfunden: / Wie wird er dich erfreun.

10. Wohl dir! Er ist dir treue! /Du hast, du trägst davon,
Daß dich dein Kampf nicht reue, / Den Sieg durch seinen Sohn.
Er reicht dir selbst die Palmen / Und du frohlockest GOtt,
Und dankst in hohen Psalmen / Dem Retter aus der Noth.

11. So hilf uns bis ans Ende! / Gieb, GOtt, Gelassenheit!
Was du beginnst, vollende / Zu unsrer Seligkeit!
So werden wir, erhoben / Ins Reich des Lichts, o GOtt,
Dich ewig, ewig loben. / Dich, Retter aus der Noth.

Nr. 3 (804)

O HErr, mein Vater, dein Gebot
Sey mir ins Herz geschrieben:
Den Ältern sollst du bis zum Tod
Gehorchen und sie lieben!

O, dieser lieben theuren Pflicht
Vergesse meine Seele nicht!

2. Von meiner ersten Kindheit an
Erzeigten sie mir Gutes;
Mehr als ich je vergelten kann,
Erzeigten sie mir Gutes.
Noch immer sind sie für ihr Kind
So zärtlich, noch so gut gesinnt.

3. Nun, weil ich lebe, will ich sie
Auch wieder zärtlich lieben;
Gern ihnen folgen, und sie nie
Erzürnen und betrüben;
So werd ich ihre Freude seyn,
Und einst, o GOtt, auch ewig dein!

Nr. 4 (389)
Ewig, ewig bin ich dein / Theuer dir, mein GOtt erkaufet;
Bin auf dich, um dein zu sein, / Vater, Sohn und Geist getaufet.
Dessen soll mein Herz sich freun, / Ewig, ewig bin ich dein.

2. „Lehrt die Völker, taufet die, / Welche gläubig werden wollen;
Kündigts allen an, daß sie / Ewig selig werden sollen."
JEsus sprachs; und er ist mein; / Ewig werd ich selig seyn.

3. Welch ein göttlicher Gewinn, / Daß ich durch der Taufe Gabe
GOttes Kind und Erbe bin, / Daß ich ihn zum Vater habe!
Einst von allen Sünden rein, / Ewig, Vater, ewig dein!

4. Ich, ein Sünder von Natur, / Ich Gefallner soll auf Erden
Eine neue Creatur, / Kann und soll GOtt ähnlich werden.
Heilig, heilig will ich seyn; / JEsus und sein Geist ist mein.

5. Ich gelobt' es und dennoch / Brach ich oft den Bund der Taufe,
Kämpfte schon, und wurde doch / Schwach im Kampf und matt im Laufe;
Dennoch will noch JESUS mein, / GOtt will noch mein Vater seyn.

6. Das ist GOttes Bund mit mir; / Das hat JEsus mir verheißen;
Und ich sollte Sünde, dir, / Dir, o Welt mich nicht entreißen?
Ja, ich wills; ich will nicht dein, / Ich will meines GOttes seyn.

7. JEsum, (denn ich bin getauft, / Bin von ihm so hoch erhoben,
Bin ihm durch sein Blut erkauft,) / JEsum soll mein Leben loben;
Ihm will ich, denn ich bin sein, / Meine ganze Seele weihn.

8. Was ich schwur, und ihr auch schwurt, / Brüder! Als im Wasserbade
Eine höhere Geburt / Heil uns gab und GOttes Gnade,
Schwör ich wieder: sein allein, / Keines andern will ich seyn!

9. Ich entsage, Satan, dir, / Dir, o Welt, und dir, o Sünde!
Ich entsag euch; weicht von mir / Gottes Erben, Gottes Kinde!
Eure Lust ist Schmach und Pein; / Gottes nur will ich mich freun.

10. Wachen will ich, flehn um Kraft, / Daß ich stets auf seinem Wege
Heilig und gewissenhaft / Und im Glauben wandeln möge;
Und er wird mir Kraft verleihn, / Treu bis in den Tod zu seyn.

11. Höre mich, denn ich bin dein, / Theuer dir, mein GOtt, erkaufet,
Bin auf dich, um dein zu seyn, / Vater, Sohn und Geist, getaufet..
Ewig, ewig laß mich dein, / Ewig laß mich selig seyn!

Nr. 5 (569, 1–3 u. 12)
Du sagst: ich bin ein Christ, / Wohl dir, wenn Werk und Leben
Von diesem Ruhme dir / Ein sichres Zeugnis geben,
Wenn alles, was du thust / Durch GOttes Kraft und Geist,
Des Herzens Besserung / Und ihren Ernst beweist.

2. Du sagst: ich bin ein Christ, / Der Christ der Jesum kennet,
Ihn seinen GOtt und HErrn / Nicht bloß vor Menschen nennet,
Der thut mit Freuden auch, / Was ihm sein HErr gebeut,
Thust du es nicht, so ist / Dein Ruhm nur Eitelkeit.

3. Du sagst: ich bin ein Christ, / Auf Christi Tod getaufet,
Ward ich so theuer ihm / Zum Eigenthum erkaufet.
Du warst's; doch prüfe dich: / Erfüllest du auch gern
Und ohne Heucheley / Den Bund mit deinem HErrn?

12. GOtt! Schenke mir doch Kraft, / Mich ernstlich zu befleißen,
Ein wahrer Christ zu seyn, / Und das nicht bloß zu heißen!
Denn wer den Namen hat, / Und nicht die That zugleich,
Betrügt sich, und gelangt / Nie in dein Himmelreich.

Nr. 6 (365, 12)
Halt fest an Gottes wort; / Es ist dein Glück auf Erden:
Und wird, so wahr GOtt ist, / Dein Glück im Himel werden.
Verachte christlich-groß / Des Bibelfeindes Spott;
Die Lehre, die er schmäht, / Bleibt doch ein Wort von GOtt.

Nr. 7 (108)
Allein GOtt in der Höh sey Ehr / Und Dank für seine Gnade;
Darum daß nun und nimmermehr / Uns rühren kann kein Schade!
Ein Wohlgefallen GOtt an uns hat, / Nun ist groß Fried ohn Unterlaß,
All Fehd hat nun ein Ende.

2. Wir loben, preis'n, anbeten dich, / Für deine Ehr wir danken,
Daß du, GOtt Vater, ewiglich / Regierst ohn alles Wanken
Ganz unermeß'n ist deine Macht; / Fort Geschicht, was dein Will hat bedacht.
Wohl uns des feinen HErren!

3. O JEsu Christ, Sohn eingebohrn / Deines himmlischen Vaters;
Versöhner der'r, die warn verlohrn, / Du Stiller unsers Haders;
Lamm GOttes, heilger HErr und Gott, / Nimm an die Bitt von unsrer Noth;
Erbarm dich unser aller.

4. O heilger Geist, du höchstes Gut, / Du allerheilsamster Tröster,
Fürs Teufels G'walt fortan behüt, / Die JEsus Christus erlöset
Durch große Mart'r und bittern Tod; / Abwend all unsern Jamm'r und Noth;
Dazu wir uns verlassen!

Nr. 8 (258)
Seele, komm zum Golgatha, / Hin zu deines JEsu Kreuze,
Und bedenke, was dich da / Für ein Tod zur Buße reize,
Hier kannst du nicht fühllos seyn; / Hier muß dich die Sünde reun.

2. Schaue JEsum, dir zu gut, / Hier am Kreuze hülflos hangen.
O wie strömet hier sein Blut! / alle Kraft ist ihm vergangen.
GOtt, was duldet er für Noth! / JEsus duldet meinen Tod!

3. O Lamm GOttes ohne Schuld, / Alle Strafen meiner Schulden
Willst du willig, bloß aus Huld, / Um mich zu befrein erdulden.
Selbst am Kreuze willst du dich, / GOtt, jetzt opfern, Gott für mich!

4. Solche Liebe kann ich dir / Nimmer, o mein Heil, vergelten;
Viel zu wenig ist dafür / Aller Reichthum aller Welten.
Was ich habe, HErr, ist dein: / Ach, wie soll ich dankbar seyn?

5. Nun ich weiß, was du begehrst; / Dieß mein Herz soll ich dir geben.
Dir gehört es, du gewährst / Ihm auch Unschuld, Heil und Leben.
Dein, o JEsu, seys in Noth, Dein im Leben, sein im Tod!

6. Laß mich nur vor dir bestehn; / Laß mich in der Trübsal Stunden
Deiner Liebe Größe sehn, / Deine Huld in deinen Wunden;
Und wenn ich zu ihnen flieh: / Ach, so tröste mich durch sie!

7. Was du hassest, laß mich, HErr, / Stets verabscheun und verachten;
Laß mich immer eifriger / Nur nach deinem Reiche trachten;
Führe mich durch Glück und Leid, / Wie du willst, zur Seligkeit!

8. Laß mich auch die letzte Noth / Froh und standhaft überwinden!
Nirgends müsse mich der Tod, / Als in deinen Wunden finden.
Wer sich dich zur Zuflucht macht, / Spricht getrost: es ist vollbracht!

Nr. 9 (191)
Ich habe nun den Grund gefunden, / Der meinen Anker ewig hält.
Und wo? In meines JEsu Wunden! / Da lag er vor der Zeit der Welt,
Der Grund, der unbeweglich steht, / Wenn Erd und Himmel gleich vergeht.

2. Es ist sein ewiges Erbarmen, / Das allen unsern Schaden heilt,
Wodurch er mir mit offnen Armen, / Mich zu befreyn, entgegen eilt,
Weil ihm sein Herz für Mitleid bricht, / Wir kommen oder kommen nicht.

3. Wir sollen nicht verloren werden, / GOtt will, uns soll geholfen seyn;
Denn darum litt sein Sohn auf Erden, / Und nahm den Himmel siegreich ein,
Und rief durch seinen Geist uns zu, / Kommt her zu mit; bei mir ist Ruh!

4. O Abgrund, welcher alle Sünden / Durch Christi Tod verschlungen hat!
Das heißet Heil und Hoffnung gründen! / Hier findet kein Verdammen statt,
Weil Jesu Blut beständig schreyt: / Barmherzigkeit! Barmherzigkeit!

5. An diesen Ruf will ich gedenken, / Will ihm mit Freudigkeit vertraun;
Und, wenn mich meine Sünden kränken, / Getrost auf meinen Vater schaun.
Da find ich ja zu aller Zeit / Unendliche Barmherzigkeit.

6. Wird alles andre mir entrissen, / Was Seel und Leib erquicken kann;
Muß ich der Erde Freude missen; / Nimmt mich kein Freund sich meiner an:
Ich habe, was mich mehr erfreut: / Bey GOtt, bey GOtt Barmherzigkeit.

7. Wenn ich in meinem Laufe gleite, / Demüthigt seine Gnade mich,
Ermuntert mich zum neuen Streite, / Und unterstützt mich väterlich.
Und wenn mir sein Gesetz auch dräut: / Erwart ich doch Barmherzigkeit.

8. Gott giebt zur Tugend Lust und Stärke: / Doch klebt die Sünde stets mir an;
Ich habe keine solche Werke, / Mit denen ich mich retten kann.
Ich rühme bloß mich hocherfreut / Der Hoffnung auf Barmherzigkeit.

9. Es gehe mir nach seinem Willen! / In Angst und Trübsal wird er mich
Mit seines Geistes Trost erfüllen. / Er hilft gewiß und väterlich;
Er ist (das glaub ich hocherfreut) / Ein Helfer voll Barmherzigkeit.

10. Auf diesen Felsen will ich bauen, / So lang ich hier sein Pilgrim bin.
Im Tode will ich ihm vertrauen; / Der führt vor seinen Thron mich hin.
Mein Heil vollendet nach der Zeit / Des Ewigen Barmherzigkeit.

Nr. 10 (389, 8)
Was ich schwur, und ihr auch schwurt, / Brüder! als im Wasserbad
Eine höhere Geburt / Heil uns gab und GOttes Gnade,
Schwör ich wieder: sein allein / Keines andern will ich seyn!

Nr. 11 (583, 3)
Des Lasters Bahn ist anfangs zwar / Ein breiter Weg durch Auen;
Allein sein Fortgang wird Gefahr; / Sein Ende Nacht und Grauen.
Der Tugend Pfad ist anfangs steil / Noch ungeübten Blicken:
Doch weiter fort führt er zum Heil, / Und endlich zum Entzücken.

Nr. 12 (565, 3 – 5)
3. Selig, wer im Glauben kämpfet; / Selig, wer im Kampf besteht;
Wer des Fleisches Lüste dämpfet, / Und den Reiz der Welt verschmäht!
Unter Christi Kreuzesschmach / Jaget er dem Frieden nach,
Wer den Himmel will ererben, / Muß erst seinen Sünden sterben.

4. Unermüdet müsst ihr ringen, / Nie zerstreut, nie lässig seyn,
Wenn ihr wünschet, durchzudringen, / Ewig euch vor GOtt zu freun.
Nur auf einen tapfern Streit / Folgt des Sieges Herrlichkeit;
Nur den Kämpfer schmückt zum Lohne, / Daß er stritt, des Himmels Krone.

5. Brünstig beten; eifrig wachen; / Der Verführung sich entziehn;
Seine Pflicht zur Lust sich machen; / Die Versuchung weislich fliehn;
Selbst beym Spott und Hohn der Welt / Das nur thun, was GOtt gefällt:
Dieses wollen, dieß vollbringen, / Heißet, nach dem Himmel ringen.

Nr. 13 (740, 1)
Zur Arbeit, nicht zum Müßiggang, / Sind wir, o GOtt, auf Erden.
Drum muß ich auch mein Leben lang / Kein Knecht der Trägheit werden!
Gieb mir Verstand und Lust und Kraft, / Geschick, und auch gewissenhaft
Mein Amt hier zu verwalten!

Nr. 14 (749, 3–5)
3. Nie schenkt der Stand, nie schenken Güter
Dem Menschen die Zufriedenheit.
Die wahre Ruhe der Gemüther
Ist Tugend und Genügsamkeit.

4. Geniesse, was dir Gott beschieden;
Entbehre gern, was du nicht hast.
Ein jeder Stand hat seinen Frieden;
Ein jeder Stand hat seine Last.

Nr. 15, (403, 1)
Jesus Christus unser Heiland
Der von uns den GOTTes Zorn wandt,
Durch das bittre Leiden sein
Half er uns aus der Höllenpein

Nr. 16 (450)
Ich erhebe mein Gemüthe / Sehnsuchtsvoll, mein GOtt, zu dir;
Denn ich kenne deine Güte, / O wie theuer ist sie mir!
Gott der Liebe, GOtt des Lebens, / Keiner harrt auf dich vergebens,
Nur Verächter deiner Huld / Stürzet ihrer Laster Schuld.

2. Lehre mich, HErr, deine Wege; / Zeige deinen Willen mir;
Damit ich nicht irren möge, / Führe du mich selbst zu dir!
GOtt, du kennest mein Vertrauen; / Sicher kann ich auf dich bauen.
Deine Treu, o Vater, ist / Ewig, wie du selber bist.

3. Ach, gedenk an meine Sünden, / Meine Jugendsünden nicht!
Laß mich Armen Gnade finden, / GOtt, vor deinem Angesicht,
Alle Sünden, die uns reuen, / Willst du, Vater, ja verzeihen.
O so höre denn auch mich; / Meine Seele harrt auf dich!

4. GOtt, du willst des Sünders Leben; / Dir ist seine Seele wehrt.
Gnädig willst du ihm vergeben, / Wenn er sich zu dir bekehrt.
Mitten auf dem Sündenwege / Machst du sein Gewissen rege.
Den, der sich voll Zuversicht / Dir ergiebt, verwirfst du nicht.

5. Du ergreifst mit Vaterhänden / Jeden, der sich dir ergiebt,
Alle, die zu dir sich wenden, / Ueber ihre Schuld betrübt.
Freude schenket deine Güte / Dem geängsteten Gemüthe,
Welches du der Sünden Last / Liebevoll entledigt hast.

6. Herr, zu was für Seligkeiten / Willst du in der bessern Welt
Jeden deiner Frommen leiten, / Der dir Treu und Glauben hält!
Du verherrlichst alle Seelen, / Die zu ihrem Theil dich wählen;
Deinen ganzen Gnadenbund / Machst du deinen Kindern kund.

7. Dir will ich mich denn ergeben; / GOtt, mein GOtt, verlaß mich nicht!
Laß mich immer heilig leben, / HErr, vor deinem Angesicht!
Keine schnöde Lust der Sünden / Müsse mich mehr überwinden!
Ach, bewahr', (ich bitte dich,) / Meinen Geist, und stärke mich.

Nr. 17 (662)
Wie leuchtet uns der Morgenstern / Voll Gnad und Wahrheit von dem HErrn;
Der Sohn, des ich mich tröste! / In seinem Lichte seh ich dich,
O Vater, weil dein Sohn auch mich / Vom Fluch und Tod erlöste.
Herrlich Ist er, Mächtig, selig; Und unzählig Sind die Gaben,
Welche wir in JEsu haben.

2. Du, hier mein Retter, dort mein Lohn, / Sohn GOttes und des Menschen Sohn,
Mein Ruhm und meine Freude! / Von ganzem Herzen lieb ich dich,
O gieb, mein Heil, daß dich und mich / Nie Erd und Himmel scheide!

Jesu, Jesu, Ewigs Leben Willst du geben GOttes Kindern,
Allen treuen Überwindern.

3. Durch dich nur kann ich selig seyn. / Geuß tief in meine Seel hinein
Die Flamme deiner Liebe; / Daß brünstig meine Lieb auch sey,
Daß ich mich, bis zum Tode treu, / Dir zu gefallen, übe!
Fliehen Will ich, Gern verlassen, Was zu hassen Deine Lehren
Mir gebieten, Dir zu Ehren.

4. Den Vater hab ich, Sohn, in dir. / Wenn du mich liebst: wie wohl ist mir!
Wie fühl ich mich entzücket, / Wenn, Heiland, o mein höchstes Gut,
Dein Wort, dein Geist, dein Leib, dein Blut / Mich stärken; wie erquicket!
Hilf nur, JEsu, Hilf mir Schwachen! Hilf mir wachen, Kämpfen, ringen
Mich zu dir hinauf zu schwingen!

5. Und wie, GOTT Vater, preis' ich dich? / Wie hoch, wie gnädig hast du mich
Schon vor der Welt geliebet! / Dein Sohn hat mich mit dir vereint;
Er ist mein König, ist mein Freund; / Nimmt hin, was mich betrübet.
Ewig Liebt er! Den erwähle Meine Seele Sich zum Freunde;
Und ich fürchte keine Feinde.

6. Ihm, welcher Höll und Tod bezwang, / Ihm, ihm soll unser Lobgesang
Mit jedem Tag erschallen; / Dem Lamme, das erwürget ist,
Dem Freunde, der uns nie vergißt, / Zum Ruhm und Wohlgefallen.
Tönet, Tönet, Jubellieder! Schallet wieder, Daß die Erde
Voll von seinem Lobe werde!

7. Wie freu ich mich, o JEsu Christ, / Daß du der Erst' und Letzte bist;
Der Anfang und das Ende! / Ich gebe, Heiland, meinen Geist,
Wenn er sich einst dem Staub entreißt, / In deine treuen Hände!
Dank dir, Preis dir! Herr, wir müssen; (Denn wir wissen, Wem wir trauen;)
Einst dein Antlitz ewig schauen.

Nr. 18 (530, 1–5)
Ja, Christus ist mein Leben
Und Sterben mein Gewinn,
Ihm will ich mich ergeben;
Mit Frieden fahr ich hin.

2. Ich freue mich, zu sterben;
Denn nach vollbrachtem Lauf
Soll ich sein Reich dann erben;
Mein Heiland nimmt mich auf.

3. Dann hab ich überwunden;
Befreyt von jeder Noth;
Versöhnt durch JEsu Wunden,
Versöhnt durch seinen Tod.

4. Wenn mit die Augen brechen,
Ich nicht empfinden kann,
Nicht hören, nicht mehr sprechen:
Dann nimm mich gnädig an!

5. Wenn Sinne, wenn Gedanken,
Wie ein verlöschend Licht,
Hierher und dahin wanken:
Ach dann verlaß mich nicht!

Nr. 19 (757, 1–8)
O mein Schöpfer, HErr der Zeit, / Gieb mir, recht sie anzuwenden,
Weisheit; und Entschlossenheit, / Keine Stunde zu verschwenden,
Die mir deiner Güte Rath / Für mein Heil geliehen hat.

2. Ach, so manch' ist schon dahin; / Ungenützt von mir, verschwunden!
Schnell, wie Pfeil und Blitze, fliehn / Jahre, Monden, Tag und Stunden.
Klug ist, wer die schnelle Zeit / Heiligen Geschäften weiht.

3. Führe mich nicht ins Gericht / Für den Missbrauch dieser Gabe!
Wiederbringen kann ich nicht, / Was ich schon verloren habe.
Ach! auch nicht ein Augenblick / Kehrt von seiner Flucht zurück!

4. Aber, o mein Gott, du schenkst / Mir noch Zeit und Raum zur Buße.
Weil du meiner noch gedenkst, / Fall ich reuig dir zu Fuße.
Schone, schone, rette doch / Mich durch Jesum Christum noch!

5. Ich Verschwender meiner Zeit / Sehe, Vater, und empfinde
meiner Thorheit Strafbarkeit. / Ach, vergieb auch diese Sünde!
Laß mich diese Stunde nun / Eifrig deinen Willen thun!

6. Laß, zur Übung meiner Pflicht, / Keinen Augenblick mich säumen;
Nie vergessen dein Gericht; / Nie in eitler Hoffnung träumen!
Nur für meine Seligkeit / Giebst du dein Geschenk, die Zeit.

7. Säen muß ich hier mit Fleiß / Zu der Erndte jenes Lebens;
Säen will ich, denn ich weiß, / Diese Saat sey nicht vergebens.
Ewig freut sich seiner Saat, / Wer hier wohl gesäet hat.

8. Diese Weisheit lehre mich, / Daß ich dir mich ganz ergebe;
Daß ich, weil ich bin, für dich / Und für meinen Nächsten lebe;
Denn, so erb ich nach der Zeit / Deines Himmels Seligkeit.

Nr. 20 (914)
Wie herrlich ist die neue Welt,
Die GOTT den Frommen vorbehält!
Wer konnte sie erwerben?
Du, JEsu, der du sie erwarbst,
Als du für deine Menschen starbst,
Ach hilf mir, sie ererben!
Einen Strahl nur Ihrer Sonne,
Ihrer Wonne Gieb mir Schwachen,
Mir mein Ende leicht zu machen!

LOB DER POLEMIK
EIN LESERBRIEF VON CLAUS HARMS

SIMON GERBER

Im Januar 1826 erschien in der Zeitschrift „Jahrbücher der Theologie und theologischer Nachrichten" eine sehr ausführliche Rezension über die „Neue Winterpostille", die Claus Harms ein Jahr zuvor hatte drucken lassen.[1] Der anonyme Rezensent zeigte sich, trotz manchen kritischen Anmerkungen, insgesamt auffällig wohlwollend. Harms (1778–1855), zunächst Diakonus in Lund/Dithmarschen und seit 1816 Archidiakon an der Kieler Hauptkirche St. Nikolai, war seit dem sog. Thesenstreit von 1817/18 nämlich eine recht umstrittene Person: Anlässlich des 300jährigen Jubiläums der Reformation hatte er Luthers 95 Thesen auf Deutsch neu herausgegeben und ihnen, als Anwendung auf die Gegenwart, 95 eigene Thesen beigefügt. In diesen griff Harms den Rationalismus aufs Schärfste an: „Den Papst unserer Zeit nennen wir in Hinsicht des Glaubens die Vernunft, in Hinsicht des Handelns das Gewissen".[2] Statt auf die Vernunft solle der Glaube sich auf die Schrift und die symbolischen Bücher der lutherischen Kirche gründen. Die letzten 21 Thesen richteten sich gegen die lutherisch-reformierte Union. Die Thesen zeitigten ein ungeheures Echo; sie erhielten viel Zustimmung, riefen aber noch mehr bittere Ablehnung und Feindschaft hervor. Harms wurde als Dunkelmann und Feind der Vernunft hingestellt.[3] Die mit den „Jahrbüchern der Theologie" zusammenhängenden „Theologischen Nachrichten" hatten damals kritisch berichtet:

---

[1] Friedrich Heinrich Christian Schwarz (Hg.), Jahrbücher der Theologie und theologischer Nachrichten. Frankfurt/Main 1826, Januar, S. 37–52; Claus Harms, Neue Winterpostille für die Sonn- und Festtage von Advent bis Ostern. Altona 1825.

[2] Die Thesen und weitere Schriften Harms' zum Thesenstreit sind veröffentlicht in: Claus Harms, Ausgewählte Schriften und Predigten 1, hg. v. Peter Meinhold. Flensburg 1955, S. 204–370; hier These 9.

[3] Zum Thesenstreit vgl. auch Harms' Lebensbeschreibung, ebd. S. 117–128; Friedrich Wintzer, Claus Harms. Predigt und Theologie. Flensburg 1965 (SVSHKG I.21), S. 127–131; Lorenz Hein, Die Thesen von Claus Harms in der neuen theologischen Kritik. In: SVSHKG II.26/27, 1970/71, S. 70–83; Hans-Friedrich Traulsen, Schleiermacher und Claus Harms. Berlin (West)/ New York 1989 (Schleiermacher-Archiv 7), S. 44–234.

„Man braucht nur die Eine oder die Andere dieser sogenannten Thesen der unparteiischen Prüfung zu unterwerfen, um sogleich zu finden, weß Geistes Kind ihr Verfasser ist und daß wahre Arroganz und leidige Ketzermacherei, wie man sie am Anfange des 4ten Jahrhunderts nach Luthers Kampf gegen Glaubens- und Gewissenszwang nicht mehr erwarten sollte, dabei die Feder geführt haben."[4]

War Harms schon vor dem Thesenstreit dank seinen ersten Predigtpostillen und anderen Schriften auch außerhalb Schleswig-Holsteins nicht mehr ganz unbekannt gewesen, so gehörte er nun zu den prominentesten Gegnern des Rationalismus. Bis heute hat Harms in der Kirchengeschichte des 19. Jahrhunderts seinen Platz als Initiator und Vorkämpfer der Erweckung und des lutherischen Konfessionalismus. Das Bild des norddeutschen lutherischen Poltergeistes, das gelegentlich anhand der Thesen von Harms gezeichnet wird, wird ihm insgesamt freilich kaum gerecht.[5] Er spielt selbst ironisch auf seinen etwas zweifelhaften Ruf an, wenn er 1823 an seinen Freund Johann Friedrich Möller (1798–1861), der übrigens die Union befürwortete, als Kommentar zu zwei mitgeschickten Predigten zum Reformationsfest schreibt: „Bey den gegenwärtigen Predigten erinnere ich, Sie wollen ja nicht annehmen, daß ich sonntäglich in solcher Kriegsrüstung gehe."[6]

Dass ein Werk von Harms in den „Jahrbüchern der Theologie" so freundlich besprochen wurde, war also alles andere als selbstverständlich. Trotzdem sah sich Harms genötigt, auf die Rezension seiner „Neuen Winterpostille" mit ei-

---

[4] Friedrich Heinrich Christian Schwarz (Hg.), Theologische Nachrichten. Franfurt/Main 1818, April, S. 166f. Diese Sichtweise hinderte freilich nicht daran, im Juni desselben Jahres eine Werbeanzeige des Verlages Hahn aus Hannover für eine Neuauflage der „Bitteren Arznei für die Glaubensschwäche der Zeit" ²1817 abzudrucken, ebd., S. 312–314. Deren Verfasser, Christoph Friedrich von Ammon, berief sich für seine zeitweise Abwendung vom Rationalismus auf Harms' Thesen; von Schleiermacher wurde er deswegen eines falschen Spiels geziehen.

[5] Vgl. Heinrich Zillen, Claus Harms' Leben in Briefen, meist von ihm selbst. Kiel 1909 (SVSHKG I.4), S. 134f; Wintzer (wie Anm. 3), S. 127–131; Simon Gerber, Fünf Briefe von Claus Harms an Johann Friedrich Möller. In: SVSHKG II.49, 1999, S. 9–19, hier 10f.

[6] Gerber (wie Anm. 5), S. 14.

nem Leserbrief zu antworten. Dieser erschien im Juni 1826 im Schwesterblatt der „Jahrbücher", den „Theologischen Nachrichten".[7] Harms beklagte:

> „Das ist doch eine recht arge incuria, daß da, im Januarheft, ein Recensent dem Publico und mir zwei drei Predigten aus meiner Neuen Winterpostille vorrecensirt, die gar nicht darin stehen, die, wenn ich nicht irre, in eines andern Predigers Postille stehen. Ich bitte den Rec. zu einer Entschuldigung zu vermögen, falls derselbe wirklich die Schuld hat, sonst, wer denn."

Bei den Irrläufern handelt es sich um die zu Anfang der Rezension besprochenen Osterpredigten über die Osterkrone (1. Ostertag) und die Osterhoffnung (2. Ostertag): Beide stammen tatsächlich nicht aus Harms' Postille, sondern aus der „Evangelischen Hauspostille" des Pastors Wilhelm Thieß aus Arnis;[8] dieser hatte mit Harms nicht nur die Gegnerschaft gegen den Rationalismus gemein, sondern auch die schleswig-holsteinische Heimat. Die Besprechung der Thießschen Postille erschien dann im Juniheft der „Jahrbücher", darin auch noch einmal die Rezension der beiden Osterpredigten.[9] Die Redaktion der „Jahrbücher" merkt zu Harms' Leserbrief erklärend an:

---

[7] Theologische Nachrichten (wie Anm. 4) 1826, Juni, S. 216–218. Während die „Jahrbücher der Theologie" ein Rezensionsblatt waren, enthielten die „Theologischen Nachrichten" vor allem statistische Nachrichten, kleinere Aufsätze und Kommentare. Die beiden Zeitschriften erschienen in Frankfurt am Main von 1800 bis 1827, die „Jahrbücher" bis 1823 unter dem Titel „Neue theologische Annalen"; vorausgegangen waren die „Annalen der neuesten theologischen Litteratur und Kirchengeschichte" (Rinteln 1789–1797) und die „Neuen Annalen der neuesten theologischen Litteratur und Kirchengeschichte" (Rinteln und Leipzig 1798–1799). Die Redaktion der „Jahrbücher" und der „Nachrichten" hatte der Heidelberger Theologe und Pädagoge Friedrich Heinrich Christian Schwarz (1766–1837, seit 1804 Professor in Heidelberg) 1824 von zwei Breslauer Professoren übernommen, von Ludwig Wachler (1767–1838, Philologe, Historiker und Theologe, seit 1815 in Breslau) und David Schulz (1779–1854, seit 1811 in Breslau, Vertreter des theologischen Rationalismus).

[8] Wilhelm Thieß, Evangelische Hauspostille, 2 Bände. Schleswig 1824. Hermann Wilhelm Marcus Thieß (1793–1867) war 1821–1844 Pastor in Arnis; später wirkte er in Tolk-Nübel, Hamberge und Kappeln. Vgl. Otto Frederik Arends, Gejstligheden i Slesvig og Holsten 2. Kopenhagen 1932, S. 309.

[9] Jahrbücher der Theologie (wie Anm. 1), 1826, Juni, S. 356–373.

„Nicht der Recensent trägt die Schuld, sondern durch ein Versehen der Druckerei wurde ein Blatt aus der Recension einer andern Hauspostille eingeschoben. – Wir bitten deshalb um freundliche Nachsicht und haben durch einen dem gegenwärtigen Hefte der Jahrbücher beigefügten Umdruck der betreffenden Seiten des Januarhefts dem Fehler abgeholfen."

Doch Harms, der einmal zur Feder gegriffen hatte, nahm die Gelegenheit wahr, um auch noch auf die Rezension zu antworten:

„Uebrigens sage ich für manche Bemerkung, die Rec. gemacht hat – über Predigten, die meine sind, – verbindlichen Dank, ihm und allen Recensenten meiner Predigten. Ohne mich aber als einen Zögling der Journale zu bekennen, stelle ich es doch keineswegs in Abrede, daß ich durch sie auf Manches aufmerksam gemacht worden sey, was ich zu thun und wovon ich zu lassen hätte. Nur in Absicht eines Punktes werde mir eine Gegenrede verstattet und nicht übel gedeutet, ich meine in Absicht des Polemischen, welches ja fast kein einziger Rec. leiden mag auf der Kanzel. Man lasse mich darüber einige Fragen hier gelegentlich hinschütten."

Dies bezieht sich auf eine Passage zu Beginn der anonymen Rezension von 1826, wo es heißt:

„Man hat es dem Vf. wiederholt zum Vorwurfe gemacht, daß seine in Kiel zum Druck beförderten Predigten, namentlich die christologischen, den Postillenpredigten in Lunden nicht gleich kommen, indem an ihnen die polemische und dogmatisirende Tendenz zu hervorstechend sey. Allerdings gefällt Hr. Harms nie mehr, als wenn er ohne Polemik und Apologetik predigt, als wenn er ins Leben eindringt, Situationen zeichnet, Schilderungen entwirft und parabolische Texte so herrlich ausführt, wie in der Predigt am Sonntage Sexagesimae geschehen ist. – Möchte daher Hr. H. davon abstehen, auf der Kanzel gegen die Lehrmeinungen der Andersdenkenden die Opposition zu bilden, und bedenken, daß die evangelische, christliche und biblische Predigt, ohne mit Harnisch und Bogen gerüstet aufzutreten, ihre schönste Empfehlung in sich selber trägt, und mit Wärme vorgetragen eine siegende Gotteskraft ist und bleibt für unverdorbene Herzen, selig zu machen alle, die daran glauben!"[10]

[10] Jahrbücher der Theologie (wie Anm. 1), 1826, Januar, S. 37, vgl. Röm 1,16. Mit der Lundener Postille sind die Winterpostille, Kiel 1808, und die Sommerpostille, Kiel 1811, gemeint. 1821 erschienen in Kiel die Christologischen Predigten.

Speziell an der Palmsonntagspredigt[11] missfiel dem Rezensenten die Polemik:

> „Im 1sten Theile macht die polemisirende Stelle über das Gebet keinen angenehmen Eindruck, – so wie überhaupt Polemik auf der Kanzel, – es sey denn die auch das Volk angehende, alle männiglich zum Kampf auffordernde Polemik gegen Unglauben, Religionsverachtung, Gottesvergessenheit und Lasterhaftigkeit, – vielmehr schadet als nützet. – Der über Lehrtropen polemisirende Prediger tritt als unfehlbar auf, – und ist es doch nicht, – denn nicht allemal ist Gottes Wort sein Schwert. – Wenn z. B. der Vf. die Lehre vom Gebet bestreitet, nach welcher wir durch das Beten, ‚etwas Schwaches in uns stärken', – kann er dann wohl Christum als Gewährsmann anführen? – Saget dieser doch ausdrücklich: ‚Wachet und betet, daß ihr nicht in Anfechtung fallet, denn der Geist ist willig, aber das Fleisch ist schwach.' – Es soll aber doch wohl gestärkt werden in uns das Schwache, – der vom Fleisch geschwächte Wille; – wie denn der Vf. dasselbe sagt in seinen Worten: ‚Das Gebet löst die weltlichen Fesseln.' – Wer hat denn unter den Rationalisten, die Hr. H. hier im Auge zu haben scheint, jemals betend mit Gott accordirt, wie er sagt: ‚Soviel ich, soviel du, legen wir das zusammen, dann bin ich stark genug wider die Welt'?"[12]

Die erwähnte Predigt zum Palmsonntag behandelt das Thema „Befreiung von den Fesseln der Welt durch das Gebet" und beschwört die Hemmnisse des Glaubens durch die Welt und die Unfähigkeit des Menschen, sich aus eigener Kraft von ihnen frei zu machen. Bei der vom Rezensenten kritisierten Stelle erscheint es freilich fraglich, ob Harms sie überhaupt polemisch gemeint hat und ob er hier einen tatsächlichen Gegner bzw. eine wirkiche Kontroverse um „Lehrtropen" im Auge hatte.[13] Die Passage lautet:

> „Wir können diese Hindernisse weder wegdenken noch mit unserm Kampf dawider sie forttreiben; das einzige Mittel zum Erfolg ist das Gebet. Aber dasjenige Gebet, muß ich sagen, thut es, welches den geraden Weg geht, welches gesprochen wird um sein selbst willen, so zu

---

[11] Harms (wie Anm. 1), S. 392–409, über Mt 7,7.
[12] Jahrbücher der Theologie (wie Anm. 1), 1826, Januar, S. 48, vgl. Matth 26,41.
[13] Einen unangenehm polemischen Klang hat es eher, wenn Harms der lauen Gegenwart die Passionsfrömmigkeit der Väter gegenüberstellt, Harms (wie Anm. 1), S. 402–405.

verstehn, da wir nicht wollen bloß etwas uns lebhafter vorstellen, wenn wir es in die Form dieser Erscheinung bringen, da wir nicht wollen bloß etwas in uns Schlafendes wecken durch solchen Hammer, mit welchem wir anklopfen oder etwas Schwaches in uns stärken durch ein solches Reizmittel, nein, das thut es wahrlich nicht. So gebetet, ist auch in der That nicht gebetet, selbst wenn man dabey auf seinen Knieen liegt, das ist wie ein Accordiren mit Gott: so viel ich, so viel du, legen wir das zusammen, dann bin ich stark genug wider die Welt. Nein, Lieben, nicht also, wie auch Christus nicht so, noch seine Apostel so, noch irgend wahrhaft fromme Menschen also gebetet haben, sondern den offenen geraden Weg also: O Gott, ich kann nichts, ich habe nichts, ich bin mehr als schwach, ich bin ganz ohne Vermögen. Siehe mich gnädig an, blicke in dieß leere Gefäß, ... hilf mir! erlöse mich!"[14]

Harms beantwortet mit der „Gegenrede" und den „gelegentlich hingeschütteten Fragen" seines Leserbriefes den Einwand des Rezensenten nicht mit einer Diskussion der fraglichen Stelle, sondern mit einer generellen Apologie der Polemik:

„Es soll doch wohl ihre Stätte die Polemik irgendwo haben, nicht wahr? und muß sie haben in einer Sache des Volks und wieweit die Sache wirklich ist des Volkes, auch vor demselben? Hören wir denn nicht auch die Propheten, Christum, die Apostel und sogar den sanften Johannes wohl so scharf vor dem Volk polemisiren? und welcher Religionslehrer hätte es nicht gethan? Allerdings die Zeiten, wann, sind verschieden, aber rufen nicht ganz vornämlich die unsrigen dazu auf? und die Oerter, wo, sind zu unterscheiden, aber kennt man Kiel denn nicht? Das leugnet keiner, daß nicht einige ‚weichgeschaffene Seelen' durch das Polemische entfernt gehalten werden, andre weiche sich unangenehm berührt fühlen, wollen wir diesen ein Urtheil zugestehen? Meistens sind es jedoch überall die in ihrem falschen Glauben Berührten, welchen polemische Predigten zuwider sind, dagegen wer hat Lust, mit mir die Vielen, die Mehreren zu zählen, welche solchen Predigten vornämlich nachgehen und diese begehren, weil in denselben ein Licht ihnen angezündet wird, das sie sonst nicht sehen; und eine Waffe ihnen gereicht wird, deren sie sonst entbehren müßten? Oder will man das Volk dumm

---

[14] Harms (wie Anm. 1), S. 397f.

machen? Nein, aber da doch die Rationalisten nicht unterlassen, wider den Glauben der Kirche zu polemisiren, so heftig und häufig, was ists anders als das Volk dumm machen, wenn es nicht hören soll, was für diesen Glauben und wider ihren sogenannten Glauben zu sagen ist? Es drängte andre Gegenstände von der Kanzel? Sinds denn Holz, Heu und Stoppeln, deretwegen man polemisirt? Keine bösere Lüge kann den Offenbarungsgläubigen nachgesagt werden, als daß sie um bloße Lehrtropen eiferten; was ists aber, wofür ihre Gegner eifern? Kein Rationalist kann eine Festpredigt halten, wie gern sie auch wollen und wie sehr sie auch dazu ermahnt werden: zeiget denn nicht die ganze Predigt-Literatur das? So wird der Umfang der christlichen Lehre immer kleiner, hat man das noch nicht bemerkt auf dem Kanzelgebiet? und ist man noch nicht davon überzeugt, daß die Kleinkrämerei mit den besondern und besondersten Pflichten keine Andacht zulasse, keine Erbauung bewirke? Aber die Polemik soll auch nicht erbaulich seyn, ich frage, welche? und sage: Alles kommt dabei auf das Maaß und auf die Art an. In dem einen und dem andern Betrachte, vielleicht in beidem mag ich gefehlt haben, worüber ich gern Vorstellungen annehme, wie ich auch selber, versichere ich, oft mich frage, mich höre, mich lese und widerlege, was die Art und das Maaß meines Polemisirens anbetrifft."

Harms beharrt also darauf, dass die Polemik prinzipiell in der Predigt möglich sein müsse, schließlich diene sie der Klarheit und der Orientierung, ganz abgesehen davon, dass die Gegenseite ja auch polemisiere. Während der Rezensent geltend macht, dass man die Herzen nicht mit Polemik gewinne und erbaue, sondern mit der positiven Darlegung des Christentums, meint Harms, dass es gelegentlich nötig sein könne, dem Positiven das Negative gegenüberzustellen, und dass zur christlichen Existenz eben auch der Streit gehöre.

Wenige Jahre nach diesem Leserbrief, im ersten Band seiner Pastoraltheologie, hat Harms seine Meinung über das Polemische in der Predigt schon modifiziert. Er warnt jetzt die angehenden Prediger vor zu viel Polemik: Wegen eines einzigen rationalistischen Lehrers oder Gutsherrn, den man damit doch nicht bekehren könne, lohne es sich nicht, der ganzen Gemeinde eine polemische Predigt zu halten. Für junge Prediger schicke sich die Polemik ohnehin noch nicht recht, auch habe nicht jeder die feste Gesundheit, um auf dem Kampfplatz zu stehen – aus eigener Erfahrung wisse er, wovon er rede. Man verwechsle nur allzu leicht das Feuer eigener Eitelkeit und persönlicher Feindschaft mit dem Feuer des Eifers für Gott. Die Kinder des

Friedens werde man mit Polemik eher aus der Kirche vertreiben als erfreuen.[15]

Den Rezensenten in den „Jahrbüchern" hat sein Sinn in einem nicht getrogen: Harms' „Neue Winterpostille" erlebte nur die eine Auflage, ebenso wie die „Christologischen Predigten" und die „Neue Sommerpostille".[16] Die Postillen aus der Lundener Zeit des großen schleswig-holsteinischen Predigers dagegen erschienen 1846 in Leipzig schon in 6. Auflage.

---

[15] Claus Harms, Pastoraltheologie 1. Kiel 1830, S. 87f = Ausgewählte Schriften und Predigten 2, hg. v. Peter Meinhold. Flensburg 1955, S. 58f; vgl. Lev 10,1f zum Bild des fremden Feuers auf dem Altar Gottes.
[16] Diese wurde 1827 in Altona gedruckt.

EINE BORROMÄERIN IM DEUTSCH-DÄNISCHEN KRIEG (1864):
AMALIE AUGUSTINE VON LASAULX UND DIE PFLEGE VERWUNDETER

ANGELA BERLIS

Im Laufe des 19. Jahrhunderts verstärkte sich die Beteiligung von – zumeist aus dem Bürgertum stammenden – Zivilpersonen an der Linderung der durch Kriege hervorgerufenen Nöte. In den so genannten Befreiungskriegen zu Anfang des 19. Jahrhunderts entstanden an verschiedenen Orten Frauenvereine, die sich in vielfältiger Weise engagierten, etwa indem sie Hilfsgüter für den Krieg sammelten oder Verbandsmaterial, Charpie, herstellten.[1] Eine andere Möglichkeit der Mithilfe war die freiwillige Krankenpflege. Die wohl bekannteste Verwundetenpflegerin des 19. Jahrhunderts war die Engländerin Florence Nightingale (1820–1910), die wegen ihrer Tätigkeit im Krimkrieg (1853/54–56) berühmt wurde und als Organisatorin der britischen Krankenpflege gilt.[2] In der Pflege kranker Menschen erkannte die Tochter einer wohlhabenden Familie ihre Lebensaufgabe. Durch eine Ausbildung

---

[1] Siehe dazu die sehr detaillierte und umfangreiche Übersicht über die verschiedenen Tätigkeitsfelder von Ernst J. Gurlt, Zur Geschichte der internationalen und freiwilligen Krankenpflege im Kriege. Leipzig 1873 [unveränderter Neudruck Walluf 1972], insbes. S. 845–860. Das Buch behandelt den Zeitraum 1800–1815. Männervereine waren viel seltener, was Gurlt einerseits mit dem Kriegseinsatz von Männern als Soldaten erklärt, andererseits jedoch auch mit den eher weiblich konnotierten Tätigkeitsbereichen, ebd., S. 858f.

[2] Der Krimkrieg wurde zwischen dem Osmanischen Reich mit seinen Verbündeten England und Frankreich gegen Russland geführt und mit dem Pariser Frieden 1856 beigelegt. Das britische Sanitätswesen war auf die Versorgung und Pflege Verwundeter nicht vorbereitet. Auf einen Artikel in der „Times" hin, in der auf die Arbeit der französischen Barmherzigen Schwestern hingewiesen wurde, ließ Nightingale sich vom britischen Kriegsminister Sidney Herbert beauftragen, die Organisation der Pflege beim Heer zu organisieren. Der Aufruf in der „Times" spielte auf die Christusnachfolge als Grundlage der Kranken- und Verwundetenpflege an, auf Mt 25, 36. Für eine Übersicht über die umfangreiche Literatur über Nightingale s. die Homepage des Florence-Nightingale-Museums in London unter „Resource centre and research": http://www.florence-nightingale.co.uk. Eine Herausgabe ihrer Werke (bisher sind fünf Bände erschienen) durch Lynn MacDonald erfolgt seit 2001 in Waterloo/Ontario. Vgl. auch die kritische Biographie von Val Webb, Florence Nightingale. The Making of a Radical Theologian. St. Louis 2002. In den letzten Jahrzehnten ist Nightingale zunehmend auch von feministischen Wissenschaftlerinnen entdeckt worden, s. Elaine Showalter, Florence Nightingale's Feminist Complaint: Women, Religion and Suggestions for Thought. In: Signs 6, 1981, S. 395–412.

bei Barmherzigen Schwestern des „Maison de la Providence" in Paris und in der Diakonissenanstalt in Kaiserswerth bereitete sich Nightingale darauf vor, humanitäre Hilfe zu leisten. 1864 wurde auf Initiative Henri Dunants (1828–1910) das Rote Kreuz gegründet.[3] Im deutsch-dänischen Krieg von 1864 wurden evangelische Diakone und Diakonissen sowie katholische Schwestern in der Verwundetenpflege eingesetzt, sie unterstützten das Sanitätspersonal der Armeelazarette.

Dieser Beitrag beschreibt die Tätigkeit einer Barmherzigen Schwester[4] im Krieg von 1864 und zeichnet die Deutungen nach, die diesem Einsatz von verschiedenen Seiten gegeben wurden. Folgende Aspekte sollen dabei eingehender behandelt werden: Was berichtet die katholische Ordensfrau vom Kriegsverlauf, von ihrer Tätigkeit in unmittelbarer Nähe des Kriegsschauplatzes? Welche Rolle spielt die Begegnung mit dem verwundeten Feind, der obendrein einer anderen Konfession angehörte? Welche Deutung erfährt ihre Tätigkeit durch ihre Zeitgenossen? Amalie von Lasaulx (1815–1872) gehörte zur Kongregation des hl. Karl Borromäus.[5] Sr. Augustine, wie sie mit Ordensnamen hieß, war seit 1849 Oberin des St. Johannis-Hospitals in Bonn. Als Quellen dienen ihre Briefe aus dem Lazarett, Berichte in der zeitgenössischen Presse sowie zwei Biographien, die sechs Jahre nach ihrem Tod erschienen.

---

[3] Siehe dazu Eduard Seidler, Geschichte der Medizin und der Krankenpflege, Stuttgart/Berlin/Köln ^{6}1966, S. 204–208, s. auch u. Anm. 20.

[4] „Barmherzige Schwester" ist eine weit verbreitete Bezeichnung „für weibliche Kongregationen mit sozialen, caritativen u. pflegerischen Tätitgkeiten", die mit der Barmherzigkeit und der Nachfolge Christi begründet werden. Im Volksmund werden viele als „Barmherzige Schwestern" bezeichnet, auch wenn sie offiziell einen anderen Namen tragen: Clemensschwestern (s. u. Anm. 49), Borromäerinnen (s. u. Anm. 29), Vinzentinerinnen, Franziskanierinnen, Kreuzschwestern etc. Vgl. Karl Suso Frank, Art. Barmherzige Schwestern. In: Lexikon für Theologie und Kirche^3 2, 2006, Sp. 12f. Im vorliegenden Beitrag geht es um eine Borromäerin.

[5] Für eine Beschreibung ihres Lebens s. Angela Berlis, „Sie war ein großer freier Geist." Amalie Augustine von Lasaulx (1815–1872). In: Oekumenisches Forum. Grazer Jahrbuch für konkrete Ökumene 18, 1995, S. 289–300.

Historischer Hintergrund und historiographische Fragestellungen

Der deutsch-dänische, oder richtiger der preußisch-österreichische Krieg gegen Dänemark, ist in die „historische Abstellkammer des 19. Jahrhunderts" geraten.[6] Die schleswig-holsteinische Frage war eines der kompliziertesten staatsrechtlichen und politischen Probleme des 19. Jahrhunderts, dessen Geschichte bis ins 11. Jahrhundert zurückreicht. Nach dem Wiener Kongreß 1815 entstand bei der Neuordnung Europas und Deutschlands der „Deutsche Bund", dem der dänische König nicht beitrat. Dänemark strebte danach, die Herzogtümer Schleswig, Holstein und Lauenburg enger an sich zu binden. 1848 kam es zu einem Koalitionskrieg von Bundestruppen unter preußischer Führung gegen Dänemark. 1850 und 1852 wurden im ersten und zweiten „Londoner Protokoll" die Verhältnisse der Herzogtümer durch die europäischen Großmächte geregelt, der dänische König trat als Herzog von Holstein und Lauenburg 1850 dem Deutschen Bund bei. Die „Elbherzogtümer" blieben jedoch weiterhin „ein neuralgischer Punkt in der internationalen Politik Europas",[7] nicht zuletzt wegen der komplizierten Gemengelage, in der erstarkende liberale und nationale Strömungen, Erbansprüche und unterschiedliche Interessenlagen der Beteiligten eine Rolle spielten. Der Deutsche Bund sah seine Interessen verletzt, als der dänische König Verordnungen für die Herzogtümer erließ, die das Ziel hatten, diese nach und nach dem dänischen Staat einzugliedern. Die preußischen und österreichischen Truppen, mit deren Einmarsch in das Gebiet des Herzogtums Schleswig durch Überschreiten der Eider am 1. Februar 1864 der Krieg begann, waren Bundestruppen des deutschen Staatenbundes.[8] Das Ober-

---

[6] Winfried Vogel, Entscheidung 1864. Das Gefecht bei Düppel im Deutsch-Dänischen Krieg und seine Bedeutung für die Lösung der deutschen Frage. Koblenz 1987, S. 9. Zum historischen Hintergrund vgl. außerdem: Theodor Fontane, Der Schleswig-Holsteinische Krieg im Jahre 1864. Berlin 1866; Horst Kohl (Hg.), Deutschlands Einigungskriege 1864–1871 in Briefen und Berichten der führenden Männer. Erster Teil: Der Deutsch-dänische Krieg 1864. Leipzig [1912]; Alexander Scharff, Das Jahr 1864 im Zusammenhang der schleswig-holsteinischen, deutschen und europäischen Geschichte. In: Der Krieg 1864. Reden, gehalten bei der Gedenkstunde am 18. April 1964 im Kieler Stadttheater, veranstaltet von der Schleswig-Holsteinischen Landesregierung, der Gesellschaft für Schleswig-Holsteinische Geschichte und dem Schleswig-Holsteinischen Heimatbund. Neumünster 1964, S. 13–32 (mit Literatur).

[7] Vogel (wie Anm. 6), S. 13.

[8] Zu den Bundesexekutionstruppen, die im Dezember 1863 in Holstein und Lauenburg einrückten, gehörten auch sächsische und hannoveranische Truppen, jeweils 6000 Mann im Verhältnis zu jeweils 35000 Mann Preußens und Österreichs. Sachsen und Hannover waren nicht bereit, sich an der Besetzung Schleswigs ab Februar 1864 zu beteiligen, s. Vogel (wie Anm. 6), S. 23.

kommando über alle Streitkräfte hatte Generalfeldmarschall Graf Friedrich von Wrangel (1784–1877).[9]

Der Krieg von 1864 wurde gemeinsam mit dem deutsch-österreichischen (1866) und dem deutsch-französischen Krieg (1870/71) nachträglich in eine Trias nationaler Einigungskriege eingebettet, die den Weg für die nationale Einigung Deutschlands im 19. Jahrhundert bahnten.[10] Es waren Kriege, in denen sich traditionelle mit modernen Elementen mischten: traditionelle Formen der Kriegführung, Verhaltensweisen und Ehrbegriffe einerseits, Innovationen auf dem Gebiet der Kommunikationstechnik (Telegraph), des Truppentransports (der zum großen Teil mit der Eisenbahn geschah) und der Gefechtstechnik (Hinterladegewehr, anonymes Töten aus der Distanz) andererseits.[11] Die Reichseinigungskriege werden als die ersten „Pressekriege" der deutschen Geschichte bezeichnet.[12] Seit den napoleonischen Kriegen erschienen eigenständige Kriegszeitungen. Die Zeitung wurde im Laufe des 19. Jahrhunderts zum Hauptmedium der Kriegsberichterstattung und maßgebliches Informationsmittel für die lesehungrige Heimat. Die ganze Nation wurde so ins Kriegsgeschehen einbezogen.[13] In der Ära der Einigungskriege gehörte die bürgerliche Öffentlichkeit noch dem Bildungsbürgertum, welches den Krieg zumeist affirmativ begleitete.[14]

In der jüngsten Forschung steht nicht mehr die Realgeschichte des Krieges im Mittelpunkt, sondern kulturgeschichtliche Aspekte des Kriegsgeschehens; es geht u. a. darum, historischen Realitätskonstruktionen auf die Spur zu

---

[9] Wrangel hatte bereits 1848 Truppen als Oberbefehlshaber der preußischen Truppen, verstärkt durch Truppen des Deutschen Bundes, zur Unterstützung der schleswig-holsteinischen Bürgerarmee gegen Dänemark geführt. Für eine Beschreibung des Kriegsverlaufs s. Vogel (wie Anm. 6). Eine Zeittafel findet sich ebd., S. 74–76.

[10] Siehe Nikolaus Buschmann, „Im Kanonenfeuer müssen die Stämme Deutschlands zusammen geschmolzen werden". Zur Konstruktion nationaler Einheit in den Kriegen der Reichsgründungsphase. In: Ders./Dieter Langewiesche (Hg.), Der Krieg in den Gründungsmythen europäischer Nationen und der USA. Frankfurt/New York 2003, S. 99–119, hier 118.

[11] Siehe Frank Becker, Bilder von Krieg und Nation. Die Einigungskriege in der bürgerlichen Öffentlichkeit Deutschlands 1864–1913. München 2001, S. 11.

[12] Ebd., S. 9. Becker greift damit eine Bezeichnung von Stig Förster und Jörg Nagler auf. Der Krimkrieg gilt als erster „Pressekrieg" überhaupt, s. ebd., S. 40. Vgl. Ute Daniel, Der Krimkrieg 1853–1856 und die Entstehungskontexte medialer Kriegsberichterstattung. In: Dies. (Hg.), Augenzeugen. Kriegsberichterstattung vom 18. bis zum 21. Jahrhundert. Göttingen 2006, S. 40–67.

[13] Siehe Becker (wie Anm. 11), S. 40–49.

[14] Siehe ebd., S. 16, 24.

kommen.¹⁵ Dabei richtet sich das Forschungsinteresse mehr und mehr auf Fragen der Wahrnehmung und Interpretation des Krieges, d.h. es wird nach dem Kriegsbild gefragt und nach Erfahrungen, die anhand überlieferter Selbstzeugnisse erschlossen werden.¹⁶ So wird der „Erlebnishorizont der Kriegsteilnehmer" untersucht, zu dem auch die Wahrnehmung des Kriegsgegners zählt.¹⁷

In dieser erfahrungsgeschichtlichen Perspektive des Krieges tritt die zentrale Rolle der Religion stärker hervor.¹⁸ Die Pflege Verwundeter als Ausdruck gelebter Nächstenliebe und Christusnachfolge – nach dem christologisch motivierten Motto im Neuen Testament „Ich war krank und ihr habt mich besucht" (Mt 25, 36) – steht an der Schnittstelle von Medizin und Religion. Diese Einstellung hatte zur Folge, dass die Verwundeten der eigenen Armee genauso gepflegt wurden wie der verwundete Feind, der „so bald er selbst nicht mehr Wunden schlägt, ein Bruder ist, den wir heilen sollen."¹⁹ In der Presse des 19. Jahrhunderts wurde dieser Aspekt immer wieder hervorgehoben.²⁰ So berichtete etwa der Korrespondent der „Times" über die Verwundetenpflege im Krieg von 1864:

> „Nach dem Kampfe, so scheint es, werden Trojaner und Achäer wieder nur Menschen und haben gleichen Anspruch auf Alles, was die Menschlichkeit zur Linderung ihrer Leiden zu thun vermag."²¹

---

[15] Siehe ebd., S. 13.
[16] Ebd., S. 10.
[17] Ebd., S. 13.
[18] Siehe Nikolaus Buschmann/Horst Carl (Hg.), Die Erfahrung des Krieges. Erfahrungsgeschichtliche Perspektiven von der Französischen Revolution bis zum Zweiten Weltkrieg. Paderborn u.a. 2001. Siehe darin besonders: Christian Rak, Kriegsalltag im Lazarett. Jesuiten im deutsch-französischen Krieg 1870/71, S. 125–145. Vgl. außerdem Andreas Holzem, Krieg und Christentum – Motive von der Vormoderne zur Moderne. In: Rottenburger Jahrbuch für Kirchengeschichte 25, 2006, S. 15-30, hier 25.
[19] Joseph Hubert Reinkens, Amalie von Lasaulx. Eine Bekennerin. Bonn 1878, S. 158.
[20] Der Gedanke lag in der Luft: Im Oktober 1863 kam eine erste internationale, halbamtliche Konferenz in Genf zusammen, bei der Vertreter von vierzehn Staaten sich miteinander verständigten. Am 22. August 1864 unterzeichneten zwölf Staaten (unter ihnen auch Dänemark und Preußen) die erste Genfer Konvention, in der u.a. die Neutralität von Lazaretten, militärischem Pflegepersonal und ziviler Hilfskräfte bei der Betreuung von Verwundeten im Krieg festgelegt wurde. Bei dieser Konferenz wurde auch das Rote Kreuz als allgemein verbindliches Schutzzeichen festgelegt, s. Seidler (wie Anm. 3), S. 206.
[21] Zitiert in Bonner Zeitung (BZ), 3. April 1864, Nr. 78.

Verwundetenpflege im Krieg von 1864

Für die Organisation des Kriegslazarettwesens spielte der 1852 neu belebte evangelische Johanniterorden eine herausragende Rolle. Unter der Leitung des Commendators und Kanzlers des Ordens, Graf Eberhard zu Stolberg-Wernigerode (1810–1872), trug er Sorge für den Aufbau des Sanitätswesens, für die Organisation der Pflege Kranker und Verwundeter sowie für das Anwerben ärztlichen und pflegerischen Personals.[22] Zur Unterstützung in der Verwundetenpflege wandte Graf Stolberg sich an seine Schwester, Gräfin Anna zu Stolberg-Wernigerode (1819–1868),[23] Oberin des Diakonissen-Mutterhauses Bethanien in Berlin, und an den Vorsteher des „Rauhen Hauses" in Hamburg, Johann Hinrich Wichern (1808–1881).[24] Vor Kriegsbeginn reisten die Oberin sowie ihr Bruder und dessen Ehefrau, Marie Wilhelmine Johanna, geb. Prinzessin Reuß (1822–1903), nach Altona, wo an der Palmaille Nr. 18 in Bahnhofsnähe das erste Kriegslazarett mit 55 Lagerstätten eingerichtet wurde; bald darauf entstand ein weiteres, „Bellevue" in Flensburg, mit 32 Betten. Zugleich wurde in Flensburg ein Zentraldepot für Lebensmittel und Verbandsgegenstände eingerichtet und der Verwaltung von zwei Brüdern des „Rauhen Hauses" übergeben. Nach einem Bericht des Johanniter-Ordens waren während des Krieges 20 Johanniter, neun Ärzte, 15 Brüder des „Rauhen Hauses" und 38 Diakonissen aus Bethanien und Kaiserswerth tätig.[25] Außer in Altona und Flensburg nahmen Diakonissen, aber auch katholische Schwestern, die ebenfalls dem Aufruf des Johanniter-Ordens gefolgt waren, pflegerische Aufgaben wahr: in den vor allem mit österreichischen Verwundeten belegten Lazaretten in Rendsburg und Schles-

---

[22] Siehe dazu Carl Herrlich, Die Balley Brandenburg des Johanniter-Ordens von ihrem Entstehen bis zur Gegenwart und in ihren jetzigen Einrichtungen dargestellt. Berlin 1886, hier v.a. S. 173–177. Mit Dank an Prof. Dr. Ruth Albrecht für den Literaturhinweis.

[23] Sie hatte 1852 die Zustimmung ihrer Eltern zum Eintritt als Diakonisse erhalten; 1855 wurde sie zur Oberin des Hauses Bethanien gewählt. Siehe zu ihr: Manfred Berger, Art. Stolberg-Wernigerode, Anna Gräfin zu. In: BBKL 24, 2005, Sp. 1417–1426; auch im Internet abzufragen: http://www.bautz.de/bbkl/s/s4/stolberg_wernigerode_a.shtml (zuletzt eingesehen 14. 12. 2008).

[24] Zum „Rauhen Haus", der Ausbildung von Diakonen und dem Einsatz der sog. Felddiakone s. Hans-Werner Schmuhl, Senfkorn und Sauerteig. Die Geschichte des Rauhen Hauses zu Hamburg 1833–2008. Hamburg 2008, S. 171.

[25] Herrlich (wie Anm. 22), S. 177. Die Kaiserswerther Schwestern waren in den Militärlazaretten zu Apenrade, Hadersleben, Kolding, Broaker und Sonderburg tätig. Vgl. ebd.

wig arbeiteten vornehmlich katholische Ordensfrauen: Barmherzige Schwestern von der Kongregation des hl. Borromäus aus dem Provinzialmutterhaus zu Trier (Mutterhaus Nancy), Barmherzige Schwestern von der Kongregation des hl. Borromäus aus dem Prager Mutterhaus, Clemensschwestern aus Münster, Schwestern des Deutschen Ordens aus Troppau,[26] auf Schloß Gottorf waren Franziskanerinnen aus Aachen in der Pflege tätig.[27] Ein Hamburger Hilfsverein richtete Magazine für Lazarett- und Erquickungsgegenstände ein, Kommissionäre dieses Vereins sorgten für die Versendung der Gegenstände an die stehenden und ambulanten Lazarette. Ein Berliner „Central-Comité für Verwundete" sorgte für die Beschaffung von Vorräten für notwendige Operationen, u.a. Chloroform, Modellgips und Resektionsinstrumente.[28]

Eine der katholischen Schwestern, die ins Kriegsgebiet zogen, war Sr. Augustine. Amalie von Lasaulx entstammte einer angesehenen Koblenzer Familie und war 1840 in die Kongregation vom hl. Karl Borromäus in Nancy

---

[26] Vgl. Ernst Julius Gurlt, Bericht über die preußischen Lazarethe auf dem Kriegsschauplatz. In: Beilage zur BZ, 3. April 1864, Nr. 78. Gurlt spricht allgemein von „Barmherzigen Schwestern" (zur Terminologie, s. Anm. 4). Aus einem Brief von Graf Attems-Petzenstein vom 11. März 1864 wird deutlich, zu welcher Kongregation die Schwestern im Einzelnen gehörten. Der Brief ist abgedruckt in: Illustrirte Zeitung, 26. März 1864, S. 206.
[27] Robert Geißler, Vom Kriegsschauplatz in Schleswig: Die Spitäler und die Barmherzigen Schwestern. In: Illustrierte Zeitung, 26. März 1864, S. 204–206. Die „Illustrirte Zeitung" erschien in Leipzig, zunächst als Lizenzausgabe von „The Illustrated London News", von 1843 bis 1944. Mit ihren vielen Bildern und Bildreportagen war sie eine der ersten ihrer Art und bot in großer Bandbreite wöchentlich Nachrichten. Paul Robert Geißler (1819–1893) arbeitete u.a. für diese Zeitung als Journalist und Illustrator.
[28] Siehe Gurlt (wie Anm. 26). Der deutsche Chirurg Ernst Julius Gurlt (1825–1899) hielt sich auf den Kriegsschauplätzen auf und verfasste im Auftrag des genannten Berliner Comités einen Bericht, um so aufgrund sorgfältiger Beobachtung ein Gesamtbild über die Krankenpflege und den Transport Verwundeter vom Schlachtfeld zu gewinnen. Der Transport geschah mit Krankenwagen und Karren, sowie mit einem gemieteten Kutter, mit dem Verwundete aus dem Sundewitt nach Flensburg gebracht werden konnten, s. Herrlich (wie Anm. 22), S. 175. Gurlts Bericht diente zudem der Vorbereitung auf spätere mögliche Kriege.

Barmherzige Schwestern bei der Pflege Verwundeter in Schleswig. Nach einer Skizze von Robert Geißler, Illustrirte Zeitung 26. März 1864, S. 204.

eingetreten.[29] Ihre beiden älteren Schwestern traten ebenfalls in diese Kongregation ein und wirkten später beide als Oberinnen der Elisabetherinnen in Luxemburg. Sr. Augustine wurde zur Apothekerin ausgebildet und arbeitete seit 1842 in einem Hospital der Borromäerinnen in Aachen. 1843 legte sie ihre ewigen Gelübde ab und wurde im November 1849 als Obe-

---

[29] Diese Kongregation entstand 1652 in Nancy als freie Gemeinschaft von Frauen in der Krankenpflege, nahm 1663 die Regel des hl. Franz von Sales für Visitandinnen an und entwickelte sich danach zu einer Kongregation, die sich im 18. Jahrhundert über Nancy hinaus ausbreitete. Im deutschen Sprachraum kam es seit Anfang des 19. Jahrhunderts in verschiedenen Städten zum Bau von Bürgerhospitälern, für die Borromäerinnen als Krankenpflegerinnen angeworben wurden: Trier (1811) und Koblenz (1826) waren die ersten, später folgten u.a. Berlin (1846, Hedwigskrankenhaus) und Bonn (1849). In Hamburg führten Borromäerinnen ab 1864 das Marienkrankenhaus. Aus Filialgründungen entstanden ab 1841 selbständige Kongregationen in Prag (1841), Trebnitz (1857), Trier (1872), s. Karl Suso Frank, Art. Borromäerinnen. In: Lexikon für Theologie und Kirche³ 2, 2006, Sp. 598.

rin an das damals neu eröffnete Bonner Bürgerhospital St. Johannis berufen.[30]
Sie und eine weitere Bonner Schwester, Sr. Theodosia, wurden vom Mutterhaus in Nancy ins Kriegsgebiet nach Schleswig-Holstein geschickt. Christine von Hoiningen-Huene (1848–1920), Sr. Augustines Biographin, schreibt, dass die Bonner Oberin diesen Auftrag als eine willkommene Gelegenheit betrachtete, nach 24 Klosterjahren „in die weite Welt hinaus[zu]fahren"[31] und die Freiheit zu schmecken:

„Mit derselben Freudigkeit und erwartungsvollen Ungeduld, mit der ein rechtes Soldatenherz seinem ersten Feldzug entgegenschlägt, erfüllte Schwester Augustine die Aussicht auf den weiten Wirkungskreis".[32]

Sr. Augustines anderer Biograph, Joseph Hubert Reinkens (1821–1896), kannte sie seit ihrer Aachener Zeit. Reinkens, damals Professor in Breslau, schrieb am 19. Februar 1864 an seinen Bruder in Bonn: „Über die Sendung der Augustine nach Schleswig habe ich mich gefreut. Die Entwicklung des dortigen Dramas ist noch nicht abzusehen".[33] Zwei Wochen zuvor, am 5. Februar, hatte er seinem Bruder geschrieben: „In Schleswig geht es schon blutig her".[34] In den ersten Kriegstagen waren 500 Österreicher und 300 Preußen verwundet worden bzw. gefallen. Über die Dänen waren Reinkens keine Zahlen bekannt; deren Verluste betrugen, einschließlich der Gefangenen, 944 Soldaten und 18 Offiziere.[35]

Am 11. Februar 1864, Abends 6 Uhr, verließ Sr. Augustine Bonn in Richtung Norden, am Bahngleis verabschiedet von einer großen Anzahl Bonner Bürger. Das Interesse der Bonner Bürgerschaft am Krieg im allgemeinen und an „ihrer" Schwester im Besonderen fand in den folgenden Monaten seinen

---

[30] Siehe Berlis (wie Anm. 5), S. 294f.
[31] [Christine von Hoiningen-Huene], Erinnerungen an Amalie von Lasaulx, Schwester Augustine, Oberin der Barmherzigen Schwestern im St. Johannishospital zu Bonn. Gotha ³1881, S. 170.
[32] Ebd.
[33] Joseph Hubert Reinkens, Briefe an seinen Bruder Wilhelm (1840–1873), hg. v. Hermann Josef Sieben, (Bonner Beiträge zur Kirchengeschichte 10, I–III), Köln/Wien 1979, 3 Bde, hier Bd. 2, S. 1274.
[34] Ebd., S. 1270.
[35] Ebd., S. 1270f. Vgl. Vogel (wie Anm. 6), S. 34.

Niederschlag in zahlreichen Berichten der „Bonner Zeitung".[36] Waren die meisten froh über ihren Einsatz, so gab es hier und da auch Freunde, die ihn mit gemischten Gefühlen begleiteten: So schickte der Geograph und Historiker Georg Benjamin Mendelssohn (1794–1874) ein Billet an seinen Freund Clemens Theodor Perthes (1809–1867)[37] in Bonn.

> „Soeben schreibt uns die Oberin dass sie heute Abend 6 Uhr nach Holstein geht. Ich beklage es, gönne sie aber unsern Kranken und Verwundeten."[38]

In Altona angekommen, wartete Sr. Augustine vergeblich auf fünf Schwestern ihrer Kongregation aus Berlin, mit denen sie sich treffen sollte. Widersprüchliche Nachrichten veranlassten sie, den preußischen Gesandten aufzusuchen, der sie aufforderte, mit Sr. Theodosia nach Kiel zu reisen, um dort von Generalfeldmarschall von Wrangel weitere Anweisungen zu bekommen, „ob ich nach Flensburg oder Rendsburg, wo selbst die meisten Verwundeten liegen, gehen werde".[39] Sie beschrieb ihre ersten Eindrücke: „Nach allen Nachrichten sieht es überall schrecklich aus; Verwundete liegen halbe Tage lang, ohne alle Hülfe, auf dem Felde."[40] In Altona gebe es nur

---

[36] Außer den Berichten, in denen auf eine direkte Beziehung zwischen der Oberin des St. Johannis-Hospitals und der Bonner Bürgerschaft eingegangen und Sr. Augustine erwähnt wird, finden sich auch andere Nachrichten mehr allgemeiner Art, etwa über die preußischen Lazarette auf dem Kriegsschauplatz (s. Beilage zur BZ, 3. April 1864, Nr. 78), über die Anfertigung von Gitter-Charpie aus gebrauchter Leinwand – eine Arbeit für „unsere patriotischen Damen" (BZ, 24. April 1864, Nr. 95), über die Sterblichkeit bei den Verwundeten (BZ, 18. Mai 1864, Nr. 118) sowie viele über den Kriegsverlauf als solchen.

[37] Perthes begründete die christliche „Herberge zur Heimat" und war Mitbegründer der Inneren Mission. Über ihn: Albert Rosenkranz, Clemens Theodor Perthes (1809–1867). In: Bernhard Poll (Hg.), Rheinische Lebensbilder, im Auftrag der Gesellschaft für Rheinische Geschichtskunde hg., Bd. 3. Düsseldorf 1968, S. 207–220. Für das Thema dieses Beitrages ist zudem interessant: Otto Perthes (Hg.), Briefwechsel zwischen dem Kriegsminister Grafen von Roon und Clemens Theodor Perthes, Professor der Rechte in Bonn aus den Jahren 1864 bis 1867. Breslau 1896.

[38] Georg Benjamin Mendelssohn an Clemens Theodor Perthes am 11. Februar 1864, Staatsarchiv Hamburg, 622-1 Perthes 82 IIc, Nr. 44, Heft XXI, Bl. 14.

[39] Zitiert in: Hermann an Julie von Lasaulx und Anna, 14. Februar 1864, Familienarchiv von Lassaulx, Meckenheim (FamA von Lassaulx). Mit Dank an Familie von Lassaulx für die Einsichtnahme in diese Archivbestände.

[40] Ebd.

wenige Verwundete, hier seien keine weiteren Schwestern nötig; in Kiel seien acht Schwestern in zwei Lazaretten tätig. Am 13. Februar reiste Sr. Augustine von Altona nach Kiel in einem Güterzug, gemeinsam mit einem Trupp Soldaten.[41] Nur vier Tage blieb sie dort, dann rief eine Depesche sie nach Schleswig. Gemeinsam mit einer anderen Schwester fuhr sie los.

Auf ihrer Fahrt kam sie am Danewerk[42] vorbei und sah dort „noch alle möglichen Ueberbleibsels des Krieges auf dem Felde"[43] liegen. In Rendsburg richteten Handwerker und Soldaten leere Gebäude für die Aufnahme von 400 Verwundeten her. In Schleswig teilte die Lazarettkommission[44] sie dem Lazarett in Scherers Hof zu. Von dort berichtete sie am 24. Februar an Frau Busch, Ehefrau eines im St. Johannis-Hospital tätigen Arztes in Bonn, dass in Schleswig zehn Lazarette eingerichtet seien, „alle sehr besetzt".[44a] „Gebe Gott daß durch den Sturm auf die Düppeler Schanzen wir nicht einen Zuwachs erhalten".[45]

Schleswig, ein paar Jahre zuvor noch ein „stille[r] Ort", hatte sich in eine Stadt verwandelt, deren Straßenbild von Soldaten, v. a. aus Österreich, beherrscht wurde.[46] Die Lazarette waren über die ganze Stadt zerstreut. Die Verteilung der Vorräte war Aufgabe des Schleswiger Frauenvereins unter

---

[41] Die Trierer Novizenmeisterin war der Meinung, Soldaten seien „die beste Reisegesellschaft für Nonnen". Vgl. Reinkens (wie Anm. 19), S. 154.

[42] Das Danewerk war seit dem frühen Mittelalter die historische Verteidigungsanlage der Dänen von etwa 30 km Länge. Im Laufe der Jahrhunderte wurde sie immer wieder verstärkt und erneuert. Was dort jedoch fehlte, waren Unterkunftsräume für die Besatzungen. Die meisten Soldaten mussten unter den gegebenen winterlichen Witterungsverhältnissen auf freiem Felde lagern. Vgl. Vogel (wie Anm. 6), S. 29.

[43] Zitiert in: Hermann von Lasaulx an Familienmitglieder, 26. Februar 1864, FamA von Lassaulx.

[44] Die Lazarettkommission unter Leitung von Graf Heinrich Attems-Petzenstein sowie angesehenen Bürgern (die Herren Schmidt, Hansen, Nüppel, Tüxen) hatte zehn Lazarette eingerichtet mit insgesamt 1200 Betten, s. Attems-Petzenstein (wie Anm. 26).

[44a] Sr. Augustine an Frau Busch in Bonn, 24. Februar 1864, zitiert in: Hermann von Lasaulx an Julie und Anna von Lasaulx, o. D. (Poststempel 29. Februar 1864), FamA von Lassaulx.

[45] Sr. Augustine an Frau Busch in Bonn, 24. Februar 1864, zitiert in: Hermann von Lasaulx an Julie und Anna von Lasaulx, o. D. (Poststempel 29. Februar 1864), FamA von Lassaulx.

[46] Geißler (wie Anm. 27), S. 204.

Leitung seiner Präsidentin, Frau Tolertzen.[47] Im konfiszierten Haus des früheren Bürgermeisters waren vorzugsweise Offiziere untergebracht, so etwa der Herzog von Württemberg. In den „großen luftigen Zimmern lagen durchschnittlich vier bis sechs Kranke."[48] Die Hauswirtschaft leiteten zwei Damen aus Schleswig, die Pflege lag in den Händen von Clemensschwestern aus Münster.[49] Die übrigen neun Lazarette, darunter auch Scherers Hof, waren für die Mannschaften bestimmt und entsprechend weniger gut ausgerüstet.

Über ihre Arbeit in Scherers Hof schreibt Sr. Augustine:

> „Sieben bis 8 Stunden gehe ich täglich mit den 3 Aerzten & 7 Soldaten (Krankenwärter) im Lazareth umher, um zu verbinden & umzubetten. Morgen sollen mehrere amputirt werden, deren Glieder gar zu sehr zerschossen sind. – Die Soldaten, welche in den Unterleib geschossen sind, glaube ich sterben Alle. Zwölf arme Dänen, die bei einem Gefecht mit Kolben auf den Kopf geschlagen wurden, leiden in <u>entsetzlicher</u> Weise."[50]

Bisweilen fehlten in den neu eingerichteten Lazaretten ganz elementare Gebrauchsgegenstände, wie Sr. Augustine beschrieb:

---

[47] Graf Attems-Petzenstein erwähnt weitere Frauen: „Mad. Arnemann ist überall, wo es noth thut, thätig; Fräul. Wagener aus Altona und Fräul. von Mellenthin aus Berlin in Schloß Gottorp." Attems-Petzenstein (wie Anm. 26). Mathilde Arnemann (1809–1896), geb. Stammann, aus Altona, organisierte Krankenwärterdienste im Krieg von 1864: „Trost und Hülfe spendend wandelt sie von Lager zu Lager, geliebt von allen Leidenden, die in ihr den guten Engel verehren." Illustrirte Zeitung, 21. Mai 1864, Nr. 1090, S. 353f. (mit Bild), hier S. 354. Die Zusammenarbeit zwischen Frauenvereinen und Militärlazarettleitung verlief offensichtlich nicht immer konfliktlos. So meldet die BZ, dass sich die Militärlazarett-Gewalten jegliche private Beihülfe zur Pflege von Verwundeten, ausgehend von hiesigen Frauenvereinen, verbeten hätten. Der Autor dieses Beitrages betrachtete die Hilfe der Frauen im Gegensatz dazu jedoch als sehr erwünscht, s. BZ, 8. März 1864, Nr. 56, S. 2.

[48] Geißler (wie Anm. 27), S. 204.

[49] Die Clemensschwestern, eigentlich Barmherzige Schwestern von der allerseligsten Jungfrau u. schmerzhaften Mutter Maria, wurden 1808 in Münster gegründet. Die erste Oberin war die konvertierte Pastorentochter und Porträtmalerin Maria Alberti (gest. 1812). s. Karl Suso Frank, Art. Clemensschwestern. In: Lexikon für Theologie und Kirche³ 2, 2006, Sp. 1231. Allgemein zu in Preußen gegründeten Kongregationen: Relinde Meiwes, „Arbeiterinnen des Herrn". Katholische Frauenkongregationen im 19. Jahrhundert. Frankfurt/New York 2000.

[50] Sr. Augustine an Frau Busch in Bonn, 24. Februar 1864, zitiert in: Hermann von Lasaulx an Julie und Anna von Lasaulx, o.D. (Poststempel 29. Februar 1864), FamA von Lassaulx.

„so haben wir z. B. nicht einmal einen Stuhl, um die Kranken so lange niedersitzen zu lassen, bis das Bett gemacht ist; ferner besitzen wir nur einen Nachtstuhl, welcher draussen auf der Treppe steht, die armen Leute müssen daher mit nackten Füßen dorthin gehen. Die Betten bestehen nur aus einem harten Strohsack und schlechtem Strohkissen."[51]

Überschwänglich bedankte Sr. Augustine sich, als aus Bonn Krankenstühle eintrafen.[52] In der „Bonner Zeitung" wurde am 28. Februar 1864 ein Brief abgedruckt, in dem sie über ihren Aufenthalt in Kiel und ihre Abberufung nach Schleswig berichtete.[53] Sie erwähnt die Zerstörung mehrerer Orte durch die Dänen und die notdürftige Errichtung von Lazaretten sowie die freundliche Aufnahme, die ihr und ihren Mitschwestern zuteil wurde. In dem Brief ist von einem Dänen die Rede, dem Hände und Beine schwarz erfroren waren; daneben scheint der Schreiberin die internationale Zusammensetzung der Verwundeten erwähnenswert: „Oestreicher, Preussen, Polen, Ungarn, Italiener & Dänen, so daß ich mit Vielen nur durch Zeichen sprechen kann."[54] Eine katholische Kirche gebe es hier natürlich nicht, „ich hätte auch keine Zeit sie zu besuchen."[55]

In beiden Biographien und im Familienarchiv finden sich eine Reihe von Briefen Sr. Augustines an Freundinnen und Freunde zuhause. Ihr Bruder Hermann Josef von Lasaulx (1808–1868) sorgte dafür, dass der Inhalt ihrer Briefe im Familienkreis bekannt wurde.

Öfter wurden private Briefe von der Front an Zeitungen weitergegeben,[56] Sr. Augustine jedoch wollte dies nicht. Nach dem Abdruck des zitierten Briefes, der von dem Bonner Rechtshistoriker und Vorsitzenden des Kuratoriums des St. Johannis-Hospitals, Professor Ferdinand Walter (1794–1879), ohne Rücksprache an die Zeitung gegeben worden war, trug sie ihrem Bruder auf, zu verhindern, dass ausführliche Schreiben von ihr in der Zeitung erscheinen würden.[57] Spätere Berichte der „Bonner Zeitung" beschränkten sich auf

---

[51] Ebd.
[52] Ebd. Für die Stühle hatte Frau Busch aus Bonn gesorgt.
[53] Vgl. Beilage zur BZ, 28. Februar 1864, Nr. 49; der Brief ist in Ausschnitten abgedruckt bei Reinkens (wie Anm. 19), S. 160–162.
[54] Sr. Augustine am 25. Februar 1864, zitiert nach Hermann von Lasaulx an Familienmitglieder, 26. Februar 1864, FamA von Lassaulx.
[55] Ebd.
[56] Vgl. Becker (wie Anm. 11), S. 52.
[57] Vgl. Hoiningen-Huene (wie Anm. 31), S. 179. Dort wird kein Name genannt. In einem Brief an seine Schwägerin machte Sr. Augustines Bruder seiner Empörung Luft: „Den Brief welchen Prof. Walter in heutiger Zeitung veröffentlicht, mußte mich nicht wenig frappiren, ohne Autorität einen Brief wörtlich abdrucken zu lassen, kann doch nur ein Professor thun." Hermann von Lasaulx an Julie und Anna von Lasaulx, o. D. (Poststempel 29. Februar 1864), FamA von Lassaulx.

Meldungen über Bedarf und Dank Sr. Augustines für Hilfssendungen. Die Veröffentlichung derartiger Nachrichten zeitigte sofort Wirkung in der Heimat, wie Hermann von Lasaulx seinen Geschwistern mitteilte:

> „Soeur Aug. begehrte vor etwa 10 Tagen 18–20 Schlafröcke; der O.Bürgerm. veröffentlichte dieses. In zwei Tagen wurden 70 Schlafröcke, deren Taschen mit Pantoffeln, Hauskäppchen, Taschentüchern, Cigarren pp gefüllt waren, abgeliefert. – Ein reicher Jude (Freund der Soeur A.) schickte den seidenen Schlafrock seiner kleinen Frau, trennte den Kragen ab und packte in denselben 25 Pfund Mazzen. – Als ihm gedankt wurde für dieses Geschenk (ganz passend für den Flügelmann des Grenadier-Bataillons) meinte der Jude: Ja, meine Freundin wird ihn gut verwenden; ich weiß es ganz genau".[58]

Vereine aus Sr. Augustines Geburtsstadt Koblenz, aber auch die Bonner Lese- und Erholungsgesellschaft schickten mehrmals Kleidungsstücke und Wein in den Norden. Die Gaben wurden von einem Verbindungsmann, Herrn Clason, persönlich überbracht.[59] Der Wein sollte den Verwundeten zur „Erholung und Kräftigung" dienen; Genesenen, die erneut aufs Schlachtfeld zogen, füllte die Bonner Oberin beim Abschied die Feldflasche mit Wein.[60] Wein musste teilweise nicht vorhandene Arzneimittel ersetzen, er wurde auch zum Gebrauch für die mit „dem schlimmsten winterlichen Bivouakwetter kämpfenden Soldaten als eine wünschenswerthe Gabe" empfohlen.[61] Das Kriegsministerium bat darum, Güter an die Front zu schicken, die zur Erquickung dienten: „Weine, Fruchtessig, Cigarren, Roßhaarmatrazzen, neue Hemden und neuen Flanell".[62] Auch die Schleswiger Bevölkerung wurde vom Bürgerverein zu Lebensmittel- und Geldspenden für die im freien Feld vor Fredericia und Düppel liegenden Truppen aufgerufen.[63]

---

[58] Hermann von Lasaulx an Familienmitglieder, o.D., FamA von Lassaulx.
[59] Vgl. BZ, 8. März 1864, Nr. 56, S. 3 (unter „Rheinland und Westphalen"); BZ, 26. März 1864, Nr. 72; BZ, 26. April, Nr. 96; BZ 4. Mai 1864, Nr. 103.
[60] Vgl. BZ, 26. März 1864, Nr. 72. Im Bericht wird sogar die Weinmarke, Rüdesheimerberg, genannt.
[61] BZ, 24. Februar 1864, Nr. 45 (unter „Rheinland und Westphalen").
[62] BZ, 6. März 1864, Nr. 55.
[63] BZ, 6. April 1864, Nr. 79.

Der Krieg aus der Perspektive Sr. Augustines

Beide Biographen berichten, dass die Borromäerin nicht nur Verwundete aus den eigenen Reihen, sondern auch ehemalige Feinde pflegte. Sr. Augustine hatte bereits während ihrer Tätigkeit in Bonn gute Kontakte zu evangelischen Familien, unter ihnen der Seelsorger der dortigen evangelischen Gemeinde und Clemens Theodor Perthes. Mit ihm und der Familie Rosamunde und Georg Benjamin Mendelssohn verband sie eine herzliche Freundschaft. Als ein Graf sie im Lazarett in Schleswig besuchte und sich bei ihr erkundigte, „ob wir nicht über die Kräfte von den Protestanten zu leiden hätten", schrieb sie ihrem Briefpartner nur: „welche Antwort ich ihm gab, können Sie sich denken."[64] Ihre offene Haltung kam ihr jetzt zugute, als sie Anfang März 1864 nach Rendsburg wechselte. Denn die bisherige Oberin dort hatte „durch confessionelle Eigenthümlichkeit" kein gutes Verhältnis zu den Ärzten aufbauen können.[65]

Mit den ehemaligen Feinden, den verwundeten Dänen, empfand Sr. Augustine Mitleid wegen ihres traurigen, körperlichen Zustandes und der ihnen bevorstehenden langen Gefangenschaft.[66] In der Begegnung mit den Verletzten trat nicht nur das Freund-Feind-Verhältnis in den Hintergrund, sondern auch die Religionszugehörigkeit – jedenfalls bei Sr. Augustine. Ihr Verhalten erregte Aufmerksamkeit, da es offensichtlich über das normale Maß an Toleranz weit hinausging: einmal assistierte sie einem evangelischen Pfarrer, der einem sterbenden dänischen Soldaten das Abendmahl brachte, als Küsterin und Ministrantin. Der römisch-katholische Feldgeistliche, der zufällig eintrat, reagierte außerordentlich verblüfft.[67]

Die einheimische Bevölkerung, die mehrheitlich lutherisch war, empfing die verbündeten österreichischen Truppen „mit größter Begeisterung", wie Sr. Augustine bemerkt, während „unsere preußischen Soldaten mit viel mehr Theilnahmlosigkeit behandelt" werden, „weil sie [sc. die Bewohner Schleswig-Holsteins] der Politik Preußens mißtrauen".[68] „Besonders die Damenwelt ist, wie gewöhnlich, sehr leidenschaftlich. Uns Schwestern gegenüber

---

[64] Sr. Augustine, 24. Februar 1864 an Bernhard Joseph Hilgers, zitiert nach Hoiningen-Huene (wie Anm. 31), S. 173f, hier 174. Während Hoiningen-Huene den Adressaten nicht angibt, nennt Reinkens ihn: Es handelt sich um den Bonner Professor für Kirchengeschichte, Bernhard Joseph Hilgers (1803–1874), der im St. Johannishospital als Seelsorger wirkte und ein sehr vertrautes Verhältnis mit Sr. Augustine hatte. Vgl. Reinkens (wie Anm. 19), S. 180.
[65] Reinkens (wie Anm. 19), S. 164.
[66] Siehe Hoiningen-Huene (wie Anm. 31), S. 184.
[67] Siehe ebd., S. 181.
[68] Ebd., S. 178.

scheinen sie allen confessionellen Unterschied zu vergessen; denn sie sind uns ungewöhnlich freundlich", schrieb Sr. Augustine an Rosamunde Mendelssohn (1804–1883).[69] Die lutherischen Pfarrer und ihre Familien erwiesen sich als „unsere speziellen Freunde und Wohlthäter, behaupten sogar, grade sie gehörten ganz zu den Schwestern".[70]

Katholische Ordensfrauen im Habit waren in den Herzogtümern ein ungewohntes Bild. Die „Bonner Zeitung" berichtet über ein Vorkommnis in Kiel:

> „Als die Schwestern vom Kieler Bahnhofe in ihrem Habit über die Straßen gingen, machten einige Mitglieder des Kieler Janhagels Miene, sie mit Schneebällen zu bewerfen, fanden es indeß für gerathen, angesichts der handfesten preußischen Soldaten, welche den barmherzigen Schwestern das Gepäck trugen, von solcher Bemühung Umgang zu nehmen, welche sich nach den dabei laut werdenden Aeußerungen leider als Kundgebung albernster Intoleranz dokumentirte".[71]

Die Militärbehörden und Soldaten waren angewiesen worden, „die Schwestern, wo sie denselben auf der Straße begegnen, wie ihre Offiziere zu grüßen."[72] Sr. Augustine betont wiederholt, wie zuvorkommend sie behandelt werde.

Als Sr. Augustine Anfang März 1864 in Rendsburg eintraf, fand sie sehr schwierige Verhältnisse vor: im dortigen Lazarett versorgten drei Schwestern etwa 200 Betten, die zum Teil mit ständig wechselnden Verwundeten belegt waren.[73] Den anderen Schwestern ihrer Kongregation war es „nicht gelungen, eine feste Stellung einzunehmen", da sie sich von den Burschen der Lazarettärzte hatten einschüchtern lassen, so von der Pflege ausgeschlossen blieben und sich „auf die rauesten Arbeiten" beschränken mussten.[74] Die Ärzte wiederum nahmen die Schwestern nicht in Schutz, da sie sie

---

[69] Ebd. Rosamunde Ernestine Pauline Richter wurde im Luisenstift in Berlin erzogen und heiratete 1827 in der Berliner Marienkirche Georg Benjamin Mendelssohn, der sich am 28. Mai 1821 in Schleswig hatte taufen lassen, s. Ingeborg Stolzenberg, Georg Benjamin Mendelssohn im Spiegel seiner Korrespondenz. Mit unveröffentlichten Briefen von Alexander von Humboldt, Ernst Moritz Arndt und Clemens Theodor Perthes. In: Mendelssohnstudien. Beiträge zur neueren deutschen Kulturgeschichte, Bd. 3, hg. v. Cécile Lowenthal-Hensel. Berlin 1979. S. 81–161, hier 81 Anm. 2 u. S. 156ff.
[70] Vgl. Hoiningen-Huene (wie Anm. 31), S. 178.
[71] BZ 24. Februar 1864, Nr. 45. Der Bericht stammte ursprünglich aus der Essener Zeitung.
[72] Ebd.
[73] Vgl. Reinkens (wie Anm. 19), S. 167.
[74] Hoiningen-Huene (wie Anm. 31), S. 174.

nicht für kompetent genug hielten. Mit Sr. Augustines Ankunft änderte sich dies, wie ihre Biographin zu berichten weiß:

> „Wo die Verhältnisse am schwierigsten und die Arbeit am größten war, da schaute man nach Schwester Augustine um Hülfe aus.... Es war für die Ärzte eine Freude, mit und neben ihr zu arbeiten, und die Verwundeten, welche ihrer Pflege anvertraut waren, fühlten sich geborgen in der Liebe und Thatkraft, mit der sie sich jedem Einzelnen hingab und auf dessen spezielle Bedürfnisse und Gefühle Rücksicht nahm."[75]

Im Gegensatz zu anderen Schwestern gelang es Sr. Augustine, sich in der Männerwelt des Lazaretts durchzusetzen. Inwieweit dabei nicht nur ihr sicheres Auftreten, sondern auch ihre Stellung als Adlige und als Oberin eine Rolle spielten, wird in den Biographien nicht thematisiert. Hier werden ihr Können und ihre Kompetenz betont.

Die medizinischen und sanitären Verhältnisse waren während dieses Krieges ebenso bescheiden wie die Zahl der Pflegerinnen: Als Sr. Augustine Anfang April 1864 in das dritte schwere Feldlazarett[76] nach Rinkenis an der Flensburger Förde übersiedelte, nahm sie nur eine einzige Mitschwester mit.[77] Während Sr. Berthilde in einem Schulhaus allein für die Verwundeten zuständig war, waltete Sr. Augustine, ebenfalls allein, im oberen Stock eines Gasthauses, dem Tanzsaal, ihres Amtes; dieses lag an der Landstraße nach Düppel.[78] Am Morgen des 17. April erging der Befehl, die Lazarette in der Nähe des Kriegsschauplatzes zu räumen. Wagenweise kamen Verwundete an, die per Schiff nach Flensburg gebracht wurden. Am 18. April fand mit der Stürmung der Düppeler Schanzen die entscheidende Kriegsschlacht statt.[79] Die Biographin vermerkt darüber:

> „Es war ein blutiger Sieg gewesen; dem Tode war eine reiche Ernte geworden, und die christliche Barmherzigkeit hielt die Nachlese auf dem Schlachtfelde."[80]

---

[75] Ebd., S. 180f.
[76] BZ 4. Mai 1864, Nr. 103 (Lokal-Nachrichten). Im Kriegsgebiet gab es sog. leichte und schwere Feldlazarette.
[77] Vgl. Hoiningen-Huene (wie Anm. 31), S. 181.
[78] Vgl. ebd., S. 182.
[79] Die zehn Düppeler Schanzen sicherten den Übergang zur Insel Alsen und zur – unbefestigten – Stadt Sonderburg. Die Erstürmung, die seit dem 11. Februar 1864 vorbereitet worden war, erfolgte am 18. April ab 10 Uhr morgens, zwei Stunden später waren alle Schanzen in preußischer Hand, s. Vogel (wie Anm. 6), S. 57.
[80] Hoiningen-Huene (wie Anm. 31), S. 183. Die Dänen verloren 110 Offiziere und 4706 Mann, darunter waren 3549 tote Soldaten und 56 Offiziere; die Verluste der Preußen betrugen 71 Offiziere und 1130 Mann, von diesen fielen 17 Offiziere und 246 Soldaten, s. Vogel (wie Anm. 6), S. 58.

Briefe nach Hause zu schreiben war Sr. Augustine neben der Schwerstarbeit kaum möglich. Ihre Familie und Freunde mussten vorlieb nehmen mit Bleistiftnotizen im Telegrammstil, die manchmal kaum leserlich waren. Am Tag nach der Schlacht von Düppel berichtete sie ihrem Bruder:

„Gestern gestürmt, die Schanzen genommen, schauderhaftes Blutbad, keine Vorstellung wie grässlich hier. Ich bin die halbe Nacht durch auf der Landstraße gewesen, nur um die Todten von den Verwundeten zu sondern und heraufzuschaffen. Adieu."[81]

Den Formulierungen ist anzumerken, dass für Sr. Augustine während ihres Einsatzes in Schleswig-Holstein keine Zeit für tiefsinnige Reflexionen blieb, nur das erfahrene Jetzt zählte.[82] Erst später, als die Arbeit infolge des am 12. Mai 1864 eingetretenen Waffenstillstands weniger wurde, fand sie Zeit für ausführlichere Mitteilungen. Am 20. Mai schrieb sie aus Rinkenis an ihre Nichte Anna Maria in München:[83]

„Aber glaube mir, dies waren auch furchtbare Tage und Wochen, die ich nicht noch einmal erleben wollte, aber sie auch durchaus nicht aus meinem Leben wegwünschen möchte. Du kannst Dir nicht denken, welchen überwältigenden Eindruck es macht, so schauderhaft verstümmelte junge Leute vor sich zu sehn, die erst in der Blüthe ihres Lebens stehen – dazu die gräßliche Aufregung, in welcher sie sich befanden, als man sie am Tage der Stürmung zu uns brachte. Von Pulver und Blut, Schweiß und Staub, die Hände und Gesicht schwarz gefärbt, schrien sie in den gräßlichsten Schmerzen um Hilfe. Nicht rasch genug konnten wir ihnen die Uniformen aufschneiden, an Ausziehen war nicht zu denken. Die Meisten hatten noch die Kugeln in ihren Wunden, welche man aber

---

[81] Ebd. Die Mitteilung Sr. Augustines an Hermann von Lasaulx ist mit kleinen Abweichungen (zuerst werden die Verwundeten, dann die Toten genannt; statt „heraufzuschaffen" steht „fortzuschaffen") auch in einem Brief von Perthes an G.B. Mendelssohn wiedergegeben. Perthes war am 30. April im St. Johannis-Hospital und hatte dort Hermann von Lasaulx getroffen, der ihm offensichtlich Sr. Augustines Brief gezeigt oder gegeben hatte. Vgl. Clemens Theodor Perthes an Georg Benjamin Mendelssohn, Bonn, 30. April 1864, in: Stolzenberg (wie Anm. 69), S. 128.

[82] Dies wird bestätigt von Perthes' Mitteilung an Mendelssohn am 30. April 1864: „Neuere Briefe von ihr [sc. Sr. Augustine] sind nicht hier; ich war heute im Johannishospital, wo ich auch ihren Bruder traf. Sie mag schwere Tage durchlebt haben." Ebd.

[83] Anna Maria von Lasaulx (1837–1887), Tochter von Ernst von Lasaulx (1805–1861) und Julie, geb. von Baader (1807–1880). Ernst war Amalies ältester Bruder, er war Historiker und Geschichtsphilosoph.

bei Vielen, erst nach ihrem Todte fand(en), indem sie tief durch Fleisch und Knochen gefahren waren, als daß sie durch Instrumente hätten bei Lebzeit herausgenommen werden können. In den Betten und auf der Erde, lagen Mann an Mann, so daß ich kaum zu ihnen heran konnte. Da sie von Herzen gesund waren, starben sie meistens mit vollem Bewußtsein und jammerten nicht wenig, so fern von ihren Angehörigen und noch so jung, sterben zu müssen. Dazu waren noch so viele Dänen unter ihnen, die meistens verheirathet gewesen, und nun immer Soester (Schwester) riefen, in der Hoffnung, daß ich ihnen helfen würde, damit die preußischen Uniformen ihnen fern blieben, die sie so haßten.

Seither hat der Tod noch sehr aufgeräumt, ja führt noch täglich von unseren armen Pfleglingen zur ewigen Ruhe. Die Andern, denen es jetzt besser geht, sind natürlich doch noch vielfach betrübt, da ja fast Jeder irgend ein unbrauchbares Glied, oder nur einen Fuß oder Arm mit nach Hause bringen wird. Und unsere armen Dänen, die noch übrig sind, müssen ja als Gefangene irgend eine Festung beziehen, auf wie lange Zeit, weiß Gott! – Ach der Krieg ist doch eine schauderhafte Geissel für die Länder und Familien, die er trifft!"[84]

Aus der Perspektive einer Krankenpflegerin stellt sich ein Krieg anders dar als aus militärischer Sicht. Sr. Augustine sah, dass die „armen Verstümmelten", „die ja mit ihrem Herzensbluthe" den Sieg errungen, ihn „theuer bezahlt" hatten.[85] Ein Drittel „ihrer" Verwundeten sei „unter den grässlichsten Qualen gestorben".[86] Viele erlagen ihren Verletzungen infolge der schlechten Hygieneverhältnisse,[87] die Sterblichkeitsrate nach Amputationen war hoch. Deshalb ist es nicht verwunderlich, von Sr. Augustine auch kritische Töne über den Krieg zu vernehmen. „Der Krieg bringt doch nur Entsetzliches!"[88], schrieb sie Anfang März 1864 an Gräfin Caroline von Stillfried (1815–1865) nach Berlin. Einige Wochen nach der Erstürmung der Düppe-

---

[84] Sr. Augustine an Anna von Lasaulx, Rinkenis 20. Mai 1864, FamA von Lassaulx.
[85] Sr. Augustine an Clemens Theodor Perthes, 12. Mai 1864, zitiert nach Hoiningen-Huene (wie Anm. 31), S. 184.
[86] Ebd.
[87] Auffällig oft wird in Berichten über diesen Krieg mit einer gewissen spürbaren Erleichterung erwähnt, dass keine epidemischen Krankheiten ausgebrochen seien. Vgl. BZ, 18. Mai 1864, Nr. 113 (Schleswig-Holstein).
[88] Sr. Augustine an Gräfin Stillfried-Alcantara, 4. März 1864, zitiert in: Hermann von Lasaulx an Julie und Anna von Lasaulx, o.D. (Poststempel München 11. März 1864), FamA von Lassaulx. Der Brief ist auch abgedruckt bei Hoiningen-Huene (wie Anm. 31), S. 176.

ler Schanzen – das Heer stand inzwischen vor der Insel Alsen – vermerkt sie in einem Brief, während sie von ferne den Kanonendonner hört: „Man hat wirklich in Friedenszeiten keine Ahnung, welches unbeschreibliche Elend der Krieg nach allen Richtungen hin verbreitet."[89] Dieses Elend sah Sr. Augustine überall: bei den Verwundeten und Sterbenden, bei den Kriegsverlierern, bei den beteiligten Familien, aber auch bei den Anwohnern der Kriegsschauplätze, die zu Orten der Verwüstung geworden waren. Und so richtet sie ihre Kritik an diejenigen, „deren Losungswort immer ‚Krieg!' ist":[90]

> „Die Herren am grünen Tisch in Berlin oder wo sie überall sonst sitzen und Alles unterwühlen, sollten nur 'mal 8 Tage lang als Barmherzige Schwester durch die Lazarethe gehen und das Stöhnen ihrer armen Schlachtopfer hören, gewiß, sie würden friedliebender werden."[91]

Am 12. Mai 1864 trat ein einmonatiger Waffenstillstand in Kraft und in den Lazaretten wurde es ruhiger. Gegen Ende dieses Monats erhielt Sr. Augustine aus dem Trierer Provinzialmutterhaus die Aufforderung zur Heimkehr, sie sollte den Heimweg einige Tage später über Rendsburg antreten und dort ein paar Schwestern ihrer Kongregation unter ihre Obhut nehmen.[92] Am 21. Juni 1864 war Sr. Augustine wieder zurück in Bonn. Ihrer Biographin zufolge war ihre Tätigkeit im Krieg von großem Einfluss auf ihren Charakter: Ihr ganzes Wesen habe an Festigkeit, Unabhängigkeit und Klarheit gewonnen, resümiert diese.[93] Schon vor ihrer Rückkehr war Sr. Augustine als bedeutende Persönlichkeit gewürdigt worden: als am 10. Mai 1864 der preußische König Wilhelm I. (1797–1888)[94] Bonn besuchte, ließ er sich dazu bewegen, auch das St. Johannis-Hospital zu besuchen, als er von der in Rinkenis weilenden Oberin hörte.[95] Der König sprach sich dabei „mit großer Wärme über die Verdienste aus, welche sich ihre Ordensgenossinen auf dem Kriegsschauplatze erworben".[96]

---

[89] Sr. Augustine an J.B. Hilgers, o.D., zitiert nach Hoiningen-Huene (wie Anm. 31), S. 183.
[90] Sr. Augustine an Clemens Theodor Perthes, 12. Mai 1864, abgedruckt bei Hoiningen-Huene (wie Anm. 31), S. 184f, hier 185.
[91] Sr. Augustine, 24. Februar 1864 (vgl. dazu Anm. 64). Abgedruckt bei Hoiningen-Huene (wie Anm. 31), S. 173f, hier 174.
[92] Vgl. Reinkens (wie Anm. 19), S. 177.
[93] Vgl. Hoiningen-Huene (wie Anm. 31), S. 185.
[94] Seit 1861 König von Preußen, 1871 Deutscher Kaiser.
[95] Siehe BZ, 11. Mai 1864, Nr. 108; BZ, 12. Mai 1864, Nr. 109; BZ, 13. Mai 1864, Nr. 110.
[96] BZ, 12. Mai 1864, Nr. 109. Interessant ist der Kommentar, den Hermann von Lasaulx seiner Schwester Clementine gegenüber äußert: „Der König von Pr. besuchte gestern das hies. Hospital, sprach von seiner jüngsten Anwesenheit in Rinkenis pp. Wind!" Hermann von Lasaulx an Sr. Clementine von Lasaulx, o.D. [11. Mai 1864], FamA von Lassaulx.

Am 1. August 1864 wurde ein Präliminarfriede unterzeichnet, am 30. Oktober wurde der Friede von Wien geschlossen; Schleswig, Holstein und Lauenburg wurden darin dem deutschen Staatenbund zugewiesen und zunächst von Preußen und Österreich gemeinsam verwaltet.[97] 1865 erhielt Preußen Schleswig und – zum Teil durch Ankauf – Lauenburg, während Österreich Holstein bekam. In der zweiten Jahreshälfte 1865 nahmen die Spannungen zwischen Österreich und Preußen zu. Am 21. Juni 1866 ließ Bismarck Holstein besetzen und löste damit den deutsch-österreichischen Krieg aus. Dieser Kabinettskrieg war ein wichtiger Schritt auf dem Weg zur kleindeutschen Lösung: Österreich wurde nach seiner Niederlage aus dem deutschen Staatenbund ausgeschlossen und Preußen behielt seine Vormachtstellung. Sr. Augustine betätigte sich im Krieg von 1866 und im deutsch-französischen Krieg von 1870/71 in der Pflege Verwundeter: 1866 zog sie nach Böhmen, 1870/71 nahm sie im Bonner Hospital Verwundete auf. Überschattet wurde dieser letzte Krieg für Sr. Augustine von ihrer schlechter werdenden Gesundheit und von der kirchlichen Entwicklung innerhalb der katholischen Kirche. Sr. Augustine bezog pointiert Stellung gegen die neuen Dogmen der Unfehlbarkeit und des Jurisdiktionsprimats des Papstes (1870), sie konnte diese nicht anerkennen. Im November 1871 wurde sie von ihren Ordensoberen als Oberin abgesetzt und am 28. Januar 1872 ohne kirchliches Begräbnis in dem Rheinstädtchen Weißenthurm bestattet.[98]

Die Deutung der Tätigkeit Sr. Augustines in zeitgenössischen Werken

Im Familienarchiv von Lassaulx[99] sind mehrere Briefe Sr. Augustines aus dem Krieg 1864 erhalten geblieben; manche haben in Form von z.T. zusammenfassenden Abschriften überlebt, die ihr Bruder Hermann Mitgliedern der Familie mitteilte. Verwandte und Freunde nahmen so Anteil an Sr. Augustines Erlebnissen. Wie Andreas Holzem festgestellt hat, enthüllen persönliche Briefwechsel bisweilen eine Interpretation des Krieges, „die den

---

[97] Für die Entwicklung vom Friedensschluss bis zum Kriegsausbruch 1866 s. Vogel (wie Anm. 6), S. 62–66.
[98] Siehe dazu meinen Beitrag „Mieux que six évêques et douze professeurs ...". Amalie von Lasaulx (1815–1871) et la naissance du vieux-catholicisme allemand. In: Archivio per la storia delle donne 1, a cura di Adriana Valerio. Napoli (D'Auria) 2004, S. 227–237.
[99] Beide Schreibweisen – „Lasaulx" bzw „Lassaulx" – kommen vor; im 20. Jahrhundert schreibt die Familie sich ausschließlich „Lassaulx".

historiographischen Großdeutungen zugleich entspricht und zuwiderläuft".[100] Sr. Augustine hielt mit kritischen Bemerkungen nicht hinter dem Berg. „Der Krieg ist doch das Schrecklichste, was ich zu denken vermag!"[101], schrieb sie am 24. Februar 1864 an ihren Bruder Hermann. Für sie war der Krieg nicht Kabinettskrieg zur Lösung politischer Probleme, sondern erfahrene Wirklichkeit am Ort des Geschehens.

Der Krieg von 1864 war, wie bereits festgestellt wurde, auch ein Pressekrieg, über den ausführlich in Zeitungen und illustrierten Zeitschriften berichtet wurde. Neben die allgemeine Berichterstattung über den Kriegsverlauf aus militärischer Sicht traten persönliche Augenzeugenberichte. In den Lokalnachrichten wurde der Bezug zur Bonner Bevölkerung hergestellt. Obwohl Sr. Augustine sich das Abdrucken ihrer Briefe in der Zeitung verbeten hatte,[102] blieb sie für die Bonner Bevölkerung präsent, etwa wenn über ihren Dank für Spenden berichtet wurde. Derartige Danksagungen implizierten die Aufforderung zu weiteren Spenden. In der „Bonner Zeitung" wurde Sr. Augustine als Untertanin dargestellt, die ihren Dienst tat und dabei andere – Bonner Bürger – ermutigte, ihr Scherflein ebenfalls beizutragen. Durch ihre Tätigkeit im Krieg wurde sie zu einer weit bekannten Persönlichkeit, eine Bekanntheit, die sich durch ihr Engagement in den beiden folgenden Kriegen, aber auch durch ihre Haltung gegenüber den vatikanischen Dogmen sowie durch die Umstände ihrer letzten Lebensmonate und ihres Begräbnisses vergrößerte.

Sechs Jahre nach Sr. Augustines Tod erschienen 1878 fast gleichzeitig, jedoch unabhängig voneinander, zwei Biographien: die eine stammte von dem Kirchenhistoriker und ersten Bischof der Alt-Katholiken, Joseph Hubert Reinkens,[103] die andere war von Christine von Hoiningen-Huene,[104] einer Ver-

---

[100] Holzem (wie Anm. 18), S. 21.
[101] FamA von Lassaulx.
[102] Außer dem bereits erwähnten Brief, der in der BZ veröffentlicht wurde, veranlasste auch in Berlin Gräfin Stillfried den Abdruck eines Briefes in einer Berliner Zeitung. Vgl. Hoiningen-Huene (wie Anm. 31), S. 179.
[103] Vgl. zu ihm Joseph Martin Reinkens, Joseph Hubert Reinkens. Ein Lebensbild. Gotha 1906; Angela Berlis, Art. Reinkens, Joseph Hubert. In: Religion in Geschichte und Gegenwart⁴ 7, 2004, Sp. 254f.
[104] Vgl. zu ihr Angela Berlis, Zwischen Korsett und Zwangsjacke: Die Historikerin Christine von Hoiningen-Huene (1848–1920). In: Schweizerische Zeitschrift für Religions- und Kulturgeschichte 98, 2004, S. 99–117; dies., Art. Hoiningen genannt Huene, Christine Freiin von. In: Hiram Kümper (Hg.), Historikerinnen. Eine biobibliographische Spurensuche im deutschen Sprachraum (Schriften des Archivs der deutschen Frauenbewegung 14). Kassel 2009, S. 100–104.

wandten Sr. Augustines, die später zu den ersten promovierten Historikerinnen gehören sollte. Beide Biographien sind aus der Perspektive des/der wissenden Autors/Autorin geschrieben, der/die den Lesenden Auskunft erteilt und den historischen Hintergrund beschreibt. Sie ordnen das Leben dieser Ordensfrau nicht nur welthistorisch, sondern auch kirchenhistorisch ein und behandeln auch die – in diesem Beitrag nicht näher dargestellten – Auseinandersetzungen zwischen ultramontanen und liberalen Katholiken über die Dogmen des Ersten Vatikanums. Wie deuten Joseph Hubert Reinkens und Christine von Hoiningen-Huene die Tätigkeit Sr. Augustines im Krieg von 1864?

Reinkens zeichnet Sr. Augustine als „Engel des Trostes und der Erquickung":[105] Nicht „um Wunden zu schlagen, sondern um Verwundete zu pflegen, zu trösten, zu heilen" sei sie in den Krieg gezogen. Am liebsten wählte Sr. Augustine nach seiner Darstellung Orte, an denen die schwer Verwundeten lagen. Ihr Wunsch nach „vollkommener Hingebung alles Sinnens und Trachtens und aller Kräfte an ihren herrlichen Beruf" sei hier erfüllt worden.[106] Reinkens sieht Sr. Augustine als heroische Liebestäterin.[107] Der Liebesdienst bei Armen und Verwundeten wurde für sie zum echten Gottesdienst „mit der höchsten Erhebung und Andacht", auch wenn sie den eigentlichen Gottesdienst und Sakramentsempfang infolge ihrer Arbeit, aber auch infolge des Nicht-Vorhandenseins einer katholischen Kirche in ihrer Nähe entbehren musste.[108]

Vergleicht man die zwei Biographien im Hinblick darauf, wie Sr. Augustine als Pflegerin im Krieg beschrieben wird, so gibt es neben manchen Übereinstimmungen viele unterschiedliche Akzente. Die Übereinstimmungen rühren daher, dass beide zum Teil die gleichen Briefe benutzten. Unterschiede in der Darstellung sind in folgenden drei Gebieten festzustellen:
Erstens: Einer stärker weltgeschichtlich einordnenden Darstellung bei Reinkens steht eine mehr auf die Person der Sr. Augustine orientierte bei von Hoiningen-Huene gegenüber. Letztere, mit ihr verwandt, stellt Sr. Augustine in den Mittelpunkt und betrachtet von ihr aus historische Fakten und Ereignisse. Der Theologe Reinkens beschreibt die Pflegetätigkeit Sr. Augustines als Beispiel christlicher Barmherzigkeit, eingebettet in die zeitgenössische Pflegetätigkeit. Er erwähnt wichtige militärische Führungspersönlichkeiten, schildert die Tätigkeit eines Bonner Verbindungsmannes und hebt

---

[105] Reinkens (wie Anm. 19), S. 151.
[106] Ebd., S. 178.
[107] Siehe ebd., S. 178.
[108] Ebd., S. 179.

die Anteilnahme der Bevölkerung an der Tätigkeit Sr. Augustines hervor. Durch die Einbeziehung dieser Aspekte wirkt seine Darstellung stärker weltgeschichtlich orientiert, die der Christine von Hoiningen-Huene mehr biographisch. Reinkens scheint aus größerer Distanz zu schreiben, er verklärt die Protagonistin zum „Engel der Erquickung". Zudem zeichnet er deutlicher als von Hoiningen-Huene ein Bild vom Krieg, in dem gängige Geschlechterstereotypen auftauchen: Männer vergießen im Krieg Blut, Frauen stillen es. Damit wird legitimiert, dass Frauen sich überhaupt in der Nähe des Kriegsgeschehens aufhalten dürfen. Frauen wie Sr. Augustine verkörpern christliche Nächstenliebe, personifizieren die „barmherzige Samariterin", die sich ihren Mitmenschen zuwendet ohne Ansehen der Person, ihrer Nationalität, Konfession und ohne Parteiinteressen.[109] Zugleich jedoch werden diese Schwestern nicht als Frauen beschrieben und somit entsexualisiert. Dies zeigt etwa die Feststellung der Novizenmeisterin, Soldaten seien die besten Reisegenossen von Schwestern.[110] Bürgerliche Schicklichkeitsgrenzen zwischen den Geschlechtern werden hier nicht überschritten, da sie nicht vorhanden sind – im Gegenteil, Soldaten sind einer Schwester bester Schutz![111]

Zweitens fällt die Wahrnehmung des Krieges unterschiedlich aus: Christine von Hoiningen-Huene weist mehrfach darauf hin, dass sich Sr. Augustine kritisch zum Krieg äußert, und zwar nicht nur über das dadurch verursachte Elend, sondern auch über den Krieg als Schachzug im weltpolitischen Spiel der hohen Herren. Bei Reinkens findet sich die Kritik am Elend des Krieges selbst,[112] während die Kritik an den Kriegführenden lediglich in einem Nebensatz erwähnt wird.[113] Ausdrücklich vermerkt Reinkens statt dessen, dass Sr. Augustine „im stillen Gebete während der Liebesarbeit Gott auch für die Siege" gedankt habe.[114] Sr. Augustines Nationalbewusstsein wird hingegen bei Hoiningen-Huene nicht erwähnt.

---

[109] Siehe Rudolf Bunge, Deutsche Samariterinnen. Frauenbilder, Leipzig 1884, S. X. Das Buch enthält u.a. Lebensbeschreibungen von Gräfin Anna zu Stolberg-Wernigerode und Amalie von Lasaulx.

[110] Vgl. Reinkens (wie Anm. 19), S. 154.

[111] Eine ähnliche Wahrnehmung findet sich auch in anderen Berichten, etwa wenn Geißler 1864 die Tätigkeit einer Clemensschwester in Schleswig beschreibt, die, um einen Verband bei einem Verwundeten anzulegen, „hinzutrat, gleich fern von weiblicher Blödigkeit und unweiblicher Dreistigkeit." Auch weist Geißler in seinem Bericht darauf hin, wie schwer es sei, „das Alter dieser Damen genau abschätzen [zu] können". „Für sie schien das eigenthümliche Verhältniß dem fremden Manne gegenüber nicht zu existiren". Geißler (wie Anm. 27), S. 204f.

[112] Vgl. Reinkens (wie Anm. 19), S. 176.

[113] Vgl. ebd., S. 182; hier ist die Kritik an denen erwähnt, die den Krieg hervorrufen.

[114] Ebd., S. 176.

Drittens: Bei der Bewertung ihres Einsatzes kommen beide Biographien zu dem Schluss, Sr. Augustine habe dabei an Freiheit gewonnen. Reinkens betont obendrein, dass sie „unter den religiös gesinnten Protestanten eine Fülle von sittlicher Kraft und Tüchtigkeit fand",[115] die zu einer vertieften Anerkennung des Protestantismus geführt und ihr die Fehlentwicklungen innerhalb des Katholizismus, die „Jesuiten-Frömmigkeit",[116] klarer als bisher vor Augen geführt habe. Beide Biographen betrachten die Kongregation des heiligen Karl Borromäus kritisch, insbesondere deren zunehmende ultramontane Entwicklung ab Mitte des 19. Jahrhunderts. Reinkens formuliert seine Kritik schärfer – wohl nicht nur wegen seines eigenen kirchlichen Standpunktes, sondern auch wegen seiner guten Kenntnis der Geschichte der Kongregation.[117] Die Rückkehr aus dem Krieg bedeutete für Sr. Augustine Rückkehr in die religiöse Routine: Bald nach ihrer Heimkehr aus Rinkenis musste sie zur üblichen Retraite in Nancy, die Reinkens als „moralische Folterkammer" beschreibt,

„in welcher die freigewordenen Arme des christlichen Geistes, die Gott selbst beim Donner der Schlachten ihr gelöst und gelenkt, wieder zurückgeschraubt, verrenkt und verkürzt werden sollten."[118]

So kommt Reinkens am Ende seines Kapitels zu dem Urteil: „Den Krieg an sich verabscheute sie, aber die Arbeit, die er ihr brachte, machte sie glücklich".[119]

Persönliche Berichte, Zeitungsberichte und Biographien sind an verschiedene Adressaten gerichtet und dienen unterschiedlichen Zielen. Die persönlichen Berichte sollten Freunde und Verwandte informieren, wie es Sr.

---

[115] Ebd., S. 180.
[116] Ebd., S. 181. Junge Jesuiten waren sowohl im deutsch-französischen Krieg wie im Ersten Weltkrieg in der Verwundetenpflege tätig. Vgl. dazu Rak (wie Anm. 18). Reinkens' Aussage ist hier offensichtlich von den Entwicklungen im Kulturkampf (Ausweisung der Jesuiten) mitgeprägt, steht aber wohl mehr allgemein für den Ultramontanismus, dessen Bedeutungszuwachs Sr. Augustine zeitlebens in ihrer eigenen Umgebung miterlebte.
[117] [Joseph Hubert Reinkens], Die barmherzigen Schwestern vom heil. Carl Borromäus zu Nancy, geschichtlich dargestellt nach den bisher nur statt handschriftlicher Mittheilung gedruckten Berichten und officiellen Rundschreiben der geistlichen Oberen der Congregation von J.R. Mit einem Vorworte von Professor Dr. Dieringer. Bonn 1847.
[118] Reinkens (wie Anm. 19), S. 181.
[119] Ebd., S. 182.

Augustine erging. Eingefügt in diese Briefe waren oft Dankesworte an Menschen, die die Arbeit im Kriegslazarett mit ihren Gaben unterstützten. Die Zeitung berichtete über den weiteren Zusammenhang, in dem der Krieg stand. Sr. Augustine wurde zitiert, wenn es darum ging, an die Hilfsbereitschaft und Anteilnahme der Bevölkerung zu appellieren. Die hier behandelten Ausschnitte aus den Biographien müssen in den größeren Zusammenhang des Anliegens des betreffenden Autors eingeordnet werden. Reinkens deutet Sr. Augustines Arbeit theologisch. Durch ihre Arbeit für die Opfer des Krieges wird sie „eine Mitgeopferte".[120] Beide Biographen deuten ihre Tätigkeit als Schritt zur inneren und religiösen Freiheit, ihr Charakter sei in positiver Weise geformt worden. Wenn in der neueren kirchenhistorischen Forschung darauf hingewiesen wird, dass die Kriege der Moderne zu Krisenerfahrungen führten, dass dadurch „religiöse Routinen gestört und verstört" worden und „Glaubensbereitschaft und Glaubensfähigkeit destruiert" worden seien,[121] so lässt sich mit Blick auf Sr. Augustine ergänzen, dass für sie die Verwundetenpflege einen – wenn auch zeitlich beschränkten – Ausbruch aus ihrer religiösen Routine und die Begegnung mit anderen Ausdrucksformen gelebter Religiosität ermöglichte und insofern tatsächlich einen religiösen Freiheitsgewinn bedeutete.

---

[120] Siehe Reinkens (wie Anm. 19), S. 176. Holzem (wie Anm. 18), S. 29, deutet darauf hin, dass sich wohl kein Begriff so gewandelt habe wie der des Opfers.
[121] Ebd. Holzem nennt dies als eine von drei Leitdimensionen, „in denen sich das Verhältnis von Krieg und Religion rekonstruieren lässt." Ebd., S. 25.

Eine freikirchliche Werbeschrift für Christentum und Nationalsozialismus
Einführung und Dokumentation
Simon Gerber

Einführung

Im Besitz meines Vaters befand sich eine Druckschrift von gut hundert Seiten Umfang. Die handschriftliche Widmung „Mit herzl. Grüße u. in treuer Verbundenheit! Gründonnerstag 1934. Heitmüller." ist an meinen Urgroßvater gerichtet, Propst Rudgar Mumssen (1876–1944), der Anfang März 1934 zusammen mit dem Hamburger Bischof Simon Schöffel, Generalsuperintendent Theodor Knolle und den beiden anderen Pröpsten zurückgetreten war.[1] Die Schrift trägt den Titel „Sieben Reden eines Christen und Nationalsozialisten" und ist erschienen im Selbstverlag des Verfassers, Krankenhaus Elim, Hamburg, Hoheweide 17, gedruckt 1934 bei G. Ihloff & Co., Neumünster i. H., Preis: 1,50 Rm. Als Verfasser genannt ist: „Friedr. Heitmüller, Direktor des Krankenhauses Elim in Hamburg".

Dieses Werk soll hier zunächst nach seiner Entstehungsgeschichte und seinen Grundgedanken vorgestellt werden. Da es in Bibliotheken recht selten ist, werden ausgewählte Abschnitte abgedruckt.

Friedrich Heitmüller und seine Reden

Friedrich Heitmüller,[2] geboren am 9. November 1888 in Völksen am Deister, gestorben am 1. April 1965 in Hamburg, war eine herausragende Gestalt

---

1 Vgl. dazu Heinrich Wilhelmi, Die Hamburger Kirche in der nationalsozialistischen Zeit 1933–1945. Göttingen 1968 (Arbeiten zur Geschichte des Kirchenkampfes, Ergänzungsreihe 5), S. 126–144.

2 Heitmüller verfasste eine Lebensbeschreibung: Friedrich Heitmüller, Aus vierzig Jahren Dienst am Evangelium. Witten 1950. Vgl. zu ihm weiter: Zeugnis und Dienst. Gruß der Brüder für Friedrich Heitmüller, hg. v. Hans Brandenburg. Gladbeck 1959, S. 8f; Wilhelmi (wie Anm. 1), S. 21f, 84–86, 111, 149–153; Einar Rimmersfors, Von der Post zur Kanzel. Leben und Weg Friedrich Heitmüllers. Witten 1984; Friedrich Wilhelm Bautz, Art. Heitmüller, Friedrich. In: Biographisch-Bibliographisches Kirchenlexikon 2, 1990, S. 692–694; Ulrich Betz, Art. Heitmüller, Friedrich. In: Evangelisches Lexikon für Theologie und Gemeinde² 2, 1998, S. 891; Michael Schröder, Friedrich Heitmüller und der Weg der Christlichen Gemeinschaft Hamburg am Holstenwall. In: Freikirchen-Forschung 12, 2002, S. 71–89. Heitmüllers Lebensbeschreibung (S. 237f) und Bautz' Artikel enthalten Verzeichnisse der Schriften Heitmüllers, die jedoch nicht vollständig sind. Die hier besprochenen Reden fehlen bei Bautz; bei Heitmüller heißen sie nur „Sieben Reden".

der deutschen Gemeinschaftsbewegung, dann der Freien evangelischen Gemeinden in Deutschland. Nach dem Krieg über Deutschland hinaus bekannt, war er seit 1952 Präsident des „Internationalen Bundes Freier evangelischer Gemeinden".

Heitmüller hatte 1906 in Hamburg eine Lehre bei der Oberpostdirektion angefangen. Er stieß 1908 zur Gemeinde am Holstenwall, die damals „Christliche Gemeinschaft ‚Philadelphia'" hieß und zum Gnadauer Gemeinschaftsverband gehörte.[3] Hier erlebte er seine Bekehrung, Wiedergeburt und Berufung zum Dienst des Evangeliums. 1910 ging er an die Predigerschule St. Chrischona bei Basel. Nach zwischenzeitlicher Trennung von der Holstenwall-Gemeinde wegen dortiger innerer Wirren übernahm Heitmüller am 9. November 1918, seinem 30. Geburtstag und dem Tag der Revolution, auf deren Bitte hin die Leitung der Gemeinde und ihres Diakonissenhauses Elim. 1927 wurde er auch Direktor des Krankenhauses Elim.

Heitmüller pflegte in kleinen Schriften die aktuellen Ereignisse im Sinne seiner Theologie zu kommentieren. Zu Beginn der 30er Jahre hatte er die nationalsozialistische Bewegung scharf als antichristlich angegriffen.[4] Doch als er erlebte, was er in den hier vorgestellten Reden einen „geschichtlichen Aufbruch der deutschen Volksseele von starker naturhafter Gewalt" nennt,[5] als er Hitlers erste Erfolge sah und aus den Worten des „Führers" die Überzeugung gewann, dass die Wende von 1933 sich nicht gegen das Christentum richte, sondern im Gegenteil die Kräfte des Christentums das Fundament für den Neubau Deutschlands sein sollten, da änderte er seine Po-

---

[3] Zur Philadelphiabewegung innerhalb der Gemeinschaftsbewegung vgl. Paul Fleisch, Art. Philadelphiabewegung. In: Die Religion in Geschichte und Gegenwart² 4, 1930, Sp. 1180; Horst Stephan/Hans Leube, Die Neuzeit. Tübingen² 1931 (Handbuch der Kirchengeschichte 4), S. 372f; Hermann Haarbeck, Art. Philadelphia, 2. Teil der deutschen Gemeinschaftsbewegung. In: Die Religion in Geschichte und Gegenwart³ 5, 1961, Sp. 329.

[4] Vgl. Heitmüllers Schriften: Das Kreuz Christi – unsere Rettung oder unser Gericht. Hamburg 1930, S. 4f; Um die Spitze des Entschlusses. Eine „harte Rede" an Kirche und Gemeinschaft. Hamburg 1932. Die erste Schrift polemisierte gegen das Symbol des Hakenkreuzes; in der zweiten empfahl Heitmüller den Gemeinschaften zugleich die Loslösung von Kirche und Staat. Vgl. Erich Günter Rüppel, Die Gemeinschaftsbewegung im Dritten Reich. Göttingen 1969 (Arbeiten zur Geschichte des Kirchenkampfes 22), S. 23, 25, 39; Rimmersfors (wie Anm. 2), S. 68–70.

[5] Friedrich Heitmüller, Sieben Reden eines Christen und Nationalsozialisten, Hamburg 1934, S. 82. Im Folgenden wird bei Verweisen auf diesen Text einfach die Seitenzahl in Klammern angegeben.

sition.⁶ Eine Zeitlang näherte Heitmüller sich in der Hoffnung auf die volksmissionarischen Chancen im neuen Deutschland wieder der Landeskirche und trat der „Glaubensbewegung Deutsche Christen" (GDC) bei. Dann jedoch löste er seine Bindungen an den landeskirchlichen Protestantismus: Im Sommer 1933 verließ die Gemeinde am Holstenwall den Gnadauer Verband der Gemeinschaften innerhalb der Landeskirchen, im Herbst 1933 trat Heitmüller aus der GDC aus. Am Karfreitag, dem 30. März 1934, trennte er sich mit seiner Gemeinde von der Hamburger Landeskirche und trat 1937 schließlich dem „Bund freier evangelischer Gemeinden in Deutschland" bei. Eine Anzeige, die Franz Tügel, Schöffels Nachfolger als Bischof, gegen Heitmüller wegen seines Austritts aus der Landeskirche erstattete, führte übrigens im April 1934 zum offenen Widerstand der Pastoren gegen den Bischof und zum Zusammenschluss der Bekenntnisgemeinschaft Hamburg.⁷

Die Reden, die hier vorgestellt werden, sind insgesamt sicher kein Meisterwerk an Originalität oder Tiefe der Gedanken; viele ihrer Thesen und Argumente sind aus dem zeitgenössischen Schrifttum bekannt.⁸ Interessant

---

6   Vgl. neben den hier besprochenen Reden: Heitmüller, Göttliche Ordnungen für den völkischen Neubau. Biblische Vorträge zur Gewinnung eines festen und freudigen Verhältnisses zum neuen Staat. Hamburg 1933; Das deutsche Volk vor Gott. Hamburg 1933; Die nationalsozialistische Revolution und ihre Vollendung. Hamburg 1933. Nach Wilhelmi (wie Anm. 1), S. 149–151, scheint Heitmüller 1933 auch in die Partei eingetreten zu sein; nach Rimmersfors (wie Anm. 2), S. 70, war Heitmüller hingegen nie Parteimitglied.
7   Vgl. Wilhelmi (wie Anm. 1), S. 149–154, 298–301; Rüppel (wie Anm. 4), S. 166–172. Heitmüller selbst verschweigt in seiner Lebensbeschreibung seine zeitweilige Begeisterung für den Nationalsozialismus und stellt es eher so dar, als sei seine Gemeinde wegen der Machtübernahme der „Deutschen Christen" in der Hamburger Kirche aus dieser ausgetreten; vgl. Aus vierzig Jahren (wie Anm. 2), S. 67–70, wo es u. a. heißt: „Bei allem Verständnis für die religiösen und kulturellen Aufgaben einer ‚Reichskirche' war es uns nicht länger möglich, in ihr eine geschichtliche Erscheinungsform der Gemeinde Jesu Christi zu sehen. Ich schrieb damals u. a.: ‚... Es ist uns aus Glaubens- und Gewissensgründen nicht mehr möglich, noch länger innerhalb einer Kirche zu stehen, die das neutestamentliche Schriftzeugnis vom Wesen der Gemeinde Christi an entscheidenden Punkten überhört und dieses ihr Tun neuerdings krönt mit der Erhebung des Totalitätsanspruches'". Aus der vierten der hier vorgestellten Reden erhellt, dass der „Totalitätsanspruch", den Heitmüller der Landeskirche zum Vorwurf machte, gerade darin bestand, dass diese als „Staatskirche" sich dem Totalitätsanspruch des NS-Staates nicht fügte, S. 64f.
8   Vgl. dazu Klaus Scholder, Die Kirchen und das Dritte Reich 1. Frankfurt/Main 1977, S. 124–150, 171–181, 239–274, 525–559.

sind sie durch Heitmüllers freikirchlichen Standpunkt:[9] Abgeschlossen wurden sie laut Vorwort im Februar 1934 (S. 7), also noch vor dem definitiven Kirchenaustritt von Heitmüllers Gemeinde; der Kampf um die Gleichschaltung der evangelischen Landeskirchen stand auf seinem Höhepunkt, der theologische Enthusiasmus des Sommers 1933 über die „nationale Wiedergeburt"[10] war längst vorbei. In dieser Zeit spricht einer, der Volkskirche, Staatskirchentum und Konfessionen ablehnt, ein begeistertes, ja missionarisches Ja zum Nationalsozialismus, zum nationalsozialistischen Staat ebenso wie zu dessen kirchenpolitischen Zielen, ein Ja, das zugleich eine Apologie für den bevorstehenden Kirchenaustritt darstellt, ein Ja, das von der Sorge bestimmt ist, dass die meisten Parteimitglieder als Nationalsozialisten ebenso lau sind wie die meisten Kirchenmitglieder als Christen.

Aufbau und Stil der Reden

Die „Sieben Reden" sind im Vergleich mit den meisten anderen Veröffentlichungen Heitmüllers recht umfangreich. Offenbar will er seinen Lesern mit ihnen etwas Besonderes bieten; dafür sprechen die zu Beginn jeder Rede zusammengestellten Zitate, die recht zahlreichen Anmerkungen und die Literaturhinweise.
Die Reden gliedern sich folgendermaßen: „Ein Vorwort, das man lesen muß" (S. 3–7), 1. „Grundsätzliches im Nationalsozialismus" (S. 8–23), 2. „Die Nation vor Gott" (S. 24–33, hier geht es um die nationalsozialistische Revolution als deutsche Schicksalsstunde), 3. „Die Fundamente der Nation" (S. 34–51, mit Unterabschnitten „Religion" und „Ehe und Familie"), 4. „Der Nationalsozialismus und die Kirche" (S. 52–65), 5. „Die Judenfrage" (S. 66–79), 6.

---

[9] Die Geschichte der Freikirchen unter dem „Dritten Reich" war lange kaum erforscht; vgl. dazu jetzt Karl Zehrer, Evangelische Freikirchen und das „Dritte Reich". Göttingen 1986 (Arbeiten zur Geschichte des Kirchenkampfes, Ergänzungsreihe 13); Herbert Strahm, Die Bischöfliche Methodistenkirche im Dritten Reich. Stuttgart 1989 (Münchener Kirchenhistorische Studien 3); Andrea Strübind, Die unfreie Freikirche. Der Bund der Baptistengemeinden im „Dritten Reich". Neukirchen-Vluyn 1991 (Historisch-Theologische Studien zum 19. und 20. Jahrhundert 1); Nicholas M. Railton, German Free Churches and the Nazi Regime. In: The Journal of Ecclesiastical History 49, 1998, S. 85–139; Karl Heinz Voigt, Freikirchen in Deutschland (19. und 20. Jahrhundert). Leipzig 2004 (Kirchengeschichte in Einzeldarstellungen III/6), S. 163–186.
[10] Vgl. Scholder (wie Anm. 8), S. 525–547.

„Nationalsozialismus und Christentum" (S. 80–96, hier versucht Heitmüller, die Vereinbarkeit beider Weltanschauungen zu beweisen), 7. „Deutsche Frömmigkeit oder biblisches Christentum?" (S. 97–111, hier setzt Heitmüller sich mit den Deutschgläubigen auseinander), „Schlußwort" (S. 112).

Der Stil verrät den evangelistisch geschulten Erweckungsprediger, entspricht freilich mit seinem Ruf zu Aktion und Entscheidung auch der Rhetorik der nationalsozialistischen Agitation. Um zu werben, Christen für den Nationalsozialismus, Nationalsozialisten für das Christentum, Distanzierte für ein freudiges Ja, ist Heitmüller durch Deutschland gereist und hat Reden gehalten, die er nun veröffentlicht (S. 5–7). Statt zu argumentieren, stellt der Verfasser die zwei Möglichkeiten, zwischen denen zu wählen ist, schroff einander gegenüber.[11] Die wichtigsten Punkte werden ein um das andere Mal wiederholt, geradezu eingehämmert.[12] Das Schlusswort resümiert:

> „Nach einem Worte Adolf Hitlers gibt es unter den Menschen überall und immer und in jeglichem Kampf drei Gruppen: *Verräter*, *Laue* und *Kämpfer*. Es gibt sie auch im Blick auf das Christentum und den Nationalsozialismus.
> Wir sind in der Reifezeit letzter Entscheidungen und Scheidungen angekommen. Was zu solchen Entscheidungen und Scheidungen nicht mitwirkt, taugt nichts. Darum habe ich auch meine ‚Sieben Reden', die ich als Christ und Nationalsozialist hielt, so unmißverständlich deutlich gesprochen, daß der Hörer – und hoffentlich nun auch der Leser! – sich vor Entscheidungen gestellt sah –: vor Entscheidungen *gegen* den Verrat, *gegen* die Lauheit und *für* den Kampf!
> Ich möchte bis zum letzten Atemzug und bis zum letzten Blutstropfen in der Letztbindung an Gott und Christus in den Reihen der Kämpfer stehen.
> Auch du bist zum Kampf aufgerufen. Sei weder ein Verräter noch ein Lauer! Werde und bleibe ein Kämpfer!" (S. 112, Hervorhebungen von Heitmüller)

---

11 Auffällig an Heitmüllers Stil ist auch seine Vorliebe für Beispiele aus der Geschichte, z. B. S. 44, 47f, 72f, 110, und für Adjektive wie etwa freudig, opferbereit und charaktervoll.
12 Diese Eigenart den Reden wird noch verstärkt durch das Schriftbild der Druckfassung mit seiner Überfülle an Hervorhebungen, teils durch Sperrdruck, teils durch Fettdruck, teils durch Fett- und Sperrdruck oder in kursiver Schreibweise; vgl. unten die Einleitung zur Dokumentation.

Hörer und Leser, ja das ganze deutsche Volk müsse sich in dieser großen Zeit der Wende entscheiden, an der Entscheidung komme niemand vorbei (S. 25–28); wie diese Entscheidung nach Heitmüllers Meinung fallen muss, das steht außer Frage: Von Anfang an ist klar, wo schwarz ist und wo weiß; zweifelhafte Punkte gibt es nicht. Auf der einen Seite steht Heitmüllers Hauptgegner, der Liberalismus (S. 8, 10, 27, 39, 50, 83), und zwar sowohl wissenschaftlicher als auch kirchlicher Liberalismus (S. 11–13, 29f, 35, 46, 59, 75, 86); aus ihm folgten Individualismus (S. 8–10, 14, 83), Materialismus und Nihilismus (S. 20, 40), Freidenkertum und Gottlosigkeit (S. 28f, 35), Parlamentarismus und Demokratie (S. 10), kapitalistischer Mammonismus (S. 10, 14f, 40), Imperialismus (S. 14), Internationalismus und Pazifismus (S. 13, 83), Egoismus und Genusssucht (S. 10–12, 14f, 25, 27, 40, 45), sexuelle Zuchtlosigkeit (S. 11, 35f), Marxismus, Kommunismus und Bolschewismus (S. 3, 6, 10f, 15f, 24, 27, 37, 50). Der Liberalismus mit seinen schlimmen Begleiterscheinungen komme aber aus dem Geist der Französischen Revolution (S. 26, 41) und des Reformjudentums (S. 10, 29, 50, 83); alles dieses sei verantwortlich für die verbrecherische Novemberrevolution und die schrecklichen Jahre der Weimarer Republik (S. 3, 28, 44f, 50, 104) und dazu angetan, das Volk zu entseelen und Sitte und Frömmigkeit zu zersetzen (S. 10f, 25, 27, 35, 40, 45, 50). Dem Ungeist von 1789, einem Kind des in der Freimaurerei verwurzelten französischen Kulturkreises (S. 9, 13, 26f, 34), stelle sich nun der Nationalsozialismus entgegen. An die Stelle der egoistischen Eigeninteressen und des Internationalismus setze er den Gemeinnutzen des Volkes, also Nationalismus und Sozialismus, an die Stelle des Pazifismus die wehrhafte Volksgemeinschaft, an die Stelle einer nach Rang und Klassen geschichteten Gesellschaft die nach Berufsständen geordnete Gemeinschaft (S. 8, 13–19, 23f, 83), an die Stelle der frivolen Bindungslosigkeit aber die Werte von Frömmigkeit, Ehe und Familie (S. 34–51). Statt der Demokratie verwirkliche der Nationalsozialismus das „aristokratische" Führerprinzip, das auf freiwilliger Unterordnung und Gefolgschaft beruhe (S. 4, 16f, 22, 84), und den totalen Staat, der alle Kräfte bündele (S. 59). Obwohl der Nationalsozialismus als politische Bewegung auftrete, liege sein Ursprung nicht im Politischen, sondern in einem tiefen und geheimnisvollen inneren Erleben des deutschen Blutes, das sich dann als Bewegung machtvoll Bahn gebrochen habe (S. 46, 82f). So feiert Heitmüller den „siegreichen Durchbruch der nationalsozialistischen Revolution" (S. 4, 34, 37, 45, 50, 59, 63, 99, 105)[13] und die Erweckung Adolf Hitlers durch Gott (S. 6, 24, 27, 34, 37, 50).

[13] Diese häufige Redewendung erinnert wohl nicht zufällig an die Redeweise der Agende von der „sieghaften Auferstehung" Jesu Christi, vgl. z.B. Hamburgisches Kirchenbuch, hg. vom Kirchenrat der Evangelisch-lutherischen Kirche im Hamburgischen Staate. Hamburg 1919, S. 68; Agende für die evangelisch-lutherischen Kirchen und Gemeinden I. Ausgabe für den Pfarrer. Berlin 1955, S. 360.

Manches mag heute unfreiwillig komisch erscheinen, so Heitmüllers Charakterisierungen des Führers, seiner Größe, Klugheit und frommen Demut (S. 3, 16, 22, 27f, 50, 64, 84, 93f), sein Lob für das Werk „Mein Kampf" (S. 23, 82) oder auch ein Satz wie der, die deutsche Frau „weiß, daß unser Volk nur dann eine Zukunft hat, wenn neben der Hakenkreuzflagge die Leine mit den Kinderwindeln flattert" (S. 48). Weniger komisch von unserer Kenntnis vom Ausgang des „Dritten Reichs" her, die wir Heitmüller voraus haben, ist die Versicherung, der Nationalsozialismus lehne „jede Eroberung und Unterjochung fremden Volkstums ab" (S. 14), erschreckend schließlich der Satz, wer behaupten wollte, dass Luther, Freiherr vom Stein, Bismarck oder Hindenburg wegen ihres christlichen Glaubens Knechtseelen seien, der gehöre „nicht nur ins Konzentrationslager, sondern ins Irrenhaus" (S. 110).

NATIONALSOZIALISMUS, CHRISTENTUM UND DEUTSCHRELIGION

Nationalsozialismus und Christentum, schreibt Heitmüller, forderten beide den ganzen Menschen, darum stünden sie in Spannung zueinander (S. 80f, 88). Heitmüllers Intention aber ist es, zu zeigen, dass man dennoch ganz und charaktervoll Christ und ganz Nationalsozialist sein kann (S. 3, 5–7, 43, 95). Und mehr als das: Zwar gebe es Christen, die dem Nationalsozialismus skeptisch oder ablehnend gegenüberstünden, und Nationalsozialisten, die das Christentum verachteten, und das sei auch nicht verwunderlich, da Christentum wie Nationalsozialismus im inneren Erleben wurzelten, das nicht jedermann zugänglich sei, das Christentum im Erlebnis der Wiedergeburt (S. 87), der Nationalsozialismus im Erwachen des deutschen Blutes (S. 4–6, 82f). Aber im Grunde seien doch beide einander zugeordnet, ja aufeinander angewiesen: „Sie sind wie die linke und rechte Hand am menschlichen Körper." (S. 95) Das seien sie schon deshalb, weil sie in jenen zersetzenden liberalen Kräften ihren gemeinsamen Gegner hätten (S. 46, 52f, 63f, 83). Das Programm des Nationalsozialismus sei ja nichts anderes als die Verwirklichung der ewigen göttlichen Schöpfungs- und Erhaltungsordnungen (S. 19f, 34f, 44), und so könne man aus dem eigentlichen Wesen des Nationalsozialismus heraus gar kein Gottesleugner und Feind des Christentums sein (S. 83). Ein nicht-nationalsozialistischer Christ sei ein Jenseitsschwärmer, ein nicht-christlicher Nationalsozialist ein Götzendiener (S. 81; vgl. 23, 88–96). So ist der Nationalsozialismus für Heitmüller im Grunde die praktisch-ethische Seite des Christentums. Ein über die Nation hinausgehendes Ethos scheint es auch für Christen nicht zu geben.
Heitmüller konstatiert, der neue Staat unter dem Hoheitszeichen des Hakenkreuzes sei inzwischen fest verankert im Denken und Wollen zwar nicht

aller, aber der besten Deutschen und inzwischen auch Christen (S. 4f, 8). Dennoch geht er auf die Widerstände ernster Christen gegen den Nationalsozialismus ein; er selbst sei ja, wie er jetzt bedaure, auch erst spät zur Bewegung gestoßen (S. 4): Einerseits dürften Christen sich an keiner Revolution beteiligen, andererseits seien zwar nicht der Führer selbst, aber viele Funktionäre der Bewegung von zweifelhafter Christlichkeit und nehme insbesondere Alfred Rosenbergs „Mythus des 20. Jahrhunderts" eine klar antichristliche Haltung ein (S. 3–5, 91f). Heitmüller weist zum einen darauf hin, dass die nationalsozialistische Revolution sich ja nicht gegen Gottes Ordnung richte, sondern ihr gerade zum Siege verhelfe. Was aber den „Mythus" angeht, so sei er nicht das Programm der NSDAP oder die allein maßgebende Meinung des Führers, sondern Rosenbergs private Arbeit und Ansicht (S. 4f, 54, 91, 93, 95). Heitmüller weist wiederholt auf den in der damaligen Diskussion auch sonst oft bemühten Punkt 24 des Programms der NSDAP hin: Die Partei stehe ausdrücklich auf dem Boden des „positiven Christentums" (S. 20, 39, 52f, 63f, 72, 83f); der „Führer" schließlich sei in seiner religiösen Haltung bestimmt durch den Gehorsam gegen den Willen Gottes (S. 93f).

„Daß ich als Christ im Sinne des ‚biblischen' Christentums die ‚religiösen' Bekenntnisse Alfred Rosenbergs radikal ablehne und sie von meinem Erkenntnis- und Gewissensstandpunkt aus bewußt bekämpfe, ist selbstverständlich. Daß auch im Dritten Reich *dieser* Kampf der Geister notwendig und möglich ist unter Menschen, die in einer freudigen Bejahung des nationalsozialistischen Staates stehen, war von Anfang an selbstverständlich und klar und ist von Alfred Rosenberg selbst in seiner bedeutsamen Rede, die er am 22. Februar 1934 über den ‚Kampf um die Weltanschauung' hielt, ausdrücklich bestätigt worden. In dem Augenblick, da das nicht möglich wäre, würde für uns Christen das Martyrium beginnen. –" (S. 5, Hervorhebung von Heitmüller).

Die Reden Heitmüllers entstanden vor dem Hintergrund des vor allem literarisch ausgetragenen Streits darüber, ob die christliche Religion für Deutsche nach damaligem Sprachgebrauch „artgemäß" sei, also nicht im Widerspruch zum deutschen Wesen stehe, oder ob das Christentum germanisiert oder sogar zugunsten eines Deutschglaubens ganz abgeschafft werden solle – eines Streites, der seinen Höhepunkt in den Jahren seit 1935 erreichte.[14] Ein nicht geringer Teil der Reden gilt der Auseinandersetzung mit Ro-

---

[14] Vgl. dazu Raimund Baumgärtner, Weltanschauungskampf im Dritten Reich. Die Auseinandersetzung der Kirchen mit Alfred Rosenberg. Mainz 1977 (Veröffentlichungen der Kommission für Zeitgeschichte, Reihe B, Bd. 22), S. 200–265.

senberg und der „Deutschen Glaubensbewegung" (S. 4f, 20f., 29–33, 40–42, 75–78, 88–111). Heitmüller muss scharf unterscheiden zwischen Rosenbergs antichristlichem „Mythus" und der „positiv-christlichen" Haltung des eigentlichen Nationalsozialismus, geht es hier doch um sein zentrales Anliegen, Christen zu überzeugen, dass nicht der Nationalsozialismus als solcher antichristlich sei, und Nationalsozialisten klarzumachen, dass das Christentum nichts Undeutsches und Charakterloses sei. Die rassische Ordnung sei gewiss eine Schöpfungsordnung Gottes; die Deutschgläubigen aber wollten eine Heilsordnung daraus machen (S. 81, 88–96, 103). Nichts wissen wollten sie[15] von Sünde, Kreuz und Christi stellvertretendem Leiden (S. 92–94, 101, 103–105, 109f).[16] Die germanisch-deutsche Geschichte sei aber vom Christentum geprägt (S. 32f, 96–98), „kerndeutsche" Männer seien fromme Christen gewesen (S. 110), und christliche Demut sei keine knechtische Gesinnung (S. 111) oder gar die Haltung Geisteskranker oder Minderwertiger (S. 109). Das wahre, biblische Christentum werde von der berechtigten Kritik an den Großkirchen und ihrer Priesterschaft gar nicht getroffen (S. 107). An der ganzen biblischen Offenbarung, auch der alttestamentlichen, müsse gegen die „Verdeutscher" des Christentums festgehalten werden (S. 75–78, 99–102). Der völkische Götzendienst Rosenbergs und der „Deutschen Glaubensbewegung" sei im Grunde gar nichts anderes als ein Rückzugsgebiet jenes verderblichen Liberalismus,[17] dessen Bekämpfung doch die gemeinsame Aufgabe der Christen und Nationalsozialisten sei (S. 30f, 39–41); der Staat solle gegen ihn einschreiten (S. 41f).

Eine Erziehung des deutschen Volkes im Sinne des Nationalsozialismus erklärt Heitmüller für ein Gebot der Stunde (S. 8, 34); hier möchten Kirchen,

---

15 Heitmüller liebt es, für alle Bewegungen eine Wolke von Zeugen aufmarschieren zu lassen, vgl. S. 12, 16, 26, 67, ebenso z. B. auch: Die Botschaft Jesu über die Bedingungen unserer Erneuerung und des Friedens. Hamburg 1946 (Evangelische Zeitstimmen 3), S. 11f. Als Verfechter einer „Germanisierung des Christentums" zählt er nicht nur den von Rosenberg beanspruchten Meister Eckhart auf, sondern auch die Schwärmer der Reformationszeit Sebastian Frank und Hans Denck und dann Kant, Goethe, Schleiermacher und die Philosophen des deutschen Idealismus, S. 99.
16 Wie aktuell diese Argumente im Streit um das Christentum noch immer sind, wenn auch mit anderer Sprachregelung, zeigen einige von Heitmüller zitierten Sätze seiner Gegner: „Aufhören muß die Predigt vom Lamm Gottes, das der Welt Sünde trägt." – „Das Kruzifix ist das Gleichnis der Lehre vom geopferten Lamm, ein Bild, welches uns den Niederbruch aller Kräfte vors Gemüt führt und durch die fast immer grauenhafte Darstellung des Schmerzes innerlich gleichfalls niederdrückt, ‚demütig' macht, wie es die herrschsüchtigen Kirchen bezwecken." S. 92.
17 Dass der Antisemitismus der völkischen Glaubensbewegung damit ja zugleich reformjüdisch wäre, hält Heitmüller für nicht weiter erläuterungsbedürftig.

Staat und die NS-Organisationen segensreich und als Stätten sittlicher Reinheit wirken (S. 46). Doch gerade beim Thema Erziehung deutet sich bereits das baldige Zerwürfnis Heitmüllers mit dem Nationalsozialismus an: So wichtig die Wehrerziehung durch die staatlichen Organisationen und das Heer sei, sie könnten doch die Erziehung durch die Familie nicht ersetzen und dürften die Heranwachsenden nicht durch zu starke Beanspruchung dem Familienleben entfremden; erst hier lerne man ja mit der Gottesliebe auch die rechte Vaterlandsliebe (S. 49–51). Und wenn Rosenbergs „Mythus" schon in Schulbibliotheken den zweiten Platz nach „Mein Kampf" einnehmen müsse, dann sollten doch wenigstens die für Christen verletzenden Stellen darin getilgt werden (S. 93).

Rassenhygiene und „Judenfrage"

Zu den Aufgaben, deren sich der neue Staat gemäß der göttlichen Schöpfungsordnung annimmt, gehört auch die Rassenhygiene, die Reinerhaltung der genetischen Grundlage des deutschen Volks. Dies sei freilich ein bislang noch kaum erforschtes Gebiet, und so sei das Bewusstsein, dass die von Gott gegebene Identität im gemeinsamen Blut nicht durch Vermischung mit anderen Rassen verdorben werden dürfe, noch wenig entwickelt (S. 17, 22f, 82f, 93). Die Pflege des Erbguts sei leider nicht ohne Härten möglich (S. 22): Einerseits müssten Sittlichkeitsverbrecher kastriert und Minderwertige wie Verbrecher, Geisteskranke und Psychopathen sterilisiert werden (S. 83). Andererseits aber müsse das Jüdische aus dem Volkskörper ausgeschieden werden (S. 22).

Viele meinten, die Judenfrage sei zuerst eine Frage der Religion, sie sei aber, so Heitmüller, in Wirklichkeit zuerst eine Frage der Rasse (S. 22, 67). Die Juden seien rassisch nun nicht etwa minderwertig, sie seien jedoch völlig fremd, und jede rassische Vermischung bringe etwas Minderwertiges hervor. Auch gegen die göttliche Schöpfungsordnung, wie sie im Alten Testament niedergelegt sei, verstoße eine Rassenmischung. Die Rassen müssten also entmischt, Mischehen geschieden werden (S. 67–70).

Wegen ihrer Verwerfung Christi seien die Juden aber nicht nur eine fremde, sondern auch eine verfluchte Rasse, sie stünden in ihrer Gesamtheit unter Gottes Fluch (S. 25, 29, 67–69, 72, 78). Dies lehre zum einen die Bibel, mit deren Hilfe allein das rätselhafte Geschick der Juden durch die Jahrtausende zu deuten sei (S. 72). Dies sehe man aber zum anderen daran, wie das liberale Reformjudentum die internationale Meinung beherrsche (S. 66, 68) und wie Juden bei Revolutionen stets die Rädelsführer seien, wie sie überall Unruhe stifteten und die Ordnung auflösten. Heinrich von Treitschke habe recht mit seinem Satz „Die Juden sind unser Unglück" (S. 10f, 68f).

„Kurz: auf allen Lebens- und Kulturgebieten hatte das unter dem Fluche Gottes stehende jüdische Volk, obwohl es nur ungefähr 1% der Bevölkerung Deutschlands ausmachte, den tonangebenden und bestimmenden Einfluß, so daß es mit unerbittlicher Notwendigkeit auch bei uns zu Rußland ähnlichen bolschewistischen Zuständen kommen mußte. *Denn ein unter dem Fluch Gottes stehendes Volk kann immer nur Fluch und niemals Segen stiften.*
Aus diesem erschütternden Tatbestand ergibt sich wie für jedes andere so auch für unser Volk nicht nur das Recht, sondern auch die Pflicht zum Abwehrkampf gegen den unterminierenden, zersetzenden und zerstörenden Einfluß des jüdischen Volkes. *Ein Volk, das sich gegen diesen Einfluß nicht wehrt, geht unrettbar verloren.*" (S. 68f, Hervorhebungen von Heitmüller).

Insofern sei die Bereinigung der Judenfrage, die der nationalsozialistische Staat jetzt in die Hand genommen habe, eine unerbittliche Notwendigkeit (S. 71). Nun sei es aber keineswegs die Absicht der nationalsozialistischen Rassenpolitik, die Juden auszurotten, nach Art etwa der furchtbaren Pogrome in Russland. Aber Juden könnten eben keine Staatsbürger wie andere sein, sie blieben doch immer Fremde, selbst als Christen, und müssten eben auch als solche behandelt werden. Heitmüller schließt sich hier an die Ausführungen des Neutestamentlers Gerhard Kittel an (S. 7).[18] Dass Juden in

---

18 Gerhard Kittel, Die Judenfrage. Stuttgart 1933. Vgl. z.B. die Berufung auf die Stellungnahme des Judenchristen K. F. Hemann gegen die Assimilation der Juden, die Heitmüller von Kittel übernommen hat, Heitmüller S. 71 = Kittel S. 51–54. Kittel wendet sich in seiner Schrift vor allem gegen die Assimilation des Judentums und plädiert dafür, die Vermischung der Juden mit anderen Völkern in beider Interesse rückgängig zu machen, S. 21–23, 57–62. Den Juden solle in den Ländern, in denen sie lebten, ein Gaststatus verliehen werden, der eine ehrfürchtige Behandlung der Gäste einschließe, aber keine volle Gleichberechtigung, S. 38–57. Absurd sei die Idee einer Ausrottung der Juden (S. 14). Auch ein getaufter Jude würde nie zum Deutschen, auch wenn in der Vergangenheit viele Juden in dieser Hoffnung und zum Zwecke der Assimilation das Christentum angenommen hätten. Die christlichen Juden sollten ihre eigene Kirche bilden; so könnten sie auch ihre gewichtige Stimme in die Ökumene einbringen, S. 68–74. Im Ganzen urteilt Kittel weitaus weniger feindlich über die Juden als Heitmüller, behauptet auch nicht, sie seien eine verfluchte Rasse. Sein Anliegen deckt sich teilweise mit dem des Zionismus, der ebenfalls bei einer jüdischen Assimilation die Auflösung des Judentums befürchtet, wobei für Kittel freilich die Befürchtung einer Unterwanderung der nichtjüdischen Völker durch assimilierte Juden im Mittelpunkt steht.

Staat oder Gesellschaft Ämter ausüben könnten, sei unerträglich.[19] Juden sollten nicht rechtlos sein, aber sie könnten nur ein Gastrecht als Fremde genießen (S. 69, 72).

Die zionistische Bewegung strebe nach einer Auswanderung der Juden in einen zu errichtenden Judenstaat in Palästina. Dies stehe aber nicht in der Hand einer Bewegung, sondern allein in Gottes Hand, der die Geschichte lenkt (S. 69). Nach der Erzählung von Noah und seinen Söhnen (Gen 9, 18–29), die Heitmüller für eine historische Begebenheit hält, sei den Nachfahren Japhets, den Europäern, die Herrschaft über die Erde übertragen worden. Die Nachfahren Hams, die farbigen Rassen, seien kulturell unfruchtbar und sittlich minderwertig. Sems Nachkommen aber, die Semiten, seien auserwählt, die Träger der Offenbarungen Gottes zu sein, was sie in biblischer Zeit ja auch gewesen seien (S. 73–75). Die weitere Absicht Gottes mit ihnen sei aber die: Solange die Zeit des Fluchs und der Gerichte andauere, müssten die Juden als Fremde unter den anderen Völkern leben. Wenn aber Gott die Gemeinde Christi in ihrer Vollzahl aus den Völkern zusammengerufen und in den Himmel entrückt habe, dann werde die Heilszeit für die Juden kommen; sie würden nach Palästina wandern, und dort werde Gott die Verstocktheit von ihnen nehmen. Die bekehrten Juden würden während des 1000jährigen Friedensreiches unter der Herrschaft Christi und der Entrückten die Völker evangelisieren (S. 78f).

Wir werden kaum fehl gehen, wenn wir Heitmüllers eigentliche Gedanken über das Judentum zunächst in diesen letzten apokalyptischen Erwartungen erblicken, Erwartungen, die geschöpft sind aus prophetischen Texten des Alten und Neuen Testaments über eine Bekehrung der Juden zu Christus, die Rückkehr der Exilierten ins gelobte Land und ein 1000jähriges Reich (z. B. Ez 37, 21–28; Röm 11, 25–36; Apk 20, 1–6) und die so oder ähnlich von jeher in biblizistisch und endzeitlich ausgerichteten Gemeinschaften gepflegt wurden.[20] Wenn Heitmüller feststellt, der Blut- und Rassebegriff sei bisher kaum beachtet worden (S. 17, 22), so wird das für die Zeit vor 1933 auch für ihn selbst gegolten haben.

---

19 Wilhelmi (wie Anm. 1), S. 151, berichtet, Heitmüller habe sich 1934 im Streit mit Bischof Tügel, wer der bessere Nationalsozialist sei, gerühmt, jüdische Ärzte von der Arbeit im Krankenhaus Elim ausgeschlossen zu haben.

20 Ganz ähnlich wie bei Heitmüller liest sich das etwa in der aus Kursen zur Predigerausbildung entstandenen und in Gemeinschaftskreisen viel benutzten „Biblischen Glaubenslehre" Theodor Haarbecks, Gießen [11]1956, S. 209–221. Vgl. z. B. auch Heitmüllers Schrift: Was wird uns die Zukunft bringen? Hamburg 1947 (Evangelische Zeitstimmen 13), S. 19–24. Kritisch dazu Paul Althaus, Die letzten Dinge. Gütersloh [5]1949, S. 300–314. Zum Thema vgl. auch Richard Bauckham, Art. Chiliasmus IV. Reformation und Neuzeit. In: Theologische Realenzyklopädie 7, 1981, S. 737–745.

Andererseits steht das Judentum Heitmüller aber auch als ein Feindbild vor Augen. Der Feind ist jedoch nicht das Judentum, soweit es streng an seiner überlieferten Religion festhält und sich so selbst von seiner Umgebung abgrenzt, nicht das Judentum, wie es etwa Luther in seinen judenfeindlichen Spätschriften angegriffen hatte. Heitmüller kämpft im Gegenteil – typisch für den modernen Antisemitismus – gegen das emanzipierte, assimilierte, „internationale" Judentum, eben das „Reformjudentum", das allenthalben Freigeisterei, Liberalismus und Zersetzung verbreite.[21] Heitmüller weiß, dass es christliche Juden gibt (S. 70f). Tatsächlich gehörte ein großer Teil der damals in Deutschland lebenden Juden einer christlichen Kirche an, und Paulus schreibt in Röm 11, 1–5, dass von einer Verwerfung der Gesamtheit der Juden schon deshalb nicht die Rede sein könne, weil es ja etliche gebe wie ihn, den Apostel, die erwählt seien und an Christus glaubten. Heitmüller beharrt darauf, dass ein Jude, auch wenn er Christ werde, doch nie Deutscher werden könne (S. 70f). Die Entfernung christlicher Juden aus dem Kirchendienst erwähnt er ebenso wenig wie die Forderung der „Deutschen Christen" nach einem Verbot der Judenmission.[22]

[21] Zur Verbreitung dieses Klischees in national-konservativen Kreisen des Bürgertums vgl. etwa Paul Althaus, Grundriß der Ethik. Gütersloh 1931, S. 96. Kittel (wie Anm. 18), S. 40–42, 63–68, kann sich sogar für eine Wiedererweckung der jüdischen Religion aussprechen, um der seelenlosen Freigeisterei eines religionslosen Judentums ein Ende zu setzen. Man vergleiche auch Wilhelm Raabes beliebten und vielgelesenen Roman „Der Hungerpastor" (zuerst 1863/64 in Jahrgang 1 der Deutschen Romanzeitung, Berlin, erschienen, seitdem oft aufgelegt), in dem der Gegenspieler des Helden ein emanzipierter getaufter Jude ist, wohingegen das nicht-emanzipierte Judentum nicht ohne Sympathie geschildert wird. – Vor allem einer scheint Heitmüller beeinflusst zu haben: der Berliner Hofprediger und Gründer des Evangelisch-sozialen Kongresses Adolf Stoecker (1835–1909). Heitmüller zitiert Stoecker einmal und nennt ihn dabei den Propheten des Dritten Reiches, S. 80. Bei Stoecker finden wir nicht nur die Agitation gegen das „fluchbeladene" Judentum wieder, sondern auch den Kampf gegen den politischen wie kirchlichen Liberalismus, gegen Individualismus, gegen die kapitalistische Wirtschaftsordnung und den Marxismus der Sozialdemokratie sowie auf der anderen Seite das Ideal eines nicht marxistischen, sondern christlich-konservativen und ständischen Sozialismus; Ziel ist die Wiedererweckung der alten göttlichen Ordnung von Religion und Familie. Vgl. zu Stoecker: Friedrich Brunstäd, Adolf Stoecker. Wille und Schicksal. Berlin 1935, S. 85–138, 167f; Martin Greschat, Adolf Stoecker. In: Gestalten der Kirchengeschichte 9.2, 1985, S. 261–277; Grit Koch, Adolf Stoecker 1835–1909. Ein Leben zwischen Politik und Kirche. Erlangen 1993 (Erlanger Studien 101), S. 70–103, 173–183; Günter Brakelmann, Leben und Wirken Adolf Stoeckers im Kontext seiner Zeit. (Emanzipation und Antisemitismus 2,1, Schriften der Hans-Ehrenberg-Gesellschaft 10). Waltrop 2004.
[22] Da Heitmüller in den großen Kirchen Staatsanstalten und nicht christliche Gemeinschaften sieht, wäre es jedenfalls konsequent, wenn er meinte, jemand, der kein Deutscher werden könne, dürfe auch kein Pfarrer sein. Rüppel (wie Anm. 4), S. 142, berichtet nun, Heitmüller habe sich noch im September 1933 scharf gegen die Einführung des „Arierparagraphen" in der Kirche gewandt. Wenn das stimmt, dann hat Heitmüller seine Meinung binnen wenigen Monaten geradezu umgekehrt.

Die Vorstellung also, dass der Geist des assimilierten Judentums wesentlich verantwortlich sei für die Zersetzung der alten Bindungen und die Verbreitung liberaler und marxistischer Ideen, der Ideen, die dem Ideal eines christlichen Sozialismus entgegenstehen, und die Begeisterung für den nationalen Aufbruch von 1933 haben Heitmüller schließlich dazu gebracht, sich die Schlagworte der nationalsozialistischen Rassenpolitik zu eigen zu machen und zustimmend den Satz aus Hitlers „Mein Kampf" zu zitieren: „So glaube ich heute im Sinne des allmächtigen Schöpfers zu handeln: Indem ich mich des Juden erwehre, kämpfe ich für das Werk des Herrn." (S. 66).

Kirche, Staat und „positives Christentum"

Dass unter dem nationalsozialistischen Staat die Verkündigung des Evangeliums nicht möglich sei, nennt Heitmüller eine Verleumdung durch die Presse des Auslandes (S. 6f). Im Gegenteil: Die Partei bekenne sich in Punkt 24 ihres Programmes zum „positiven Christentum" (S. 20, 39, 52f, 63f, 72, 83f), und am 25. März 1933 habe Hitler in seiner Regierungserklärung das Christentum als unerschütterliches Fundament der Moral des Volkes bezeichnet und den Kirchen die Hand zur Zusammenarbeit geboten (S. 52, 63). Der Nationalsozialismus habe erkannt, dass ein intakter Staat und ein Gemeinwesen überhaupt nur auf der Grundlage der Religion möglich seien (S. 20f, 31–33, 37–43). So sei umgekehrt von der politischen Wende auch eine religiöse Erneuerung zu erwarten (S. 16f, 19–21, 43). Mehrfach zitiert Heitmüller den Satz Platos, es sei eher möglich, eine Stadt in die Wolken zu bauen als einen Staat ohne Religion gesund zu regieren (S. 21, 35, 37, 40, 43).
Die Religion, die zu diesem Zweck tauge, sei das Christentum. Heitmüller schreibt:

> „Man mache sich das ganz klar: Die NSDAP. – also nicht nur einige wenige in ihr! – die NSDAP. *als solche* ist überzeugt, daß eine dauernde Genesung unseres Volkes nur erfolgen kann *von innen heraus*!! Der Führer hat diese Überzeugung oft zum Ausdruck gebracht. So z. B. auch in seinen bekannten Worten: ‚Wenn nicht eine religiöse Erneuerung kommt, werden alle Maßnahmen umsonst sein. Die letzte und tiefste Erneuerung kann kein politischer Führer schaffen. Wir sind ja nur kleine Johannesnaturen. Ich warte auf den Christus.' – Mögen wir evangelisch oder katholisch, landeskirchlich oder freikirchlich sein – das ist unsere ganz persönliche Angelegenheit, nach der wir *innerhalb der* NSDAP.

nicht gefragt werden und für die wir in ihr auch keine Propaganda zu machen haben! –: von entscheidender Bedeutung aber ist es, daß wir den im Mittelpunkt des positiven Christentums stehenden persönlichen Gott fürchtende und durch Christus mit ihm in Verbindung stehende Menschen werden und bleiben." (S. 20, Hervorhebungen von Heitmüller).

Es werde hier im nationalsozialistischen Staat kein Zwang ausgeübt, weder Zwang zu einer Staatskirche noch überhaupt zur Religion (S. 41f, 64). Alle Bekenntnisse genössen die volle Duldung und Achtung des Staates, ausgenommen die, die marxistisches und pazifistisches Gedankengut verbreiteten (S. 53, 63–65, 84, 89). Insbesondere die Freikirchen könnten für ihre Gleichberechtigung dankbar sein (S. 65).

Nun kann es der Freikirchler Heitmüller aber nicht lassen, den Großkirchen gründlich die Leviten zu lesen. Biblisches Christentum, das habe mit den bestehenden katholischen und protestantischen Konfessionen nichts, aber auch gar nichts zu tun (S. 54, 84f, 102, 107). Kirchliche Sakramente und Kasualien brächten eben nur Namenschristen hervor, zum Christentum im neutestamentlichen Sinne nützten sie gar nichts (S. 37f, 58, 87, 107), ja, die Großkirchen verdunkelten das Christentum eher und schreckten viele ernste Zeitgenossen von ihm ab (S. 58f, 85). Heitmüller zieht die Linien von den judaisierenden Gegnern des Paulus über Ignatius, Irenäus und Cyprian, die Erfinder der Priesterkirche, bis zum Staatskirchentum Konstantins und Karls des Großen. Mit der Herrschaft der Priester über die Laien und dem Aufrichten einer Staatskirche sei das heidnische Zeremonial- und Mysterienwesen eingezogen (S. 38, 54–56). Auch die Reformation sei misslungen, denn die aus ihr hervorgegangenen Kirchengemeinschaften seien trotz Luthers gutem Willen nur weitere äußere Konfessionen geworden statt Gemeinden im neutestamentlichen Sinne (S. 26, 56–58). In der Gegenwart wirkten sowohl der protestantische Liberalismus mit seiner „Verbreitung halber Wahrheiten und ganzer Lügen" als Bedrohung des Volkstums (S. 12, 29f, 59) sowie auch das katholische Zentrum, das sich mit dem Bolschewismus verbündet habe (S. 11, 35, 59). Die massenhaften Rücktritte in die Kirche seit dem 30. Januar 1933 besagten wenig (S. 39). – Der Gedanke, dass sichtbare Sakramente und Konfessionen Instrumente seien, in, mit und unter denen Gott seine unsichtbare Kirche sammelt, ist Heitmüller fremd. Sein eigenes Freikirchentum rechnet er nicht unter die Kirchentümer, und er bezeichnet sich selbst als weder katholisch noch protestantisch (S. 5).

Was ist solchem konfessionellen Etikettenchristentum gegenüber nun das wahre, das biblische, positive Christentum? „Darum handelt es sich im Christentum, daß der Mensch auf seinen gott- und christusfernen, selbstgewählten Wegen zum Stillestehen und zur Einkehr vor Gott kommt und dann durch Jesus Christus, den alleinigen Mittler zwischen Gott und den Menschen, zu Gott zurückfindet, um fortan in der Kraft des empfangenen Gottes- und Christusgeistes in den Wegen Gottes zu wandeln." (S. 86) So oder ähnlich (S. 5, 38, 102, 106f) definiert Heitmüller das wahre Christentum. Das, was den Christen ausmache, das Erlebnis der Wiedergeburt, hätten nur die wenigsten; die wahren Christen seien stets eine kleine Minderheit (S. 87f).

Für den sittlichen Neubau des Volkes nun, schreibt Heitmüller, könne natürlich nicht das Scheinchristentum, sondern nur das positiv-biblische Christentum die Grundlage sein, das Gottes totalen Herrschaftsanspruch zur Geltung bringe (S. 37f, 40, 107f). Das positive Christentum und nicht das falsche Christentum der machtlüsternen und fanatischen Priesterkasten sei auch der Partner des Nationalsozialismus (S. 21, 23). Gegen das System der Landes- und Volkskirche kann Heitmüller sogar Alfred Rosenberg zustimmend zitieren und Gemeinplätze der kirchenfeindlichen Propaganda über Umfang und Wesen der Kirchensteuern kolportieren (S. 52, 61–64, 93). Der Nationalsozialismus rechne zwar mit den Kirchen, wie sie sich geschichtlich entwickelt hätten. Doch wie das Gegeneinander der politischen Parteien, die das deutsche Volk zersplittert hätten, aufgehört habe, ebenso müsse in der einen deutschen Nation auch die Rivalität zwischen den Konfessionen aufhören (S. 52–54, 63f).

Die Konfessionen – Heitmüller denkt jetzt in erster Linie an die protestantischen Landeskirchen – wollten aber leider in dieser großen geschichtlichen Stunde nicht erkennen, welche Aufgaben und Chancen zu einer wirklichen Evangelisation des Volkes der Nationalsozialismus ihnen biete. Wie sie schon 1918 aus Selbstsucht die Gelegenheit verpasst hätten, sich endlich vom Staat zu lösen und Kirchen auf der Grundlage der Freiwilligkeit zu werden, so verweigerten sie jetzt dem neuen Staat die Zusammenarbeit, wachten ängstlich über ihren Privilegien und ließen sich vom Staat dafür auch noch mit Kirchensteuern subventionieren (S. 3, 61f). Für seine Loyalität den Kirchen gegenüber könne der nationalsozialistische Staat wohl seinerseits deren Anerkennung und Loyalität erwarten (S. 53, 59). Seinen guten Willen habe der „Führer" ja genügend gegen die starrsinnigen Kirchenfunktionäre bewiesen (S. 3, 60, 63). Wenn die Kirchen sich gern vom Staat aushalten ließen, für sich dann aber Bereiche reservieren wollten, in die der totale Staat nicht eingreifen dürfe, so sei schon das ein Widerspruch. Das starre Festhalten der Kirchenfunktionäre an ihren Landeskirchen sei aber umso unbegreiflicher, als der Führer und sein

Vertrauensmann, Reichsbischof Ludwig Müller, mit der einen gleichgeschalteten evangelischen Reichskirche dem volkskirchlichen Protestantismus eine viel bessere, glaubwürdigere und zeitgemäßere Form geben wollten. Für eine Volkskirche, in die man ohne eigenen Willensentschluss hineingetauft werde, sei es ja die einzig mögliche Gestalt, eine staatlich finanzierte und gleichgeschaltete Volksmissionsanstalt zu sein, die sich eben vom Staat auch regieren lassen müsse.²³ Dies sei die Volkskirche, wie die „Deutschen Christen" sie anstrebten. Die „Jungreformatorische Bewegung"

---

23 Was Heitmüller ausführt, stimmt zusammen mit einer Begebenheit, die Paul Fleisch (1878–1962) in seinen Erinnerungen erzählt: Auf der ökumenischen Weltkonferenz für Praktisches Christentum in Oxford 1937, am 22. 7., hielt der Methodistenbischof Friedrich Heinrich Otto Melle (1875–1946) als Vertreter der deutschen Vereinigung Evangelischer Freikirchen eine kurze Rede, in der er das nationalsozialistische Regime für die Abwehr des Bolschewismus und die Gewährung völliger Religionsfreiheit lobte und die Freikirchen für im Kirchenkampf neutral erklärte, abgedruckt bei Zehrer (wie Anm. 9), S. 140f. Diese Rede wurde von den nichtdeutschen und auslandsdeutschen Teilnehmern der Konferenz (Vertreter der Deutschen Evangelischen Kirche jedweden Lagers hatten nicht nach Oxford reisen dürfen) mit Befremden und Unwillen aufgenommen und führte u.a. zu schweren Spannungen innerhalb der Evangelischen Allianz, vgl. dazu Armin Boyens, Kirchenkampf und Ökumene 1. München 1969, S. 146–170; Zehrer, S. 44–51; Strahm (wie Anm. 9), S. 202–229; Strübind (wie Anm. 9), S. 233–250; Railton (wie Anm. 9), S. 118–133; Karl Heinz Voigt: Schuld und Versagen der Freikirchen im „Dritten Reich". Aufarbeitungsprozesse seit 1945. Frankfurt/Main 2005, S. 20. Wegen dieses Vorfalls suchte der bayerische Oberkirchenrat Thomas Breit (1880–1966, einer der Autoren der Barmer Theologischen Erklärung) in Berlin Melle zu einem Gespräch auf und nahm dazu Fleisch mit, der 1933 als geistlicher Vizepräsident des hannoverschen Landeskirchenamtes zwangspensioniert worden war. Melle wiederum zog Paul Schmidt (1888–1970) zu dem Gespräch hinzu, den Bundesdirektor des deutschen baptistischen Gemeindebundes, der mit Melle die Oxforder Konferenz besucht hatte. Ob dieses Vierergespräch im Zusammenhang der Gespräche stand, die Melle, Breit und der württembergische Landesbischof Theophil Wurm am 4.11.1937 in Berlin führten, ist in Fleischs Erzählung ungewiss, vgl. dazu Zehrer, S. 50f; Strahm, S. 222; Railton, S. 134. Fleisch berichtet nun, wie es Breit und ihm nicht gelungen sei, die beiden Freikirchler davon zu überzeugen, dass das NS-Regime nicht gegen renitente Kirchenfürsten, sondern gegen das Christentum selbst kämpfe. Melle und besonders Schmidt hätten in völliger politischer Blauäugigkeit gemeint, die Maßnahmen des Regimes richteten sich nur gegen die „Staatskirche", und zwar mit Recht, denn von einer Staatskirche, die jährlich mit 500 Millionen RM unterstützt werde, könne der Staat billigerweise Loyalität erwarten. Außerdem seien die Freikirchen dank der NS-Regierung nun von manchen Schikanen befreit, die sie von Seiten der Großkirchen zu dulden gehabt hätten. Ansonsten, schreibt Fleisch, habe das Gespräch aber eine freundliche Atmosphäre gehabt, s. Paul Fleisch, Erlebte Kirchengeschichte. Hannover 1952, S. 231. – Die Geschichte von den 500 Millionen RM erzählt übrigens auch Heitmüller, S. 61; Fleisch nennt sie ein Propagandamärchen.

sperre sich gegen staatliche Eingriffe. Nur – wenn sie solche Eingriffe nicht wünsche, dann müsse sie die Kirche eben zu einer Freiwilligkeitskirche im Sinne des Neuen Testaments machen (S. 60–65). Ihr Widerstand ist für Heitmüller im Grunde die gleiche Jenseitsschwärmerei wie die der nichtnationalsozialistischen Christen insgesamt: Sie messe die Ordnungen für die gefallene Schöpfung, zu denen eben nicht nur der Staat, sondern auch die Volkskirchen gehörten, an den Maßstäben des Reiches Gottes (vgl. S. 81, 88); die Letzteren könne eben nur eine Freikirche erfüllen. Neutestamentliche Frei(willigkeits)kirche oder gleichgeschaltete Reichskirche als volksmissionarische Anstalt – tertium non datur!

Beurteilung

Die Inkonsequenz, die Heitmüller den Gegnern einer Gleichschaltung der Landeskirchen vorhält, fällt freilich auf ihn selbst zurück. Denn davon abgesehen, dass die nationale Begeisterung ihn das wahre Wesen des Nationalsozialismus verkennen oder vieles sogar gut heißen ließ, was er deutlich erkannt hatte, kennzeichnet seine Position eine widersprüchliche Stellung zur Säkularisierung der Gesellschaft. Heitmüllers Freikirchentum, sein Ideal der Freiwilligkeitskirche ist so nur in einer säkularen Gesellschaft zu verwirklichen. Scharf wendet er sich gegen jede Form von Staatskirchentum: Das hieße Glaubenszwang und Scheinchristentum. Doch andererseits wettert er allenthalben dagegen, Bereiche wie Politik, Wissenschaft, Ökonomie oder Kunst eben in ihrer Weltlichkeit anzuerkennen als den relativ freien Gestaltungsraum der Vernunft. Schon der Gedanke daran wird von Heitmüller gleichgesetzt mit dem liberal-materialistischen und reformjüdischen Geist der Bindungslosigkeit und Zersetzung: vom Individualismus über den Kapitalismus hin zu gottloser Freigeisterei und zu orgiastischen Ausschweifungen (S. 9–13). Die Ordnungen des Nationalsozialismus für Volk, Staat und Kirchen auf der anderen Seite werden zwar als Sündenordnungen für die gefallene Schöpfung relativiert, weshalb die Kritiker an ihnen Jenseitsschwärmer seien (S. 81, 89) – über solchen Sündenordnungen steht eben allein die Gemeinde der wahrhaft Wiedergeborenen, die schon nicht mehr zur alten Schöpfung gehört. Doch die Anerkennung und Befolgung dieser Ordnungen hat faktisch Bekenntnischarakter, da sie unmittelbar mit Gottes Willen und Geboten übereinstimmten; so sind die Begriffe undeutsch und unchristlich gelegentlich kaum zu unterscheiden (S. 24f, 82f). Heitmüller ist hier noch radikaler als die meisten Vertreter der Lehre von den Schöpfungsordnungen, nach der die nationalen, staatlichen und familiären Bindungen und Ordnungen, in denen der Einzelne und die Gruppe stehen, als die Ordnungen Gottes auch abgesehen von den Geboten der Bibel ethisch verpflichtend sind.[24]

Es waren die Furcht vor einer Zerstörung der gottgewollten Ordnung durch zuviel individuelle Freizügigkeit und das Grauen des sozialen Gewissens vor einem hemmungslosen Kapitalismus und Egoismus, die Heitmüller „in der Reifezeit letzter Entscheidungen und Scheidungen" (S. 112) die Umkehr fordern ließen zu einem letztlich mittelalterlich-katholischen Gesellschaftsmodell und ihn die nationalsozialistische Bewegung als das Mittel zu seiner Verwirklichung propagieren ließen. Doch das Ideal, die gesellschaftliche Wirklichkeit unmittelbar nach Gottes Geboten zu gestalten, ist nur umzusetzen, wenn diese Gebote nicht nur bei der kleinen Minderheit der wahren wiedergeborenen Christen, sondern bei der Allgemeinheit anerkannt sind. So stehen bei Heitmüller neben der Einsicht Luthers, dass die Obrigkeit zur rechten Ausübung ihres Amts nicht christlich sein müsse (S. 88–90), geradezu theokratische Vorstellungen. Notdürftig zusammengehalten wird diese Position durch den Begriff des „positiven Christentums". Dieses wird einerseits gleichgesetzt mit dem „biblisch-neutestamentlichen Christentum", dem freiwilligen Christentum einer im Gegensatz zu den Massenkirchen stehenden kleinen Minderheit (S. 23, 95f). Andererseits ist das „positive Christentum" die Unterwerfung unter Gottes Schöpfungsordnung als politisches Programm und damit die alleinige Chance zur Rettung eines ganzen Volkes vor dem Chaos, also das, was das Parteiprogramm der NSDAP nicht zuletzt mit seinem Punkt 24 fordert. So wird zuletzt das, was gerade nicht aufgezwungen oder durch die Masse verdorben werden darf, zur Antwort auf den Liberalismus, zum alternativen Gesellschaftsmodell, dessen Träger die nationalsozialistische Bewegung ist.

Für Heitmüller ist der Nationalsozialismus die linke Hand des Christentums bzw. das Christentum die rechte des Nationalsozialismus: So gehörten beide zusammen und brauchten einander (S. 95). Nicht zufällig erinnert das an Luthers Lehre von Gottes zwei Regimentern: Durch sein Wort und seinen Geist rufe Gott die Menschen ohne äußeren Zwang zum Glauben und in sein Reich; durch das weltliche Regiment aber sorge er dafür, dass das Leben und Zusammenleben auf der Erde möglich sei, indem das Schwert der Obrigkeit, die Staatsgewalt, unter den Sündern äußere Ordnung und Frie-

---

[24] Vgl. dazu Franz Lau, Art. Schöpfungsordnungen, in: Die Religion in Geschichte und Gegenwart³ 5, 1961, Sp. 1492–1494; Kurt Nowak, Evangelische Kirche und Weimarer Republik. Weimar 1981, S. 228–244; Dietz Lange, Ethik in evangelischer Perspektive. Göttingen 1992, S. 41–56.

den aufrechterhalte und die Schwachen vor Übergriffen schütze.²⁵ Diese zwei Regimenter sind für Heitmüller offenbar – und so erklärt sich dann auch der innere Widerspruch seiner Position – Christentum und Nationalsozialismus. Während das geistliche Regiment, die rechte Hand, von der vom Staat ganz unabhängigen Freiwilligkeitskirche repräsentiert wird, die das „Christentum im neutestamentlichen Sinne" lebt, ist das Ideal, wie eine Obrigkeit in Gottes Auftrag und in der Kraft des „positiven Christentums" das weltliche Regiment, die linke Hand, über wahre Christen, falsche Christen und Nicht-Christen führen soll, der Nationalsozialismus.

Nachgeschichte

Heitmüllers Begeisterung für den Nationalsozialismus währte nur kurz; schon 1935 griff er diesen in einer Schrift an.²⁶ Die Gestapo antwortete 1936 mit einem Rede- und Schreibverbot; andere Schikanen folgten. Heitmüllers Verhältnis zur Hamburger Landeskirche und zu Bischof Tügel entspannte sich wieder.²⁷ Schwer zu leiden hatte Heitmüllers Gemeinde im Krieg unter dem Bombardement der Alliierten.²⁸ Nach dem Krieg forderte Heitmüller die Leitung des Bundes Freier evangelischer Gemeinden zu einem Schuldbekenntnis für ihr Verhalten während des „Dritten Reiches" auf; viele in der Bundesleitung waren dagegen. Als 1948 in Bern der Internationale Bund Freier evangelischer Gemeinden gegründet wurde, bat Heitmüller die Vertreter der anderen Länder um Vergebung für Deutschland.²⁹
Rückblickend schreibt Heitmüller, den zunächst von den Nationalsozialisten verkündeten Idealen habe er von Herzen zugestimmt; es habe den Anschein gehabt, als hätten sie das staatliche, wirtschaftliche und kulturelle Leben

---

25 Vgl. besonders Luthers Schrift „Von weltlicher Obrigkeit, wie weit man ihr gehorsam schuldig sei", in: Kritische Gesamtausgabe 11, Weimar 1900, S. 245–281, besonders 247–255. Vgl. dazu Paul Althaus, Die Ethik Martin Luthers. Gütersloh 1965, S. 49–87.
26 Heitmüller, Religiöse Irrtümer der Gegenwart. Dargelegt und widerlegt in allgemein verständlichen Vorträgen. 4 Teile. Hamburg 1935.
27 Vgl. Heitmüller, Aus vierzig Jahren (wie Anm. 2), S. 70; Franz Tügel, Mein Weg 1888–1946. Erinnerungen eines Hamburger Bischofs, hg. v. Carsten Nicolaisen. Hamburg 1972 (Arbeiten zur Kirchengeschichte Hamburgs 11), S. 393f.
28 Vgl. dazu insgesamt Rimmersfors (wie Anm. 2), S. 73–85.
29 Heinz-Adolf Ritter, Zur Geschichte der Freien evangelischen Gemeinden zwischen 1945 und 1995, Teil I. Witten 1996 (Christsein Heute forum 94/95), S. 11–32; Voigt, Schuld und Versagen (wie Anm. 23), S. 51f.

nach Gottes Geboten und Schöpfungsordnungen gestalten wollen. Doch all das sei ebenso wie das Bekenntnis zum positiven Christentum nur Heuchelei und Tarnung gewesen.[30] Die nationalsozialistischen Machthaber seien von Dämonen besessen gewesen; Gottes Gericht habe sie zu Recht getroffen. Hitler selbst, den Heitmüller jetzt den „Landfremden" nennt, sei ein Werkzeug des Teufels gewesen. Dass er allerdings, wie manche behaupteten, gar nicht tot sei, sondern bald als der Antichrist wiederkommen werde, sei Unfug.[31] Letzten Endes sei der ganze Nationalsozialismus doch nichts anderes gewesen als ein weiteres Produkt des liberal-materialistischen Ungeistes.[32]

Dokumentation

Für die Dokumentation habe ich Texte aus vier der sieben Reden zusammengestellt. In einer Passage der ersten Rede, „Grundsätzliches im Nationalsozialismus", (S. 9–13) stellt Heitmüller am ausführlichsten die „liberalistischen" Mächte der Zersetzung vor, denen sich die nationalsozialistische Bewegung entgegenstellt. Aus der zweiten Rede, „Die Nation vor Gott", wird ein kürzeres Stück geboten (S. 27f); Heitmüller deutet in ihm die nationalsozialistische Machtergreifung als ein letztes Gnadenangebot Gottes an das deutsche Volk. Die vierte Rede, „Der Nationalsozialismus und die Kirche", enthält Heitmüllers Sicht des Kirchenkampfes. In den ausgewählten Passagen (S. 53f, 58–65) erläutert er, warum er für die „Deutschen Christen" optiert. Die sechste Rede, „Nationalsozialismus und Christentum" (S. 80–96), wird vollständig wiedergegeben. Sie fasst noch einmal Heitmüllers Gedanken über Christentum, Kirche und Nationalsozialismus zusammen.

Heitmüller hat in den Drucktext seiner Reden der Emphase wegen nicht nur eine große Anzahl (zum Teil eingeklammerter) Ausrufungszeichen eingestreut, sondern auch viele Wortteile, Wörter, Sätze und gelegentlich sogar ganze Absätze hervorgehoben, durch Sperrung, Fettdruck und gesperrten Fettdruck. Diese Hervorhebungen werden hier einheitlich wiedergegeben.

---

[30] Heitmüller, Gibt es noch eine Rettung für uns? Hamburg 1946 (Evangelische Zeitstimmen 2), S. 14; Die Botschaft Jesu (wie Anm. 15), S. 3; Das Reich der Dämonen oder Die Hintergründe der Geschichte. Hamburg 1946 (Evangelische Zeitstimmen 5), S. 12f. Vgl. auch Rimmersfors (wie Anm. 2), S. 66–73.
[31] Heitmüller, Die Botschaft Jesu (wie Anm. 15), S. 8; Das Reich der Dämonen (wie Anm. 30), S. 11–14; Was wird uns die Zukunft (wie Anm. 20), S. 8–10.
[32] Heitmüller, Gibt es noch eine Rettung (wie Anm. 30), S. 14; Die Botschaft Jesu (wie Anm. 15), S. 15–17; Was wird uns die Zukunft (wie Anm. 20), S. 9.

Erste Rede [Auszug]

[9] Das Grundsätzliche im Nationalsozialismus zeigt sich uns in großer Einfachheit und voller Deutlichkeit, wenn wir sein Wesen in der Gegensätzlichkeit zur französischen Revolution des Jahres 1789 erfassen. Wenn wir das tun, dann gehen wir keinen eigenen verkehrten Weg, sondern stehen in den Fußtapfen des Führers und der Männer seines Vertrauens, die den Nationalsozialismus als die gewußte und gewollte Verneinung des Gedankengutes der französischen Revolution bezeichnen.

Nach dem Zusammenbruch des germanischen Weltreiches begann die Geschichte der großen europäischen Revolutionen, in denen Griechenland, Italien, Spanien, England und zuletzt Frankreich den Versuch einer weltbeherrschenden Machtentfaltung machten. Der französische Kulturkreis, der im Jahre 1789 mit der Proklamierung der Freiheit, Gleichheit und Brüderlichkeit begann, hat seine tiefsten Wurzeln in der Freimaurerei, die im Jahre 1717 in England entstand und in der Folgezeit, wie überall so auch besonders in Frankreich, eine beherrschende Stellung gewann.

Das Wesen der französischen Revolution ist der *Individualismus*. Unter Individualismus verstehen wir die *über*[10]*spannte Betonung* der Bedeutung des Wertes des einzelnen Menschen, die *Behauptung*, daß er schrankenlos frei sei, und die *Forderung*, daß er das Maß aller Dinge sei: für Religion und Glauben, für Vätersitte und Recht, für Kunst und Kultur, für Volk und Staat.

Die individualistische Staats-, Wirtschafts-, Welt- und Lebensanschauung, die in der französischen Revolution zum Durchbruch und zur Herrschaft kam und zum Lebensgesetz der modernen Kulturmenschheit wurde, trat ihren verheerenden „Siegeszug" an unter der sinnvollen Bezeichnung des *„Liberalismus"*. Unter Liberalismus verstehen wir also jene geistesgeschichtliche Bewegung, die den in der französischen Revolution zum Grundsatz erhobenen Individualismus als todbringendes Gift auf alle Kulturgebiete der europäischen Völker trug und so eine allgemeine Brunnen- und Blutvergiftung verursachte, so daß eine Kultur entstand, die von der hemmungslosen Ichsucht bestimmt und beherrscht war und infolgedessen nichts mehr wußte von einer verantwortungsbewußten Volksverbundenheit und Volksgemeinschaft.

Auf dem Gebiete des *staats*politischen Lebens verursachte der hemmungslose liberalistische Individualismus den *Parlamentarismus*, der uns über den *Nationalliberalismus* und die *Demokratie* in die satanischen Fangarme des *Marxismus* und des *Bolschewismus* trieb.

Auf dem weiten Gebiete des *wirtschafts*politischen Lebens erzeugte der böse Geist des Liberalismus den *höchstgesteigerten Eigennutz*. Das Eigeninteresse des einzelnen wurde die Grundkraft des wirtschaftlichen und gesellschaftlichen Lebens. Der „freie Wettbewerb", die „Unantastbarkeit des Privateigentums" und die „unbeschränkte Vertragsfreiheit" wurden die wichtigsten Grundsätze innerhalb der liberalistischen, mammonistisch-kapitalistischen Wirtschaftsordnung, die hundertprozentig auf das Eigeninteresse der Effektenspekulanten, der Kuponabschneider, der gerissenen, wendigen Händler und Feilscher und all der vielen typischen Gestalten jener Zeit eingestellt war. Das gefügigste Werkzeug des liberalistischen Geistes auf den weiten Gebieten des staats- und wirtschaftspolitischen Lebens war das uns artfremde, entwurzelte *Reformjudentum*, das in seinem Besessensein von den bösen Geistern des Mammonismus und Kapitalismus immer neue Mittel und Wege fand, die staats- und wirtschaftspolitischen Voraussetzungen für unseren Untergang im Marxismus und Bolschewismus zu schaffen.

Auf den Gebieten der *Religion* und des *Glaubens*, der *Sittlichkeit* und der *Sitte*, der *Erziehung*, der *Schule* und der *Kunst* wirkte die liberalistische Welt- und Lebensauffassung unterminierend, verwirrend, zerrüttend und verderbend. Wie ein todbringendes Gift durchdrang das liberalistisch-individualistische Denken alle Lebens- und Kulturgebiete, und es [11] verursachte eine Lockerung aller sittlichen Ordnungen und eine Zerstörung aller anerkannten Formen der Vätersitten und der Volksgebräuche. Die Religion und der Glaube im Sinne der Bindung an Gott, die Gottesverehrung im Sinne einer geist- und lebenserfüllten christlichen Frömmigkeit galten als lächerliche Torheiten und unverzeihliche Dummheiten. Es wälzte sich ein breiter, immer zunehmender Strom des religiösen Anarchismus bis hin zur organisierten Gottlosenbewegung marxistisch-bolschewistischer Prägung durch unser Volk. In weitesten Kreisen wurde aus offener Gott- und Sittenlosigkeit kein Hehl mehr gemacht. In den Ministerien der Reichs- und Landesregierungen waren trotz des dominierendes Einflusses des katholisch-kirchlichen Zentrums Gottlosigkeit und Religionsfeindschaft und infolgedessen Sittenlosigkeit und Korruption Trumpf. Auf sehr vielen Lehrstühlen fast aller Fakultäten saßen vom Geist des Liberalismus erfüllte, gottentfremdete Männer, von denen viele ihre Hauptaufgabe darin sahen, die Religion und den Glauben zu zerstören. – Die *freie Liebe* und der *Ehebruch* galten als eine Privatsache, die niemand etwas anging. Bis tief hinein in die Reihen des Bürgertums und der sogenannten Gebildeten lehnte man die *Ehe* und *Familie* ab. Die zügellose Freiheit im Verkehr der Geschlechter war eine Selbstverständlichkeit. Die ewigen Ordnungen für die Ehe nannte man einen „Betrug der Pfaffen". In deutschen Großstädten gab es sogenannte „Scheidungshotels". Mehr als sechs Millionen deutsche Männer und Frauen waren jener Lustseuche zum Opfer gefallen, die wie eine Pestilenz im Finstern schleicht und der fleißigste Totengräber der Völker ist. Man wollte keine Kinder mehr, und man verhöhnte die, die noch so dumm waren, Kinder zu haben. Die selbstverständliche Folge dieser Angst vor dem Kinde und Ablehnung des Kindes war der Mord am keimenden, noch nicht geborenen Leben, der wie ein schleichender Volkstod umherging und Jahr für Jahr mehr als 900 000 Kinder nicht geboren werden ließ und nahezu 20 000 gesunde deutsche Frauen dahinraffte, eben weil sie nicht Mutter werden wollten. *Lüge* und *Untreue*, *Schwindel* und *Betrug*, *Wortbruch* und *Vertragsbruch* waren an der Tagesordnung und gehörten zu den Selbstverständlichkeiten in unserm Volk. In gesteigerter *Selbstsucht*, in rücksichtsloser *Habsucht* und zügelloser *Vergnügungs-* und *Genußsucht* drehten die Menschen sich immer nur um sich selbst. *Immer anspruchsvoller wurde das Begehren und Verlangen und Genießen, und immer trostloser wurde die Unordnung und Verwirrung im Leben ungezählter Volksgenossen, die sich von einem Vergnügen ins andere stürzten, die in Saus und Braus dahinlebten, die die Nächte hindurch bis zum hellen Morgen Narrentänze tanzten, die der Augenlust und Fleischeslust frönten und ihr Geld verpraßten und ver*{12}*hurten, während Hunger und Elend infolge der unerhörten Kriegslasten und der Arbeitslosigkeit täglich wuchsen.*

Dieses liberalistische Denken, Wollen und Handeln wurde vor allen Dingen durch die Vertreter des sogenannten *wissenschaftlichen* Liberalismus gefördert und gestärkt. Männer wie Feuerbach, Schopenhauer, Büchner, Stirner, Haeckel, Ostwald, Drews und all die vielen andern Wegbereiter der Gottlosenbewegung sind ganz wesentlich und hochgradig mit schuld an dem namenlosen Elend, das uns an den Rand des Untergangs gebracht hat. Denn sie sind es gewesen, die die Welt- und Lebensanschauungen des liberalen Bürgertums geformt und dann mit volkstümlichen Gedanken gefüllt haben. Deshalb müssen wir es immer wieder mit voller Deutlichkeit aussprechen, daß die Kreise unseres Volkes, die stolz darauf waren, die geistige und moralische Führerschaft inne zu haben, nämlich die Gelehrten und Gebildeten, die Hauptschuldigen an unserm Niedergang waren. *Sie, die berufen waren, der Flut der liberalistischen Verirrung und Verwirrung einen festen Damm entgegenzustellen, wurden zu Totengräbern unseres Volkes, weil sie mit ihren religions- und gottfeindlichen Lehren die Ventile zum Hereinströmen all der giftigen Gase öffneten, die unser Volk benebelten und der Hemmungslosigkeit preisgaben.*

Weiter ist dieses totengräberische Werk ganz wesentlich unterstützt und gefördert worden durch den *religiösen* Liberalismus in *Theologie* und *Kirche*. Und wenn man sich vergegenwärtigt, daß in dem beständigen Fluß der Meinungen innerhalb eines Volkes die Theologie und Kirche als die Verkünderin der Offenbarung Gottes die ewig unveränderliche Wahrheit festzuhalten, zu verteidigen und zur Geltung zu bringen hat, dann muß man sagen, daß im tiefsten Grunde *die Kirche die Hauptschuld an der heillosen Verwirrung auf allen Gebieten und an dem Niedergang bis fast zum Untergang hin* trägt. Denn die Kirche, die von sich behauptete, eine Grundfeste ewiger Wahrheiten und Ordnungen Gottes zu sein, war – und das muß einmal in voller Offenheit ausgesprochen werden –: sie war infolge des in ihr herrschen liberalistischen Denkens und Handelns ein Sammelbecken für Wahrheit und Lüge. Das mag im Ohr kirchlich gebundener Menschen hart klingen. Es ist aber eine unwidersprechliche Tatsache. Gewiß, es hat auch in der Kirche unter der Herrschaft des Liberalismus glaubensmutige Zeugen der göttlichen, ewigen Wahrheiten gegeben, denen wir nicht genug danken können für ihren Dienst. Aber neben diesen Stimmen hatten die liberalen Theologen und Pastoren, die *halbe Wahrheiten und ganze Lügen* predigten, den Tenor, so daß gesagt werden muß, daß die Kirche in ihren liberalen Vertretern [13] nicht nur mitgeholfen hat, die Voraussetzungen für den Niedergang und Zusammenbruch zu schaffen, sondern daß sie auch ganz wesentlich und hauptsächlich schuld ist an der Zerrüttung unseres Volkes. *Und eben deshalb trägt die Kirche – also nicht der Bolschewismus! – die Hauptschuld, wie an der Bedrohung des biblischen Christentums, so auch an dem irreligiös gewordenen Lebensgefühl und an der immer drohender um sich greifenden Entgeistigung und Entseelung auf allen Gebieten.*

Zweite Rede [Auszug]

[27] Da trat Gott erneut und in ganz besonderer Weise in die Geschichte des deutschen Volkes ein und ließ in ihr noch einmal eine Zeit gnädiger Heimsuchung anbrechen, indem er sich in *Adolf Hitler* einen Mann erweckte, dem er die Vollmacht verlieh, das deutsche Volk zum Stillestehen und zur Einkehr zu rufen. Denn wie immer man auch zu dem Führer im neuen Deutschland stehen mag –: *wer ein Mensch guten Willens und eines entsprechenden Wirklichkeitssinnes ist, der muß einsehen und zugeben, daß er Vollmacht hat, das deutsche Volk zum Stillestehen, zum Aufhorchen und zur Neuordnung zu bringen.* – Adolf Hitler weiß um den Ruf, den Gott an ihn ergehen ließ. Er weiß auch, daß das deutsche Volk die dauernde Freiheit und den wirklichen Aufstieg nur dann zu gewinnen vermag, wenn es

nicht nur eine nationale Erweckung im Geiste der Vaterlandsliebe, sondern auch eine sittlich-religiöse Erweckung im Geiste des Christentums erfährt. Er weiß, daß ein Volk ohne Gott *nicht* zu retten ist, sondern untergehen *muß*. Ich erinnere nur an seine große und gewaltige Rede am 1. Mai 1933, dem Tage der nationalen Arbeit! *Er bat Gott um seinen Segen für das Werk des Wiederaufbaus und sprach davon, daß er den Augenblick ersehne, da das deutsche Volk vor Gott* [28] *hintreten und bekennen könne: „Herr, du siehst, wir haben uns geändert ... Herr, wir lassen nicht von dir! Nun segne unsern Kampf um unsere Freiheit und damit unser deutsches Volk und Vaterland!"* – Unser Kanzler und Führer kennt die inneren Zusammenhänge in der Geschichte unseres Volkes; deshalb weiß er, daß jede nationale Erhebung des deutschen Volkes grundsätzlich und vor allem eine *religiös-sittliche* Erhebung und Erneuerung unter der Wucht der Gottesfrage war. Darum ist gerade er es, der nicht müde wird, zur Einkehr und Umkehr zu mahnen. Wenn unser Volk doch aus seinen gewaltigen Reden gerade auch diese Sätze heraushören wollte!

Wenn die Dinge aber so liegen, d. h. mit andern Worten: Wenn Gott es ist, der sich trotz unserer bergeshohen Sünde und Schuld noch einmal zu unserm Volke geneigt und uns eine große Errettung und Bewahrung geschenkt hat, dann sind wir dadurch heilig verpflichtet, zu ihm zurückzukehren und vor ihm zu erscheinen, um zu hören, was er uns zu sagen hat, um unsere Sünde und Schuld vor ihm zu bekennen und fortan nach seinem Willen zu fragen und auf seinen Wegen zu wandeln.

Vierte Rede [Auszüge]

[53] Nun liegt es aber im Wesen des Nationalsozialismus begründet, daß er in seinem Bestreben, das deutsche Volk über alle Trennungen und Zäune hinweg zu *einer* „Nation aller Deutschen" zusammenzuführen, die sich schroff gegenüberstehenden und einander bekämpfenden katholischen und protestantischen Kirchen als ein großes Hindernis auf dem Wege der Erreichung seines Zieles empfindet. Darum ist er in namhaften Vertretern mit vollem Recht bemüht, die katholischen und protestantischen Volksgenossen aus der Kurzsichtigkeit und Engherzigkeit ihrer konfessionellen Kirchentümer herauszuführen.

[54] Der Anführer im Kampf ist kein geringerer als *Alfred Rosenberg*. Denn sein sehr beachtliches Buch „Der Mythus des 20. Jahrhunderts" – das als persönliches Bekenntnis, nicht als programmatische Kundgebung der na-

tionalsozialistischen Bewegung zu werten ist! – ist nicht zuletzt auch eine scharf geschliffene Waffe gegen jeglichen frommen Betrug des leichtgläubigen Volkes durch „Priesterherrschaft" und „Zwangsglaubenssätze". Und wenn wir Christen im urchristlichen Sinne Alfred Rosenberg auch überall mit schärfstem Protest entgegentreten müssen, wo er im totalen Mißverständnis des neutestamentlichen Schriftzeugnisses das biblische Christentum entstellt, verdächtigt und verwirft –: in seinem Kampf gegen die Vergewaltigung und Irreführung durch kirchliche Priesterherrschaft und menschliche Zwangsglaubenssätze sind wir – und zwar nicht nur als Nationalsozialisten, sondern auch als Christen! – auf seiner Seite, weil auch wir in den nach Macht und Herrschaft strebenden Kirchen ganz außerordentlich große Gefahren und Hindernisse erkennen, und zwar Gefahren und Hindernisse nicht nur für den Staat, sondern auch für das Christentum.

Vom Standort des biblischen Christentums ist zunächst folgendes zur Sache zu sagen: Die Landes- und Volkskirchen liegen *nicht* im Willen Gottes und Jesu. Im Gegenteil: sie sind eine Verkennung und Verzerrung des von Gott und Jesus gewollten biblischen Christentums. *Das neutestamentliche Schriftzeugnis kennt im schroffen Gegensatz zu den geschichtlich gewordenen Landes- und Volkskirchen nur die „Gemeinde Jesu Christi"*, die nicht eine durch menschliche Statuten organisierte „Religionsanstalt", sondern eine durch den Geist Gottes und Christi schöpferisch ins Dasein gerufene „christliche Bruderschaft" ist. Diese „Bruderschaft" der „Gemeinde Jesu Christi" trägt das Gepräge eines *„allgemeinen* Priestertums", in dem *alle* Gott und Christus gleich nahe stehen. „Geistliche" und „Laien" sind Begriffe, die man hier nicht kennt. Ein Heiligtum für „Priester" und einen Vorhof für das „gemeine Volk" gibt es hier nicht. Der Zugang zu Gott steht *allen* offen; *alle* nahen ihm mit *gleichem* Recht; *alle* wissen sich *unmittelbar* von ihm abhängig.

[...]

[58] Die katholischen und protestantischen Kirchen haben sich in den letzten vierhundert Jahren in scharfem Gegensatz zueinander entwickelt und bewegt. Das Schwergewicht ihres Wirkens lag praktisch stets in ihren Sakramenten: durch das *„Sakrament der Taufe"* machten sie Menschen zu Christen (!!), und durch das *„Sakrament des Abendmahls"* vermittelten sie ihren Kirchengliedern die Vergebung der Sünden (!!). Indem sie so handelten, maßten sie sich Rechte an, die Christus ihnen *nicht* gegeben hatte, die mit Christus auch *nichts* zu tun haben.

Die Frage, ob die Landes- und Volkskirchen durch ihr Dasein und Wirken unserm Volke zum Heil und Segen geworden sind, läßt sich nicht mit einem

Satz beantworten. Fraglos sind durch das gepredigte Wort und durch die helfende Tat der echten und lebendigen Christen, die es in geringer Zahl zu allen Zeiten innerhalb der verschiedenen Kirchen gab, Volksgenossen für Zeit und Ewigkeit gesegnet worden. Aber sowohl die katholischen als die protestantischen Kirchen haben infolge des in ihnen sich zeigenden Zerrbildes des neutestamentlichen Christentums zahllose Volksgenossen – und es waren wahrlich nicht immer die gewissenlosen und leichtfertigen! – abgestoßen und an Gott und Christus irre werden lassen. Was sie in den oft hochgradig veräußerlichten Religionsbetrieben, namentlich der katholischen, dann aber auch der protestantischen Kirchen, sahen und hörten, das stieß sie zurück. Nur so ist es zu erklären, daß zahllose Volksgenossen den Schritt des Kirchenaustrittes vollzogen und ihre Beziehungen zu Gott und Christus, zu dem Ewigen und Biblisch-Christlichen längst durchschnitten haben, so daß sie heute ohne jegliche Verbindung mit den geschichtlich gewordenen Kirchen des Katholizismus und des Protestantismus sind. – Als ich in den Jahren vor der nationalsozialistischen Revolution in schwerem Kampfe *gegen* das liberale, geist- und kraftlose *Landes-* und *Volks*kirchentum und *für* das *Freiwilligen*kirchentum stand, da wurde mir von landeskirchlicher Seite zugerufen: „Du redest über Dinge, von denen du nichts verstehst. Nur eine *Landes-* und *Volks*kirche ist imstande, die segnenden Kräfte des Evangeliums in alle Kreise und Schichten des Volkes zu tragen! Nur eine *Landes-* und *Volks*kirche kann dem Volke die christliche Schule erhalten! Nur eine *Landes-* und *Volks*kirche vermag die für das Volksleben so wichtige Kulturarbeit zu leisten." – Inzwischen ist es im Lager des Landes- und Volkskirchentums stiller geworden. Man gewinnt allmählich ein wirklichkeitsoffenes Urteil über den beschämend geringen Einfluß des Landes- und Volkskirchentums im Volke. Ob man will oder nicht: man *muß* zugeben, daß der Landeskirchen Arbeit und Saat auf Hoffnung nur eine überaus kärgliche Ernte beschieden ist. Ihre [59] unumschränkte Vorrangstellung im Religions- und Konfirmandenunterricht, in Predigt und Amtshandlung hat unser Volk *nicht* mit den segnenden Kräften des Evangeliums durchsetzt. Von Ausnahmen abgesehen, lehnt der „evangelische" deutsche Mensch die Kirche entweder ab oder aber er bejaht sie noch als ein religiöses Institut, das dazu da ist und gehalten werden muß, damit es ihm bei den wichtigen Anlässen des Lebens die „religiöse Weihe" vermittele.

[...]

*

So lagen die Dinge in der katholischen und in den protestantischen Kirchen, als die nationalsozialistische Revolution sieghaft durchbrach und einen neuen Staat schuf und formte: den nationalsozialistischen Staat, der sowohl im Gegensatz zum Weimarer Staat der Nachkriegszeit als auch zum Staate Bismarcks der Vorkriegszeit ein *„totaler"* Staat ist, d. h. ein Staat, der eine von der privaten Willkür unabhängige Lebensordnung ist, der alle Kräfte des Volks einheitlich zusammenfaßt und bestimmt. Und wie wir schon eingangs festgestellt haben: *Der totale, nationalsozialistische Staat hat bei seiner Berührung mit den Kirchen ihnen seine Achtung bewiesen und ihre bisherigen Rechte anerkannt; er hat von ihnen aber dieselbe Achtung und Verständnis für seine sittliche Erneuerungsarbeit gefordert.*

*

[60] Der nationalsozialistische Staat hat seine Beziehungen zur *katholischen* Kirche in ganz kurzer Zeit grundsätzlich durch ein Reichskonkordat geordnet, durch das nicht zuletzt auch festgelegt wurde, daß die katholischen Geistlichen sich *nicht mehr politisch, sondern nur noch seelsorgerlich* betätigen dürfen.

Die Bemühungen des neuen Staates um die *protestantischen* Kirchen führten nicht so schnell und glatt zum Ziel. Die Gründe dafür sind bei der protestantischen Kirche, und zwar in ihrem Liberalismus und Individualismus, in ihrer Zwiespältigkeit und Irrlehre, in ihrer Verweltlichung und Bürokratisierung zu suchen. Das eine steht jedenfalls fest: *Adolf Hitler* hat als der Führer des nationalsozialistischen Staates *alles* getan, um den protestantischen Kirchen die Möglichkeit zur Vereinheitlichung ihres Kirchenwesens und zur Gewinnung einer volksmissionarischen Stoßkraft zu geben. Und der Vertrauensmann und Bevollmächtigte des Reichskanzlers in den Angelegenheiten der protestantischen Kirche, der jetzige Reichsbischof *Ludwig Müller*, ist ebenfalls redlich bemüht gewesen, die zu schaffende Reichskirche zu einer besseren Volkskirche zu gestalten, als die Landeskirchen der Vergangenheit es waren.

Die protestantische Reichskirche hat eine ganz große Stunde, die ihr gegeben war, für immer verpaßt –: *verpaßt durch die Schuld der sich streitenden und bekämpfenden Kirchenparteien.* Und ich stehe nicht an, zu behaupten, daß nicht wenig Schuld an diesem Verpassen unwiederbringlicher Möglichkeiten zum volksmissionarischen Wirken bei jenen Gruppen liegt, die im Mißverstehen des neutestamentlichen Schriftzeugnisses einerseits und des Wesens einer Volkskirche andererseits fordern, die Reichskirche müsse eine „Kirche Christi" sein, in der „einzig und allein der Geist Jesu Christi" zu regieren habe. Die Forderung ist höchst widersprüchlich und unvernünftig. Denn: *eine volkskirchliche Reichskirche kann niemals eine „Kirche Christi" im Sinne der neutestamentlichen Bruderschaft der Gemeinde Christi sein, sondern sie ist immer nur eine „Religionsanstalt". Als solche kann sie eine „Missionsanstalt" sein, wenn in ihr das Evangelium Gottes von Jesus Christus zum Segen des Volkes lebendig verkündigt* wird. Wer eine *Volks*kirche will und fordert, also eine Kirche, in die man hineingeboren, bzw. ohne Willensentschluß hineingetauft wird, der erklärt damit, daß er für sein „kirchliches" Wollen und Fordern die Anweisungen des Neuen Testaments ablehnt. Denn das Neue Testament kennt als Erscheinungsform der Gemeinde Christi keine *Volks*kirche, sondern nur eine *Freiwilligkeits*kirche, in die man nicht hineingeboren oder hineingetauft, sondern auf Grund eines freiwilligen Entschlusses und Bekenntnisses aufgenommen wird. *Darum hängen alle Erklärungen und Unternehmungen der „Jungreformatorischen Bewegung" und der ihr ver*[61]*wandten Gruppen – solange sie ihren Kampf innerhalb der Reichskirche für den Bestand des Systems innerhalb der Volkskirche führen! – von vornherein in der Luft, eben weil sie von der großen Illusion ausgehen, als ob eine Volkskirche mit den Maßstäben des Neuen Testaments gemessen werden könnte. Durchaus berechtigt und sinnvoll aber würde ihr Wollen in dem Augenblick sein, da sie das System der Volkskirche preisgäben, um eine Freiwilligkeitskirche zu bauen.*

Die von der „Jungreformatorischen Bewegung" hart angegriffenen und bekämpften, hundertprozentig *volks*kirchlich eingestellten *„Deutschen Christen"* sind sich darüber klar – hoffentlich *bleiben* sie sich auch darüber klar! –, daß die Reichskirche immer nur eine volkskirchliche *Religionsanstalt* sein kann, in der und von der aus möglichst „das ganze Volk umfaßt, das Volksleben gefördert, das seelische Leben gepflegt und die Sitten geheiligt werden" sollen. In dem Bestreben, möglichst weite Kreise des Volkes „kirchlich" zu erfassen und zu beeinflussen, und in der nüchternen Beurteilung des Abhängigkeitsverhältnisses der Reichskirche vom Staate, scheuen sie (die „Deutschen Christen") nicht davor zurück, staatspolitische Grundsätze und Richtlinien auf die Ebene des kirchlichen Neubaues zu übertragen. Und wer wollte nach ernstlichem Überdenken der Sachlage behaupten, daß sie damit Unrecht tun? *Eine volkskirchliche Reichskirche, die aus den Mitteln des Staates mit großen Geldsummen – gegenwärtig sind es ca. Rm. 50 000 000 (fünfzig Millionen!) – unterstützt wird, um existieren zu können, muß es sich gefallen lassen, daß der Staat bei ihr seine im Konkordat festgelegten Forderungen anmeldet und daß sich in ihr auch Grundsätze und Richtlinien des Staates auswirken. Nichts ist selbstverständlicher als das!*

Ganz mit Recht schreibt Alfred Rosenberg in seinem „Mythus": „Die Katholiken und Protestanten sollen ihre Kirche durch freiwillige Beiträge selbst sichern, nicht durch Drohung mit Pfändung gewaltsam einziehen lassen; so allein wird das gerechte Verhältnis zwischen Glaubenskraft und äußerer Gestaltung hergestellt werden können. Ein Staatsmann kann durch eine derartige Maßnahme allein nach allen Seiten gerecht sein und religiöses Ringen Einzelner und von Bevölkerungsgruppen vom politischen Kampf des *Ganzen* trennen."* – Ich stimme dem vollinhaltlich zu und wiederhole, was ich im Januar des Jahres 1932 an die Adresse der protestantischen Landes- und Volkskirche richtete: „Die ganze Fragwürdigkeit des heutigen *Landes-* und *Volks*kirchentums offenbart sich fast überall da, wo die Kirche in die Erscheinung tritt und handelt. Zunächst in ihrer *finanziellen Abhängigkeit vom Staat*. Sodann in dem mehr als fragwürdigen System der *Eintreibung der Kirchensteuern durch den* [62] *Bütteldienst des Staates* ... Nicht zuletzt auch in dem *landes- und volkskirchlichen System der Sakramentspraxis* ... Die *Landes*- und *Volks*kirche muß eine *Freiwilligkeits*kirche werden, weil alles biblisch-christliche Gemeinschaftsleben zum obersten Grundsatz den der Freiwilligkeit hat und weil alles, was den Glauben und das Reich Gottes angeht, auf Freiheit und Selbstentscheidung beruhen muß." – Die Kirche hat diesen Mahnruf damals als lästig abgetan. Die Kirchenführer fühlten sich fest im Sattel. Sie ahnten nicht, daß das Gericht über die von ihnen regierte Kirche bereits vor der Tür stand. Die meisten von ihnen sind längst von ihrem Platze verschwunden. Und die wenigen, die sich bis heute zu halten vermochten? Sie halten fest an der großen Illusion, daß die Reichskirche eine „Kirche Christi" sein müsse. Daß sie (die Kirche) dann aber eine *Freiwilligkeits*kirche werden muß, den einfachen Schluß zu ziehen, ist man nicht willig. Warum nicht? Antwort: *Weil dann Amt und Stellung bedroht werden.* Das sagt kein Geringerer als der Hannoversche Landesbischof D. Marahrens: „Wie schwer ist ein klares Eintreten für die Wahrheit, wenn Amt und Stellung bedroht ist oder man mit einem Zugeständnis billigen Frieden erkaufen kann. Viel Elend unserer kirchlichen Lage mag daher kommen, daß wir in den vergangenen Monaten uns nicht unter das Kreuz stellten, unsere menschliche Schwachheit und die der Kirche größer waren als das Vertrauen auf die Kraft der ewigen Wahrheit. Wir sind zurückgewichen und haben ja gesagt, wo man nein sprechen und leiden sollte." – Als ich im Sommer des Jahres 1931 in meiner „Krisis" schrieb, die verantwortlichen Kirchenführer hätten in den entscheidenden Kirchenversammlungen, die nach der November-Revolution des Jahres 1918 stattfanden, in totaler Verkennung des Ernstes der Lage „den Geist des Urchristentums verleugnet und den Geist des Mammons bejaht", und zwar dadurch, daß sie die *Freiwilligkeits*kirche ablehnten und das fragwürdige System des *Landes*- und

---

* Der Mythus des 20. Jahrhunderts", 3. Auflage, Seite 599.

*Volks*kirchentums mit dem Blick auf die hohen *Zuschüsse aus der Staatskasse* festhielten, da fiel man von allen Seiten über mich her und erklärte, daß die Rücksicht auf „Amt und Stellung" nicht im geringsten ausschlaggebend gewesen sei. Und doch wußte ich positiv, daß in entscheidenden Augenblicken, als hervorragende Führergestalten in jenen Kirchenversammlungen sich von dem Weimarer Staat der Nachkriegszeit lösen und der *Freiwilligkeits*kirche das Wort reden wollten, die *Zuschüsse aus der Staatskasse* als unentbehrlich ins Feld geführt wurden. Deshalb bleibt die Tatsache bestehen: *die große Möglichkeit zur Neuorientierung, die Gott der protestantischen Kirche Deutschlands damals gab, ist durch ein glaubensschwaches und leidensscheues Führertum verpaßt worden.* Und was noch schlimmer ist –: die erneute große Möglichkeit zum Umbau in eine Freiwilligkeitskirche, die Gott der protestantischen Kirche Deutschlands jetzt [63] nach dem sieghaften Durchbruch der nationalsozialistischen Revolution gab, ist nach dem Bekenntnis des Hannoverschen Landesbischofs D. Marahrens ebenfalls durch ein glaubensschwaches und leidensscheues Führertum verpaßt worden, und zwar deshalb, weil man „*Amt und Stellung*" behalten und auf die *Zuschüsse aus der Staatskasse* nicht verzichten wollte. *Nun muß innerhalb der Reichskirche das Gerede derer endgültig verstummen, die sich darüber beklagen, daß die „Deutschen Christen" staatspolitische Grundsätze und Richtlinien auf die Ebene des kirchlichen Lebens übertragen, und daß der Staat sich in die Angelegenheiten der Kirche mische. Es ist nicht nur das Recht, sondern auch die Pflicht des Staates, sich um eine religiöse Institution, die hochgradig aus der Staatskasse unterstützt und getragen wird, zu kümmern und ihr nachzuhelfen, wenn sie den Aufbau von Staat und Volk hemmt und hindert.* Entweder – oder! *Entweder* –: man bejaht das vom Staat abhängige System der *Volks*kirche und läßt sich aus der Staatskasse einen nennenswerten Zuschuß zum Gehalt usw. zahlen. Dann muß man sich aber auch damit abfinden, daß der Staat bei der Kirche seine Wünsche und vertraglichen Forderungen anmeldet. *Oder* –: man verneint das System der *Volks*kirche und löst sich von ihr, um vom Staate in keiner Weise subventionierte (mit Geld unterstützte) *Freiwilligkeits*gemeinden zu bauen. Dann – aber nur dann! – kann man mit Recht und gutem Gewissen aus dem Neuen Testament heraus handeln. Entweder – oder! Wann endlich wird man das begreifen?

Eins steht fest: der nationalsozialistische Staat unter der Führung Adolf Hitlers hat den Kirchen – auch den protestantischen! – seine volle Achtung bewiesen und ihre Rechte anerkannt. Darüber hinaus hat er mit Nachdruck feierlich erklärt, daß er im Christentum die unerschütterlichen Fundamente der Moral und Sittlichkeit und infolgedessen in den beiden Konfessionen,

d. h. in der protestantischen und katholischen Kirche als den beiden hauptsächlichsten Ausprägungen des Christentums, die wichtigsten Faktoren zur Erhaltung unseres Volkstums sieht. Wenn das aber der Fall ist – man vergegenwärtige es sich: *der Staat sieht in dem geschichtlich gewordenen Christentum die unerschütterlichen Fundamente der Moral und Sittlichkeit und die wichtigsten Faktoren der Erhaltung des Volkstums!* – ich sage: wenn das der Fall ist, dann ist es selbstverständlich dieses Staates Wunsch und Wille, daß diese Fundamente und Faktoren nicht nur erhalten, sondern auch gereinigt, gepflegt, befestigt und vertieft werden. Das alles aber heißt mit andern Worten: Der nationalsozialistische Staat ist empfänglich für den Dienst der Kirchen, wenn durch denselben ein [64] „positives", d. h. ein *nicht-pazifistisches* und *nicht-marxistisches* Christentum entsteht und fruchtbar wird.

*

Aber das andere steht auch fest: *Der nationalsozialistische Staat will keine Staatskirche, d. h. keine Kirche, zu der alle Staatsbürger gehören müssen.* Nein, der Staat fordert und gewährt „die Freiheit aller *religiösen* Bekenntnisse", also nicht nur aller „*christlichen*"! Es war darum ein großer Mißverstand und Unverstand, als bald nach dem Durchbruch der nationalsozialistischen Revolution stark kirchlich interessierte Nationalsozialisten die Behauptung aufstellten: „*Nur wer zur Kirche gehört, wer kirchlich getauft, konfirmiert und getraut ist, kann im nationalsozialistischen Staate Beamter sein.*" Gewiß, der nationalsozialistische Staat hat ein Interesse daran, daß viele Volksgenossen echte und rechte Christen sind, weil er (der nationalsozialistische Staat) weiß, daß im Christentum die unerschütterlichen Grundlagen der Moral und Sittlichkeit liegen; aber er *zwingt* keinen zum Christentum und fragt keinen nach seinem christlichen oder religiösen Bekenntnis. *Jeder Volksgenosse hat in religiöser Beziehung volle Freiheit, zu sein, was er will: Christ oder Heide, Protestant oder Katholik, Baptist oder Methodist, Gemeinschaftsmann oder Darbyst.* Der Staat erklärte wiederholt feierlich, daß er um den großen Wert des Christentums weiß; aber er lehnt mit vollem Recht die Illusion eines „christlichen" Staates ab und duldet jedes religiöse Bekenntnis, wenn es seinen (des Staates) Bestand nicht gefährdet.

*

Und aus alledem ergibt sich: *Die Stellung des Nationalsozialismus zu den Kirchen* – und ich füge hinzu: zu den Freikirchen und Gemeinschaften! – *ist geradezu vorbildlich für jedes Staatsgebilde.* Wie überall, so zeigt sich auch hier die überragende staatsmännische Klugheit Adolf Hitlers. Wahrhaftig –: wenn in den alten und neuen Kirchenparteien noch die Gewissensmacht des Evangeliums lebendig wäre, dann müßten und würden sie sich ob ihres Verhaltens tief schämen und in Sack und Asche Buße tun, um dann in tiefer Dankbarkeit für die Errettung vom Rande des bolschewistischen Abgrundes einen Evangelisations- und Missionseifer zu entfalten, der bis jetzt vergeblich bei ihnen gesucht wurde. Allerdings –: solange es für das Gewissen der Kirche noch tragbar ist, mit Berufung auf einen vermeintlichen Rechtsstandpunkt hohe Geldsummen aus der Staatskasse zu fordern und anzunehmen, so lange wird dieser Eifer nicht durchzubrechen vermögen. *Denn –: der Geist Gottes und Christi geht nie Hand in Hand mit dem Geist des Mammons.* Und solange in der Führung und auf den Kanzeln der Kirchen noch Männer stehen, die immer [65] nur von der „Totalität der *Kirche*" reden, die sich aber quer legen, wenn die „Totalität des *Staates*" auch sie und ihre Jugend- und Sozialarbeiten usw. erfassen will, so lange wird die Kirche *neben* dem aufgebrochenen Strom des völkischen und vaterländischen Lebens stehen und ihre Stunde schließlich gänzlich verpassen.

*

Und die Freikirchen und freien Gemeinschaften, soweit sie in freudiger Bejahung des neuen Staates stehen und ein nicht-pazifistisches und nicht-marxistisches Christentum pflegen? – Sie haben Grund zu ganz besonderem Dank gegen Gott und den nationalsozialistischen Staat. Denn sie sind im Dritten Reich nicht mehr „nur geduldet". Sie rangieren auch nicht mehr als „Christen zweiten Grades" *hinter* den Gliedern der Landes- bzw. Reichskirche. Ihren Kindern stehen fortan die Wege in jeden Beruf und Stand offen. Ihre Evangelisations- und Gemeinschaftsarbeit darf keiner – weder ein Staatsbeamter noch ein Kirchendiener! – hindern oder auch nur verdächtigen. Ja, nach Erklärungen des Führers weiß der nationalsozialistische Staat die Kräfte, die in den Gemeinschaften und Freikirchen vorhanden sind, zu schätzen, und er erwartet geradezu, daß sie (die Gemeinschaften und Freikirchen) „die starken Kräfte innerlichen Lebens, die in ihnen vorhanden sind, in den großen Dienst der Erneuerung unseres Volkslebens stellen". *Mehr als diese ungehinderte Freiheit zur Verkündigung des ganzen und vollen Evangeliums brauchen wir nicht.* Ja, ich gehe noch einen Schritt weiter: *Mehr als diese Freiheit wollen wir auch nicht, weil es uns nicht dienlich und förderlich wäre.* Denn –: *die den nationalsozialistischen Staat freudig bejahende Gemeinde Christi deutscher Zunge darf für sich keinerlei Vorrechte, sondern lediglich Freiheit zum Glauben und Dienen erbitten und erwarten.* Weil ihr diese Freiheit gewährt wird, glaubt sie freudig und dient sie fleißig. Wenn ihr diese Freiheit je versagt werden sollte, würde sie dennoch trotzig glauben und opferbereit dienen.

*

Möge der Zeitpunkt bald kommen, da der Nationalsozialismus und die Kirchen sich zum Besten und Wohle unseres Volkes verstehen und finden! Zu dem Zwecke ist es erforderlich, daß die Reichskirche aufhört, sich als „Kirche Christi" zu fühlen und den Totalitätsanspruch derselben zu erheben. Sie ist es nicht, und sie darf auch nicht so tun, als ob sie es wäre. Sie ist als Volkskirche *Religions*anstalt. Damit sie als solche eine *Missions*anstalt werde, in der auch das Werk der Heraus- und Zusammenrufung der Gemeinde Jesu Christi gefördert wird, wünschen wir ihr jenen Segen von Gott, der in ihrer Mitte kräftige Propheten- und Zeugenstimmen erweckt und hörbar werden läßt.

SECHSTE REDE

[80] Nationalsozialismus und Christentum.

Das Christentum ist und bleibt der Gesundbrunnen der Völker; es gibt auch für uns Deutsche keine Genesung, als in der Rückkehr zu Gott.
Adolf Stoecker.
Der Prophet des Dritten Reiches.

Das ist es, was den *Christenglauben* hoch über alle Religionen erhebt, daß er von einer *wirklichen* und tatsächlichen *Erlösung* sprechen kann.
Friedrich Naumann.
Der bekannte nationalsoziale Politiker.

Die nationale Regierung wird das Christentum als Basis unserer gesamten Moral ... in ihren festen Schutz nehmen.
Adolf Hitler.
Aufruf der Reichsregierung an das deutsche Volk.

Der *Nationalsozialismus* ist eine politische Bewegung mit politischen Tendenzen und Zielen. Er fordert den ganzen Menschen mit allem, was er ist und hat, um ihn mit seinen Gedanken und Grundsätzen zu erfüllen und zu gestalten.

Das *Christentum* ist eine *religiöse* Bewegung, die von außerweltlichen Kräften und Zielen getragen und bestimmt wird. Es fordert ebenfalls den ganzen Menschen mit allem, was er ist und hat, um ihn durch Gottes und Christi Wort und Geist zu erleuchten, zu erneuern, zu erfüllen und zu regieren.

Aus diesem Tatbestand ergibt sich mit innerer Notwendigkeit eine Spannung, die überall da in die Erscheinung tritt, wo zielbewußter Nationalsozialismus und entschiedenes Christentum sich begegnen, wo ganze Christen auch ganze Nationalsozialisten sein wollen. Die alles entscheidende Frage ist jetzt diese: *Können Nationalsozialismus und Christentum Hand in Hand miteinander gehen, oder besteht zwischen ihnen ein unüberbrückbarer Gegensatz?* Anders ausgedrückt: *Kann ein entschiedener Christ mit gutem Gewissen auch ein zuverlässiger Nationalsozialist sein?* und umgekehrt: *Kann ein zuverlässiger Nationalsozialist auch ein entschiedener Christ sein?* Wenn ich diese Fragen stelle, dann verstehe ich unter Nationalsozialismus und Christentum, unter Christen und Nationalsozialisten [81] nichts Laues und Flaues, sondern ganze Hingabe an das Vaterland mit allem, was dazugehört, und ganze Entschiedenheit für Gott und sein Reich, für Christus und seine Gemeinde. Soviel steht über jeden Zweifel erhaben fest: Es gibt viele Nationalsozialisten, die trotz ihrer Zugehörigkeit zum Katholizismus oder Protestantismus, zur Freikirche oder Gemeinschaft *keine* oder doch *schlechte* Christen sind. Jawohl –: sie sind Kenner und Erfüller des Nationalsozialismus. Aber –: sie begnügen sich mit einer mehr oder weniger äußerlichen christlich-religiösen Dekoration an der Oberfläche ihres Lebens; das Christentum in seinen zentralen Höchstwerten ist für sie praktisch bedeutungslos. Und weiter steht fest: Es gibt Christen, die trotz ihrer Zugehörigkeit zur NSDAP. in ihren verschiedenen Gliederungen keine oder schlechte Nationalsozialisten sind. Jawohl –: sie meinen es ernst mit ihrem Christentum. *Aber*: sie begnügen sich mit einer mehr oder weniger äußerlichen Gleichschaltung aus Nützlichkeits- oder Vorsichtigkeitsgründen.

Dazu muß gesagt werden, daß beides charakterlos ist. *Entweder*: ich bin aus Überzeugung beides ganz – Nationalsozialist *und* Christ, Christ *und* Nationalsozialist. Oder: ich bin aus Überzeugung nur eins – Christ *oder* Nationalsozialist, Nationalsozialist *oder* Christ. Ein Nationalsozialist, der die zentralen Höchstwerte des Christentums verneint, ist in meinen Augen charaktervoller, wenn er seinen Austritt aus der Kirche vollzieht, als wenn er aus irgendwelchen Rücksichten in ihr bleibt. Und ein Christ, der die nationalsozialistischen oder sozialistischen Ideen des neuen Staates ablehnt, ist in meinen Augen charaktervoller, wenn er dem Nationalsozialismus gegenüber in der Zurückhaltung bleibt, als wenn er aus irgendeinem Nützlichkeitsgrunde eine nur äußere Gleichschaltung vollzieht.

Und nun zurück zu der zur Erörterung und Entscheidung stehenden Frage: *Sind Nationalsozialismus und Christentum unüberbrückbare Gegensätze oder nur Spannungen, die von charaktervollen Christen und Nationalso-*

zialisten zu ertragen sind? Meine Antwort lautet: *Nationalsozialismus und Christentum sind keine unüberbrückbaren Gegensätze, sondern nur Spannungen, in denen zu stehen unsere Berufung ist.* Wo die *christliche* Idee und die *nationalsozialistische* Idee sich in einer Seele gegenseitig bekämpfen und verdrängen, da stimmt etwas nicht. Da ist entweder *der Christ ein Jenseitsschwärmer*, der den irdischen Staat innerhalb der gefallenen Schöpfung mit den Maßstäben des Reiches Gottes mißt, oder aber *der Nationalsozialist ist ein Götzendiener*, der Gottes große Gabe, nämlich das Vaterland und alles, was damit zusammenhängt, zu seinem Abgott macht. Um diese Behauptung unter Beweis zu stellen, wollen wir uns zunächst darüber Klarheit verschaffen, was Nationalsozialismus und was Christentum ihrem Wesen nach sind.

[82]

I.

Wenn ich im ersten Satz der Einleitung sagte, der Nationalsozialismus sei eine politische Bewegung, die den ganzen Menschen mit allem, was er ist und hat, fordert, um ihn mit seinen Gedanken und Grundsätzen zu erfüllen, zu durchdringen und zu formen, dann wollte ich damit andeuten, daß der Nationalsozialismus *nicht* eine „rein" politische Machtverschiebung und weltanschaulich unterbaute Organisation ist, der man aus irgendeinem Nützlichkeitsgrunde als Mitglied angehören und die man durch regelmäßige Bezahlung seines Beitrages unterstützen kann. Nein: der Nationalsozialismus ist seinem Wesen nach erst in *zweiter* Linie eine politisch organisierte Weltanschauung; in *erster* Linie ist er ein Instinktausbruch, d. h. ein geschichtlicher Aufbruch der deutschen Volksseele von starker naturhafter Gewalt. Der Nationalsozialismus ist demnach nicht zunächst eine „geistige", sondern eine „elementare", d. h. eine „urgewaltige" und „unwiderstehliche", aus der deutschen Volksseele, bzw. aus dem deutschen Blut kommende Bewegung, die sich nicht auf Diskussion einläßt, sondern die die Stimme des gleichen Blutes im Volksgenossen wach- und aufruft. *Deshalb birgt der Nationalsozialismus ein Geheimnis in sich, das nicht von jedem, sondern nur von dem erlebt werden kann, dem deutsches Blut in den Adern fließt und der in seinem Innersten noch mit dem deutschen Boden verwachsen ist.* Es ist gar keine Frage, daß sehr viele, die sich der nationalsozialistischen Bewegung angeschlossen haben, ohne das grundlegende Erlebnis dieses Geheimnisses und darum auch ohne das innere Verständnis der nationalsozialistischen und sozialistischen Ideen und Grundsätze sind.

Wer das Standardwerk des Führers „Mein Kampf" bedächtig liest und wer seine Reden aufmerksam hört, der stößt immer wieder auf dieses im Blut des deutschen Menschen begründete Geheimnis des Nationalsozialismus. Und wer das maßgebende, grundlegende und gestaltende Schrifttum des Nationalsozialismus kennt, der weiß, daß es nicht müde wird, unter immer neuen Gesichtspunkten und in immer neuen Redewendungen das „Blut des deutschen Menschen" als Quellpunkt und Grundlage der Volksgemeinschaft zu bezeichnen.

Aus dem Erlebnis dieses Geheimnisses im Nationalsozialismus ergibt sich mit innerer Zwangsläufigkeit eine opferbereite und freudige Bejahung und Erfüllung des nationalsozialistischen und sozialistischen Gedankengutes, wie es in knapper Zusammenfassung in den 25 Punkten des Programms der nationalsozialistischen Bewegung, in dem Buch des Führers „Mein Kampf", in seinen grundlegenden und richtunggebenden Reden und in den Kundgebungen der nationalen Regierung zum Ausdruck kommt. Das heißt mit anderen Worten:

1. Ein Nationalsozialist weiß, daß ein „Haufen" von zusammenwohnenden Menschen noch kein „Volk", sondern nur eine „Masse" [83] ist – daß auch kein noch so mächtiger Tyrann ein „Volk", sondern nur eine „Herde" zu schaffen vermag – daß ein „Volk" nur da entsteht und bleibt, wo Menschen „durch das gleiche Blut" zusammenkommen und zusammengebunden werden –: weil ein Nationalsozialist das weiß, darum fordert er die Scheidung und Reinigung des deutschen Blutes von dem Blute anderer Rassen. Und indem er das fordert, ist er sich dessen bewußt, daß er zurückstrebt zu einer „Erhaltungsordnung" des Gottes, der nicht nur der Schöpfer des einzelnen Menschen, sondern auch des Volkes und der Völker ist. Auch der entschieden *christliche* Nationalsozialist – und er erst recht! – fordert diese Rückkehr zu göttlicher Ordnung und damit zur bestmöglichen Reinigung des deutschen Blutes und Entmischung jener sieben Rassen, die nach Professor Günthers These das deutsche Volk bilden. Um der Gesundung und Gesunderhaltung des deutschen Volkes und Volkstums willen fordert der Nationalsozialist, der ja in der Erziehung zur Verantwortlichkeit gegenüber der Nation aus neuerwachter völkischer Verbundenheit steht, auch die Rassenhygiene (= Gesundheitspflege der Rasse) und damit die *Kastrierung* (= Entmannung) der Sittlichkeitsverbrecher und die *Sterilisierung* (= Unfruchtbarmachung) aller Minderwertigen: der Verbrecher, Geisteskranken, Schwachsinnigen und Psychopathen.

2. Das Erlebnis des inneren Geheimnisses des Nationalsozialismus führt mit innerer Notwendigkeit zur Verwerfung des pazifistischen *Internationalismus* und des liberalistischen *Individualismus* und zur Bejahung des *Nationalismus* als dem gemeinsamen Lebensgrunde des gesamten deutschen

Volkstums und des *Sozialismus* als der ständischen Ordnung zwischen den einzelnen Schichten des Volkes nach dem Grundsatze, daß das Schicksal aller einzelnen mit dem des Volksganzen unlöslich verknüpft ist und daß jedes einzele Volksglied nur im Rahmen des Volksganzen Lebens- und Arbeitsberechtigung hat.

3. Eine unerläßliche Folge des radikalen Erlebnisses des inneren Geheimnisses des Nationalsozialismus ist die Ablehnung sowohl des *wissenschaftlichen* als auch des *religiösen* Liberalismus. *Aus dem Wesen des Nationalsozialismus heraus kann man kein Gottesleugner und kein Christentumsfeind sein.* Dafür ist Adolf Hitler, in dem sich das Wesen des Nationalsozialismus wie in keinem zweiten kristallklar verkörpert und darstellt, der beste Beweis. Es liegt deshalb im Wesen des Nationalsozialismus begründet, daß es in Punkt 24 des Programms der nationalsozialistischen Bewegung heißt: „Wir fordern *Freiheit aller religiösen Bekenntnisse* im Staat, soweit sie nicht dessen Bestand gefährden oder gegen *das Sittlichkeits- und Moralgefühl der germanischen Rasse* verstoßen. Die Partei als solche vertritt den Standpunkt eines *positiven Christentums*, ohne sich konfessionell an ein bestimmtes Bekenntnis zu binden. Sie bekämpft den jüdisch-materialistischen Geist [84] in und außer uns und ist überzeugt, daß eine dauernde Genesung unseres Volkes nur erfolgen kann von innen heraus auf der Grundlage: Gemeinnutz geht vor Eigennutz." Und Gottfried Feder wendet sich in seinem vom Führer bestätigten Kommentar „Das Programm der NSDAP. und seine weltanschaulichen Grundgedanken" gegen die „vielen törichten und plumpen Angriffe auf das Christentum" (S. 61), und er wiederholt: „Die Partei als solche steht auf dem Boden des positiven Christentums." Und im ersten Teil der Schrift auf Seite 17 sagt er: „Es kann nicht genug betont werden, daß der NSDAP. nichts ferner liegt, als die christliche Religion und ihre würdigen Diener anzugreifen." – Dabei ist aber zu beachten, daß der Nationalsozialismus, obwohl die NSDAP. auf dem Boden des positiven Christentums steht, nicht nur den *„christlichen"* Bekenntnissen in den verschiedenen Kirchen, Freikirchen und Gemeinschaften, sondern auch den *„religiösen"* Bekenntnissen innerhalb der „Deutschen Glaubensbewegung" usw. volle Freiheit gibt, solange sie nicht als staatsgefährlich und das Christentum verlästernd offenbar werden.

4. Schließlich hat das Erlebnis des inneren Geheimnisses des Nationalsozialismus in jedem Falle die Respektierung und Verwirklichung des Führerprinzips zur Folge. *Ein Nationalsozialist weiß um das Prinzip der germanischen Gefolgschaft in freiwilliger Unterordnung. Darum unterstellt er sich in Gehorsam und Hingabe der Führung und Autorität des kraftvollen, cha-*

raktervollen, festen und bescheidenen Führers, der vor Widerständen nicht zurückschreckt, der sachlich und sachlich tüchtig ist, der guten Rat annimmt und berechtigte Kritik hört und zum selbstlosen Diesen bereit ist.

Nachdem wir so mit kurzen Strichen das Wesen des Nationalsozialismus als den Instinktausbruch des deutschen Volkes von starker naturhafter Gewalt und als die rückhaltlose Bereitschaft zur Verantwortlichkeit gegenüber der Nation aus erwachter völkischer Verbundenheit umrissen haben, wollen wir uns Klarheit darüber verschaffen, was das Christentum seinem Wesen nach ist.

II.

Was ist Christentum? Es ist ein ganz großer Irrtum, zu meinen, daß alles, was irgendwie religiös und christlich scheint, mit Jesus Christus in Verbindung stehe und infolgedessen eine Kundgebung des Christentums sei. Vieles, was wir heute „christlich" nennen, ist geradezu „*anti*christlich" und hat mit dem Christentum des Neuen Testamentes absolut nichts zu tun.

Was ist Christentum? Kirchentum ist kein Christentum. *Kirchen*tum und *Christen*tum sind zweierlei. Das *Kirchen*tum, wie wir es in dem zwiefältigen Katholizismus und in dem vielfältigen Protestantismus vorfinden, und das *Christen*tum des Neuen Testaments sind zwei grundverschiedene Dinge, [85] die man nicht ohne weiteres in einem Atemzug nennen darf. Das *Kirchen*tum ist eine von Menschen geordnete und gebaute fromme Sache, also eine aus den Elementen *dieser* Welt stammende fromme „Menschensache", die den Sünder von der Wiege bis zum Grabe begleitet, die, weil es weithin noch zum guten Ton gehört, bei den wichtigsten Lebens- und Familienanlässen als „fromme" Dekoration dabei ist. Nach der weithin herrschenden *Kirchen*lehre wird man dadurch Christ, daß man getauft und konfirmiert wird. Durch diesen fundamentalen, grundstürzenden Irrtum ist es dahin gekommen, daß alle Welt sich „Christ" nennt. Der Verbrecher im Zuchthaus, die Dirne im Sündenhaus, der Ehebrecher und Trunkenbold, der Zuhälter und Spötter –: sie alle erheben den Anspruch, katholische oder protestantische „Christen" zu sein. Welch eine Verdunklung des Evangeliums!

Diese verhängnisvolle Irreführung wird dadurch nicht geringer und ungefährlicher, daß man sich von Zeit zu Zeit an den Gottesdiensten seiner Kirche beteiligt, zur Beichte und zum Abendmahl geht, seine Kirchensteuern bezahlt und auch sonst noch für allerlei „gute Zwecke" der Inneren und Äußeren Mission gibt und dann meint, seine religiösen und kirchlichen Pflichten erfüllt zu haben. Wenn ich das in voller Schärfe und Deutlichkeit ausspreche, dann liegt es mir völlig fern, etwas gegen die religiösen Sitten zu sagen, die aus dem inneren Leben der Konfessionen und Denominationen herauswachsen. Was ich sagen will, ist lediglich dies: Der formalisierte (= veräußerlichte) religiöse Betrieb in den verschiedenen Kirchentümern der Vergangenheit und Gegenwart, das *Massen*taufen, die *Massen*konfirmationen, die *Massen*beichte, das *Massen*abendmahl, der kirchliche Beerdigungsbetrieb und sonst noch vieles andere mehr –: *dieser kirchlich-dekorative Betrieb hat mit dem Christentum des Neuen Testaments wesentlich rein nichts zu tun*. Und dieser kirchlich-dekorative Betrieb, der weithin vom Geiste der Unwahrhaftigkeit erfüllt ist, und nichts anderes sonst, ist der letzte Grund dafür, daß es in der breiten Masse des Volkes und in den Reihen der sogenannten Gebildeten nicht nur Hunderttausende, sondern auch viele Millionen von Volksgenossen gibt, die mit dem Christentum nichts mehr zu tun haben wollen. *Weil sie an der Kirche und durch sie enttäuscht sind, darum verwerfen sie das Christentum.* Welch ein verhängnisvoller Irrtum ist das!

*

Was ist Christentum? Wenn wir erfahren wollen, was Christentum ist, dann müssen wir zunächst darüber zur Klarheit und Gewißheit kommen, daß es *nur eine Instanz* gibt, die von Gott her die letzte Autorität zur Auskunft und Entscheidung hat. *Wo ist diese Instanz?* Antwort: *In der Heiligen Schrift.* Denn sie ist das allein untrügliche, maßgebliche, lichtvolle [86] Zeugnis Gottes durch Christus und seine Propheten und Apostel an die Welt. Es ist das Wort Gottes und Christi, in dem uns in unüberbietbarer Klarheit und Deutlichkeit und in unwidersprechlicher Gewißheit der göttliche Heilswille und die christliche Heilsveranstaltung zu unserer zeitlichen und ewigen Errettung und Seligkeit enthüllt und mitgeteilt wird. Man mag, wie gegen das *Alte* so auch gegen das *Neue* Testament Sturm laufen und es als einen „längst überwundenen Standpunkt" bezeichnen, mag es als ein „Erzeugnis des degenerierten jüdischen Geistes" verwerfen –: *wir nehmen die Schmach und Rückständigkeit und den Spott der Unwissenschaftlichkeit gern auf uns und halten an dieser Offenbarung Gottes fest als an der letzten und höchsten Instanz, die uns in der Kraft des göttlichen Geistes das verkündigt, was Gott in Jesus Christus für uns getan hat und bereit hält, damit wir „Christen", d. h. Christusjünger und Gotteskinder werden.*

*

Was ist Christentum? Die Antwort des Neuen Testamentes auf diese Frage lautet: *Das Christentum ist im Gegensatz zu den vielen verschiedenen und verschiedenartigen Religionen, die im Verlaufe der Menschheitsgeschichte aufgetaucht sind, jene einzigartige gewaltige, aus der Kraft des ewigen Gottesgeistes herausgeborene Lebensbewegung, in deren Mittelpunkt Gott in Jesus Christus steht.* Und zwar nicht irgendein Jesus, den Menschen sich erdacht oder den die liberale Theologie kritisch aus den Evangelien herausgeschnitten hat, sondern der Jesus Christus, der von Ewigkeit zu Ewigkeit der Sohn Gottes ist, der in der heiligen Weihnacht Mensch wurde, um als unser Bürge und Stellvertreter für uns vor Gott in den Riß zu treten und das Werk der Versöhnung und Erlösung zu vollbringen.

In diesem neutestamentlichen Christentum handelt es sich nicht um diese oder jene Vorschriften, die der Mensch zu beachten und zu erfüllen hätte, um dadurch in den Besitz zeitlicher oder ewiger Vorrechte oder Gaben zu gelangen. Auch darum handelt es sich nicht im Christentum, daß man Jesus als dem „Stifter des Christentums" große Verehrung zollt, ihn als „große Persönlichkeit, in der sich das sittliche und religiöse Ideal verkörpert", bezeichnet. Nein: *Darum handelt es sich im Christentum, daß der Mensch auf seinen gott- und christusfernen, selbstgewählten Wegen zum Stillestehen und zur Einkehr vor Gott kommt und dann durch Jesus Christus, den alleinigen Mittler zwischen Gott und den Menschen, zu Gott zurückfindet, um fortan in der Kraft des empfangenen Gottes- und Christusgeistes in den Wegen Gottes zu wandeln.*

[87] Wie im Nationalsozialismus, so handelt es sich auch im Christentum um ein Geheimnis, das nur, wie im Nationalsozialismus, unter ganz bestimmten Bedingungen und Voraussetzungen erlebt werden kann. Im Nationalsozialismus ist es das *gemeinsame deutsche Blut* und der *gemeinsame deutsche Boden*, auf denen die geheimnisvolle Kraft zum Erlebnis des Nationalsozialismus kommt. Im Christentum ist es das *Blut Jesu Christi*, das am Kreuze auf Golgatha für die Welt vergossen worden ist, und der *Heilige Gottes- und Christusgeist*, der am Pfingsttage ausgegossen ist, aus denen durch die Vermittlung des lebendigen Evangeliums die geheimnisvollen Kräfte zum Erlebnis des Christentums kommen. Das Neue Testament nennt dieses Erlebnis des inneren Geheimnisses des Christentums die *„Wiedergeburt"*. Die allermeisten sogenannten Christen – auch weitaus die meisten „Priester" und „Geistlichen"! – innerhalb der verschiedenen geschichtlichen Erscheinungsformen des Christentums aller Schattierungen haben das grundlegende Erlebnis der geheimnisvollen Wiedergeburt *nicht* gehabt; darum fehlt ihnen auch das Verständnis für die Absichten, Wahrheiten, Wege und Ziele Gottes. Denn alles Tun der Menschen: *Taufen und Konfirmieren, Beichten und Kommunizieren* usw., usw, –: *nichts, aber auch absolut nichts*

kann die Wiedergeburt ersetzen. Wie ein ehernes Gesetz hat Jesus es über die enge Pforte in das neutestamentliche Christentum geschrieben: *„Ihr müsset von neuem geboren werden!"* (Joh. 3, 7.)

Aus dem Erlebnis der Wiedergeburt ergibt sich mit *innerer* Notwendigkeit – also nicht durch menschliches Drängen und gesetzliches Zwingen! – eine opferbereite und freudige Bejahung und Erfüllung des durch den Mund Jesu, der Propheten und Apostel enthüllten und in der Heiligen Schrift niedergelegten Willens Gottes. Das heißt mit andern Worten:

1. Ein Christ im Sinne des Neuen Testamentes ist *kein Egoist und Individualist,* d. h. im Mittelpunkt seines Lebens steht nicht das Ich. Er hat grundsätzlich aufgehört, sich im Geiste der Selbstbehauptung selbstsüchtig um sich selbst zu drehen. An die Stelle des „Ich" ist das „Er", nämlich Gott und Christus, und das „Du", nämlich der Nächste, getreten. Er ist im besten Sinne des Wortes ein *„Gemeinschafts*christ", also einer, der nicht nur in der *Bruder*schaft der Christen, sondern auch in der *Volks*gemeinschaft seiner Nation wurzelt und lebt.

2. Ein Christ im Sinne des Neuen Testamentes ist in der Gesinnung seines Herzens, in den Worten seines Mundes und in den Taten seines Lebens *eine charaktervolle Persönlichkeit,* die sich treu bleibt, die ihre Grundsätze im Alltag des Lebens um jeden Preis verwirklicht und besiegelt. Im Haß gegen die Sünde in jeder Gestalt und in der Liebe zu Gott und Christus steht [88] er auf dem vielgestaltigen Schlachtfelde des Lebens in jener Waffenrüstung, die uns im 6. Kapitel des neutestamentlichen Briefes an die Epheser beschrieben wird. Lauter in der Gesinnung, rein im Denken, stark im Wollen, still im Leiden und treu und zuverlässig in der Erfüllung seiner umfassenden Pflichten –: so steht ein Christ da im Geiste des Glaubens und der Kraft, der Liebe und der Demut, der Hoffnung und der Besonnenheit.

3. *Solche Christen im Sinne des Neuen Testamentes sind selten. Sie sind so selten, wie echte und rechte Nationalsozialisten selten sind.* Aber wie wir den Nationalsozialismus *nicht* nach den nur äußerlich gleichgeschalteten Mitläufern, die ohne das Erlebnis des inneren Geheimnisses des Nationalsozialismus sind, beurteilen dürfen, so dürfen wir auch das Christentum des Neuen Testamentes *nicht* nach den getauften und konfirmierten Mitläufern, die ohne das Erlebnis der Wiedergeburt sind, beurteilen. Mögen wir die durch die Kurzsichtigkeit und den Unverstand der Menschen gegründeten und verbreiteten *Kirchen-* und Christen*tümer* auch verneinen und bekämpfen –: *das Christentum des Neuen Testaments als der Träger und Ver-*

kündiger der frohen Botschaft Gottes von Jesus Christus ist kein frommes Menschenwerk, sondern ein ewiggültiges Gottes- und Christuswerk, das glaubensvoll zu bejahen, charaktervoll zu verteidigen und opferbereit zu verbreiten der Christen göttliche und vaterländische Pflicht ist.

III.

Aus alledem geht eindeutig klar hervor, daß *der Nationalsozialismus in seiner heutigen parteiamtlichen Prägung* und *das Christentum des Neuen Testamentes keine unüberbrückbaren Gegensätze sind, sondern nur Spannungen*, die ihren Grund darin haben, daß *beide Bewegungen den ganzen Menschen* mit allem, was er ist und hat, fordern. Deshalb können wir beides ganz sein: Christen *und* Nationalsozialisten, Nationalsozialisten *und* Christen. Wenn das Christentum und der Nationalsozialismus sich in uns gegenseitig bekämpfen und verdrängen, dann sind wir entweder *Jenseitsschwärmer, die den irdischen Staat innerhalb der gefallenen Schöpfung mit den Maßstäben des Reiches Gottes und der Gemeinde Christi messen*, oder aber wir sind *Götzendiener, die Blut und Rasse, Vaterland und Volkstum zum Abgott machen.*

Für Kenner der Sachlage steht es über jeden Zweifel fest, daß beide Gefahren, nämlich die der *religiösen Schwärmerei* [89] und die der *Vergötzung des Blutes und der Rasse, des Volkes und des Staates*, nicht nur im Hintergrund lauern, sondern auch ganz nah und ganz akut sind. Sowohl in den katholischen und protestantischen Kirchen, als auch in den Freikirchen und Gemeinschaften – von den staatsfeindlichen pazifistischen Sekten sehen wir ganz ab, weil wir sie aus unserer Erörterung von vornherein ausgeschieden haben! – gibt es immer noch einzelne und ganze Gruppen, die den engen Weg, der von der alten in die neue Zeit führt, nicht gehen können oder wollen. In dem atemberaubenden Tempo des gewaltigen Umbruchs vermögen sie – trotz allem! – die erforderliche Biegsamkeit zum Umdenken nicht aufzubringen. Die „Stimme des deutschen Blutes" innerhalb des Nationalsozialismus konnte das Echo in ihnen noch nicht wecken und auslösen, weil sie eine dicke Mauer „christlicher" Bedenken und „kirchlicher" Sorgen um sich gebaut haben. Weil sie in der großen Täuschung eines „christlichen Staates" befangen sind und infolgedessen meinen, das *Kreuz Christi* sei das Fundament, von dem aus Volk und Staat jetzt endlich nach den Anweisungen des Neuen Testamentes neu gebaut und geformt werden müßten, darum stehen sie Adolf Hitler und den Männern seines Vertrauens innerhalb der Reichsregierung und der NSDAP. mit ihren Gliederungen mißtrauisch und zurückhaltend, wenn nicht gar ablehnend gegenüber. Sie vermissen bei diesen Männern – weniger bei Adolf Hitler! – die bewußte und ausgesprochene Christlichkeit und Kirchlichkeit. Er erscheint ihnen als ein schier unübersteigbares Hindernis, daß der nationalsozialistische Staat es zuläßt und duldet, daß Männer eines ausgesprochenen Unglaubens und Heidentums in ihm (dem Staate) an führender Stelle reden und handeln dürfen und können. Sie meinen, den neuen Staat erst dann bejahen und lieben zu können, wenn er als „christlicher Staat" von wahrhaft christlichen und kirchlichen Männern geführt werde.

Zu dieser Schwärmerei vieler kirchlicher und christlich-religiöser Menschen der Gegenwart ist vom biblischen Schriftwort her folgendes zu sagen: Staat und Obrigkeit sind keine *Heils*ordnung, sondern eine jener *Erhaltungs*ordnungen, die Gott nach dem Sündenfall eingerichtet hat „als Sicherungen gegen den gänzlichen Zerfall und die Dämonie der Entartung, die alles Gemeinschaftsleben bedrohen". Deshalb haben Staat und Obrigkeit ihren Standort und Wurzelboden *nicht* unter und im Kreuze Christi. Darum ist es zunächst ganz nebensächlich, ob die obrigkeitlichen, regierenden Personen in einem Staate christlich oder *nicht* christlich, im Sinne des biblischen Christentums gläubig oder ungläubig sind. *Nur darauf kommt es an, daß sie* (die christlichen oder nichtchristlichen Regierenden) *das ihnen übergebene Amt den Ordnungen Gottes gemäß „recht" versehen*. Das aber heißt: Wie die *Gemeinde Jesu Christi* die Dienerin Gottes zur Verkündigung des Evangeliums ist, so ist die *staatliche Obrigkeit* die Dienerin Gottes zum [90] Guten und zur Herbeiführung des Rechtes gegenüber dem Bösen. Zu dem Zwecke ist ihr *nicht die Botschaft des Friedens von Jesus, sondern das Schwert der Gewalt von Gott verliehen*. Demnach ist die staatliche Obrigkeit ihrem Wesen nach keine irgendwie „christlich" oder „kirchlich" orientierte Behörde zur Vertretung und Verbreitung des Evangeliums, sondern sie ist die von Gott gewollte und geordnete Herrschaft innerhalb eines Volkes und einer Nation, die ihre eigenständige Hoheit, ihr aus dem Willen Gottes kommendes „Herrschaftsamt" hat. Sind die obrigkeitlichen, regierenden Personen wahrhafte und bewußte Gläubige und Christen, dann kann das für die Verbreitung des Evangeliums eine Förderung sein; sind sie aber Ungläubige oder Heiden, dann muß das keineswegs ein Hindernis sein für den bleibend fruchtbaren Dienst der Gläubigen und Christen. Also –: weg mit aller „frommen" Schwärmerei! *Nicht nur die Gemeinde Jesu Christi, sondern auch der Staat als weltliche Obrigkeit ist von Gott.* Auch die weltliche Obrigkeit, *wenn sie die ewigen Ordnungen Gottes zur Verwirklichung des Rechtes respektiert und erfüllt* – das ist allerdings die unerläßliche Bedingung! –* ist

---

* Eine Regierung, die diese Bedingung nicht erfüllt – man denke an Rußland! –, ist keine „Obrigkeit von Gott", also kein „Diener" Gottes.

Gottes „Diener", den wir nicht nur gezwungen, sondern auch freudig bejahen und lieben sollen. Und zwar auch dann, wenn er seinen Totalitätsanspruch an uns geltend macht und unsern *ganzen* Menschen, unser Hab und Gut und schließlich auch unser Blut zur Verteidigung des Vaterlandes und des im Staat sichtbar werdenden Volkstums fordert. Noch einmal –: weg mit aller „frommen" Schwärmerei!

*

Aber auch weg mit aller Vergottung des Staates und Volkstums, des Blutes und der Rasse! Wer mit dem Stand der Dinge vertraut ist, der weiß, daß es in der nationalsozialistischen Bewegung nicht nur einzelne, sondern auch weite Kreise gibt, die in der großen Gefahr stehen, das Vaterland mit allem, was es in sich schließt, zum „Abgott" zu machen. Ja –: sehr viele sind in Verkennung des Wesens des Nationalsozialismus dieser Gefahr bereits erlegen und der Abgötterei im Sinne der „Vergottung des deutschen Blutes" anheimgefallen. Nicht der lebendige Gott ist für sie die letzte Bindung, sondern das Volkstum, die Stimme des Blutes. Die unausbleibliche Folge davon ist, daß sie die Offenbarung des überweltlichen, lebendigen, persönlichen Gottes, wie sie das Christentum uns kündet, verwerfen und bekämpfen. *Das muß nicht so sein.* Denn es liegt absolut kein Grund vor, daß der Nationalsozialismus zur Vergötzung des Blutes, der Rasse und des Staates führen muß. Die [91] Geschichte der Vergangenheit und Gegenwart beweist es uns, daß es Männer gegeben hat und heute noch gibt, die sowohl in ihrem Christentum als auch in ihrer nationalen Gesinnung ganz echt und zuverlässig waren und sind. Auch ich für meine Person erhebe den Anspruch, beides *ganz* sein zu wollen: christlich und nationalsozialistisch. Aber –: wie ich in der „Idealisierung der Nation" kein Unrecht, sondern eine unbedingte „Notwendigkeit zur Steigerung des nationalen Lebens" sehe, an der ich mich freudig beteilige, so sehe ich in der „religiösen Hypostasierung" – d. h. Verehrung! – „der Nation"* einen heidnischen Götzendienst, den ich ablehne und bekämpfe. *Religiöse Verehrung und Anbetung gebührt einzig und allein dem ewigen, lebendigen, persönlichen Gott, dem Schöpfer aller Dinge, auch der Nationen und Reiche der Welt!* Noch größer und herrlicher als die große und herrliche Nation aller Deutschen ist – Gott. Er aber hat gesagt: „Du sollst keine andern Götter haben neben mir." Darum: Weg mit aller Vergötzung des Blutes und der Rasse, des Volkstums und des Staates! –

Wie der „fromme Schwarmgeist" den *christlichen* Menschen nicht zum Nationalsozialismus kommen läßt, ja, ihn vielleicht sogar zum Kampf gegen

---

* Wilhelm Stapel, „Sechs Kapitel über Christentum und Nationalsozialismus", Seite 27.

den Nationalsozialismus treibt, so läßt die „Vergottung des deutschen Blutes und Volkes" den *nationalsozialistischen* Menschen nicht zum Christentum kommen, ja, sie macht ihn nicht selten auch zum Kämpfer gegen den Gott und Christus des Christentums.

Ein groß angelegter Versuch in dieser Richtung ist *Alfred Rosenbergs* bedeutendes Buch „Der Mythus des 20. Jahrhunderts". Dieses Buch, das als ein persönliches Bekenntnis Alfred Rosenbergs und nicht als Programm der nationalsozialistischen Bewegung gewertet werden muß, ist in seiner Grundhaltung – und das muß deutlich gesehen und offen ausgesprochen werden! – eine radikale Verwerfung des *neutestamentlichen* Christentums und der Versuch zur Gründung der *„Religion der deutschen Zukunft"*, die eine *„Religion des Blutes und der Volksehre"* (S. 609) sein soll. Alfred Rosenberg spricht sich in wünschenswerter Deutlichkeit aus, wenn er sagt: „Die rassengebundene Volksseele ist das Maß aller unserer Gedanken, Willenssehnsucht und Handlungen, der letzte Maßstab unserer Werte" (S. 682). „Die germanischen Charakterwerte sind deshalb das Ewige, wonach sich alles andere einzustellen hat. Wer das nicht will, verzichtet auf eine deutsche Wiedergeburt und spricht auch sich selbst das seelische Todesurteil" (S. 623). „Die echte nordische Seele ist auf ihrem Höhenfluge stets ‚zu Gott hin' und stets ‚von Gott her'. Ihre ‚Ruhe in Gott' ist [92] zugleich ‚Ruhe in sich'" (S. 255). – *Aus diesen Sätzen geht deutlich hervor, daß hier der lebendige und persönliche Gott des Christentums abgelehnt wird. Gott ist hier die Seele (die Rasse), und die Seele (die Rasse) ist hier Gott.*

*

Mit dem Kampf gegen den *Gott des Christentums* geht bei Alfred Rosenberg und seinen Kampfgenossen Hand in Hand der Kampf gegen alle *„zentralen Höchstwerte"* des Christentums. Zunächst gegen des *biblisch-christlichen Sündenbegriff*. „Das Sündengefühl ist eine notwendige Begleiterscheinung physischer Bastardisierung." „Einem Volke mit ungebrochenem Rassencharakter wäre die Erb-Sündenlehre eine Unverständlichkeit gewesen; denn in einer solchen Nation lebt das sichere Vertrauen zu sich selbst und zu seinem als Schicksal empfundenen Willen. Homers Helden kennen die ‚Sünde' ebensowenig wie die alten Inder und die Germanen des Tacitus und der Dietrichsage." – Das alles heißt mit andern Worten: *Die ewige, adelige, arische Seele des deutschen Menschen kennt keine Sünde. Schuld, Sünde, Vergebung, Gnade – was machen wir damit? Wir können es kaum noch hören vor Ungeduld* (Arthur Bonus).

Wenn es aber Sünde und Schuld und infolgedessen einen Zorn Gottes *nicht* gibt, dann brauchen wir auch keine Versöhnung mit Gott und keine Erlösung aus der Sünde Schuld und Macht und Gericht. Darum: „Aufhören muß die Predigt vom Lamm Gottes, das der Welt Sünde trägt." „Das Kruzifix ist das Gleichnis der Lehre vom geopferten Lamm, ein Bild, welches uns den Niederbruch aller Kräfte vors Gemüt führt und durch die fast immer grauenhafte Darstellung des Schmerzes innerlich gleichfalls niederdrückt, ‚demütig' macht, wie es die herrschsüchtigen Kirchen bezwecken." Darum: „Eine deutsche Kirche wird nach und nach in den ihr überwiesenen Kirchen an Stelle der Kreuzigung den lehrenden Feuergeist, den Helden im höchsten Sinne darstellen." „Abgeschafft werden muß danach ein für allemal das sogenannte Alte Testament als Religionsbuch"; „… an Stelle der alttestamentlichen Zuhälter- und Viehhändlergeschichten werden die nordischen Sagen und Märchen treten, anfangs schlicht erzählt, später als Symbole begriffen". – Das alles heißt mit andern Worten: *Das Christentum ist schädlicher als irgendein Laster; es ist ein großer Fluch: ein unsterblicher Schandfleck der Menschheit (Nietzsche). Der Sündenbegriff des Christentums, seine Lehre von dem stellvertretenden Sühnopfer Christi am Kreuz und alles, was damit zusammenhängt, ist „ein Erzeugnis des degenerierten* [93] *jüdischen Geistes". Darum können wir, weil wir eine „deutsche Wiedergeburt" anstreben, nicht länger Christen im biblischen Sinne sein, sondern wir müssen Antichristen werden.*

*

Zu dieser Vergottung und Vergötzung des Blutes und der Rasse ist vom Standort der geschichtlichen Wirklichkeit und des Nationalsozialismus in seiner parteiamtlichen Prägung folgendes zu sagen:

1. Muß Alfred Rosenberg als hervorragende politische Persönlichkeit innerhalb der nationalsozialistischen Bewegung seine *privaten* religiösen Meinungen und Bekenntnisse so sagen? Hat nicht der Führer in seinem „Kampf" (S. 127) geschrieben: *„Dem politischen Führer haben religiöse Lehren und Einrichtungen seines Volkes immer unantastbar zu sein, sonst darf er nicht Politiker sein, sondern soll Reformator werden, wenn er das Zeug hierzu besitzt."* Weiß er nicht, daß es in Deutschland viele kerndeutsche Christen gibt, die die „Priesterherrschaft" in jeder Form und allen „Zwang" in Glaubenssachen ebenso gründlich ablehnen und fanatisch bekämpfen wie er, denen aber der Gott und Christus des biblischen Christentums heilig und unantastbar ist? Was würde er wohl sagen, wenn wir Christen seine Religion so angreifen, verdächtigen und verurteilen würden, wie er unsere hei-

ligsten christlichen Glaubensüberzeugungen angegriffen und verurteilt hat? Wir christlichen Nationalsozialisten richten an ihn die herzliche und dringende Bitte, aus seinem in vieler Beziehung bedeutsamen und wichtigen Buche „Der Mythus des 20. Jahrhunderts", das in Massen ins Volk getragen wird, das an zweiter Stelle aller Schulbibliotheken steht und so in die Hand unserer Kinder kommt –: wir bitten ihn, alle Stellen auszumerzen, die wir Christen als Gotteslästerung und kränkende Beleidigung empfinden müssen.

2. *Adolf Hitler* steht nach seiner ganzen Haltung, wie sie in seinem Buche „Mein Kampf" und in seinen Reden und Erklärungen zum Ausdruck kommt, im *Gegensatz* zu den vorhin angedeuteten Bestrebungen zur Verwerfung des Christentums und zur Aufrichtung einer durch Blut und Volksehre bestimmten „Religion der deutschen Zukunft". Gewiß, auch er wertet Blut und Rasse sehr hoch. Der Blutwert gilt auch ihm als der menschliche Grundwert. Die Rassenfrage ist ihm politisch die entscheidende Frage. Darum ist ihm die Reinigung der Rasse ein dringendes Gebot. Aber er lehnt eindeutig klar ab die „Vergottung" des Blutes und der Rasse mit allem, was damit zusammenhängt. Er weiß von der Verantwortung vor Gott, dem Schöpfer, und er spricht immer dann, wenn er seine letzte und tiefste Bindung zum Ausdruck bringen will von dem „allmächtigen Gott". Er spricht nicht nur von „dem", sondern auch von *„unserm"* christlichen [94] Glauben. Und man stellt einfach den Tatbestand fest, wenn man sagt: *Der Führer ist in seiner religiösen Haltung bestimmt durch den Gehorsam gegen den Willen Gottes. Deshalb sind ihm die christlichen und kirchlichen Lehren und Einrichtungen seines Volkes unantastbar.*

3. Die Begründer und Verbreiter der vom deutschen Blut und von der deutschen Volksehre bestimmten *„Religion der deutschen Zukunft"* befinden sich in einem ganz schweren, verhängnisvollen Irrtum, wenn sie meinen, das deutsche Blut unterscheide sich dadurch von dem Blute der nichtarischen Völker, daß es rein und heilig sei. Wer so sprechen wollte, verriete einen totalen Mangel an Geschichtskenntnis und Wirklichkeitssinn. Das Sagengut, die Geschichte und die Wesensart des deutschen Volkes sagen *uns* etwas anderes. Die altgermanische Mythologie weiß von jenen Finsternismächten, die nicht nur in der Welt, sondern auch in jedem Menschen ihr zerstörendes Wesen und Werk haben. Das Nibelungenlied weiß von Schuld und Schande. Die Parzifalsage spricht von versäumter Zucht und Liebe, von schweren Irrungen und Wirrungen, aus denen der Mensch nur durch die befreiende Kraft des Erlösers befreit wird (Karl Köberle). Jawohl –: *auch die Geschichte unseres deutschen Volkes ist in Sünde getaucht und mit Sünde*

verflochten; auch das Blut des rassereinen arischen Menschen ist von den "Sünden der Väter" durchsetzt und deshalb mit Verfallskräften erfüllt. Darum bedarf es, wie jedes andere Blut, der Erlösung und Reinigung durch den Einen, dessen Blut ganz rein, ganz heilig, weil ohne die zersetzenden Kräfte der Sünde war: *Jesus Christus*. Darum muß auch dem deutschen Menschen unbedingt und im ganzen Umfang das Wort von der Sünde und das Wort von dem Erlöser aus der Sünde Schuld und Macht gesagt werden. Wer es nicht tut, der tut, von allem andern abgesehen, dem deutschen Menschen und dem völkischen Wesen damit wahrlich keine Ehre an. Denn –: *wer dem alten und neuen Deutschen, dem deutschen Menschen aller Zeiten die Sündenerkenntnis und das Sündengefühl abspricht, der stellt damit die Behauptung auf, daß dem deutschen Menschen aller Zeiten das Gewissen und damit die Unterscheidungsgabe für Gut und Böse, für Treue und Untreue gefehlt habe.*

*

Zusammenfassung

Wir haben festgestellt, daß *das Christentum des Neuen Testaments und der Nationalsozialismus in Adolf Hitlers Sinndeutung – und die* [95] *allein ist maßgebend!* – bis heute nicht unüberbrückbare Gegensätze, sondern nur Spannungen sind, die ihren Grund darin haben, daß beide den *ganzen* Menschen fordern. Im *Mittelpunkt des Nationalsozialismus* steht das Vaterland und das Volkstum mit allem, was es begründet und erhält. Im *Mittelpunkt des Christentums* steht die Offenbarung Gottes in Jesus Christus, wie sie in der Heiligen Schrift niedergelegt und überliefert ist. Die *Aufgabe des Nationalsozialismus* ist die zielbewußte Nationalisierung des deutschen Volkes im Sinne des nationalistischen und sozialistischen Gedankengutes. Die *Aufgabe des Christentums* ist die Evangelisierung und Durchdringung des deutschen Volkes mit den Kräften des Evangeliums und die Gewinnung des einzelnen deutschen Menschen für Gott und Christus. Der *Nationalsozialismus* will uns Menschen zur festen Verwurzelung im deutschen Volkstum, zur Erkenntnis des Wertes und der Kraft der eigenen Persönlichkeit und der Nation führen. Das *Christentum* will uns in die feste Gemeinschaft mit Gott durch den Mittler Jesus Christus, zur Erkenntnis der eigenen Schuld und Schwäche, zum Glauben an Gottes Gnade zur Vergebung der Sünden und zur Erneuerung des Lebens führen. *Aus alledem aber ergibt sich, daß ein charaktervoller Christ auch ein charaktervoller Nationalsozialist und umgekehrt, daß ein charaktervoller Nationalsozialist auch ein charaktervoller Christ sein kann.*

Die in der Natur der Sache begründet liegende Spannung zwischen Nationalsozialismus und Christentum wird in dem Augenblick zum unüberbrückbaren Gegensatz, wenn der Christ zum religiösen Schwärmer oder der Nationalsozialist zum Götzendiener wird, d. h. wenn der Christ an die nationalsozialistische Bewegung und den von ihr geformten Staat die Maßstäbe des Reiches Gottes oder gar der Gemeinde Christi legt, und wenn der Nationalsozialist den Gott und Christus der Bibel verwirft und an ihre Stelle das arische Blut des deutschen Menschen, das Volkstum, den Staat und das Vaterland stellt, und wenn er an die Stelle der Gemeinde Jesu Christi die Blut- und Schicksalsgemeinschaft der Nation rückt.

Nationalsozialismus und Christentum bedürfen einander. Sie sind wie die linke und rechte Hand am menschlichen Körper. Ein Christentum ohne die feste Verbindung mit dem Volkstum und ohne die opferbereite Hingabe an dasselbe wäre eine schwarmgeistige fromme Menschensache, die nicht nur für die Erde und das Diesseits, sondern auch für den Himmel und das Jenseits wertlos ist. Nur wenn Christen sich der Verbundenheit mit ihrem Volke und Volkstum und der Mitverantwortung für dasselbe bis zur Hingabe des Lebens in Dankbarkeit gegen Gott, der es geschaffen hat, bewußt sind, vermögen sie ihm wirksam auch den Dienst zu erweisen, den ihnen das Evangelium zur Pflicht macht. Und „ein Nationalsozialismus ohne positives" – [96] d. h. neutestamentliches! – „Christentum wäre eine Spätblüte an einem guten Baume, die aber doch, ehe man es gedacht, verdorren müßte, die dem Wechsel und Welken alles Irdischen nicht entgehen könnte. Nur wenn sie in die Sonne kommt, in der Sonne bleibt, wird es eine Knospe voll unendlicher Verheißung werden und bleiben können" (I. B. Schairer). Die Sonne aber ist der lebendige, persönliche Gott in Jesus Christus, den uns das biblische Christentum kündet. *Wer dieses Christentum umgehen und verleugnen wollte, würde damit zum Verräter an dem Besten der deutschen Seele werden.*

*

Am Schlusse seines Versuches einer Kritik des Christentums („Der Antichrist") schreibt *Friedrich Nietzsche* den bedeutsamen Satz: „Wenn man nicht fertig wird mit dem Christentum, die *Deutschen* werden daran schuld sein." – Die religiös-völkischen Bewegungen der Gegenwart treten nahezu alle bewußt in Nietzsches Fußspuren, um seinen nicht zum Ziel geführten Kampf gegen das Christentum mit aller Energie neu aufzunehmen. Sie sind sich des Sieges gewiß. Allein –: *sie haben sich ganz gründlich verrechnet.* Der gesamte Verlauf der deutschen Geschichte ist ein Beweis dafür, daß Christentum und Deutschtum, bzw. deutsches Schicksal unauflöslich miteinander verbunden sind. Deshalb wird sich Nietzsches Befürchtung erfüllen: *Die geisterfüllten deutschen Christen werden dafür sorgen, daß man in Deutschland mit dem Christentum nicht fertig wird.* Der bisherige Verlauf der Geschichte des biblischen Christentums – nicht der Kirchentümer! – ist ein ununterbrochener Beweis dafür, daß es *nicht* endgültig zu überwinden ist. Und wenn in Deutschland ein Zehnmillionenheer sich sammeln würde, das Mann für Mann von dem fanatischen Haß Nietzsches gegen das Christentum erfüllt wäre, und wenn dieses Heer entschlossen wäre, das Christentum mit Stumpf und Stiel auszurotten –: am dritten Tage würde es wieder lebendig werden und seinen Siegeslauf antreten. Warum? Ganz einfach deshalb, weil das biblische Christentum nicht von der Macht einer religiösen Idee getragen wird, sondern von dem Herrn Jesus Christus, der nach seinem stellvertretenden Tode am Kreuze auf Golgatha am dritten Tage von den Toten auferstanden ist und lebt.

Und das ist gut so.

Es ist gut, daß wir Christen einen lebendigen Christus haben.

Es ist gut, daß wir unserm Volke diesen Christus bezeugen dürfen.

Theologische Schulungskurse
im Pastoralkolleg Preetz 1946–1950

Inge Mager

Dieser Beitrag greift einen Vorgang aus der schleswig-holsteinischen Kirchengeschichte der Nachkriegszeit auf, der in Vergessenheit geraten und bisher nicht bearbeitet worden ist.[1] Ende Oktober 1946 lebten in Schleswig-Holstein rund 2,6 Millionen Menschen, 2,3 Mio. waren evangelisch. Knapp die Hälfte von ihnen stammte aus dem Osten, d. h. von jenseits oder diesseits der Oder-Neiße-Linie. Sie waren seit den letzten Kriegsmonaten auf dem Land- oder Seewege hierher geflüchtet.[2] Unter den Vertriebenen aus dem Osten befanden sich im Sommer 1947 etwa 234 evangelische Pfarrer.[3] Vor dem Kriege verfügte die Landeskirche über 497 Gemeinde- und Anstaltspfarrstellen,[4] 1952 waren es 591, also rund 100 mehr.[5] Da eine beträchtliche Zahl der früheren Amtsinhaber gefallen, vermisst oder in Gefangenschaft war, ergab sich die Notwendigkeit endgültiger oder nur vorübergehender Neubesetzungen. Daneben mussten für viele übermäßig angewachsene Gemeinden sowie für zahlreiche Flüchtlingslager zusätzliche Pfarrstellen eingerichtet werden. Um den neuen Pastorenbedarf zu decken, griff man nun auf einen Teil der arbeitslosen Geistlichen aus dem Osten

---

1 Er hätte nicht ausgearbeitet werden können, wenn nicht Herr Pastor i. R. Claus Jürgensen mir kopiertes Material aus dem Nachlass Rudolf Schneiders freundlicherweise überlassen hätte. Dafür sei ihm an dieser Stelle herzlich gedankt. Claus Jürgensen selbst hat ganz knapp über die Preetzer Kurse berichtet in dem Aufsatz: Leben und Arbeiten im Seminar nach dem 2. Weltkrieg. In: Gothart Magaard/Gerhard Ulrich (Hg.), 100 Jahre Predigerseminar Preetz. Eine Festschrift. Kiel 1996, S. 58f. Weitere Akten über die Preetzer Kurse befinden sich im NEKArch.: 22.02 Landeskirche Schleswig-Holstein-Landeskirchenamt/ Zentralregistratur, Nr. 190 u. 1386 I+II. Allerdings handelt es sich dabei außer einzelnen Programmblättern überwiegend um die Korrespondenz der an den Kursen teilnehmenden oder ihre Teilnahme absagenden Pastoren und Pröpste mit dem Landeskirchenamt.
2 Vgl. Kurt Jürgensen, Die Stunde der Kirche. Die Evangelisch-Lutherische Landeskirche Schleswig-Holsteins in den ersten Jahren nach dem Zweiten Weltkrieg. Neumünster 1976, S. 130.
3 Vgl. Eva Winter, Die Versorgung der Ostpfarrer in der Evangelisch-Lutherischen Landeskirche Schleswig-Holsteins nach dem 2. Weltkrieg. In: SVSHKG II.43, 1987, S. 58 (Tab. 5).
4 Vgl. Jürgensen (wie Anm. 2), S. 373, Anm. 91, nach dem Verzeichnis der Gemeinden und Geistlichen der Landeskiche von 1940.
5 Verzeichnis der Gemeinden und Geistlichen der Evangelisch-Lutherischen Landeskirche Schleswig-Holsteins, 1952.

zurück. Dadurch konnte diesen ebenso wie der Landeskirche geholfen werden. Dabei drängten sich jedoch zwei wichtige Fragen auf: Wer ist ein genuiner Ostpfarrer? Wie kann gewährleistet werden, dass die neu eingestellten, zumeist unierten Pastoren ihren Dienst auch dem lutherischen Bekenntnis gemäß tun und wie können sie dafür zugerüstet werden?
In Übereinstimmung mit Überlegungen in der Kanzlei der EKiD vom März 1946 galten vorrangig alle diejenigen als Ostpfarrer, deren Rückkehr in ihre Heimatkirchen für „so gut wie unmöglich" eingeschätzt wurde; ihnen nachgeordnet waren diejenigen, deren Landeskirchen in der damaligen sowjetischen Besatzungzone lagen. Allerdings sollten erstere den letzteren, welche ihre verlassenen Pfarrstellen grundsätzlich wieder einnehmen konnten, sowohl bei der Versorgung als bei der Vergabe von Dienstaufträgen in der Schleswig-Holsteinischen Kirche bevorzugt werden.[6] Nach Hilferufen wie dem von Martin Fischer aus Berlin in einem Brief an Prof. Dr. Heinrich Rendtorff wuchs das Problembewusstsein gegenüber Ostpfarrern von diesseits der Oder-Neiße-Linie: „Der Pfarrermangel im Osten ist eine kirchenhistorische Schande. Schicken Sie was nur kriechen kann, wenn es nur glaubt."[7] Dem sind einige gefolgt; den meisten gelang es jedoch, die Unmöglichkeit ihrer Rückkehr – zumeist aus persönlichen Gründen – nachzuweisen.[8]
Ungleich größeres Nachdenken erforderte die Gewähr einer lutherischen Amtsführung durch Neueingestellte, die in Landeskirchen mit einer anderen konfessionellen Prägung ordiniert worden waren. Präses Halfmann schlug

---

[6] Abschrift des Entwurfs vom 25. 3. 1946 (NEKArch.: 22.02 Nr. 3629 unpag.). Bald war auch eine Beurteilung des zuständigen Propstes erforderlich, und zuletzt noch eine Freigabe und Stellungnahme durch die Heimatkirche erwünscht. Vgl. im einzelnen Winter (wie Anm. 3), S. 52–57. Zu Ostpfarrern allgemein vgl. neuerdings Dieter Waßmann, Ostpfarrer in der Evangelischen Kirche von Kurhessen-Waldeck. Kassel 2008.

[7] Dozent der Kirchlichen Hochschule Berlin Martin Fischer (1911–1982; über ihn vgl. Peter C. Bloth, Art. Fischer, Martin. In: Religion in Geschichte und Gegenwart[4] 3, 2000, Sp. 149) an Prof. Dr. Heinrich Rendtorff vom 28. 5. 1946 (abschriftl. Auszug NEK Arch.: 22.02 Nr. 129). Dem Pfarrermangel im Osten trug auch die Verordnung des Rates der EKiD vom 21. 6. 1946 Rechnung, indem sie die westlichen Gliedkirchen anwies, Pfarrer von diesseits der Oder-Neiße-Linie nur dann einzustellen, wenn sie von ihren Heimatkirchen freigegeben würden (NEKArch.: 20.02 Nr. 697). Am 4. 11. 1947 bat die Kanzlei der EKiD die Ostpfarrer, sich für den Dienst in der SBZ vorrangig zur Verfügung zu stellen (NEKArch.: 32.01 Nr. 562, S. 76).

[8] Auch der uns gleich noch mehr beschäftigende Lic. Dr. Rudolf Schneider, der zuletzt kommissarischer Superintendent in Frankfurt/Oder war, bekannte freimütig, dass er „nach dem Osten … nur zwangsweise zurückkehren" würde – so eigenhändig auf einer Postkarte an Konsistorialrat Karstensen. (Personalakte im NEKArch.: S-Nr. 233. 1099).

die Ablegung des Religionseides auf die Heilige Schrift und die ungeänderte Augsburgische Konfession von 1764 vor,[9] wie ihn auch alle Einheimischen bei ihrer Ordination ablegen mussten.[10] Andere plädierten für eine Freizeit mit abschließendem Kolloquium, in dem Vertreter der Kirchenleitung oder des Landeskirchenamtes einen Eindruck von der Persönlichkeit wie vom theologischen Profil der Ostbewerber gewinnen sollten.[11] Unabhängig von solchen Überlegungen und Praktiken ergab sich bald eine für beide Seiten vorteilhafte Annäherung, die als solche aber gar nicht geplant war.

Am 1. März 1946 erhielt der selbst aus dem Osten kommende Lic. theol. habil. Dr. phil. Rudolf Schneider vom Landeskirchenamt in Kiel den Auftrag, in Preetz einen Kursus „für aus dem Kriegsdienst heimkehrende Pastoren" abzuhalten.[12] Die Idee dazu scheint aus der bayerischen Landeskirche zu stammen und wurde den Gliedkirchen vom Rat der Ev.-Luth. Kirche Deutsch-

---

[9] Der Wortlaut der Verpflichtung findet sich bei Heinrich Franz Chalybaeus, Sammlung der Vorschriften und Entscheidungen betreffend das Schleswig-Holsteinische Kirchenrecht. Schleswig 1883, S. 159. Der Vorschlag, auf diese Norm zurückzugreifen, stammt vom Präses der Vorläufigen Kirchenleitung der Landeskirche Schleswig-Holsteins, Wilhelm Halfmann, vom 15. 6. 1946 an das Landeskirchenamt in Kiel (NEK Arch.: 20.1 Nr. 697). Vgl. auch Winter (wie Anm. 3), S. 57. Wie die Antwort des Landeskirchenamtes an die Vorläufige Kirchenleitung vom 29. 6. 1946 zeigt, ist der Vorschlag angenommen und zumindest eine Zeitlang beibehalten worden, dass Ostpfarrer bei ihrer Berufung in den Dienst der Schleswig-Holsteinischen Kirche – wie die hiesigen Ordinanden – ein Formular mit dem Wortlaut des Verpflichtungstextes unterzeichnen mussten (NEKArch.: ebd.). Es wurden dafür extra zusätzliche Formulare gedruckt.

[10] So ist auch verfahren worden. Vgl. die Personalakten z. B. von Gottfried Handtmann und Johann Haar, die beide den Religionseid am 16. 6. und am 7. 7. 1946 in Flensburg unterschrieben (NEKArch.: 12.03 Nordelbische Kirche – Kirchenamt/Personalakten, Nr. 370, 388).

[11] Die Verfügung des Evangelisch-Lutherischen Landeskirchenamt Kiel vom 21. 3. 1947 enthielt in acht Punkten die endgültigen Voraussetzungen für die Anstellung von Ostpastoren in der Schleswig-Holstein. Landeskirche. Auch die Haltung im Kirchenkampf spielte dabei eine Rolle. Großes Gewicht kam ferner der Stellungnahme des Propstes zu, in dessen Zuständigkeitsbereich die zu besetzende Stelle lag (NEKArch.: 20.1 Nr. 697). Vor jeder Einstellung eines Ostpfarrers musste zusätzlich ein Fragebogen ausgefüllt werden, in dem u. a. nach „Einzelheiten über den Fortgang aus dem Osten", nach „der Stellung in der Kirchengeschichte der letzten Jahre", nach der Zugehörigkeit zu einer kirchlichen Gruppe (BK, DC) und nach Konflikten mit NSDAP, Gestapo oder Kirchenbehörde gefragt wurde (NEKArch.: 12.03 Nr. 370, 388).

[12] Evangelisch-Lutherisches Landeskichenamt an Pastor Lic. Dr. Rudolf Schneider vom 1. März 1946 (Nachlass Schneider, S. 2).

lands Anfang Dezember 1945 zur Nachahmung empfohlen.[13] Eine erste derartige Fortbildungsmaßnahme für schleswig-holsteinische Geistliche, die zumeist wegen des Krieges nur ein „Notexamen" abgelegt hatten, fand nach Terminverschiebungen schließlich vom 26. März bis zum 10. Mai 1946 im ehemaligen Predigerseminar Preetz statt. Obgleich alle zwölf Teilnehmer aus der Schleswig-Holsteinischen Kirche kamen,[14] scheint es sachliche und persönliche „Auseinandersetzungen" zwischen den Lehrkräften und einigen „liberal" Gesonnenen gegeben zu haben. Diese Spannungen konnten aber durch die gemeinsame Abendmahlsfeier am Schluss „ausgeglichen" werden. Was beide Kursleiter – Lic. Werner Vollborn und Lic. Dr. Schneider – unter ihren „Verbesserungsvorschlägen" anmerkten, sollte dann die gesamte weitere pastorale Fortbildungsarbeit bestimmen: „Die dogmatischen Unklarheiten müssen an Hand der Bekenntnisschriften und Luthers beseitigt werden."[15] Darin scheint sich so etwas wie eine neue lutherische Konfessionalisierungstendenz anzukündigen, die jedoch nicht ganz frei vom Überlegenheitsbewusstsein der glücklich Besitzenden war.

Erst unter den 22 Teilnehmern des 2. Pastorenkursus von Ende Mai bis Mitte Juli 1946 fanden sich drei junge Ostpastoren. Die Begegnung beider Gruppen auf einer streng lutherischen Plattform zu gemeinsamem Arbeiten, Lernen und geistlichem Erfahrungsaustausch erwies sich als förderlich für alle Beteiligten und entwickelte sich zu einer von Mal zu Mal stabiler werdenden Brücke. Zwar wurde die Teilnahme an diesen Kursen nicht zur Bedingung für die Erteilung eines Dienstauftrages in der Schleswig-Holsteinischen Kirche gemacht, aber sie galt doch von Anfang an als eine sehr gute Möglichkeit, die Gastkirche besser kennenzulernen und mit den neuen

---

[13] Schreiben Bischof Hans Meisers an die luther. Gliedkirchen vom 4. Dez. 1945 (NEK Arch.: 22.02 Nr. 1386 II). Einen ähnlichen Anstoß erhielt das Landeskirchenamt in Kiel auch von Propst i. R. Richard Steffen aus Neumünster am 18. Jan. 1946 (NEKArch.: ebd.).

[14] Die Teilnehmerliste des I. Kursus im Nachlass Schneider, S 2, in der sich unter 10 Pastoren vier mit östlicher Herkunft befinden, geht wohl auf die alte Terminierung vom 12. 3. bis 22. 4. zurück.

[15] Auch von „mangelhaften Lebensformen mancher Teilnehmer" ist in dem von Pastor Lic. Vollborn und Pastor Lic. Dr. Schneider verfassten Bericht vom 24. 5. 1946 die Rede. Darin wirken offenbar die Kriegs- und Gefangenschaftserfahrungen nach. Unter der Überschrift „Allgemeine Beurteilung der Teilnehmer" heißt es weiter: „Durch die lange Soldatenzeit machen sich große Lücken im Bildungsstand offenbar. Die meisten von ihnen leben von Kompendienwissen und ermangeln eigenständigen theologischen Denkens. ... Zu bemängeln ist weiter ein gewisses anmaßendes Selbstbewußtsein, eine Autoritätslosigkeit und ein Mangel an Ehrfurcht. Sie müssen zu geistiger Arbeit erst wieder erzogen werden ...". Auch die altsprachlichen Kenntnisse ließen sehr zu wünschen übrig (NEKArch.: 22.02 Nr. 1386 II).

Amtskollegen auf eine gemeinsame theologische Basis zu gelangen. Später nutzten selbst ältere hiesige Geistliche die einmalige Chance zur Neu-Orientierung in der Nachkriegssituation.[16] Allerdings erwies sich die Vorstellung der Kirchenleitung als illusorisch, jedes Mal Vertreter aus allen Propsteien zusammenzurufen. Die vielen in den Akten aufgehobenen Absagen sind vielmehr ein genauer Spiegel der Erschwernisse, unter denen der Pfarrdienst damals zu leisten war und die viele unabkömmlich machten.

Vom Frühjahr 1946 bis Ende 1950 konnten in Preetz dennoch 25 Kurse für insgesamt rund 350 Pastoren stattfinden.[17] Knapp die Hälfte der Teilnehmer stammte aus dem Osten.[18] Schon diese Statistik lässt vermuten, dass die Preetzer Veranstaltungen nicht ganz wirkungslos geblieben sein können. Kritisch zurückgeblickt auf die Zeit des Nationalsozialismus wurde allerdings kaum. Lediglich im I. Kursus sprach Präses Halfmann über „Die Geschichte des Kirchenkampfes und ihr[en] Ertrag",[19] und im II. Kursus referierte der Hamburger Hauptpastor Lic. Volkmar Herntrich über „Wesen und Weg der bekennenden Kirche". Im übrigen ging es u.a. um „Die Frage der kirchlichen Neugestaltung",[20] um „Das Wort Gottes und unsere Verkündigung heute" oder um die Bedeutung Luthers wie der Bekenntnisschriften für das gegenwärtige kirchliche Leben.[21] Rudolf Schneider als Hauptverantwortlicher führte die ebenso reichhaltige wie anspruchsvolle Kursarbeit mit Unterstützung mehrerer gleichgesonnener Kieler Fakultätskollegen, der Bischöfe Halfmann und Wester sowie einer Reihe kompetenter Kirchenmänner und hochkarätiger Gastreferenten durch. Gleichwohl blieb er der wissenschaftliche Motor und die menschliche Seele des Ganzen. Ende Februar 1949 nannten Kursteilnehmer ihn dankbar „Dr. theologiae et frater animarum".[22] In der hier versuchten und geglückten Verbindung zwischen Verkündigung und theologischer Besinnung, zwischen Kirche und Univer-

---

[16] Vgl. Nachlass Schneider, S. 8, 12, 35a. In einer Verfügung vom 12. Juli 1946 empfahl das Landeskirchenamt allen Pastoren die Teilnahme (NEKArch.: 22.02 Nr. 1386 I).

[17] Rudolf Schneider an Propst Christian Peters vom 3. März 1951 (Nachlass Schneider, S. 133).

[18] Nachlass Schneider, S. 83. Nach den mir vorliegenden Listen von XXI Pastorenkursen befanden sich unter insgesamt 216 Teilnehmern etwa 85 Ostpastoren.

[19] Programmblatt NEKArch.: 2202 Nr. 1386 I. Ein Nachklang der jüngsten Zeitgeschichte scheint auch von Heinrich Rendtorff vorgetragen worden zu sein in seinem Referat „Die Kirchengeschichte unserer Zeit im Lichte der Endgeschichte", ebd.

[20] Vortrag von Pastor Hans Treplin während des I. Kurses nach dem Programmblatt (NEKArch.: 22.02, Nr. 1386 I).

[21] Programm des II. Pastorenkursus vom 29. 5. bis 13. 7. 1946 (Nachlass Scheider, S. 9f).

[22] Nachlass Schneider, S. 116 (Bericht über den XIX. Kursus vom 8.–17. Febr. 1949).

sität hat Schneider m. E. überhaupt die nachhaltigsten Spuren in seinem vergleichsweise kurzen Leben († 1956) hinterlassen.[23]

Was ist über diesen nahezu vergessenen Rudolf Schneider heute überhaupt noch zu ermitteln? 1910 in der Lausitz geboren, studierte er Theologie und Philosophie in Greifswald und Marburg – hier u.a. bei Rudolf Bultmann. 1933 und 1936 legte er beide theol. Examina in Berlin ab und trat seine erste Pfarrstelle in Berlin-Tempelhof an.[24] Dort kam er mit der liturgischen Bewegung in Berührung und erhielt erste lutherische Anstöße.[25] Parallel zu seiner erfolgreichen Gemeinde- und Jugendarbeit in Berlin erwarb Schneider 1938 mit einer Arbeit über Augustins Anthropologie den theologischen Doktorgrad an der Humboldt-Universität,[26] habilitierte sich im Folgejahr in Kiel und wurde 1940, angeregt durch Martin Heidegger und Hans-Georg Gadamer, ein zweites Mal in der Philosophischen Fakultät promoviert.[27] 1944 von der Berliner Assistentur wiederum ins Pfarramt – jetzt nach Frankfurt/Oder – berufen, floh Schneider beim Einfall der Roten Armee mit seiner Familie nach Schleswig-Holstein und übernahm als einer der ersten Ostpfarrer am 1. Mai 1945 eine Pfarrstellenvertretung in Neuenkirchen/Norder-

---

[23] So auch Peter Meinhold, In memoriam Professor Dr. Dr. Rudolf Schneider. In: SVSHKG II.14, 1956, S. 6f. Die Kurzbiographie R. Schneiders bei Friedrich Hammer, Verzeichnis der Pastorinnen und Pastoren der Schleswig-Holsteinischen Landeskirche 1864–1976. Neumünster 1992, S. 344, ist falsch und irreführend. Weniges über ihn findet sich verstreut bei Jendris Alwast, Geschichte der Theologischen Fakultät. Vom Beginn der preußischen Zeit bis zur Gegenwart. Neumünster 1988, S. 200, 215f. In: Geschichte der Christian-Albrechts-Universität Kiel 1665–1965, Bd. 2, Teil 2.

[24] Mit dem Einzug in sein erstes Pfarrhaus heiratete er Dora Heilbach (1916–2001), eine ihm ebenbürtige, hochbegabte Partnerin, die später als eine der ersten Theologinnen im vollen Pfarramt Dienst in der Schleswig-Holsteinischen Landeskirche tat. Belege über ihre hervorragenden theol. Prüfungsleistungen im ersten Kurs des neu eröffneten Predigerseminars Preetz November 1950 als eine von drei Frauen neben 14 Vikaren finden sich im NEKArch.: 23.02 Nr. 445.

[25] Meinhold (wie Anm. 23), S. 3.

[26] Rudolf Schneider, Das wandelbare Sein – Die Hauptthemen der Ontologie bei Augustin. Frankfurt/M. 1938. Vgl. auch Rudolf Schneider, Seele und Sein. Ontologie bei Augustin und Aristoteles. Mit einem Nachwort von Peter Meinhold. Stuttgart 1957, S. 5, Vorbemerkung.

[27] Vermutlich mit einer Arbeit über die Ontologie des Aristoteles, vgl. die allgemeinen Angaben über die Entwicklung seines philosophischen Denkens in: Seele und Sein (wie Anm. 26), S. 5. Ob die philosophische Promotion in Freiburg oder in Leipzig stattfand, konnte bisher nicht ermittelt werden, da die Arbeit – kriegsbedingt – nicht gedruckt wurde.

dithmarschen.[28] Hier fühlte er sich zwar unterfordert,[29] baute gleichwohl in kurzer Zeit eine so erfolgreiche Jugend- und Ausbildungsarbeit für Katechetinnen auf, dass er bereits im Frühjahr 1946 sowohl zum Leiter des ersten Kursus „für aus dem Kriegsdienst heimkehrende Pastoren" als auch im Sommer-Semester 1946 zum Studentenpfarrer in Kiel ernannt wurde.[30] Beides verdankte er nicht zuletzt dem ihm seit der gemeinsamen Wirksamkeit in der pommerschen Kirche bekannten, jetzt der Vorläufigen Schleswig-Holsteinischen Kirchenleitung angehörenden Kieler Praktologen Prof. Dr. Heinrich Rendtorff (1888–1960),[31] der auch in der Preetzer Kursarbeit sein engster Mitstreiter wurde. Als Ihmelsschüler stimmte Rendtorff in den Bestrebungen um eine neulutherische Volkskirche mit Schneider voll überein. Dessen nach eigener Aussage in seiner bisherigen theologischen Arbeit vertretene „bekenntnismäßige und unliberale Linie"[32] sollte auch den Cantus firmus der geplanten Schulungskurse in dem 1946 wegen noch fehlender Kandidaten und Vikare zunächst als Pastoralkolleg wiedereröffneten Predigerseminar Preetz darstellen.[33] Jetzt ging die Saat der Lektüre Karl Holls, die Schneider außer zu Augustin auch zu Luther geführt hatte, erst richtig auf. Gleichzeitig entdeckte der unierte Theologe die lutherischen Bekenntnisschriften samt der lutherischen Orthodoxie, wie sie ihm z.B. in Johann Ger-

---

[28] Brauchbar für Schneiders Lebensgeschichte sind das handschiftliche Biogramm in der sehr fragmentarischen „Personalakte" (NEKArch.: S-Nr. 233.1099) und die in die Trauereransprache von Prof. Dr. Peter Meinhold (wie Anm. 23), S. 1–9, eingestreuten biographischen Nachrichten. Meinhold spricht allerdings von der philos. Promotion in Leipzig; in der Personalakte ist Freiburg genannt.

[29] In der Personalakte Schneiders findet sich gleich am Anfang eine eng beschriebene Karte an Konsistorialrat Karstensen – vermutlich vom April 1945. Dort heißt es: „Ich zweifle auch, ob ich als Dorfpastor meinen Fähigkeiten entsprechend wirken kann ... Ich möchte mir die Frage erlauben, ob Sie mich nicht später in einer Stadt einsetzen könnten. Mein alter Wunsch – Kiel – besteht bis heute." (NEKArch.: S-Nr. 233. 1099).

[30] Der I. Kursus, über den mir zwei Teilnehmerlisten, ein Programm und ein Bericht vorliegen, fand vom 26.3–22.4. 1946 statt (Nachlass Schneider, S. 2–5; NEKArch.: 22.02 Nr. 1386 I).

[31] Rendtorff war nach seinem Rücktritt als Bischof von Mecklenburg-Schwerin 1934 Pastor in Stettin-Braunsfelde und aktiv im pommerschen Kirchenkampf. 1945 kehrte er auf seinen Kieler Lehrstuhl zurück. Zu seinem Leben und zu seiner Theologie vgl. Christoph Weiling, Heinrich Rendtorff. In: Wolf-Dieter Hauschild (Hg.), Profile des Luthertums. Gütersloh 1998 (Die Lutherische Kirche. Geschichte und Gestalten 20), S. 559–580; ferner Jürgensen (wie Anm. 2), S. 65.

[32] Rudolf Schneider an Heinrich Rendtorff vom 15. 2. 1946 (NEKArch.: S-Nr. 233.1099, S. 7f).

[33] Über die wechselvolle Geschichte des 1896 gegründeten Predigerseminars Preetz vgl. Magaard/Ulrich (wie Anm. 1).

hards „Meditationes Sacrae" begegnete.³⁴ Ein solches theologisches Profil passte gut nach Schleswig-Holstein, wo die evangelische Kirche sich seit dem 19. Jahrhundert immer wieder bewusst auf ihre eigenen lutherischen Wurzeln besonnen hatte.³⁵ Nicht von ungefähr rief auch die Vorläufige Kirchenleitung die Pastoren im Advent 1945 dazu auf, am evangelisch-lutherischen Bekenntnis festzuhalten, den aus dem Osten gekommenen „Gästen" gleichwohl zu signalisieren, „daß in den verschiedenen Formen doch zuletzt derselbe Geist lebt und der Eine Herr Aller angebetet wird."³⁶ Schneider erschien den kirchlich Verantwortlichen angesichts einer erneut drohenden Verwässerung der lutherischen Grundausrichtung durch die in den Pfarrdienst drängenden Ostpastoren als der passende Mann zur rechten Zeit. Wie genau er dem bekenntniskirchlichen Maßstab entsprach, beweist sein Ende 1947 abgefasster Rechenschaftsbericht über die Kursarbeit:

„In Vorträgen und Aussprachen bin ich bestrebt gewesen, eine entschieden lutherische Linie zu verfolgen. Da etwa die Hälfte aller Kursusteilnehmer aus der altpreussischen Union stammen, so war es mir besonders darum zu tun, sie aus einer unklaren Unionstheologie und Unionspraxis herauszulösen."³⁷

Vom lutherischen Standpunkt aus gefährdete die unierte Gottesdienst- und Frömmigkeitsform das eigene Kolorit. Nahrung erhielten solche Befürchtungen etwa durch Äußerungen wie die des ehemaligen Königsberger Pfarrers Hugo Linck (1890–1973),³⁸ der anlässlich des Jahrestreffens der ostpreussischen Pastoren am 15. Mai 1951 in Rendsburg u.a. bekannte:

---

³⁴ Mitgeteilt von Meinhold (wie Anm. 23), S. 6f.
³⁵ Erinnert sei u.a. an Claus Harms, an die Breklumer Mission, an die Ängste beim politischen Anschluss Schleswig-Holsteins 1866/67 an Preußen, an Generalsuperintendent Theodor Kaftan, an die Möllner theol. Lehrkonferenzen (dazu vgl. SVSHKG II. 39/40, 1983/84, S. 75–88) und an Hans Asmussen während des Kirchenkampfes.
³⁶ Rundbrief, von Präses Halfmann verfasst (KGVBl. 1945, St. 2, S. 14), zit. bei Jürgensen (wie Anm. 2), S. 130. In dieser moderaten Empfehlung scheint noch die Hoffnung mitzuschwingen, die Flüchtlinge werden nicht dauerhaft bleiben, sondern wieder heimkehren.
³⁷ Verzeichnis der von mir in der Zeit von April 1946 bis Dezember 1947 behandelten Themen (Nachlass Schneider, S. 83). Das klingt gegenüber dem Synodalausschreiben vom Dez. 1945 bereits sehr viel verbindlicher.
³⁸ Über den ältesten Historiographen des ostpreußischen Kirchenkampfes (München 1968), der seit 1948 an St. Johannis in Hamburg-Harvestehude Dienst tat, vgl. Friedrich Hammer/Herwarth von Schade, Die Hamburger Pastorinnen und Pastoren seit der Reformation, Teil I. Hamburg 1995, S. 109.

„Ja, ich gehe so weit zu sagen, dass nicht bis in alle Einzelheiten hinein, aber doch im Grundgedanken eine Entwicklung von der Altpreussischen Union über Barmen zu der neuen Kirche Deutschlands führen muss ... Ich gehe so weit zu fordern, dass auch die Reformierten mit einbezogen werden sollten."[39]

Das rief damals hierzulande Ängste hervor und verlangte nach Gegensteuerung. Die Pastorenkurse schienen sich dafür gut zu eignen. Dabei waren sie ursprünglich darauf gar nicht ausgerichtet; vielmehr ergab sich diese Zielsetzung vermutlich erst durch die Teilnahme von Ostpfarrern seit der zweiten Veranstaltung vom 29. 5. bis 13. 7. 1946.[40] Denn die Kurse waren so, wie sie verliefen, gerade keine Disziplinierung, sondern eine Vertrauen stiftende, Ost- und Westpfarrer geistlich zusammenschließende Erfahrung, die möglichst auf die ganze Landeskirche ausstrahlen sollte. Ersteres ist nach meinem Eindruck und dem mir vorliegenden Material, dessen wohl wichtigste Zeugnisse die jeweils von den Teilnehmern selbst verfassten Kursprotokolle und Berichte darstellen,[41] durchweg auch gelungen. Die Aufnahme der lutherischen Impulse von der gesamten Landeskirche indessen scheint, soweit ich sehe, allenfalls partiell erfolgt zu sein.
Im November 1946 zog Schneider mit seiner Familie von Neuenkirchen nach Preetz in die für ihn als Kursleiter mietfreie Direktorenwohnung des Seminars. Als er zum Winter-Semester auch noch den Ruf auf den Lehrstuhl für Neues Testament in Kiel erhielt, übernahm Heinz Zahrnt das Studentenpfarramt.[42] Die Schleswig-Holsteinische Landesregierung genehmigte auf Antrag der Fakultät Schneiders pastorale Nebentätigkeit, für welche die Kirche ihm ein bescheidenes Honorar zahlte.[43]

---

[39] Hugo Linck: „Was sind die vertriebenen ostpreussischen Pfarrer ihren zerstreuten Gemeinden und ihrer Kirche schuldig?" (NEKArch.: 11.01 Nr. 264, S. 14f). Heute hat sich das, was Linck damals in Bezug auf das Verhältnis der reformatorischen Kirchen zueinander wünschte, erfüllt.
[40] Teilnehmerliste Nachlass Schneider, S 2.
[41] Im Unterschied zum ersten von Vollborn und Schneider abgefassten Kursbericht stammen alle weiteren Protokolle von den Kursteilnehmern selbst.
[42] Am 1. 12. 1946 (NEKArch.: 22.02 Nr. 513).
[43] 200,- RM monatlich, nach der Währungsreform erhielt er 200,- DM, zuletzt nur noch 100,- DM. Für die übrigen Honorare und Reisekosten standen am Ende 2.800,- DM zur Verfügung (R. Schneider an Propst Christian Peters vom 3. 3. 1951 im Nachlass Schneider, S. 133f).

Die als „Einberufung" bezeichnete Einladung an alle 22 Propsteien zu den Kursen in Preetz ging jeweils vom Landeskirchenamt aus.[44] Die Teilnahme galt als Dienstangelegenheit; die Reisekosten wurden erstattet.[45] Die karge Unterkunft, die nur durch Lebensmittelmarken und mitgebrachte Naturalien zu bewerkstelligende Verpflegung[46] und die im Winter wegen Kohlenmangel gelegentlich auftretenden Heizungsprobleme[47] entsprachen der allgemeinen Mangelsituation, hatten aber letztlich kein Gewicht,[48] weil es vorrangig um „Geistliche Stärkung", um „Theologische Nachschulung" und um eine vertiefte „Zurüstung für das Pfarramt" ging. So lautete nämlich die dreifache Zielangabe auf den Programmblättern.[49] Vom X. Kursus an erscheint bezeichnenderweise die „Pflege der Bruderschaft" als viertes Kursziel.[50] Und auf der Vorankündigung des XIX. Kursus im Februar 1949 rangiert die „Stärkung der brüderlichen Gemeinschaft" sogar als oberstes Ziel. Es scheint demnach im Laufe der Zeit eine Entwicklung von den gemeinsamen Lehrinhalten hin zu einer geschwisterlichen Lehr- und Glaubensgemeinschaft während der Kursdauer und darüber hinaus stattgefunden zu haben. Dem entspricht auch der mehrfach geäußerte Wunsch nach späteren Treffen ehemaliger Kursteilnehmer mit der Begründung, um die „brüderliche Gemeinschaft wieder lebendig werden zu lassen."[51] Als Mittel zur Erreichung der genannten Ziele werden das gemeinsame Leben, insbesondere der geistliche Rahmen jedes Tages und der sonntägliche Abendmahlsgottesdienst, seit

---

[44] Das erwies sich je länger je mehr als schwierig, obgleich die ursprünglich sechswöchige Dauer der Kurse schon sehr bald verkürzt wurde. Im übrigen nahmen einige Anstoß an dem militärisch geprägten Begriff „Einberufung".

[45] Nachlass Schneider, S. 8, 56.

[46] Ebd., S. 12, 96 u. ö. Trotzdem mussten pro Tag und Person noch 2,00 RM bzw. DM Kostgeld gezahlt werden, zuletzt erhöht auf 2,50 DM.

[47] Ebd., S. 41, 88; ungeheizte Schlafräume im Winter wurden allerdings doch beklagt!

[48] Wie sehr viele Theologen geistig und geistlich ausgehungert waren, zeigt das Beispiel des am 11. 5. 1946 aus rumänischer Kriegsgefangenschaft entlassenen ostpreußischen Parrers Arnulf Rösner, der gleich an dem am 29. 5. beginnenden II. Pastorenkurs teilnahm, s. Nachlass Schneider, S. 7; Hammer/v. Schade (wie Anm. 38), Teil I, S. 320. Er erhielt erst danach einen Dienstauftrag. Wie dringlich die Ernährungsfragen dennoch waren, belegt das Bedauern der Teilnehmer des IX. Katechet. Sonderkursus vom 21. 8. bis 5. 9. 1947, dass die Bitte um eine Ernährungszulage durch das landeskirchliche Hilfswerk nicht erfüllt wurde, obgleich der „Gesundheitszustand mancher Brüder zusätzliche Kost nötig gemacht hätte" (Nachlass Schneider, S. 67).

[49] Erstmals überliefert vom II. Kursus vom 29. 5. bis 13. 7. (Nachlass Schneider, S. 9).

[50] X. Theol. Kursus vom 12. 9. bis 2. 10. 1947 (Nachlass Schneider, S. 68).

[51] Nachlass Schneider, S. 53.

Ende 1946 als lutherische Messe gefeiert,[52] sowie das seminaristische Arbeiten, die Vorlesungen und die Sondervorträge angegeben. Der Tagesablauf folgte einem genau gegliederten Plan. In der Regel dauerten die allen theologischen Disziplinen und kirchlichen Handlungsfeldern gewidmeten Kurse drei bis vier, die Spezialkurse über Exegese, Homiletik, Liturgik, Katechetik oder Seelsorge nur zwei Wochen.

Die „geistliche Stärkung" erfolgte vorrangig durch exegetische Arbeit am Neuen und Alten Testament – natürlich jeweils in den Ursprachen. Hinter der „theologischen Nachschulung" verbirgt sich die systematische Arbeit an zentralen dogmatischen Fragen – zumeist anhand der lutherischen Bekenntnisschriften, die wie die biblischen Urfassungen von jedem Teilnehmer mitzubringen waren. Die „Zurüstung für das Pfarramt" meint die Umsetzung des exegetisch und systematisch Erarbeiteten in Predigt, Gottesdienst, Katechese, Seelsorge und eigener Frömmigkeit. Während die ersten Kurse theologisches Grundwissen vermittelten, hatten die letzten jeweils ein eigenes Thema oder einen besonderen Schwerpunkt, z.B. „Kirche und Heimat", „Die theologischen Grundlagen der Liturgie" oder „Freikirchen und Sekten".[53]

Zum Kernbestand der Lehrenden zählten: Prof. Lic. Dr. Schneider (Neues Testament, Systematik, lutherische Sakramentslehre, Bekenntnisschriften),[54] Prof. Dr. Rendtorff (Praktische Theologie), Prof. Dr. Meinhold (Kirchengeschichte, Luther), Prof. Dr. Johannes Tonnessen (Religionspädagogik), Studieninspektor Lic. Vollborn (Altes Testament), Propst Eduard Juhl[55] (Seelsorge), Hauptpastor D. Theodor Knolle (Liturgik), Präses bzw. ab September 1946 Bischof Wilhelm Halfmann (Ekklesiologie), Dr. Walter Freytag (Mission), seit 1947 Bischof Reinhard Wester (kirchliche Verkündigung), seit 1949 auch der aus dem Osten stammende OKR Carl Brummack (Seelsorge).

Nach Schneiders eigenen Angaben sollen, wie bereits erwähnt, an den bis Ende 1950 durchgeführten 25 Kursen insgesamt 350 Pastoren teilgenommen haben, darunter knapp die Hälfte mit östlichem Herkunftshinter-

---

[52] Nachlass Schneider, S. 23, 39, 46, 49 u.ö. Zunächst war die Teilnahme an der lutherische Messe „freiwillig", später ging sie ganz selbstverständlich in das Kursprogramm ein.

[53] Nachlass Schneider, S. 124, 125, 134.

[54] In einem Rechenschaftsbericht Schneiders an Bischof Halfmann vom 24. 1. 1948 betont er, dass er außer zu alttestamentlichen und juristischen Fragen über alle in den zurückliegenden 12 Pastorenkursen relevanten Themen referiert habe (Nachlass Schneider, S. 83f).

[55] (1883–1975), seit Februar 1946 Propst von Südtondern mit Amtssitz in Leck. Vgl. Hammer (wie Anm. 23), S. 185.

grund.⁵⁶ Das Zahlenverhältnis zwischen Einheimischen und Flüchtlingen unter den Kursteilnehmern war durchweg ausgeglichen; nur einmal wird das Übergewicht der Ostpfarrer beklagt.⁵⁷ Ob der VI. Kursus, für den sich dreizehn von ihnen neben nur vier Einheimischen angemeldet hatten, deshalb zweimal verschoben wurde und schließlich ein Vierteljahr später im April 1947 stattfand, bleibt reine Spekulation.⁵⁸ Fehlen doch in keinem Kursbericht die Stichworte „Bruderschaft", „brüderliche Gemeinschaft" oder „wachsendes persönliches Zusammengehörigkeitsbewusstsein".⁵⁹ Deshalb ist wohl durchweg mit fairen Diskussionen und ernsthaftem gemeinsamem Ringen um das angemessene Verstehen des Evangeliums und dessen Niederschlag im kirchlichen Handeln zu rechnen. Auch dürfte das von Bibelarbeit, Gesang und Gebet bestimmte tägliche geistliche Leben insbesondere der ostpreußischen Frömmigkeit entgegengekommen sein.

Über die Kursabläufe geben eine ganze Reihe erhaltener Programmblätter Auskunft. Inhalte, Diskussionen, Ergebnisse und Einschätzungen lassen sich darüber hinaus einzelnen, von den Kursteilnehmern selbst angefertigten Protokollen und Berichten entnehmen. Auch wenn diese infolge der Adressierung an das Landeskirchenamt vielleicht hier und da etwas geschönt sein mögen, eignet ihnen doch ein hohes Maß an Authentizität.

Das von den Preetzer Dozenten und Referenten schwerpunktmäßig vertretene strenge, quellenbezogene Luthertum rief zwar keinen Widerspruch hervor, war aber für die meisten Schleswig-Holsteiner nicht weniger gewöhnungsbedürftig wie für die Theologen der Union. Auch zwischen der hierzulande ebenso verbreiteten wie beklagten liturgischen Vielfalt und Beliebigkeit und der lutherischen Messe lagen für die meisten Kursteilnehmer Welten. Doch diejenigen, welche sich auf den Preetzer Trend einließen, begaben sich auf einen gemeinsamen Weg, und die aus dem Osten Stammenden konnten den Schmerz über den Verlust von heimatlich Vertrautem so vielleicht eher überwinden. Auch das Verständnis der Kirche, des Amtes und der Sakramente erfuhr durch die Rückbindung an die Bibel, an Luther und die lutherischen Bekenntnisschriften gleichfalls einen neuen Tiefgang, der Bisheriges in Frage stellte und bereicherte. Preetz speiste die dort auf

---

56 Nachlass Schneider, S. 133, 83. Da sich nicht alle Teilnehmerlisten erhalten haben, können die Zahlen nicht verifiziert werden. Ich habe lediglich 85 Ostpfarrer namentlich ermitteln können.
57 Am XI. Kursus vom 22. 10 bis 5. 11. 1947 sollen 2/3 Ostpfarrer teilgenommen haben. Nach meiner Zählung waren es jedoch nur 6 von 14, also nicht einmal die Hälfte! (Nachlass Schneider, S. 75).
58 Nachlass Schneider, S. 35a–47; Liste S. 36.
59 Ebd., S. 92.

eine gemeinsame Mitte Zusteuernden mit reinem lutherischen Schwarzbrot und entschädigte sie für die Abkehr von dem mehr als einmal gerügten „Subjektivismus" oder „Individualismus" mit der Objektivität der sichtbaren Kirche und ihren einschließlich des Amtes vier Sakramenten[60] sowie mit der krönenden „Wiederherstellung des vollen Sakramentsgottesdienstes in Gestalt der lutherischen Messe".[61] In den Kursberichten ist ferner missbilligend die Rede von Humanismus, Säkularismus,[62] von konfessionellen Unklarheiten, „unlutherische[r] Weichmütigkeit der Toleranz",[63] von Union und „neocalvinistisch-barthianischer Theologie",[64] von Materialismus und Spiritualismus. In diesen inhaltlich freilich kaum gefüllten Schlagworten klingt alles an, was in Preetz einerseits verworfen, andererseits angestrebt wurde. Letzteres findet eine besonders eindrückliche Bestätigung im Programm des zweitägigen Treffens ehemaliger Kursteilnehmer vom 7.– 9. Dezember 1948 unter dem Generalthema „Lutherische Theologie und Kirche". Gedrängt folgte ein Grundsatzreferat dem anderen: „Biblisch-lutherischer Pfarrerspiegel" (Bischof Halfmann); „Das Eigentümliche lutherischer Seelsorge" (Prof. Rendtorff); „Taufe bei Luther" (Prof. Meinhold); „Das Wesen der lutherischen Kirche nach den Bekenntnisschriften" (Lic. Dr. Schneider); „Das Freiheitsproblem bei Luther und in den Bekenntnisschriften" (Lic. habil. Dr. Echternach);[65] „Luthers Deutung der Geschichte" (Studentenpfarrer Zahrnt). Den krönenden Abschluss bildete wie immer die gemeinsame Feier der lutherischen Messe.[66]

Unter dem Eindruck solcher fast konfessionalistisch zu nennenden Belehrungen scheint auch das Dankschreiben einiger hiesiger Teilnehmer des IV. Pastorenkursus vom 29. Okt. 1946 an Bischof Halfmann abgefasst zu sein. Darin heißt es u.a.:

„Wir Unterzeichneten fühlen uns genötigt, unserer Kirchenleitung den Dank dafür auszusprechen, dass sie es uns ermöglicht hat, an einem Kursus für Pastoren in Preetz teilzunehmen. Es ist uns in den Tagen

---

[60] Ebd., S. 29f.
[61] Ebd., S. 99.
[62] Ebd., S. 24.
[63] Ebd., S. 92.
[64] Ebd., S. 115, 121.
[65] Dr. phil. Lic. habil. Helmut Echternach (1907–1988) stammte aus Ostpreußen, war in Stettin ordiniert worden und stand seit April 1946 im Dienst der Hamburgischen Kirche. Seit Dezember 1948 war er nebenamtlicher Dozent an der dortigen Kirchlichen Hochschule. Vgl. Hammer/v. Schade (wie Anm. 38), Teil I, S. 38.
[66] Nachlass Schneider, S. 102.

unseres Hierseins das gegeben worden, was wir auf Universitäten und Tagungen gesucht und oft nicht gefunden haben, nämlich Theologie vom Zentrum, von Christus und seiner Kirche aus ... Da unsere Kirche eine evangelisch-lutherische ist, ist es von unserem Ordinationsgelübde und unserer Verpflichtung auf die Bekenntnisschriften aus gesehen, unsere Aufgabe, uns die Bekenntnisschriften innerlich anzueignen und wieder ganz ernst zu nehmen. Dazu gehört: Aneignung des lutherischen Amtsbegriffes, der lutherischen Frömmigkeit, insbesondere Reinheit der Lebenshaltung, die lutherische Sakramentsauffassung und die Gleichstellung von verbum und sacramentum ...Wir sind dankbar, auf dieser Linie von unserer Kirchenleitung getragen zu werden."[67]

Die fünf am IV. Kursus teilnehmenden Ostpfarrer haben diesen Text, der leider keine Unterschriften trägt, sicher nicht unterzeichnet. Aber ein Ausdruck polemischer Abgrenzung kann er auch nicht sein. Heißt es doch in dem dazugehörigen Kursbericht, dass wiederum alles Arbeiten mit der Bibel und den Bekenntnisschriften „in wirklich brüderlicher Gemeinschaft getan worden sei".[68]

Beide Bischöfe konnten zufrieden sein mit der theologischen Integrationsarbeit, die Rudolf Schneider und sein Team fünf Jahre lang in den Preetzer pastoraltheologischen Kursen für die gesamte Schleswig-Holsteinische Nachkriegskirche leisteten. Sie waren es offenbar auch, und Halfmann formulierte seinen Dank wie seine Anerkennung in einem Gutachten über die Preetzer Pastoren-Fortbildung vom 24. Januar 1948 in höchsten Tönen.[69] Doch fällt auf, dass überwiegend aus Kursberichten zitiert wird. Das war vielleicht kein Zufall und signalisiert möglicherweise eine erste vorsichtige Distanzierung auf der Seite der Kirchenleitung. Denn schon bald sollte die so gelobte Arbeit an ein jähes Ende gelangen. Zunächst fand im Sommer 1949 ein erster Kurs für Vikare und Kandidaten in Preetz statt.[70] Die Zahl der Hochschulabgänger steigerte sich seitdem von Semester zu Semester und würde das Predigerseminar zunehmend beanspruchen. Im Herbst 1949

---

[67] Ebd., S. 26.
[68] Ebd., S. 31.
[69] Ebd., S. 89f; hier 89: „Herr Professor Dr. Schneider aber trug den Hauptanteil der Arbeit. Er hat vor allem die Arbeit der neutestamentlichen Theologie und an den Bekenntnisschriften zum Fundament der gesamten Kursusarbeit gemacht. Von daher resultiert die klare neutestamentliche und bekenntnismäßige Ausrichtung der Kurse, die in voller Übereinstimmung mit dem Wunsch der Kirchenleitung verfolgt wurde."
[70] Ebd., S. 119–121 (8. 6. bis 21. 6. 1949).

strich das Landeskirchenamt die Honorare für die Kursreferenten. Im Februar 1951 hob die 7. Landessynode die bisherige Unterstützung der Pastorenkurse mit jährlich 4.000,- DM gänzlich auf.[71] In seinem Bericht vor der Synode am 6. Februar 1951 ging Bischof Halfmann mit keinem Wort auf die psatoraltheologische Arbeit in Preetz ein, sondern teilte lediglich mit, dass das Predigerseminar nach der leidlichen Behebung der kriegsbedingten Verwahrlosung im Mai 1950 wieder eröffnet worden sei.[72] Ein langer Brief Schneiders vom 3. März 1951 an den Propst Christian Peters, den Vorsitzenden der Finanzkommission, mit der Bitte, die erfolgreiche Pfarrerfortbildungsarbeit in Preetz doch wenigstens mit 1.800,- + 1.200,- DM Honorar für ihn selbst weiterhin zu fördern, verhallte.[73] Stattdessen erfuhr Schneider am 19. April mündlich im Landeskirchenamt, dass die Pastoralkurse nun beendet seien und die wissenschaftliche Weiterbildung der Pastoren „in freierer Weise weitergeführt" würde.[74] Der Dank an ihn war jetzt zu einer kühlen Pflichtübung herabgesunken und von der Ankündigung flankiert, vom 1. Juli an Miete für die Preetzer Dienstwohnung zahlen zu müssen.[75] Damit schloss sich der Kreis. Denn schon in Schneiders Beauftragung mit der Leitung der Fortbildungskurse für Pastoren durch das Kieler Landeskirchenamt vom 13. August 1946 stand der in seiner Tragweite zunächst wohl überlesene Satz: „Der Ihnen gegebene Auftrag kann jederzeit widerrufen werden."[76]

Über die Gründe für diese unerwartete Wende schweigen sich die mir zur Verfügung stehenden Quellen aus.[77] War es die Notwendigkeit, alle Kräfte und Mittel für die nun beginnende genuine Predigerseminararbeit zu bündeln? War es die zu enge Verbindung von Kirche und Universität? War es die

---

[71] Ebd., S. 131 (Protest- und Bittschreiben aus Preetz an die Kirchenleitung in Kiel vom 27. Febr. 1951, ohne Unterschrift).

[72] NEKArch.: 20.03.03 Nr. 36: Bericht über die Verhandlungen der 7. ordentlichen Landessynode der Evangelisch-Lutherischen Landeskirche Schleswig-Holsteins vom 6. bis 9. Februar 1951 in Rendsburg, S. 22. Auch in den Verhandlungen auf der Synode habe ich die Pastorenkurse nicht erwähnt gefunden. Es wurde lediglich Geld für die Bibliothek des Predigerseminars beantragt und auch bewilligt, S. 9.

[73] Entwurf im Nachlass Schneider, S. 133f.

[74] Bischof Halfmann an Schneider vom 23. 4. 1951 (Nachlass Schneider, S. 135). Halfmann versuchte zunächst noch, die Arbeit des Pastoralkollegs in den Räumen des Preetzer Klosters fortzusetzen. Das misslang jedoch, so dass die kurze Pastoralkollegtradition für Jahrzehnte fast zum Erliegen kam. Vgl. Jürgensen (wie Anm. 1), S. 59.

[75] Kirchenleitung in Kiel (Bischof Halfmann) an Schneider vom 23. April 1951 (Nachlass Schneider, S. 135).

[76] Ebd., S. 13.

[77] Auch in den Synodalakten 1949-1951 habe ich nichts finden können.

zurückgehende Frequenz wegen pfarramtlicher Arbeitsüberlastung?[78] Galt die theologische, liturgische und frömmigkeitliche Eingliederung der Ostpastoren in die Landeskirche nunmehr als abgeschlossen? Oder regte sich in der Landeskirche doch Widerspruch gegen die in Preetz propagierte und praktizierte lutherische Konfessionalisierung, die sich in dieser extremen Form nicht in die ganze Landeskirche implantieren ließ? Wie dem auch sei, mir hat sich über der Beschäftigung mit den Preetzer Pastorenkursen der ursprüngliche Eindruck tatsächlich bestätigt, dass sie trotz mancher kritischen Anfragen aus heutiger Sicht doch in der damaligen Nachkriegssituation eine höchst konstruktive Maßnahme waren, durch den Rückbezug auf das reformatorische Fundament Geistliche von auswärts auf Augenhöhe mit den hiesigen Kollegen für den gemeinsamen Dienst in der Schleswig-Holsteinischen Landeskirche vorzubereiten, ohne sie zu reglementieren und ohne ihnen das bittere Gefühl der Unterlegenheit zu vermitteln. Schneider selbst sprach von einer Einführung der Ostpastoren „in die Gegebenheiten der Schl.-Holst. Landeskirche".[79] Aus dem Munde der Betroffenen klingt das nach einzelnen Kursberichten so: Ende August 1949 schrieb der gebürtige Ostpreuße Erich Schimba über den XX. Kursus „Kirche und Heimat", für den u.a. ein von mehreren Referenten vorgetragener Gang durch die schleswig-holsteinische Kirchengeschichte von Ansgar bis zur Gegenwart vorgesehen war:

„Die Teilnahme an diesem Kursus war besonders für uns Ostpastoren von Bedeutung. Er eröffnete uns ein tieferes geschichtliches Verständnis der Schleswig-Holsteinischen Landeskirche und ihrer Probleme".

Dann beklagt er die zu geringe Zahl der nur fünf Anwesenden, schließt aber mit einer positiven Bilanz: „So bildete sich von vornherein eine Atmosphäre harmonischer Gemeinschaft und sachlicher Gemeinsamkeit".[80] Da der gleichfalls aus Ostpreußen stammende OKR Brummack über „Heimat und Kirche" sprach, dürfte zumindest in der Diskussion nach der neuen sicher auch die alte, verlorene Heimat zur Sprache gekommen sein.[81] Ein gu-

---

[78] So im Bericht über den Sonderkurs für Predigt und Seelsorge vom 21. 4. bis 4. 5. 1948 (Nachlass Schneider, S. 93).
[79] Nachlass Schneider, S. 134 (Schreiben an Peters vom 27. Febr. 1951).
[80] Ebd., S. 124.
[81] Brummacks Fähigkeit zu integrieren und gleichzeitig auf die besonderen Bedürfnisse und geistlichen Erfahrungen der „Entheimateten" aufmerksam zu machen, kommt sehr eindrücklich in einem Beitrag über „Besondere Flüchtlingsgottesdienste" zum Ausdruck, abgedr. in: Kirchl. Gesetz- und Verordnungsblatt 1949, St. 4, S. 19–21.

tes Jahr früher, im Mai 1948, warb ein aus Sachsen stammender Kursteilnehmer in seinem Protokoll einerseits für den Verbleib der Ostkollegen in der Schleswig-Holsteinischen Landeskirche, andererseits für eine zügige kirchliche Anstellungspolitik:

> „Das Problem der zu grossen Gemeinden ... erfordert schnelle und tatkräftige Abhilfe durch mutige Mittel, amtsmässig gute Pastoren in persönlich gesicherte Amtsstellung vermehrt einzustellen, ehe die weithin geschehene Abwanderung dieser Pastoren in anderen Landeskirchen zu einem verhängnisvollen Abschluss kommt, und damit eine unwiederbringliche Gelegenheit besserer seelsorgerlicher Betreuung der meisten Gemeinden in Schleswig-Holstein versäumt wird."[82]

Das klingt nicht nach unterwürfiger Bittstellerei, sondern wie ein qualitätsbewusstes Angebot. Die Schleswig-Holsteinische Kirche ist darauf eingegangen und hat nach meinen Erkundungen bis in die frühen fünfziger Jahre insgesamt 159 Pastoren von jenseits und diesseits der Oder-Neiße-Linie sowie aus der Wehrmacht endgültig in den pfarramtlichen Dienst übernommen.[83] Und mehr als die Hälfte, nämlich 85, haben die Preetzer Pastoralkurse durchlaufen.[84] Allerdings werden unter den älteren Ostpastoren sicher manche gewesen sein, die bewusst nicht nach Preetz gingen, sich in Schleswig-Holstein immer fremd fühlten und bis zuletzt in stiller Verbitterung verharrten.[85] Das schmälert den Wert der Preetzer Integrationsleistung keineswegs. Peter Meinhold als Zeitzeuge hat m.E. nicht übertrieben, als er 1956 bei der Trauerfeier für Rudolf Schneider sagte:

---

[82] Nachlass Schneider, S. 92. Der Bericht über den Sonderkursus für Predigt und Seelsorge stammt von dem gebürtigen Sachsen Paul Herberger (1902–1971), seit 1945 Dienstbeauftragter, 1949 aus Mecklenburg übernommen, seit 1950 Pastor in Marne.

[83] Das ergab eine gründliche Durchsicht des Hammerschen Verzeichnisses der Pastorinnen und Pastoren; die nach 1952 Übernommenen sind nicht berücksichtigt. Im Verzeichnis der Gemeinden und Geistlichen der Evangelisch-Lutherischen Landeskirche Schleswig-Holsteins nach dem Stand vom 1. Juni 1947, S. 47–49, werden 32 Ost- und Wehrmachtspfarrer aufgezählt, die in den landeskirchlichen Dienst übernommen worden sind. Weitere 127 sind mit Dienstaufträgen versehen. Die Summe beider Gruppen deckt sich mit meinem Ergebnis.

[84] Diese schon mehrfach genannte Zahl ließ sich bei der Überprüfung der auf den Teilnehmerlisten stehenden Namen ermitteln. Da mir aber nicht alle Teilnehmerlisten vorliegen, stellt sie nur einen Annäherungswert dar.

[85] Zu dieser Gruppe wird u.a. der Vertrauensmann der ostpreußische Pfarrer, Herbert Degenhardt (1902–1975), gehört haben, der mit Hugo Linck zusammenarbeitete und Bischof Wester am 26.6.1951 dessen kritisches Rendsburger Referat zuschickte (NEK Arch.: 11.01 Nr. 264).

„Es ist ein stiller, unermeßlicher Segen von [seiner] Arbeit am Pastoralkolleg ausgegangen. Die Schar derer, denen Bereicherung für ihr Amt, Ausweitung und Vertiefung ihres theologischen Denkens aus [seinem] Bemühen erwachsen sind, ist groß."[86]

Darüber hinaus haben die Begegnungen in Preetz zumindest für einige der aus dem Osten stammenden jüngeren Pfarrer dazu geführt, dass sich „aus der Gemeinschaft der Not" nach und nach „eine Gemeinschaft des Reichtums" entwickeln konnte.[87]

---

[86] Meinhold (wie Anm. 23), S. 6.
[87] Diesen Wunsch äußerte Joachim Iwand in seinem Gratulationsschreiben zur Bischofseinführung Wilhelm Halfmanns vom 17. 1. 1947 (NEKArch.: 20.1 Nr. 697). Etwas anders drückte Halfmann es im Adventsbrief 1945 an die schleswig-holsteinischen Pastoren aus, indem er sie aufrief, in der durch den Flüchtlingszustrom erfahrenen „harten Faust Gottes" nach den „Segenskörnern" zu suchen, „die darin verborgen sein müssen." (zit. bei Jürgensen, wie Anm. 2, S. 130f).

Günter Weitling, Fra Ansgar til Kaftan. Sydslesvig i dansk kirkehistorie 800–1920. Flensburg, Verlag der Dänischen Zentralbibliothek für Südschleswig 2005 (Studienabteilung Nr. 51), 440 S., zahlr. Abb.   ISBN 87-89178-52-1

Günter Weitling hat mit seiner südschleswigschen Kirchengeschichte mehr geschrieben, als der Titel zum Ausdruck bringen kann: Denn der südliche Teil Schleswigs kann natürlich in der langen historischen Zeitspanne vom Frühen Mittelalter bis 1920 nicht isoliert für sich dargestellt werden. Die Geschichte des Bistums Schleswig beginnt nach der Mission Ansgars als die eines Missionsbistums, das mit der Errichtung des Erzbistums Lund 1104 in die nördlichste Kirchenprovinz eingegliedert wurde. Weitling stellt somit Schleswig zunächst in seinem gesamten Umfang vor. Der Gesichtskreis weitet sich zudem, da das Schleswiger Bistum in späteren Jahrhunderten Einflüssen von Süden und von Norden ausgesetzt war, die seine Sonderstellung in der dänischen Kirchengeschichte ausmachen. Das also ist die ganze Breite, die Weitling zugleich in der historischen Dimension von mehr als einem Jahrtausend beschreibt. Er gewichtet dabei die vorreformatorische Zeit, die Epoche von der lutherischen Orthodoxie über den Pietismus bis zur Aufklärung und die der Kirche in der Zeit nationaler Ideen annähernd gleichwertig.

Zunächst geht Weitling kurz auf die Vorgänger der Mission Ansgars, d.h. auf die Frage einer irokeltischen bzw. angelsächsischen Mission durch Willibrord, den „Apostel der Friesen" ein, um dann die Mission Ansgars ausführlich zu würdigen. Ansgar begleitete im Auftrag Ludwigs des Frommen Harald Klak, der 826 die Taufe empfangen hatte. Er war Harald als Kaplan beigegeben, nahm sich aber darüber hinaus der Verkündigung des Christentums in dessen Herrschaftsbereich an. Zu Recht erweitert der Autor Ansgars Beinamen „Apostel des Nordens" um die Bezeichnung „Apostel der Dänen" (Kapitelüberschrift S. 33).

Die Entstehung des Herzogtums Schleswig im Spätmittelalter unter den Herzögen des Adelsgeschlechts der Schauenburger und deren Verbindung zu Holstein sollte sich auch auf die Entwicklung des Bistums auswirken (S. 100). Während zuvor im Hochmittelalter die Forderung aufgekommen war, in Dänemark nur Priester einzusetzen, die mit ihrer Gemeinde ebenso dänisch sprechen konnten, wurde dieses Prinzip im Bistum Schleswig durchbrochen. Unbestritten war natürlich Latein die Kirchensprache, aber die politische Entwicklung Schleswigs seit der Mitte des 13. Jahrhunderts mit den Bemühungen, die Verbindung Schleswigs zum Königreich zu lockern sowie die zunehmende Macht des holsteinischen Adels sollten von Bedeutung für einen verstärkten Einfluss des Niederdeutschen als Sprache der Oberschicht und der Verwaltung sein; hinzu kam die niederdeutsche Besiedelung der südlichen Gebiete des Herzogtums. So wurde Johannes von Buchwaldt 1308 der erste Bischof aus einem holsteinischen Adelsgeschlecht (S. 104), dem bis zur Reformation weitere folgen sollten.

Weitling zeigt für das Mittelalter den Zusammenhang von Herrschaft und Kirche gut nachvollziehbar auf. Darüber hinaus versteht er es, die katholische Kirchenorganisation sowie den mittelalterlichen Kultus, die Messe, die Heiligen- und Reliquienverehrung, aber auch die mittelalterlichen Formen der Volksfrömmigkeit anschaulich zu schildern, was für manche Leser fast 500 Jahre nach der Reformation in einer weitgehend säkularisierten Gesellschaft sicherlich notwendig ist.

Für die weitere kirchliche Entwicklung war dann vor allem die Reformation verantwortlich. Die Schleswig-Holsteinische Kirchenordnung von 1542 schuf eine vom Königreich unabhängige Kirche in den Herzogtümern Schleswig und Holstein, die seit dem ausgehenden Mittelalter immer enger miteinander verbunden worden waren. Diese Kirchenordnung war auf Deutsch verfasst, zumal gleichermaßen in Südschleswig Niederdeutsch als Kirchensprache eingeführt wurde. Das bietet Weitling die Gelegenheit, ausführlich die Frage zu diskutieren, ob die Reformation zu einer „Verdeutschung" geführt habe oder ob sie lediglich eine Tatsache verfestigte, die bereits im Laufe des Jahrhunderts vor der Reformation entstanden war (S. 128–133).

Ebenso wie die katholische Kirchenorganisation einem heutigen Leser deutlich gemacht werden muss, legt Weitling die kirchliche Verwaltung und Aufsicht über den Glauben in der Zeit nach der Reformation gründlich dar. Denn die 1542 geschaffene Landeskirche hat durch die Aufteilung des Herzogtums Schleswig in den königlichen und den gottorfischen Anteil (1544) zu unterschiedlichen Strukturen geführt. Die Verteidigung der lutherischen Lehre gegen die katholische, vor allem aber auch gegen widerstreitende protestantische Glaubensrichtungen und die geistlichen Entwicklungen des 18. Jahrhunderts, der Pietismus und die Aufklärung werden ausführlich dargestellt.

Im 19. Jahrhundert sollte die Frage der Kirchen- und Schulsprache zu einem wichtigen Konfliktpunkt in der nationalen Auseinandersetzung zwischen Deutschen und Dänen werden. Die Unterrichtssprache folgte der Kirchensprache, so dass in den ländlichen Gebieten Südschleswigs das Deutsche weiter gestärkt wurde. Als nach 1848/50 wechselweise dänisch- und deutschsprachige Gottesdienste in Mittelschleswig eingeführt wurden, kam es zu heftigen Protesten. So wurden nach 1864 die dänischsprachigen Gottesdienste zunehmend reduziert und bis 1911 ganz eingestellt. Gemeindeweise folgt Weitling dieser Entwicklung in Mittelschleswig, die 1872 in Karlum begann und über Süderlügum (1882), Uberg (1889), Ladelund (1896), Medelby (1901) nach Brarup (1911) führte (S. 352–356). Vor allem waren aber die Einsetzung neuer Pastoren und die Einführung der Synodalverfassung Zeichen der neuen preußischen Verwaltung nach der Eingliederung Schleswig-Holsteins als Provinz in Preußen. Aber war es wirklich der gern zitierte Druck von deutscher Seite, der das Dänische nach 1867 in Südschleswig deutlich schwächte oder gab es vielmehr ein ganzes Bündel von Ursachen? Auch diesen Komplex diskutiert Weitling ausführlich und stellt fest, dass das Umfeld für die Erhaltung eines dänischen geistlichen Lebens in Mittelschleswig nur sehr schwach ausgebildet war. Dänische Kulturinitiativen beschränkten sich im Allgemeinen auf Flensburg und sein unmittelbares Umfeld. So waren es nach Weitling keineswegs allein die preußischen „Germanisierungsbestrebungen", die den dänischen Gottesdienst in Mittelschleswig aussterben ließen.

Das änderte sich nach 1920 mit der neuen Grenzziehung zwischen Deutschland und Dänemark. Dabei hatte die Grenzlinie im Wesentlichen ihren Ursprung in den in diesem Buch beschriebenen kirchlichen Verhältnissen und den damit eng verbundenen sprachlichen und kulturellen Entwicklungen vom Mittelalter bis ins frühe 20. Jahrhundert.

Gründlich und quellenorientiert hat Günter Weitling die umfangreiche kirchengeschichtliche Literatur, zu der er selbst in den letzten Jahrzehnten ein gutes Dutzend Beiträge geliefert hat, ausgewertet. Er vermag es, Zusammenhänge und große Linien in klarer Sprache verständlich zu machen, aber auch die handelnden Personen der einzelnen Epochen in ihrem zeitgebundenen Kontext darzustellen und darüber hinaus auf Details hinzuweisen. Damit und mit der zu Beginn erwähnten über Südschleswig hinausgehenden breiten Anlage der Arbeit liegt ein wichtiger Beitrag zur schleswig-holsteinischen Kirchengeschichte vor.

Dieses historisch und theologisch gründliche Buch hätte es verdient, auch einer deutschsprachigen Leserschaft zumindest durch ein längeres Resümee erschlossen zu werden; eine solche Zusammenfassung fehlt leider.

Frank Lubowitz

Carsten Porskrog Rasmussen/Elke Imberger/Dieter Lohmeier/Ingwer Momsen (Hg.), Die Fürsten des Landes. Herzöge und Grafen von Schleswig, Holstein und Lauenburg. Neumünster, Wachholtz Verlag 2008, 479 S., zahlr. Abb., Stammtafeln und Karten.   ISBN 3-529-02606-5

Bereits das Zustandekommen dieses ansehnlichen Bandes lässt aufmerken. Mit einer gut besuchten Vortragsreihe des dänischen Geschichtsvereins „Historisk Samfund for Sønderjylland" über die Herrscher im ehemaligen Herzogtum Schleswig wurde 2004 der Anfang gemacht. 2005 beschloss man, jene acht Vorträge, in überarbeiteter Form und durch ein Kapitel über die Herzöge von Plön ergänzt, in den Schriften des dänischen Vereins zu veröffentlichen. Jenes umfangreiche mit Bildern, Karten und Stammtafeln großzügig ausgestattete Werk stellte nach seinem Erscheinen nicht nur ein wissenschaftliches Standardwerk dar, sondern bot Fachleuten wie Laien spannend und abwechslungsreich Heimatgeschichte. In der Tat werden die Fürstenhäuser fundiert und allgemein verständlich vorgestellt: angefangen beim Abel-Geschlecht des Mittelalters bis zu den verschiedenen Linien der Oldenburger, die mit dem Glücksburger Familienzweig in neuerer Zeit einerseits den Stammvater des dänischen Throns gestellt haben, andererseits als Herzogslinie bis heute in Schleswig-Holstein beheimatet sind. Die positive Aufnahme des Werkes veranlasste „Historisk Samfund for Sønderjylland" der „Gesellschaft für Schleswig-Holsteinische Geschichte" 2006 den Vorschlag zu unterbreiten, eine deutsche Übersetzung herauszugeben. Das 175-jährige Bestehen der „Gesellschaft für Schleswig-Holsteinische Geschichte" bot den Anlass zur Publikation der nun vorliegenden deutschen Version.

Die Einleitung des dänischen Historikers Carsten Porskrog Rasmussen bietet einen Überblick über die teilweise schwer verständliche Thematik schleswig-holsteinischer Dynastiegeschichte mit ihrer Fülle von Einzelheiten, Verbindungen und Trennungen. Sie erläutert die verschiedenen Kategorien der Dynastien sowie die stark voneinander abweichende Bedeutung der Regenten und ordnet schleswig-holsteinische Verhältnisse – sofern sinnvoll – in den europäischen Kontext ein. Bereits in diesem ersten Beitrag wird deutlich, dass die auf der Scheide zwischen Dänemark und dem Deutschen Reich ebenso wie in den vielen kleinen Territorien agierenden Herzöge eine sehr unterschiedliche Rolle spielten.
Die aus der dänischen Ausgabe übernommenen Beiträge präsentieren folgende Herzogslinien: Das Abel-Geschlecht und die Schauenburger als Herzöge von Schleswig (Esben Albrectsen); die dänischen Könige als Herzöge von Schleswig und Holstein (Carsten Porskrog Rasmussen); Junker Christian und Herzog Hans der Ältere (Lennart S. Madsen); die Herzöge von Gottorf (Lars N. Henningsen); Herzog Hans der Jüngere sowie die Herzöge von Sonderburg (Inge Adriansen); Herzog Christian von Ärö und die Herzogszeit der Insel (Peter Dragsbo/Carsten Porskrog Rasmussen); die Herzöge von Norburg (Peter Dragsbo); die älteren Glücksburger Herzöge (Carsten Porskrog Rasmussen); die Herzöge von Plön (Inge Adriansen/Silke Hunzinger); die Herzöge von Augustenburg (Mikkel Venborg Pedersen) sowie die Herzöge von Beck und die jüngeren Glücksburger Herzöge (Carsten

Porskrog Rasmussen). Die Autoren, dänische und deutsche Historiker, gehören alle zum Kreis der ausgewiesenen Kenner der schleswig-holsteinischen Geschichte.

Die deutsche Ausgabe wurde durch die Aufsätze über die frühen Schauenburger als Grafen von Holstein und Stormarn (Detlev Kraack), die Fürst-Bischöfe von Lübeck aus dem Hause Gottorf (Dieter Lohmeier), die Herzöge von Sachsen-Lauenburg (Cordula Bornefeld), die Grafen zu Holstein (-Pinneberg) und Schauenburg (Helge bei der Wieden) und die Reichsgrafen von Rantzau (Klaus-Joachim Lorentzen-Schmidt) erweitert.

Bei der Gesamtlektüre des deutschsprachigen Werkes fallen die häufigen Wiederholungen auf, die jedoch inhaltlich in der Sache begründet sind. Für Leser, die sich partiell einer bestimmten Dynastie widmen möchten, bietet der einzelne Aufsatz jeweils die notwendige Fülle an Informationen. Neben den Hauptdynastien, dem Abel-Geschlecht, den Schauenburgern, dem dänischen Königshaus und den Gottorfern, die die schleswig-holsteinische und dänische Geschichte – nicht zuletzt wegen des häufig problematischen Verhältnisses zum dänischen Königreich, dem sie oftmals entstammten – nachhaltig prägten, werden die kleinen Fürstenhäuser, die so genannten „abgeteilten Herren", dargestellt. Sie haben nämlich durchaus die politischen, kulturellen und kirchlichen Verhältnisse in Schleswig-Holstein mitgeprägt; ihre Herrscher werden in dem Band zu einer Personengalerie von größtem Unterhaltungswert zusammengefügt. Die wiederholt zur Sprache kommenden Probleme in Bezug auf Sicherung und Erweiterung der Besitztümer, die Lösung politisch komplizierter Ehe- und Erbfragen, finanziell bedingte Familienzwiste, das Ansehen der Vorfahren und Nachkommen, die Wahrnehmung der persönlichen Karriere als Politiker, Feldherr oder Unternehmer, das Bemühen um ein gutes Verhältnis zum Königshaus u.v.m. ergeben ein buntes Bild jener vom Erreichen unterschiedlichster Ziele beseelten Regenten.

Diese hervorragenden Aufsätze, die sorgfältig erarbeiteten Exkurse, Register, Karten und Abbildungen sowie Anmerkungen und Literaturangaben machen auch die deutsche Ausgabe zu einem unverzichtbaren Werkzeug für alle, die einen tieferen Einblick in die Geschichte Schleswig-Holsteins gewinnen möchten. Dabei ist die ausgezeichnet gelungene Übersetzung der dänischen Beiträge ins Deutsche durch Frauke Witte und Marion Hartwig ausdrücklich zu würdigen.

Wie bereits seine Genesis legt auch das Werk an sich Zeugnis ab vom grenzüberschreitenden, gemeinsamen Wirken dänischer und deutscher Historiker, in Sonderheit von der neuen Art der Darstellung historischer Ereignisse. Endlich finden sich Artikel, die befreit sind von einengender nationalistischer Geschichtsschreibung, welche noch bis in die zweite Hälfte des 20. Jahrhunderts gang und gäbe war. Der dänische Historiker Lars N. Henningsen fordert in Verbindung mit der Skizzierung der zunehmenden Machtkonzentration in den Händen der Staatsgewalt der Gottorfer Herzöge eine rein politische Deutung: „Unter diesem Gesichtspunkt sollten wir die Geschichte des Herzogtums Gottorf von 1544 bis 1773 betrachten. Das hat mehr Sinn, als die Gottorfer nur von einer einseitig nationalpolitischen Seite her zu beurteilen, wie das in der Vergangenheit vor allem in der dänischen Geschichtsschreibung geschehen ist" (S. 145).

Eine Rezension im Rahmen der „Schriften des Vereins für Schleswig-Holsteinische Kirchengeschichte" sollte sinnvollerweise ein besonderes Augenmerk auf die Darstellung der religiösen Verhältnisse werfen. War der Einfluss der Landesfürsten auf die Gestaltung des kirchlichen Lebens bereits während des Mittelalters erheblich gewesen, so ist er seit der Reformation durch die Ausübung der Kirchenhoheit, die den protestantischen Herrschern Autorität und Prestige verlieh, von entscheidender Bedeutung. Die nachreformatorischen Verhältnisse eröffneten den Fürsten völlig neue Möglichkeiten, durch geänderte Machtverhältnisse und Kompetenzen auf die Gesellschaft einzuwirken (S. 145). Das Verhältnis von Kirche und weltlichem Regiment war nunmehr tief greifenden Wandlungen unterzogen.

In Schleswig-Holstein bahnte sich der Wandel durch den vom König unternommenen Spagat zwischen Staatsraison einerseits und Sympathie für die neue Lehre andererseits an. Friedrich I., Herzog von Schleswig und Holstein und König von Dänemark, bekannte sich zwar nie öffentlich zum Luthertum, ließ aber lutherische Prediger unter seinem Schutz gewähren und bereitete dadurch die Reformation in Dänemark und Schleswig-Holstein vor (S. 85f). Das Gebiet Hadersleben-Törninglehn, das Friedrich seinem Sohn Prinz Christian – dem späteren Reformationskönig Christian III. – bereis zu Lebzeiten zur Verwaltung überließ, wird mit Recht als Ausgangspunkt einer der ältesten protestantischen Fürstenreformationen „von oben" gewürdigt. Die bedeutende St. Marien Kirche, „ecclesia cathedralis" genannt, und ein Kollegiatskapitel machten Hadersleben zum „religiösen Zentrum im nördlichen Teil Schleswigs" (S. 111–114).

Einen entscheidenden Schritt bei der Einführung der Reformation in unseren Landen stellen die „Haderslebener Artikel" von 1528 („Artickel vor de kerkheren vp den Dorpern/Articuli pro pastoribus ruralis") dar. Ob sie jedoch als „Kirchenordnung" (S. 113) zu bezeichnen sind und als „Grundlage der dänischen ‚Ordinatio Ecclesiastica Regnorum Danicae et Norwegiae et Ducatuum Sleswicencis Holesatiae'" (1537) sowie der „Schleswig-Holsteinischen Kirchenordnung" (1542) zu gelten haben, dürfte fraglich sein. Dies wurde u.a. von dem dänischen Historiker H.V. Gregersen in seiner Darstellung „Reformationen i Sønderjylland", Apenrade 1986, S.122, mit Nachdruck behauptet. Dabei darf man das Urteil des ehemaligen Professors für schleswig-holsteinische Kirchengeschichte in Kiel und Herausgebers mehrerer Kirchenordnungen (u.a. der schleswig-holsteinischen) Walter Göbell, nicht ignorieren. Für Göbell können die Haderslebener Artikel nur „in sehr begrenztem Umfange" (SVSHKG II.39/40, 1983/84, S.11–59) als Urzelle der allgemeinen Kirchenordnungen gelten. Unbestritten kommt jenen „Artikeln" als dogmatisch und liturgisch auf Einheitlichkeit abzielende „Dienstanweisung" und „Handreichung" für die Pastoren, denen zum damaligen Zeitpunkt keine umfassende, alle Verhältnisse regelnde Ordnung zur Verfügung stand, erhebliche Bedeutung zu. Immerhin stellen sie – trotz prinzipieller Unterschiede zu den großen Kirchenordnungen – eine der ältesten Rechtsquellen des im Entstehen begriffenen Landeskirchentums dar.

Mehrfach finden schleswig-holsteinische Fürst-Bistümer als Versorgungsmöglichkeit für die jüngeren Fürstensöhne und nicht erbberechtigte Nachkommen Erwähnung. Zuweilen wurde deren Wahl zum Bischof oder Koadjutor (z.B. S. 88 u. 150) bereits im frühen Kindesalter betrieben, was gelegentlich zu diplomatischen Krisen zwischen dem dänischen Königshaus und den Gottorfern führte (S. 95). In diesem Zusammenhang ist auf den interessanten Exkurs zur abwechslungsreichen Geschichte des Amtes Schwabstedt, den Ländereien des Bischofs zu Schleswig, hinzuweisen. Dem mit dem Amt bis 1658 verbundenen Bistum stand beispielsweise ab 1549 Friedrich, jüngster Halbbruder von König Christian III., als Titularbischof vor (S. 86f). Dabei waren die Fürst-Bistümer keineswegs als geistliche Ämter, sondern als weltlicher Besitz unter geistlichem Titel zu verstehen, durch die der Fürst-Bischof seine Versorgung erhielt. Er war in der Regel weder fähig noch willig, die geistliche Aufsicht zu führen. Zur Ausübung dieser Funktion wurde ihm ein Generalpropst oder Generalsuperintendent zur Seite gestellt. Die Definition als „weltliche Bischöfe" (S. 209) ist dem Sachverhalt somit angemessen. Dennoch wird mancher Leser zu diesem aus lutherischer Sicht problematischen und komplizierten Amt nur schwer Zugang finden. Ein Vergleich mit den Bischöfen im Rang von Reichsfürsten im Heiligen Römischen Reich, die seit dem Mittelalter als Landesherrn eines Territoriums geistliche Macht mit weltlicher Herrschaft verbanden, hätte ein Verständnis möglicherweise erleichtern können. Im Landesteil Holstein war Lübeck seit dem Mittelalter bis ins 20. Jahrhundert das entsprechende Fürst-Bistum. Die Bischöfe, die im Laufe der Zeit de facto das Erbrecht erhielten, entstammten dem Haus Gottorf (S. 187–207). Im Nachhinein betrachtet stellten jene Fürst-Bischöfe einen bedeutungsvollen staatstragenden Faktor dar, zumal die Bischöfe von Schleswig und Lübeck – bei Abwesenheit des Königs – an der Regierung beteiligt waren.

Im Übrigen änderten sich nach Einführung der Reformation und als Folge der Landesteilungen im Jahre 1544 auch die weltlichen administrativen Gegebenheiten. Die zentrale Verwaltung wurde in eine deutsche und eine dänische Kanzlei für schleswig-holsteinische Angelegenheiten aufgeteilt; u. a. wurde die Ernennung von Geistlichen von hier aus entschieden. Einen Superintendenten für die geistliche Oberaufsicht beriefen König und Herzog in ihrem Herrschaftsbereich dagegen persönlich (S. 93).
In diesem Zusammenhang sei noch Herzog Hans der Ältere (1521–1580) in Hadersleben erwähnt, der großes Interesse an den kirchlichen Verhältnissen zeigte. Wichtig waren ihm insbesondere die Regelung der kirchlichen Finanzen, das Verhältnis zum Stift Ripen, überhaupt jede kirchenpolitische Frage, die sich durch Verordnungen regeln ließ (S. 121 u. 124f). Wenig bekannt, aber umso interessanter, sind seine im Buch erwähnten Pläne, die Ehe mit Dorothea von Sachsen-Lauenburg, Witwe seines Halbbruders Christian III., einzugehen. Die Eheschließung scheiterte an den ablehnenden Gutachten der Universität Rostock und Philipp Melanchthons.
Auch aus den ständigen Auseinandersetzungen des jüngsten Sohnes von Christian III., Hans dem Jüngeren (1545–1622), mit seinem Bruder, König Friedrich II. von Dänemark, geht der hohe Stellenwert der Kirchenhoheit hervor. Als „abgeteiltem Herrn" und Herzog der „zweiten Garnitur" (S. 209) war Hans sehr daran gelegen, die kirchliche Hoheit über alle ihm zugesprochenen Gebiete zu erlangen, um dadurch die Nicht-Anerkennung als regierender Fürst zu kompensieren und verschiedene Steuern und Leistungen beanspruchen zu können.

Anders als die Herzöge von Gottorf haben sich die Grafen von Holstein in religiösen Angelegenheiten den Verhältnissen der Stammgrafschaft der Schauenburger an der Weser angepasst, wobei sie zunächst dem Katholizismus zugeneigt blieben. Erst ab 1561 galt die evangelische Mecklenburgische Kirchenordnung als verbindlich; das Konkordienbuch wurde zwischen 1581 und 1640 in Holstein zur Norm für die Auslegung der Heiligen Schrift. Hierdurch entstand in Lehrfragen ein Unterschied zu den Verhältnissen im Königreich Dänemark, das die formula concordiae ablehnte. Dies kam spektakulär zum Ausdruck, als König Friedrich II. zwei kostbare Exemplare des Konkordienbuches, die ihm aus Kursachsen zugesandt worden waren, ungelesen mit den Worten ins Feuer warf, dass die deutschen Lehrstreitigkeiten mehr Schaden anrichten würden als ein dreimal durch das Land ziehendes türkisches Heer.

Das Thema Konkordienformel gestaltete sich insgesamt problematisch, im Gegensatz zu anderen lutherischen deutschen Ländern wurde die formula concordiae – und das bei mancherlei Schwierigkeiten – erst seit 1647 im gesamten schleswig-holsteinischen Raum anerkannt. Dänemarks Geistliche wurden schließlich auch bei der Leistung des juramentum religionis vor dem Generalsuperintendenten Stephan Klotz auf Anweisung des Königs auf die formula concordiae verpflichtet. Indes wurde 1764 das juramentum religionis durch den Religionseid ersetzt, der die Confessio Augustana invariata von 1530 als Bekenntnisgrundlage hervorhob. Als Ablehnung des Konkordienbuches ist dies nicht zu werten. Dem Gottorfer Generalsuperintendenten Jacob Fabricius dem Älteren diente es beispielsweise als Bollwerk gegen die kryptocalvinistischen Neigungen seines Herzogs Johann Adolf (1575–1616). Tatsächlich blieb das Eindringen des Calvinismus in die Gemeinden des Herzogtums Gottorf sowie vor allem in das kirchliche Leben am Hof eine Episode von kurzer Dauer, die nach dem Tod des Herzogs mit der Entlassung des calvinistischen Generalsuperintendenten D. Philipp Caesar zu Ende ging (S. 154). Fabricius wurde wieder in sein früheres Amt eingesetzt. Schon 1610 hatte er sich auf das Konkordienbuch verpflichtet, eine Haltung, die sowohl von seinem Sohn und Nachfolger Jacob Fabricius dem Jüngeren als auch von Stephan Klotz geteilt wurde.

Ein kleiner Abschnitt widmet sich Altona, das seit 1535 zunächst als Fischersiedlung auf dem Territorium der Grafschaft Holstein entstand und sich im Laufe der Zeit zu einer Freistätte für Glaubensflüchtlinge wie Katholiken, Calvinisten, Mennoniten, Juden sowie Handwerker und ausländische Kaufleute entwickelte. Dieses frühe erwähnenswerte Beispiel religiöser Toleranz auf holsteinischem Grund sollte Schule machen (S. 398–400).

Der Aufsatzteil endet mit der eindrucksvollen Schilderung des Wirkens der Reichsgrafen von Rantzau, einem der bedeutendsten holsteinischen Adelsgeschlechter überhaupt, dessen berühmter Ahnherr Johann Rantzau einst Feldherr, Berater und Prinzenerzieher unter Friedrich I. und Christian III. gewesen war.

Das Urteil über diesen viel versprechenden Band „Die Fürsten des Landes" fällt durchweg positiv aus. Den Verfassern ist es gelungen, Themen von zentraler historischer und kirchenhistorischer Bedeutung darzustellen oder zumindest anzudeuten. Somit ist dieses Werk gerade auch dem kirchengeschichtlich interessierten Leserkreis auf Wärmste zu empfehlen.

Günter Weitling

Enno Bünz/Klaus-Joachim Lorenzen-Schmidt (Hg.), Klerus, Kirche und Frömmigkeit im spätmittelalterlichen Schleswig-Holstein. Neumünster, Wachholtz Verlag 2006 (Studien zur Wirtschafts- und Sozialgeschichte Schleswig-Holsteins 41), 359 S. ISBN 3-529-02941-6

Der hier zu besprechende Kongressband umfasst als Sammelwerk diejenigen Vorträge, die zwölf Wissenschaftler und eine Wissenschaftlerin im Rahmen einer Tagung auf dem Koppelsberg bei Plön im Jahre 2003 hielten. Diese Veranstaltung sollte, wie die Herausgeber einleitend bemerken, nach der vom Arbeitskreis für Wirtschafts- und Sozialgeschichte am selben Ort 2001 ausgerichteten Tagung „Geistliche Lebenswelten", welche hauptsächlich der Frömmigkeits- und Sozialgeschichte der reformatorischen und nachreformatorischen Zeit gewidmet war, „die Perspektive in die vorreformatorischen Jahrhunderte ... verlängern" (S. 12). Wie groß der Forschungsbedarf auf dem zuletzt genannten Gebiet ist, haben die Herausgeber bereits in dem zugehörigen Aufsatzband „Geistliche Lebenswelten" (Neumünster 2005, S. 11–57; vgl. die Rezension von Ruth Albrecht in: SVSHKG 52, S. 272–276) verdeutlicht. Es ist deswegen vorteilhaft, diese Einführung, die hauptsächlich die Jahre 1450 bis 1540 betrifft, zusätzlich und flankierend zu der „Einleitung" (S. 7–14) zu benutzen. Was den Spezialisierungsgrad der einzelnen Beiträge angeht, so reicht das Spektrum von der grundsätzlichen bis zur personalmonographischen Ebene (z. B. im Falle des Aufsatzes von Wolfgang Prange, S. 191–213).

Dass die protestantische Kirchengeschichtsschreibung in der Bewertung des Mittelalters von traditionsbedingten Befangenheiten nicht frei ist, darf nicht verwundern. Bünz und Lorenzen-Schmidt machen diese Problematik u. a. anhand der bekannten Darstellungen der schleswig-holsteinischen Kirchengeschichte klar. In krasser Weise wird das in der naiven Übernahme polemischer Beurteilungsmuster der Reformationszeit manifest, z. B. wenn mittelalterliche Urkunden interpretiert werden. Insbesondere die Pfarr- und Unterpfarrebene, also das personen- und sozialgeschichtlich hochinteressante Niederkirchenwesen „als wichtigste Schnittstelle zwischen Kirche und Welt" (S. 9), bisher ohnehin nur lückenhaft erforscht, dürfte vielen evangelischen TheologInnen kaum näher bekannt sein. Daher kommt es wohl, dass nur wenige evangelische Forscher in Schleswig-Holstein wirklich originelle Spezialbeiträge zu diesem Themenbereich geliefert haben, die über das Niveau der gängigen Kirchspielchroniken und Überblicksdarstellungen hinausgehen. Das „Autorenverzeichnis" (S. 359) liest sich so, als hätte auf der Koppelsberger Tagung von 2003 kein Theologe referiert – auch kein katholischer. „Im Gegensatz zur nachreformatorischen Geistlichkeit, der zumeist die Kirchengemeinden in ihren ‚series pastorum' ihr Denkmal setzten ...", so Bünz und Lorenzen-Schmidt, „sind die vorreformatorischen Gemeindegeistlichen in Schleswig-Holstein bisher kaum beachtet worden" (Lebenswelten, S. 13). Damit weisen die Autoren auf ein Desiderat hin: „Man vermisst ein personengeschichtliches Grundlagenwerk, das den traditionellen Pfarrerbüchern der evangelisch-lutherischen Landeskirchen an die Seite zu stellen wäre" (ebd.). Bünz und Lorenzen-Schmidt sehen diesen Mangel als symptomatisch an: Die protestantische Kirchengeschichtsschreibung handelt das Mittelalter in erster Linie unter dogmen- bzw. theologie- und herrschaftsgeschichtlichen Gesichtspunkten ab, in ihrer regionalen Ausprägung betrachtet sie im Falle Schleswig-Holsteins bevorzugt die Mission der sächsischen und slawischen Stämme bei pauschal-negativer Beurteilung der kirchlichen Zustände am so genannten Vorabend der Reformation. Man darf ergänzen: unter warmherzig-ökumenischer Würdigung der sattsam bekannten Glaubensboten – und noch hinzufügen, dass sich dieser selektive Umgang mit der kirchlich-religiösen Überlieferung schon in normativen Primärquellen der Reformationszeit, nämlich den evangelischen Kirchenordnungen für Schleswig-Holstein, Lübeck, Hamburg und Lauenburg, ankündigt. Im Gegensatz dazu sind die Ausführungen von Bünz und Lorenzen-Schmidt über Pfarrorganisation, kirchliche Verwaltung und Rechtsverhältnisse im mittelalterlichen Schleswig-Holstein einschließlich des Benefizienwesens wohltuend informativ. Sie stecken den Rahmen ab, innerhalb dessen sich eine sinnvolle Erforschung von Lebenswelt und Frömmigkeitspraxis des nordelbischen Niederklerus und seines sozialen Umfeldes zu vollziehen hat. Die Beispiele der rekonstruierten Klerikerkarrieren, die bis in die Reformationszeit hineingehen, weisen den Weg für laufende wie künftige Forschungen. Lorenzen-Schmidt stellt in einem eigenen Beitrag (S. 105–125) seine bis in die 70er Jahre zurückreichenden Bemühungen um eine Prosopographie des nordelbischen Niederklerus vor. Knapp, aber nicht oberflächlich, anschaulich, aber nicht sentimental informiert er über die Quellensituation, die methodischen Probleme und vor allem die gesamtgesellschaftlichen Rahmenbedingungen, deren Kenntnis für eine fruchtbare Betätigung auf diesem Gebiet unabdingbar ist. Unbeschadet der Grobeinteilung und entgegen der Anordnung der einzelnen Referate sollte man Lorenzen-Schmidts Ausführungen nach der Einleitung und vor dem Beitrag Wolfgang Petkes lesen.

Petke (S. 17–49) thematisiert die Pfarrei als Mikrowelt, die für einfache Geistliche mittel- oder unmittelbare Subsistenzgrundlage und für die Eingepfarrten nicht nur erster Bezugspunkt ihrer wirtschaftlichen und religiösen Existenz, sondern auch Rechtsbezirk und politische Einheit war. Petke macht an

Beispielen klar, wie diese multifunktionale Struktur bis in die Gegenwart nachwirkt: „... eine organisatorische Kontinuität von der mittelalterlichen Kirche hin zu den reformatorischen Kirchen wurde gerade und wohl nur in der Pfarrei gewahrt. Das ist weitgehend unbekannt" (S. 18). Man darf anmerken, dass wir in Schleswig-Holstein (und in etwas anderer Form auch in Niedersachsen) jene bis heute bestehende Kontinuität auch in Form der Damenstifte haben, die als Rechtsnachfolger der mittelalterlichen Frauenklöster anzusehen sind. Der sich anschließende Forschungsbericht zum Thema der Pfarrei in gesamteuropäischer Perspektive dürfte instruktiv für Fortgeschrittene, für Neulinge beängstigend wirken. Jedenfalls zeigt sich, dass zum einen, z. B. für Strukturvergleiche, auch Literatur aus dem romanischen Sprachgebiet Beachtung verdient, zum anderen dass zahlreiche Publikationen zwar einschlägig, aber nicht leicht zugänglich sind. Es folgt ein Überblick über die Erforschung des niederkirchlichen Pfründenwesens im mittelalterlichen Deutschland. In den Quellen spiegelt sich das Ineinandergreifen ökonomischer und religiöser Aspekte besonders deutlich, z. B. bei frommen Stiftungen: „Die dotierten Altäre sind für die Geschlechter in Stadt und Land im Spätmittelalter das, was Klöster und Stifte seit dem Frühmittelalter für den Hochadel waren: Stätten der Memoria und der Fürbitte und auch, aber wohl nicht vorrangig, Versorgungsstellen für Familienangehörige" (S. 34f). Für protestantische KirchenhistorikerInnen besonders interessant dürften Petkes Ausführungen über die laikale Mitverwaltung von Pfarrkirchen sein, die sich auch im nordelbischen Raum vielfach belegen lässt. Abschließend zeigt Petke die verschiedenen Funktionen des Herzstücks jeder Pfarrei, der Parochialkirche und des diese umgebenden Gottesackers, auf. Dass Petke Beispiele aus den verschiedensten Landstrichen, zuweilen über Deutschland hinausgreifend, heranzieht, ist keineswegs als Mangel an systematischer Betrachtung zu werten, es beweist vielmehr die weite Verbreitung und Vielseitigkeit der Organisationsform „Pfarrei" in Europa. Allerdings wäre im Blick auf das Tagungsthema eine stärkere Einbeziehung schleswig-holsteinischer und hamburgischer Quellen nützlich gewesen.

Lars Bisgaard befasst sich in seinem Vortrag mit dem Niederklerus und dessen Stellung innerhalb der Frömmigkeitskultur des spätmittelalterlichen Dänemarks (S. 51–63). Wertvoll ist zunächst der historiographische Abriss, der auf die Zeitspanne zwischen ca. 1850 und der Gegenwart fokussiert ist. Man wird hier einige Parallelen zu bzw. Berührungspunkte mit den Feststellungen entdecken, die Bünz und Lorenzen-Schmidt in den besagten Aufsätzen machen. Auch Bisgaard betont die große Bedeutung der letzten 20 bis 30 Jahre für die Verschiebung der inhaltlichen und methodischen Akzente in der mediävistischen einschließlich der kirchenhistorischen Forschung: Diese hat sich sozial-, mentalitäts- und frömmigkeitsgeschichtlichen Fragestellungen geöffnet. Das bedeutet, vergröbert gesagt, auch: weg von dem Primat der Staats- und Politikgeschichte, kritische Hinterfragung der Interpretation des vorreformatorischen Kirchenwesens als Ergebnis eines Verfallsprozesses. Für die schleswig-holsteinische Kirchengeschichte besonders aktuell ist die Aufforderung Bisgaards, bekannte Quellen neu zu lesen – man könnte ergänzen: und ältere, datenpositivistisch orientierte Editionen auf Originaltreue und Vollständigkeit hin zu prüfen. Eine kurze Zusammenfassung von Bisgaards Werk über Gilden im spätmittelalterlichen Dänemark dient dann der Hinführung zum eigentlichen Thema. Wenig überrascht, dass eine große Zahl der Altarlehen in der Hand von Korporationen war, deren Angehörige in diesem Rahmen Anteil am Stiftungswesen, etwa in Gestalt von Messstipendien, bekamen. Hier ließe sich anfügen: In „weltlichen Gruppenzusammenhängen" (S. 57) spielte nicht einfach nur die Messfeier (z.B. zu den für die Bruderschaftsheiligen festgesetzten Tagen) eine zentrale Rolle, sondern in der Mitgliedschaft von Laien selbst kam unbeschadet ökonomischer Faktoren das Bedürfnis nach einem Mittelweg zwischen weltlicher und geistlicher Existenz zum Ausdruck („Semireligiosentum"). Bisgaard betrachtet hauptsächlich die Gruppe der seit dem späten 12. Jahrhundert nachgewiesenen Bruderschaftsvikare in Festanstellung, die er nahezu als ein „Spiegelbild" (S. 59) des Niederklerus schlechthin ansehen möchte. In diesem Zusammenhang kommt Bisgaard auf das Problem der Klassifikation der mittelalterlichen Geistlichen zu sprechen: Die simple Zweiteilung in hohe und niedere Geistlichkeit ist kaum hinreichend, eine Dreiteilung mit einer Mittelebene im Sinne Bernd-Ulrich Hergemüllers, die Pfarrer mit Seelsorgebefugnis und gut bepfründete Dauervikare umfasst, dürfte wirklichkeitsnäher sein. Die Schwierigkeiten liegen aber im Detail und in den Verflechtungen, die sich aus dem komplizierten, durch Sippen- und Familienverhältnisse geprägten Benefizienwesen, dem Nebeneinander von Welt- und Ordensklerus sowie der (formal rechtswidrigen) Vereinigung mehrerer Pfründen in einer Hand ergeben. Das von Bisgaard konstatierte Auftreten von Vikaren im dänischen Gildenwesen am Ende des 12. Jahrhunderts fällt nicht aus dem Rahmen: Nebenaltäre sind schon aus der Karolingerzeit bekannt. Am Hamburger Dom sind sie für das zeitige 12. (nicht 11.!) Jahrhundert belegt, während ab dem 13. Jahrhundert die Gründung neuer Altarbenefizien zu verzeichnen ist (s. Peter Vollmers, Die Hamburger Pfarreien im Mittelalter. Hamburg 2005, S. 164ff). Am Beispiel des Roskilder Ewigvikars Bo Madsen (vgl. Lebenswelten, S. 36) zeigt Bisgaard, wie weit Niederkleriker der Unterpfarrebene in der sozialen Hierarchie aufsteigen konnten, weist aber zugleich darauf hin, wie gefährdet die Versorgungslage dürftig ausgestatteter Altaristen oder Kommendisten war. Man darf somit nicht mit sozialkritischen Klischeevorstellungen an die Erforschung des niederen Klerus herangehen, der eben keine homogene Gruppe war (S. 61).

Zwei Referenten beschäftigen sich mit dem Verhältnis von Kirche und Bürgern in den spätmittelalterlichen Städten der Herzogtümer: Jürgen Sarnowsky mit den holsteinischen (einschließlich Lübecks und Eutins) und Christian Radtke mit den schleswigschen (S. 67–85 bzw. 87–101). Hier wird aus Platzgründen nur der Beitrag Sarnowskys besprochen. Plausibel ist der Ansatz Sarnowskys, der seine Untersuchung an dem Verhältnis der Bürger bzw. Einwohner zu den jeweiligen urbanen kirchlichen Einrichtungen und deren Personal orientiert. Hamburg und Lübeck als größte Städte bieten dabei das meiste Material. Anhand der Domkapitel beider Städte lässt sich die kritische Distanz besonders deutlich ablesen, die das im Laufe des Mittelalters sich immer mehr verselbstständigende Stadtbürgertum zu überkommenen kirchlichen Strukturen entwickeln konnte. Dabei haben wir zudem beim Hamburger Kapitel die geschichtlich bedingte Besonderheit einer Domherrengemeinschaft ohne ortsansässigen Diözesan, aber mit eigener Kirchenprovinz samt Vorsteher. Die Konflikte waren, insgesamt betrachtet, von ähnlicher Struktur, in Hamburg aber härter (Kapitelstreit von 1335 bis 1355!). Die Konfliktinhalte (Schulwesen, juristische Zuständigkeiten, Eigentumsfragen, Steuern usw.) fallen nicht aus dem Rahmen des Üblichen. Dennoch wäre es schön gewesen, wenn Sarnowsky auf die gute Quellenlage hingewiesen hätte, die tiefe Einblicke in das damalige Alltagsleben der Kleriker wie der Bürger erlaubt, die sich nicht in der Konfliktlinie Rat – Domkapitel erschöpfen. Ambivalent war die Lage insofern, als ein Teil des Personals der Kapitel aus dem örtlichen Bürgertum stammte und solche Bürger Dompräbenden und -vikarien errichteten. Im Blick auf den Niederklerus ist als besonderer Konfliktpunkt die Inkorporation der Pfarrkirchen anzumerken. In Hamburg waren sämtliche Parochialkirchen dem Domkapitel inkorporiert, was erhebliche kirchen- und vermögensrechtliche Folgen hatte. So waren die Hamburger Kirchherren nur Pfarrvikare im Dienst des Domkapitels. Daher rühren die sich durch das ganze Spätmittelalter hinziehenden Bestrebungen der Bürgergemeinde, ihre Rechtsstellung bei der Verwaltung der Pfarrkirchen zu verbessern oder sogar unabhängig von Bischof und Kapitel eigene Kirchen zu begründen. Parallel dazu differenzierte sich auch die Unterpfarrebene in Hamburg und Lübeck immer weiter aus. Diese Entwicklungswege sind in ihren Verästelungen natürlich komplexer, als Sarnowsky sie zeichnet, aber die Grundlinien sind gut erkennbar. Allerdings sind summative Angaben über die Anzahl der Geistlichen (S. 73) für sich allein blutleer – zumal, weil sich die einzelnen Klerikertypen nicht schematisch bestimmten sozialen Strata zuordnen lassen. Im Folgenden beschreibt

Sarnowsky kurz die kirchlichen Verhältnisse in den holsteinischen Landstädten (leider ohne Rendsburg). Am Beispiel Krempes zeigt sich, wie die „Macht" an den Pfarrkirchen zumeist verteilt war: Der Patronat lag bei einer nicht ortsansässigen, übergeordneten Instanz bzw. einem nichtresidenten Vertreter derselben (in diesem Falle des Hamburger Domkapitels), die Altäre befanden sich in der Hand von Bürgern bzw. Ratsherren, gelegentlich gewiss auch des umwohnenden Niederadels oder lokaler Korporationen. Deutlich wird, in welchem Umfang die bauliche Unterhaltung der Sakralgebäude aus Stiftungen und Spenden finanziert wurde. Im letzten Teil seiner Ausführungen kommt Sarnowksy auf die übrigen Einrichtungen zu sprechen, die das Verhältnis von Stadt und Kirche bestimmten, auf die städtischen und stadtnahen Frauenklöster (hier fehlen die südelbischen Konvente von Buxtehude und Himmelpforten!), die urbanen geistlichen Frauengemeinschaften sowie die Niederlassungen der Bettelorden. Diese Institutionen mit ihren vielfältigen Funktionen, die ihrerseits Konfliktpotentiale mit der episkopalen oder subepiskopalen Leitungsebene bargen, gingen auf bürgerliche, adelige oder sogar landesherrliche Initiativen zurück. All das kommt bei Sarnowsky in gut verständlicher Weise zum Ausdruck, wobei die (zuweilen nur mittelbare) Rolle der Landesherrschaft nach dem Empfinden des Rezensenten zwar erwähnt, aber nicht ausreichend gewürdigt wird. Des Weiteren vermisst man in diesem Teil einige bis 2002 erschienene Literatur: So waren beispielsweise die Bande zwischen dem Kloster Uetersen und dem Hamburger Bürgertum vom 14. bis zum 16. Jahrhundert nach aktuellem Forschungsstand viel enger, als Sarnowsky es unter Berufung auf Erwin Freytag darstellt (S. 82).

Auch wenn an dieser Stelle nur ein Teil der Beiträge gewürdigt werden kann, so ist doch klar: Mit „Klerus, Kirche und Frömmigkeit" liegt ein hochinteressanter Band zu einem Themenbereich vor, von dem zu hoffen steht, dass sich seiner in Zukunft auch lutherische (oder gar reformierte?) TheologInnen annehmen werden. Dafür bietet sich etwa der in jener Kongressschrift nur selten (z.B. von Günther Bock, S. 299–343) berührte dogmen- und theologiegeschichtliche Sektor an. Das erfordert indessen einiges Stehvermögen, weil die einschlägigen Quellen – z.B. die spätmittelalterlichen Bücherbestände der Hamburger Hauptkirchen – unter diesem Aspekt noch nicht systematisch ausgewertet worden sind.

Zum Abschluss sei noch ein Punkt kritisch angemerkt: Das Computerzeitalter macht es zwar möglich, Bücher schnell und preiswert zu produzieren. Das führt jedoch auch zu Nachlässigkeiten, in dem vorliegenden Fall zu vielen Disharmonien im Satzspiegel durch schlecht ausgeschlossenen Blocksatz mit großen Wortzwischenräumen und fehlenden Trennungen. Darunter leidet nicht der Inhalt, wohl aber das lesende Auge und das um Verständnis bemühte Gehirn!

Joachim Stüben

Günter Bock, Kirche und Gesellschaft – Aus der Geschichte des Kirchspiels Sülfeld 1207 bis 1684. Sülfeld, Eigenverlag Gemeinde Sülfeld 2007, 319 S. mit Abb. ISBN 3-00-020428-9

An Geschichten einzelner Dörfer, Gemeinden oder Kirchspiele herrscht auch in Schleswig-Holstein kein Mangel. Dem Fachhistoriker haben diese Bücher zumeist nur wenig zu sagen, doch gibt es rühmliche Ausnahmen, aus älterer Zeit beispielsweise die Geschichten von St. Annen (Dithmarschen) und von Hoyer (Nordschleswig), die Claus Rolfs verfasst hat, oder aus neuerer Zeit die Bücher über Borsfleth und Grevenkop (Elbmarschen), die Klaus-Joachim Lorenzen-Schmidt zu verdanken sind. Die meisten Dorfgeschichten bleiben jedoch hinter dem Niveau dieser Bücher weit zurück. Der Verfasser des vorliegenden Werkes ist zwar kein Fachhistoriker, hat aber in den letzten 20 Jahren eine stattliche Reihe substantieller Veröffentlichungen zur Regional- und Dorfgeschichte vorgelegt, wobei ihn vor allem die Geschichte Stormarns im Mittelalter beschäftigt. Anders als die Mehrheit der Heimatforscher, denen es nur um die Geschichte „ihres" Ortes geht, folgen die Veröffentlichungen von Günther Bock zumeist einer Fragestellung und zeichnen sich dadurch aus, dass die lokale Geschichte in die größeren Zusammenhänge der Landesgeschichte, aber auch der allgemeinen Geschichte eingeordnet wird.

Aufgrund der Ersterwähnung 1207 konnte das Kirchspiel Sülfeld 2007 auf sein achthundertjähriges Bestehen zurückblicken. Dieses Jubiläum veranlasste die Gemeinde, Günther Bock mit der Abfassung einer Kirchspielsgeschichte zu beauftragen. Damit hat der Ort eine Kirchspielsgeschichte erhalten, die inhaltlich und gestalterisch Maßstäbe setzt, und dieses Urteil gilt ungeachtet der problematischen Aspekte dieses Buches, die noch angesprochen werden müssen. Zwar ist es bedauerlich, dass die vorliegende Darstellung nur bis zum 17. Jahrhundert reicht (als Einschnitt wird – nicht ganz überzeugend – auf die Einrichtung der Propsteien in den Herzogtümern 1684 verwiesen), also lediglich das Mittelalter und einen Teil der Frühen Neuzeit abdeckt. Dafür hat der Verfasser eine Kirchspielsgeschichte aus einem Guss vorgelegt.

Die Sülfelder Kirchspielsgeschichte ist Dorf- und Kirchengeschichte zugleich. Es war das moderne säkularisierte Denken, das diese Bereiche, die bis ins 19. Jahrhundert eng miteinander verflochten waren, voneinander getrennt hat. Beispielsweise wurde erst durch das Pfarrbesoldungsgesetz von 1898 die letztlich auf die mittelalterliche Pfründenausstattung zurückgehende, von Kirchspiel zu Kirchspiel unterschiedliche, Pfarrbesoldung durch ein einheitliches Gehalt abgelöst. Die Verhältnisse waren also einerseits, wie der Autor betont, durch langfristige Strukturen gekennzeichnet. Andererseits erweist sich das heutige Kirchspiel schon in räumlicher Hinsicht als ein Traditionskern, über den die Pfarreigrenzen im späten Mittelalter und im 19. Jahrhundert weit hinausreichten. Kontinuitäten und Brüche, so Günther Bock, müssen somit gleichermaßen nachgezeichnet werden. Methodisch bedeutet dies, dass man nicht von den heutigen administrativen oder kirchlichen Grenzen ausgehen kann. Angesichts der früheren Ausdehnung des Kirchspiels bietet das vorliegende Werk mehr als eine Ortsgeschichte, weitet sich vielmehr zu einer regionalgeschichtlichen Darstellung Nordstormarns aus.

Der Verfasser ist bestrebt, eine chronologisch angelegte, aber strukturgeschichtlich ausgerichtete Geschichte des Kirchspiels Sülfeld zu bieten. Die Quellenlage ist dafür – und das machen schon die einleitenden Bemerkungen über die Urkunde von 1207 mit der Ersterwähnung der Sülfelder Kirche deutlich – alles andere als günstig.
Bock bietet zunächst einen Gesamtüberblick über den Sülfelder Raum um 1300 (S. 17–41). Gesellschaft und Wirtschaft werden angesprochen, die Herrschafts- und Besitzverhältnisse und die Landwirtschaft werden näher betrachtet, schließlich gilt der Blick auch den nächstgelegenen Städten Segeberg und Oldesloe. Ein längeres Kapitel über Kirche und Frömmigkeit (S. 43–115) vermittelt grundlegendes Wissen über die Verfassung und Organisation der mittelalterlichen Kirche, wobei allerdings die Ausführungen zum Benediktinertum und zu den Bettelorden knapper hätten ausfallen müssen, weil sie zum Thema nichts beitragen. Breit angelegt sind ebenso die folgenden Abschnitte über Kirchspiel und Kirche, über die kirchlichen Amtsträger und ihre Funktionen, das Glaubensleben des Mittelalters, das christliche Brauchtum und den Jahreskreis. Zumeist gelingt hier eine stärkere Rückbindung an die lokalen und regionalen Verhältnisse (wichtig z.B. die Ausführungen S. 70–74 über neuere Befunde zur mittelalterlichen Baugeschichte der Sülfelder Kirche, weiteres dazu S. 267f), aber es sprengt auch hier den Rahmen, wenn der Jahreskreis der Heiligen- und Festtage am Beispiel des Jahres 1337 über sieben Druckseiten dargestellt wird (S. 109–115); dies hätte sich in wenigen Sätzen erläutern lassen. Beeindruckend ist das

weit gespannte Interesse des Autors, der auch Kunstwerke und Realien in seine Darstellung einbezieht, darunter wenig bekannte regionale Beispiele wie den einfachen und doch schönen Pfarrergrabstein aus Hamburg-Neuenfelde von 1506 (S. 68; laut Georg Dehio, Handbuch der deutschen Kunstdenkmäler: Hamburg und Schleswig-Holstein. München 1971, S. 62 aber von 1503). Gelegentlich hätten sich näher liegende Bildzeugnisse beibringen lassen, S. 83 beispielsweise statt der Merseburger Handschrift der Aachener Kanonikerregel von 816 eines der Hamburger Exemplare (Staats- und Universitätsbibliothek, 55 in scrinio; siehe dort auch die Handschriften der S. Petri Kirche) oder S. 115 statt des schönen und historisch gut dokumentierten Sühnebildstocks aus Heidingsfeld bei Würzburg von 1428 das Sühnedenkmal für den 1537 ermordeten Peter Swin in Lunden/Dithmarschen. Was Piero della Francesca bzw. der Kardinallegat Bessarion und die Pfarrei Oldesloe miteinander zu tun haben (S. 168), bleibt gleichermaßen unklar. Dabei ist Bock stets bemüht, seine Ausführungen zu veranschaulichen, wozu ganz wesentlich auch die zahlreichen von ihm gezeichneten Karten beitragen, die schon für sich betrachtet eine wissenschaftliche Arbeitsleistung darstellen; erwähnt seien die Karten der Kirchenpatrozinien (S. 50f), der Archidiakonatsbezirke und der Patronatsrechte (S. 54f) sowie der spätmittelalterlichen kirchlichen Verhältnisse nördlich der Elbe (S. 103).

Der Faden der Sülfelder Kirchspielsgeschichte wird mit dem langen Kapitel über den Sülfelder Raum und sein Umfeld 1207 bis 1684 wieder aufgenommen (S. 117–257). Hier weitet sich der Blick von den kirchlichen Verhältnissen auf die verfassungs-, gesellschafts- und wirtschaftsgeschichtlichen Strukturen. Die Kirchspielsgeschichte wird in mehreren chronologischen Abschnitten in die Landes- und Kirchengeschichte des späten Mittelalters und der Frühen Neuzeit eingeordnet. Nur einige Aspekte seien hervorgehoben: Adlige Herrschaftspraxis des späten Mittelalters wird anhand einiger Briefe des Ritters Johannes von Hummersbüttel aus dem späten 14. Jahrhundert verdeutlicht, die u. a. die Neubedachung der Sülfelder Kirche betreffen; Oldesloe wird als spätmittelalterliche Stadtkirche im ländlichen Umfeld vorgestellt; ausführlicher behandelt wird der Alster-Trave-Kanal, ein verkehrspolitisches Projekt in den Jahrzehnten um 1500, das u. a. durch das Kirchspiel Sülfeld verlief. Die Durchsetzung der Reformation lässt sich für das Kirchspiel nicht nachzeichnen. Es fehlt für diesen Vorgang an Untersuchungen, aber auch an den Quellen; die Kartierung der Einstellung der Pfarrherren zur Reformation (S. 192) steht auf keiner sicheren Grundlage. Erst Jahrzehnte nach Einführung der Reformation in den Herzogtümern (1542) bessert sich für Sülfeld die Quellenlage. Die Herausbildung der Gutsherrschaft unter den Herren von Buchwaldt, den Patronatsherren von Sülfeld, lässt sich seit dem 16. Jahrhundert verfolgen. Im Kirchspiel lagen deren Güter Borstel und Jersbek, letzteres durch Erbteilung 1588 entstanden. Von dem einstigen Einfluss der Gutsherren auf die kirchlichen Verhältnisse zeugen bis heute die Patronatsstühle in der Kirche von Sülfeld (s. Abb. S. 269). Für das 17. Jahrhundert werfen die nun einsetzenden Kirchenbücher von Sülfeld einiges Licht auf die alltäglichen Verhältnisse in Dorf und Kirche; Kirchenvisitationsprotokolle beleuchten die kirchlichen Zustände. Erst ab 1594 lässt sich die Reihenfolge der Sülfelder Pastoren zusammenstellen, während aus vorreformatorischer Zeit kein Geistlicher nachweisbar ist. Das gilt auch hinsichtlich genauerer Aussagen über die Kirchengeschworenen und ihre Verwaltungstätigkeit ebenso wie für die in der Kirche eingenommenen Kollektengelder und die Besoldungsverhältnisse von Pastor und Küster. Wirtschaft und Verwaltung der Pfarrkirche wurzeln noch lange nach der Reformation in den mittelalterlichen Strukturen. Das alltägliche Kirchenleben dürfte sich – ungeachtet der Lehrveränderungen der Reformation – nur langsam gewandelt haben. Letzteres wird jedoch im vorliegenden Buch weniger deutlich, was mit der Quellenlage zusammenhängen mag. In einem abschließenden Kapitel werden die Dörfer und Wüstungen, Güter und Höfe des Kirchspiels Sülfeld in kurzen Abschnitten behandelt (S. 279–291).

Vorher indes sieht sich der Leser mit einem Abschnitt konfrontiert, der unter der prätentiösen Überschrift „Was kann die Geschichte aufzeigen?" steht (S. 271–277). Nachdem die Sülfelder Geschichte dargestellt worden ist, sollen jetzt – aus einem größeren zeitlichen Abstand heraus – „lang andauernde Trends, historische Wellen" gewürdigt werden (S. 271). Der Verfasser holt noch einmal weit aus, indem er grundsätzliche historische Beobachtungen und Reflexionen über Geistliche und Laien, Herren und Untertanen, Individuum und Gemeinschaft, Mensch und Landschaft, Mensch und Technik, Kirche und Welt anstellt, überspannt damit jedoch den Bogen. Am Ende einer im Mittelalter dürftig, in der Frühen Neuzeit bestenfalls mittelmäßig dokumentierten Dorfgeschichte zu fragen, was die Geschichte aufzeigen kann, heißt schlichtweg, die falsche Frage zu stellen. Mutiger wäre es gewesen, abschließend zu erörtern, welche Erkenntnismöglichkeiten, aber auch welche Grenzen die Beschäftigung mit einer Kirchspielsgeschichte zu bieten vermag. Weltgeschichtliche Reflexionen über die Bedeutung des Investiturstreits oder den Zusammenhang von Reformation und Säkularisation, um nur ein Beispiel zu nennen (S. 277), sind in einer Kirchspielsgeschichte deplatziert.

Die Leistung dieses Buches liegt darin, dass die facettenreiche, nicht immer gut dokumentierte Geschichte eines Kirchspiels in Stormarn von Bock sachkundig aufgearbeitet wird. Der Verfasser besitzt die Fähigkeit, regional- und landesgeschichtlich, manchmal auch überregional Analogien und Zusammenhänge aufzuzeigen. Günther Bock hat eine außergewöhnlich umfassende, teilweise aber zu hoch hinaus greifende Kirchspielsgeschichte geschrieben. Ihre Erforschung ist keine geringe Aufgabe; man sollte sie andererseits nicht zu groß machen. Jede Kirchspielsgeschichte ist Teil der regionalen und der allgemeinen Geschichte, gleichwohl ergibt die Summe aller Kirchspielsgeschichten Schleswig-Holsteins nicht ein Gesamtbild der Landesgeschichte, von Größerem ganz zu schweigen. Der Grundduktus von Günther Bocks Kirchspielsgeschichte ist in sachlicher und sprachlicher Hinsicht durchaus anspruchsvoll. Die Neigung des Autors, nichts unerklärt zu lassen und streckenweise manches zu erläutern, was von der konkreten Geschichte des Kirchspiels Sülfeld weit wegführt oder mit ihr rein gar nichts zu tun hat, verleiht dem Buch allerdings ein Doppelgesicht, mischen sich doch Fachbuch und Sachbuch in nicht immer ganz befriedigender Weise. Hier wird der Fachmann wohl skeptischer sein als der Leser vor Ort. In jedem Fall hat Günther Bock ein Buch vorgelegt, das schon durch seine Gestaltung zum Blättern, Betrachten und zur intensiven Lektüre einlädt. Der Band ist durchgehend bebildert. Quellenauszüge, Graphiken und Abbildungen auf dem Seitenrand lockern den Text auf und ergänzen und vertiefen in der Darstellung angesprochene Aspekte. Eine Zeittafel und ein Glossar verwendeter Fach- und Quellenbegriffe beschließen das Buch. Zwar werden keine Einzelnachweise geboten, doch finden sich der Kapitelgliederung entsprechend ausführliche Quellen- und Literaturnachweise. Orts- und Personenregister erschließen das Buch. Es bleibt nunmehr zu hoffen, dass es gelingen wird, die Sülfelder Kirchspielsgeschichte vom ausgehenden 17. Jahrhundert bis zur Gegenwart auf diesem hohen Niveau fortzusetzen.

Enno Bünz

Norbert Buske, Katechismusfrömmigkeit in Pommern. Spätmittelalterliche niederdeutsche Reimfassungen der Zehn Gebote aus dem Bereich des pommerschen Bistums Cammin und die in Pommern gültigen Fassungen von Martin Luthers Kleinem Katechismus. Schwerin, Thomas Helms Verlag 2006 (Beiträge zur pommerschen Landes-, Kirchen- und Kunstgeschichte 7; zugleich Beiheft 12 der Zeitung „De Kenning"), 63 S.   ISBN 3-935749-61-9

Das kleine, ansprechend gestaltete Büchlein hat offenbar eine lange Vorgeschichte – der Verfasser beschäftigt sich mit diesem Thema mindestens seit den 1980er Jahren. In einem ersten Kapitel stellt er „Zeugnisse der mittelalterlichen Katechismusfrömmigkeit zum Vergleich" mit den später behandelten reformatorischen Katechismen dar. Die Übersicht ist instruktiv, bietet zahlreiche Beispiele, auch für die Darstellung von Katechismusstücken, und verortet diese in der Beichtpraxis der Kirche seit dem IV. Laterankonzil von 1215, auf dem beschlossen worden war, dass alle erwachsenen Christen wenigstens einmal jährlich die Beichte ablegen sollten, um auf diese Weise ihre Kirchenzugehörigkeit zu beweisen. In seinen Ausführungen betont Buske die Kontinuität von der spätmittelalterlichen Katechese zu den Katechismen Luthers. Hier könnte und sollte man freilich deutlicher sagen, dass auch zahlreiche andere Reformatoren Katechismen verfassten; Luthers Katechismen haben in Pommern – nicht zuletzt durch das entschiedene Eintreten Bugenhagens für dieselben – im Laufe der Zeit eine Monopolstellung errungen.

In einem zweiten Teil behandelt Buske drei niederdeutsche Reimfassungen des Dekalogs, deren erste, zuerst 1548 in Hamburg veröffentlichte (Werner Kayser/Claus Dehn, Bibliographie der Hamburger Drucke des 16. Jahrhunderts. Hamburg 1968, S.116f, Nr. 236), aus dem Kloster Pudagla auf Usedom stammt. Buske will sie mit dem Wirken des 1394–1435 dort tätigen Abtes Heinrich von Wittenburg zusammenbringen. Das wäre sehr früh; die kräftigsten katechetischen Bestrebungen setzen erst nach der Mitte des 15. Jahrhunderts ein.

Ein drittes Kapitel gilt der Katechismusfrömmigkeit in Pommern nach der Reformation. Der Verfasser notiert hier etliche Katechismen, Synodalentscheidungen und anderes Einschlägige; dabei sind neben sehr speziellen und detaillierten Informationen eigenartigerweise auch Bemerkungen über die vermeintliche oder tatsächliche gegenwärtige Bibel(un)kenntnis inseriert. Lieber hätte man an deren Stelle präzise Nachweise der Fundorte und Signaturen der behandelten Bücher, VD 16-Nummern oder andere, für weitere Forschung nützliche Informationen gesehen. Und können alle Leser „Treptow a.d.R." als „an der Rega" auflösen?

Eine Analyse der am Schluss des Buches nach bereits vorhandenen Veröffentlichungen dargebotenen Texte kann hier nicht erfolgen. Bemerkenswert ist, dass mit Hilfe der Gebote nach Aussage einer Stargarder Handschrift auch Lesen gelernt werden sollte (S. 58, Nr. 17). Diese Intention und Praxis ist aus vielen weiteren Beispielen der folgenden Jahrhunderte geläufig. An einigen Textstücken stellt Buske die Verwandtschaft zwischen den drei Reimfassungen und deren Nachwirkungen in den Agenden der Reformationszeit vor; hier wäre eine systematische Untersuchung erforderlich.

In den Anmerkungstexten sind die entsprechenden Ziffern, auf die Bezug genommen wird, häufig falsch; bei der Schlüsselgewalt (S. 33 und Anm. 64) ist der Bezug auf Mt 16,18ff näher liegend als jener auf Joh 20; auch den einen oder anderen Satzfehler (Benedicite statt Benedicte; S. 33 und 36) hätte man vermeiden können. Ob die Stargarder Handschrift erhalten ist, erfährt man ebenso wenig wie die Signatur der Wolfenbütteler Handschrift. Das reichhaltig bebilderte Büchlein vermag die Erwartungen, die ein wissenschaftlicher Leser und Benutzer stellt, nicht ganz zu erfüllen – es hätte noch einiger Arbeit und Sorgfalt bedurft, um es auf den Stand der gegenwärtigen Forschung zu bringen oder auf dem der verwendeten Literatur zu halten. Aber als ein Hinweis auf die Notwendigkeit, sich des Themas gründlich anzunehmen, ist es sehr willkommen.

Johannes Schilling

Karsten Hermansen, Kirken, kongen og enevælden. En undersøgelse af det danske bispeembedet 1660–1746. Odense, Syddansk Universitetsforlag 2005, 422 S. ISBN 87-7838-935-6

Geht es um das neuzeitliche Verhältnis von Religion und Politik, so findet sich landläufig nach wie vor nicht selten die Meinung, die lutherische Kirche habe stets ein unkritisches oder gar unterwürfiges Verhältnis zu den Landesfürsten gepflegt. Diese Auffassung, die auf verschiedene wissenschaftsgeschichtliche sowie auf handfest politische Ursachen zurückgeht, kann seit den Untersuchungen, die Wolfgang Sommer, Luise Schorn-Schütte und andere in den letzten 20 Jahren vorgelegt haben, als Vorurteil gelten. Denn an diesen neueren Arbeiten werden insbesondere zwei Dinge deutlich: Die Stellung der Geistlichkeit aller Konfessionen zur jeweiligen Obrigkeit war von der konkreten politischen und konfessionspolitischen Konstellation abhängig; zum anderen kann die Beziehung der Seelsorger und Theologen zu den Obrigkeiten nur dann angemessen beurteilt werden, wenn man ihr religiöses Anliegen und Selbstverständnis (das Stichwort „Wächteramt" sei hier genannt) berücksichtigt.
Beides wird durch die vorliegende Studie bestätigt, eine 2003 in Odense vorgelegte Dissertation über das Verhältnis der dänischen Bischöfe zu ihrem König seit Mitte des 17. bis Mitte des 18. Jahrhunderts. Mit dem Ausgangspunkt der Untersuchung, dem Jahr 1660, ist traditionell ein Einschnitt in der frühneuzeitlichen dänischen Geschichte verbunden; damals endete die bipolare Verfasstheit des Oldenburgerreiches, weil der König den hochadligen Reichsrat mit Unterstützung von Geistlichkeit und Stadtbürgern entmachtete und durch eine strikt monarchische Herrschaft ersetzte. Das bedeutete keineswegs eine völlige Veränderung aller politischen und gesellschaftlichen Verhältnisse, es gab Kontinuitäten über dieses als Wegscheide angesehene Jahr hinweg. Sicher ist gleichwohl, dass das Königtum den Anspruch auf absolute Macht formulierte und offensiv verfocht.

Auf diesem Hintergrund stellt Karsten Hermansen die Frage: Welche Bedeutung hatten die dänischen Bischöfe für das Königtum nach 1660? Wie war ihre Beziehung zum König, der bereits seit Einführung der Reformation in den 1530er Jahren der oberste Herr der dänischen Kirche war? Zugespitzt formuliert: Lenkte der König die Kirche oder lenkten die kirchlichen Ziele den König (vgl. Kap. 3)? Zur Beantwortung dieser Fragen untersucht der Autor verschiedene Felder: Die Kirchengesetzgebung; die unter den gut 40 amtierenden Bischöfen zwischen 1660 und 1746 erkennbaren Rekrutierungsmuster; die mit dem geistlichen Amt verbundenen Aufgaben, etwa Visitationen; die Krönung und Salbung der Monarchen im Untersuchungszeitraum; die Haltung der hohen Geistlichkeit hinsichtlich der Zulassung anderer Konfessionen; schließlich die durch den Pietismus in der ersten Hälfte des 18. Jahrhunderts hervorgebrachten Reformen, Impulse (Beginn der Mission in Trankebar und Grönland) und Konflikte. Diese breite Anlage der Studie überzeugt.

Hermansen arbeitet heraus, dass die Bischöfe vor und nach 1660 sich hinsichtlich ihrer Herkunft und Karriere nicht nennenswert voneinander unterschieden. Es handelte sich meist um gut ausgebildete Theologen stadtbürgerlicher Herkunft, die nicht selten zuvor als Professoren in Kopenhagen gewirkt hatten. Mit anderen Worten: Die meisten Bischöfe waren in den sich auf die dänische Hauptstadt konzentrierenden Netzwerken der dänischen Geistlichkeit verankert. Hier gab es demnach eine Kontinuität, die wir auch bei der Bischofsweihe feststellen. Die Entscheidung darüber, wer Bischof einer der (seit 1658/60 nur noch) sechs dänischen Diözesen wurde, lag dem Buchstaben nach seit der Reformation bei der Geistlichkeit; de facto sah es aber schon lange vor 1660 so aus, dass der König die Bischöfe ernannte. Das wurde nun auch Gesetz, im übrigen aber brachte das Danske Lov (Dänisches Gesetz) von 1683 keine bedeutsamen Änderungen für die Kirche. Bei den ab 1686 gültigen Veränderungen in der Liturgie wurden diese im Wesentlichen durch die Geistlichkeit selbst vorgenommen.

Die starke Stellung des Monarchen in kirchenorganisatorischer Hinsicht fand ihre Begrenzung (wie vor 1660) darin, dass auch der ausdrücklich durch kein Gesetz beschränkte Monarch selbstverständlich Gott untergeordnet blieb. Daran änderte sich auch nichts durch Modifizierungen im Krönungsritual, mit denen die unmittelbare Einsetzung des Königs durch Gott betont wurde. So war der König gewiss weltlicher Kritik enthoben – zugleich aber wurde auf der Basis von Luthers Zweiregimentenlehre seine Verantwortung vor Gott betont, und auf dieser Basis waren nunmehr Widerworte des geistlichen Standes möglich. Solche Kritik gab es etwa in den 1670er und 1680er Jahren, als Krone und Bischöfe darum stritten, ob fremdkonfessionelle Einwanderer in Dänemark ihren Glauben praktizieren dürften. König Christi-

an V. (1670–1699) ließ das 1685 für die Calvinisten zu. Hermansen betont, dass die Kirche durchaus vehement widersprechen und die ausdrückliche Toleranz für die Reformierten bis November 1685 hinausschieben konnte. Um besser zu entscheiden zu können, ob man diese Tatsache oder aber das Faktum, dass der König sich über diese Widerworte hinwegsetzte, stärker gewichtet, sollte ein Vergleich mit den lutherischen Territorien vorgenommen werden, welche ab 1685 ebenfalls hugenottische Flüchtlinge aufnahmen (ein solcher Vergleich war freilich innerhalb dieser Arbeit nicht zu leisten).
Interessant ist der Befund, den die Auswertung einiger Visitationen jener Zeit ergibt: Nach der Jahrhundertwende galt die Aufmerksamkeit der visitierenden Bischöfe nicht mehr so sehr der ökonomischen Situation der einzelnen Pfarreien, sondern verstärkt der Amtsführung und Katechese der Geistlichen. Hermansen sieht hier den nach 1700 beginnenden Einfluss des Pietismus wirksam, dem die Könige Friedrich IV. (1699–1730) und Christian VI. (1730–1746) nahe standen. Unter Christian VI. erreichte der pietistische Einfluss seinen Höhepunkt, eben auch unter den Bischöfen. Er äußerte sich u. a. darin, dass 1736 die Konfirmation eingeführt wurde; ebenso gab es Bemühungen, den Schulunterricht zu verbessern – der Autor betont, dass es hier vor allem um die Förderung der Lesefähigkeit ging, was der pietistischen Bibelfrömmigkeit entgegenkam.
Königtum und Kirche verband ein gemeinsames Ziel: Die Verchristlichung der Gesellschaft. Auf diese Feststellung legt Hermansen Wert und wendet sich damit dezidiert und zurecht gegen ältere Auffassungen, in denen die Kirche lediglich als Instrument weltlicher Interessen des Monarchen verstanden wurde. Das Anliegen der Verchristlichung war auch nicht neu, lässt es sich doch schon in Humanismus und Reformation deutlich erkennen. Es erhielt neuen Elan durch den Pietismus, namentlich unter König Christian VI.; allerdings entstand nun ein innerkirchlicher Konflikt zwischen Pietisten und Orthodoxen. In diesem Streit kam dem Königtum die Schlüsselrolle zu. Nicht zuletzt musste die Krone auf separatistische Tendenzen innerhalb der pietistischen Bewegung reagieren, konnte und musste auch aufgrund des genannten Ziels mit Maßnahmen wie dem Konventikelplakat von 1741 eingreifen.

Hermansen will zeigen, dass die dänischen Bischöfe keineswegs willenlose Werkzeuge des Königs waren – das gelingt ihm auf überzeugende Weise – und nach 1660 sogar an Einfluss gewannen, u. a. weil der König die Kirche zur Legitimation seiner erhöhten Stellung benötigte. Gerade der Hinweis auf das gemeinsame Ziel einer christlichen Gesellschaft ist wichtig, um die Zusammenarbeit von Kirche und Obrigkeit (nicht nur in Dänemark) während der frühen Neuzeit zu verstehen. Allerdings wäre vielleicht stärker zu berücksichtigen, dass vor und nach 1660 nicht für jeden Monarchen die Verchristlichung in gleicher Weise eine Herzensangelegenheit war. Und wie schon angedeutet: Der in dieser Arbeit nur begrenzt mögliche Vergleich mit anderen Ländern (Schweden wird partiell berücksichtigt) ist künftig notwendig, um besser gewichten zu können. Für die Einbeziehung Dänemarks in einen solchen Vergleich bietet die vorliegende Untersuchung eine hervorragende Grundlage.

Volker Seresse

Gustav A. Krieg, Pierre Poiret – Pfälzischer Pfarrer, Haupt der mystischen Theologie, vergessener Protestant. In: Verein für Pfälzische Kirchengeschichte (Hg.), Blätter für Pfälzische Kirchengeschichte 72. Heidelberg/Ubstadt-Weiher/Basel, Verlag Regionalkultur 2005, 232 S. ISBN 3-89735-402-0

Der gut ausgestattete Band enthält sechs Hauptaufsätze: Michael Landgraf, Kurze Kirchengeschichte von Neustadt an der Haardt; Martin Brecht, Philipp Jakob Spener und der süddeutsche Pietismus; Gustav A. Krieg, Pierre Poiret – Pfälzischer Pfarrer, Haupt der mystischen Theologie, vergessener Protestant; Dietrich Meyer, Die Herrnhuter Diasporapflege in der Pfalz im 18. Jahrhundert; Helmut Meinhardt/Roland Paul, Johannes Eckhardt (1813–1870). Protestantischer Pfarrer, Revolutionär, Arzt und Lehrer an einer katholischen Schule in den USA; Friedhelm Borggrefe, Erster Justitiar Ludwighafens, ‚Linksrat' und Synodalpräsident Dr. Richard Müller-Mattil (1873–1961). Beigefügt sind dieser Ausgabe die lesenswerten Ebernburg-Hefte 38 und 39 (S. 233–448).

Auf den Aufsatz von G. A. Krieg über den pfälzischen Pfarrer und Polyhistor Pierre Poiret (1646–1719) sei näher eingegangen, ist er doch auch für die schleswig-holsteinische Kirchengeschichte von Interesse. Als Vermittler der romanischen Mystik stand Poiret im Bannkreis der Prophetin Antoinette Bourignon (1616–1680), die wichtige fünf Jahre ihres Lebens (1671–1676) im Herzogtum Gottorp verbracht hat. Zu dieser schwer einzuordnenden verfemten Außenseiterin sei auf die jüngst über sie erschienene Groninger Dissertation von Mirjam de Baar verwiesen: ‚Ik moet spreken'. Het spiritueel leiderschap van Antoinette Bourignon. Zutphen 2004 (s. die Rezension von Angela Berlis, SVSHKG 52, S. 276–281).
Pierre Poiret wird von fachlicher Seite zwar als „Vater der romanischen Mystik in Deutschland" (Max Wieser, München 1932) gewürdigt, ist aber gleich-

wohl weithin unbekannt geblieben. Den ersten Teil überschreibt Krieg mit den Worten „Annäherung an einen stillen Gelehrten". Er versucht dessen Lebensbild schärfer zu konturieren, um eine Antwort zu finden, warum dieser Mann im neuzeitlichen Bewusstsein kaum verankert ist und lediglich als „marginaler Protestant" angesehen wird. Poiret tritt trotz seiner erstaunlichen editorischen Tätigkeit hinter seiner Arbeit als individuelle Persönlichkeit zurück. Gleichwohl muss von einer beachtlichen, wenn auch unterschwelligen Wirkungsgeschichte gesprochen werden. Der Verfasser erinnert u. a. an den reformierten Kirchenlieddichter Gerhard Tersteegen (1697–1769), der Poiret als besten Kenner der mystischen Theologie bezeichnet. Ohne Poiret wäre Tersteegen nicht als der Ireniker hervorgetreten, der in Hinblick auf ökumenisches Gedankengut seiner Zeit weit voraus war. Poiret, gebürtig aus Elsass-Lothringen (Metz) und von Hugenotten abstammend, hatte seine Laufbahn als Pfarrer in reformierten Gemeinden der Pfalz begonnen. Nach seiner Entlassung aus dem Pfarrdienst in Annweiler im Verlauf der Reunionskriege verfasste er Schriften, die im Grundsatz augustinische und areopagitische Mystik aufleuchten lassen. Dabei systematisierte er Provokationen anderer (namentlich von Jakob Böhme und Antoinette Bourignon), ohne unmittelbar selbst Position zu beziehen. Nach dem Tod von Bourignon schloss sich der „vergessene Protestant" den freisinnigen Kollegiaten in Rijnsburg (bei Leiden) an, und das obwohl in seinen Schriften aufgrund der spanischen Mystik katholische Tendenzen auffallen.

Teil II stellt Poiret als theologisch-philosophischen Denker, spirituellen Systematiker und als Mystagogen heraus. Als Student in Basel hatte Poiret den Cartesianismus in sich aufgenommen. In seiner biographischen Entwicklung freilich kann, wie der Verfasser betont, von einer plötzlichen Wende zum Mystiker nicht die Rede sein. Cartesianische Zweifel übertrug er je länger, desto mehr auf die Dogmenbildung der Konfessionen. Seinen inneren Frieden suchte er in der Synthese von Cartesianismus und Mystik (Quietismus). Ausführlich geht Krieg auf Poirets Hauptwerk ein („L'Economie Divine ...", Amsterdam 1687). Hierbei handelt es sich um eine mystisch geprägte systematische Theologie mit theosophischem Einschlag bei reichlicher Verwendung des Gedankenguts von J. Böhme und A. Bourignon sowie der spanischen Mystik (Therese von Avila, Johannes vom Kreuz). Doch bald waren es insbesondere Schriften von Bourignon, deren prophetische Aussagen Poiret als echt anerkannte, die ihn zunehmend beeindruckten. Nachdem er Bourignon in Hamburg persönlich kennen gelernt hatte, unternahm er zusammen mit seiner Frau und ihr Reisen, um Anhänger zu gewinnen. Als Herausgeber ihrer Werke (19 Bände) rühmt er sie panegyrisch als „Mutter der wahren Gläubigen" (s. de Baar, S. 351). Krieg legt dar, wie Poiret in seinen trinitarischen und christologischen Spekulationen mit der Prophetin weithin übereinstimmt, vor allem aber in der Anschauung vom Urmenschen, der androgyn aufgefasst wird. Nicht etwa durch Calvins Institutio, vielmehr durch die prophetisch begabte Charismatikerin will Poiret zu seinem ihn tragenden Seinsgrund durchgestoßen sein. Die Seelenverwandtschaft beider ist unverkennbar. Die Seele hat nach ihrer Überzeugung eine innertrinitarische Struktur und kann infolgedessen in ihrem Grund die göttliche Trinität spiegeln. Das ermöglicht unmittelbare Erleuchtungen. Die auf diese Weise der Bourignon zuteil gewordenen Offenbarungen setzte Poiret gelegentlich sogar über die Autorität der Heiligen Schrift.

Im letzten Hauptteil betont der Verfasser, dass die Wirkungsgeschichte von Poiret längst nicht hinreichend erschlossen ist. Klärung bedarf u. a. die Frage, auf welche Interpretationstraditionen er sich stützt. Die Affinität zu Augustin ist durch Descartes vermittelt. Und nach Krieg ist Poiret selbst als Mystiker ein „Cartésian malgré lui" (S. 78) geblieben, so sehr auch das unmittelbare Erfasstwerden vom ewigen Licht in der Tiefe des Seinskerns sein Hauptanliegen ausmacht.

Im Schlussteil versucht Krieg, Pierre Poiret als „Typus neuzeitlicher Christlichkeit" zu verstehen. Zweifellos ist Poiret als religiöser Philosoph und Theosoph zu würdigen, der ähnlich wie später Franz von Baader den cartesianischen Kernsatz „Cogito, ergo sum" auf dem Boden der Mystik im Passiv als Grund seiner Existenz erlebt hat (also: nicht cogito, sondern cogitor, ergo sum). Dennoch bleiben Fragen, die im übrigen gleichfalls auf Antoinette Bourignon anwendbar sind. Aufs heftigste entweder gepriesen oder geschmäht hat sie auch im Herzogtum Gottorp Wogen hochschlagen lassen (s. Lorenz Hein, Außenseiter der Kirche. In: Jendris Alwast u. a. (Hg.), Orthodoxie und Pietismus. Neumünster 1984, SVSHKG I.29, S. 181–186). Das belegt neben einer Gegenschrift des Schleswiger Dompredigers Georg Heinrich Burchardi sowie einer Kampfschrift des Flensburger Pastors Wolfgang Ouw das von Peter Musäus erstellte Gutachten der damals noch jungen Kieler Universität. Zurückgewiesen werden apokalyptische und chiliastische Spekulationen, das Antasten der Schriftautorität und insbesondere die Behauptung, dass auf Erden, von quietistischen Zirkeln abgesehen, keine echte Kirche mehr existiere.

Kriegs Aufsatz ist hilfreich, weil er die Gesamtbedeutung der Zusammenarbeit von Poiret und der Prophetin Bourignon herausstellt. Er versucht beiden trotz aller Kirchenkritik und spezifischer Exzesse verstehend gerecht zu werden. Damit bleibt das Problem zu klären, das auch in der Groninger Dissertation angeschnitten worden ist: Darf auch Bourignon als „Typus neuzeitlicher Christlichkeit" gewertet werden? Die Deutung der Kirchengeschichte als Verfallsgeschichte, wie Gottfried Arnold sie in seiner Kirchen-

und Ketzergeschichte zur Ausführung gebracht hat, findet sich sowohl bei Poiret als auch bei Bourignon. Die damit zum Ausdruck gebrachte Abwertung der äußeren Kirchentümer hat den Indifferentismus vorbereitet, aber auch dem Toleranzdenken der Aufklärung den Weg gebahnt. Bei Bourignon, der ihre religiösen Einsichten durchaus als Mittel zur Selbstverwirklichung dienten, zeichnet sich zudem ein neues Frauenverständnis ab.

Die Dissertation von Mirjam de Baar und der Beitrag von Krieg zeigen, wie Poiret- und Bourignon-Forschung einander bedingen und ergänzen. Der „Vater der romanischen Mystik" und die „Mutter der wahren Gläubigen" verstanden sich in der Sozietät der wahren Christen auf dem Boden des Quietismus als Leitbilder in der Nachfolge Christi. Sie fühlten sich berufen, mit der Frage nach der Echtheit ihres Glaubens zu provozieren. Für sich selbst nahmen sie gemäß ihrer spirituellen Erfahrungen Gal. 2,20 (die Einwohnung Christi) in Anspruch.

Im Rahmen heutiger ökumenischer Kirchenkunde ergeben sich unter Berücksichtigung der gegenwärtigen weltweiten interkonfessionellen charismatischen Aufbrüche neue Verstehensmöglichkeiten im Blick auf historische Außenseiter wie Pierre Poiret und Antoinette Bourignon. Dies in Untersuchungen mit einzubeziehen, bleibt weiterer Forschung vorbehalten.

Lorenz Hein

Heinrich Detering, Andersen und andere. Kleine dänisch-deutsche Kulturgeschichte Kiels. Heide, Boyens Buchverlag 2005, 199 S.
ISBN 3-8042-1159-3

Bereits in seinem 2001 erschienenen Buch „Herkunftsorte" hatte sich Heinrich Detering geografisch zu fixierenden Quellen großer Romane und Erzählungen zugewandt, wie derer Theodor Storms oder Thomas und Heinrich Manns. Der zu besprechende Band zielt in ähnliche Richtung, wobei der geografische Schnittpunkt auf Kiel an der Wende vom 18. zum 19. und auf die ersten Jahrzehnte des 19. Jahrhunderts reduziert ist.

Detering gilt als einer der renommiertesten Literaturwissenschaftler im deutschen Sprachraum. Seit 2005 in Göttingen lehrend, war er während der zehn vorangegangenen Jahre als Professor für Neuere Deutsche Literatur und Neuere Skandinavische Literaturen an der Christiana Albertina zu Kiel tätig. Das vorliegende Buch lässt sich als Abschiedsgeschenk an die Universität und Stadt verstehen, denen er weiterhin verbunden ist.

Dargestellt und interpretiert werden Spuren, die sich durch Begegnungen mit und Begegnungen in Kiel im Werk zahlreicher deutscher und skandinavischer – insbesondere dänischer – Literaten eingezeichnet haben. Die bekanntesten unter ihnen sind Theodor Storm, Friedrich Gottlieb Klopstock, Hans Christian Andersen – für den Kiel sein Tor in die Welt großer Reisen und ferner Länder gewesen war – und Selma Lagerlöf. Letztere erhielt im September 1932 „ehrenhalber die Würde eines Doktors der Theologie" (S. 74), und zwar aus der Hand des Kirchenhistorikers Kurt-Dietrich Schmidt, Dekan der Fakultät, der sich auf seine, wie die Geehrte auf ihre Weise, kaum ein halbes Jahr später in Gegnerschaft zu den nationalsozialistischen Machthabern finden sollte.

Andersen und Storm nehmen den breitesten Raum ein. Anderen, deren Namen weniger geläufig sind, bewahrt Detering das ihnen zukommende Gedenken: Johann Andreas Cramer (S. 15f), hoch berühmter Theologe und Dichter auch von Kirchenliedern; ein Abendmahlslied von ihm findet sich im Evangelischen Gesangbuch. Die von Cramer herausgegebene, der Aufklärung verpflichtete Wochenschrift „Der Nordische Aufseher" war zeitweise meist gelesene Zeitschrift im dänischen Gesamtstaat. Ein weiterer war Johan Ludvig Heiberg (S. 45–50), Sohn der zu ihrer Zeit berühmten Schriftstellerin Thomasine Gyllembourg. Heiberg sollte nach dreijährigem Aufenthalt in dem aus seiner Sicht „schauerlichen" Kiel (S. 46) bald tonangebender Literatur- und Theaterkritiker Kopenhagens werden. Immerhin hatte ihm Kiel erste Begegnungen mit dem Werk Hegels ermöglicht, dessen eifriger Anhänger und Vermittler im dänischen Sprachraum er wurde. Sein übernächster Nachfolger im dänischen Lektorat der Christiana Albertina, dem der Rang einer Professur bis 1845 vorenthalten blieb, war Carsten Hauch (S. 64–69). Es war die Zeit, in der „die alten Zauberlieder der gemeinsamen nordischen Mutter" (S. 63) verhallten. Denn standen die Genannten wie selbstverständlich in der Tradition einer „skandinavisch-deutschen Symbiose auf diesem geistigen Handelsplatz" Kiel (S. 68), so bedeuteten eben diese Jahre vor und dann seit 1848 bis zur endgültigen Trennung 1864 nicht nur das Zerbrechen des dänischen Gesamtstaates, sondern auch das Zerbrechen eines Sprachgrenzen nicht achtenden, sondern im Gegenteil produktiv gestaltenden philosophischen, pädagogischen und dichterischen „Patriotismus" (S. 37).

Dessen Wirkungen herauszuarbeiten hat sich Detering zum Anliegen gemacht. Dass er sie namentlich an dem durch „seine entschiedene Gegnerschaft gegenüber dem dänischen Staat" (S. 107) hervorgetretenen Theodor Storm entfalten kann, mag aufs Neue überraschen. Doch als Storm 1837 die Kieler Universität bezog, lag hinter ihm nicht nur eine gründliche und umfangreiche Ausbildung in dänischer – nicht weniger als in deutscher – Sprache und Literatur. Es waren auch an der Universität selbst „die kulturellen Prägungen und Gesinnungen gemischt" (S. 113), und es wurde vorerst „an der Konzeption des Gesamtstaates" festgehalten (S. 117), auch wenn widerstreitende Nationalismen immer stärker in den Vordergrund drängten. Obgleich bekennender „Schleswig-Holsteiner" (S. 123) hat Storm sein Verwurzelt-Sein in beiden sprachlichen und literarischen Räumen – und dabei insbesondere die Bedeutung Andersens für ihn – immer als etwas Selbstverständliches behandelt.

Den Spuren, die Detering aufzeigt, lässt sich immer noch nachgehen. So beschließt den Band ein „kulturhistorischer Spaziergang durch das ‚skandinavische' Kiel" (S. 139–168). Überraschend ist, dass ungeachtet der Zerstörungen des Zweiten Weltkriegs zahlreiche Stätten nachweisbar sind und sich Bilder hervorrufen lassen, die an eine lebhafte Zeit erinnern, in der „einige der bedeutendsten skandinavischen Schriftsteller der Epoche in Kiel lebten" (S. 7) und dass Enge und Überschaubarkeit der Stadt „nicht nur an der Universität, sondern in bemerkenswertem Umfang auch beim städtischen Publikum" ein ganz besonderes Klima „fremdenfreundlicher Neugier" förderten (S. 76).

Wolf Werner Rausch

Adelheid M. von Hauff (Hg.), Frauen gestalten Diakonie. Band 2: Vom 18. bis zum 20. Jahrhundert. Stuttgart, Kohlhammer Verlag 2006, 563 S. ISBN 3-17-019324-4

Dieser Sammelband von Lebensbildern höchst unterschiedlicher Frauengestalten der jüngeren Diakoniegeschichte ist empfehlenswert. Der ansprechende Einband, der vor einem mittelblauen Hintergrund zwölf der im Buch behandelten 35 Frauen auf kleinen Schwarz-Weiß-Abbildungen präsentiert, und ein Blick auf das Verzeichnis der Damen (welche in chronologischer Reihenfolge vorgestellt werden) verführen zum Lesen. Erzeugen Namen wie Florence Nightingale, Elsa Brandström, Elly Heuss-Knapp oder Bertha von Suttner unvermittelt den Wiedererkennungseffekt, so mag der nicht unerhebliche Anteil von Adligen wie Juliane von Krüdener (eine schillernde Persönlichkeit, deren Lebensgeschichte sich als Einstieg sehr empfiehlt!), Königin Katharina von Württemberg, Mathilde Gräfin von der Recke-Volmerstein oder Adeline Gräfin Schimmelmann erstaunen. Einige Frauen, in erster Linie jene ausländischer Herkunft wie die Finnin Mathilda Wrede, die Slowakin Kristína Royová oder die Amerikanerin Clara Barton sind hierzulande vermutlich eher unbekannt. Beim ersten Sichten fällt die optisch gelungene Seitengestaltung ins Auge. Außerdem erweisen sich Anmerkungen sowie Quellen- und Literaturangaben für weiter führende Studien in den meisten Fällen als sehr förderlich.

Den Biographien geht ein Vorwort voraus, das das traditionelle Bild der Diakonisse aufzeigt. Es folgt das Geleitwort der Herausgeberin. Dabei sollte der an Frauenviten interessierte Leserkreis den langatmigen Vorspann (S. 10–12), dem ein nicht unbedingt glücklich gewähltes, zudem gekürztes Dilthey-Zitat vorangestellt wurde, vorerst außer Acht lassen. Dagegen bietet die „Hinführung zu den Biografien" (S. 12–15) einen ausgezeichneten Überblick über die gesamte Bandbreite der in diesem Werk vorgestellten Frauen. Aufschlussreich ist zudem der sich anschließende Aufsatz „Frömmigkeit und autonomes Handeln" von Elisabeth Moltmann-Wendel als Einführung in die Rolle der karikativ engagierten Frau.
Unter den ersten Vitae erweisen sich die Biographien der von Erweckung und Mystik beeinflussten, politisch orientierten Predigerin, als eine Pionierin der Inneren Mission bezeichneten Barbara Juliane von Krüdener (1764–1824) und der Britin Elizabeth Fry (1780–1845), einer Vorkämpferin im Bereich der Betreuung und Schulbildung verwahrloster Kinder der sozialen Unterschicht, der Verbesserung der Zustände in englischen Waisenhäusern, der Einrichtungen für geistig Behinderte sowie einer humaneren Behandlung von weiblichen Gefängnisinsassen als äußerst spannend. Gleichermaßen lesenswert sind die Lebensläufe der Pädagogin, Sozialpolitikerin und Ehefrau von Theodor Heuss, Elly Heuss-Knapp (1881–1952), der Schwedin Elsa Brandström (1888–1948), die – berühmt als Engel von Sibirien – ihr Leben in den Dienst an Kriegsgefangenen, Kriegswaisen oder Immigranten stellte, und schließlich die Biographie der Mitgründerin des Deutschen Müttergenesungswerks, Antonie Nopitsch (1901–1975), die sich als engagierte Vertreterin in der Synode der EKD für Themen wie „Stellung und Arbeitsmöglichkeiten der Frau in der Kirche" stark machte.

Eine nähere Betrachtung muss sich in diesem Rahmen auf die drei Frauen aus dem nordelbischen Raum – Amalie Sieveking, Elise Averdieck und Adeline Gräfin Schimmelmann – beschränken.
Inge Grolle stellt die Hamburgerin Amalie Sieveking (1794–1859) vor. Zweifellos zählt Sieveking als Lehrerin, theologische Schriftstellerin, Gründerin des ersten deutschen „weiblichen Vereins für Armen- und Krankenpflege" zu den Protagonistinnen der norddeutschen Diakoniegeschichte. Hineingeboren in eine angesehene Kaufmannsfamilie, mit 15 Jahren Vollwaise, musste Amalie früh für sich Verantwortung übernehmen und nach ihrer Lebensaufgabe zu suchen. Diese fand sie in der Gründung einer Mädchenschule für Töchter der Hamburger Bürgerschicht sowie im Unterrichten an einer

kostenfreien Schule für Mädchen aus sozial schwachen Familien. Bereits damals zeichnete sich die Verbindung zweier Leitlinien im Wirken Sievekings ab: für sie gehörte zum Dienst am Nächsten gleichzeitig der pädagogische Aspekt, wobei die engagierte Christin selbst für neue Aufgaben stets offen war (S. 122). Sievekings Glaube, durchaus nicht immer felsenfest, bot ihr dennoch die Basis für ein Leben, das von einer unverheirateten Frau aus dem Bürgertum Mut und Durchhaltevermögen erforderte. Eine Frau als Herausgeberin eigener theologischer Schriften erntete keineswegs nur Bewunderung; ihr Dienst im Cholera-Hospital (1831) wurde von den Ärzten anfangs mit Skepsis betrachtet, die Idee einer „Verschmelzung der Klassen" (S. 125) in ihrem Verein für Armen- und Krankenpflege musste sie ebenso aufgeben wie den Traum der Gründung eines Schwesternordens. Amalie Sieveking schaffte es trotzdem, ihr Leben als glücklich, erfüllt und erfolgreich anzusehen. Ausgezeichnet gelingt es der Verfasserin zu veranschaulichen, wie sich Sieveking zielstrebig und konsequent lebenslang Mitmenschen in Not widmet.

Ruth Albrecht beschäftigt sich mit Elise Averdieck (1808–1907), Hamburgerin auch sie, 20 Jahre in St. Georg (damals Vorstadt) Lehrerin an der von ihr ins Leben gerufenen Jungenelementarschule, Mitarbeiterin der Sonntagsschule, Autorin von Kinder- und Jugendliteratur, Krankenpflegerin, Gründerin und Leiterin des ersten Hamburger Kranken- und Diakonissenmutterhauses „Bethesda". Die Verfasserin beweist, dass die Einstufung Averdiecks als „nicht zu den prominenten Gestalten" (S. 200) der Hamburger Diakoniegeschichte zählenden Frau ihrem unermüdlichen Schaffen nicht angemessen ist. Es konnte ihr, die sich selbst als „Bethesda-Mutter" (S. 206, s. Anm.) bezeichnete, keine Vorreiterrolle in der Diakonie zugeschrieben werden, weil in den 30er Jahren des 19. Jahrhunderts entsprechende karitative Einrichtungen bereits existierten. Ganz hervorragend zeichnet Albrecht Averdiecks Lebensweg in ihr gesellschaftliches (St. Georg als sozialer Brennpunkt am Rande einer florierenden Handelsmetropole) sowie geistliches Umfeld (von Haus aus lutherisch, familiär geprägt, aber lebenslang fest eingebunden in den von der Erweckung erfassten Freundes- und Mitarbeiterkreis um ihren Konfirmandenpastor, Ratgeber und Beichtvater Johann Wilhelm Rautenberg) hinein. Nach Erfahrungen im Pflege- und Unterrichtswesen, eines Tages unvermittelt erfüllt von „inniger Jesusliebe" (S. 204) und tiefem Gottvertrauen, das zuweilen an Gottergebenheit grenzte (S. 203, 209, 216), dehnte sich ihr soziales Engagement zunehmend aus. Den Höhepunkt ihres Lebenswerkes bildet die Gründung einer Pflegestation 1856, aus dem sich das Krankenhaus Bethesda entwickelte und dem Averdieck 1860 ein Diakonissenmutterhaus angliederte. Dabei hielt sie regen Kontakt zu gleich gesinnten Zeitgenossen wie Johann H. Wichern, Amalie Sieveking, dem Theologen Karl W. Gleiss sowie Theodor Fliedner und dessen Frau Caroline in Kaiserswerth. 1881 legte sie ihr Amt als Leiterin von Bethesda nieder; die Tracht einer Diakonisse trug sie bis an ihr Lebensende. Worin lag das Besondere dieser Frau? Albrecht schlägt mehrere Deutungen vor: Zum einen ihr Charisma: „Bethesda war durch seine Gründerin geprägt" (S. 217f); zum anderen ihr weibliches Organisationstalent, denn in ihrer Arbeit ließ sich Averdieck – zweites Kind unter 12 Geschwistern – vom Bild der Großfamilie leiten: „Sie sah sich vor allem als Mutter und forderte dieses Verhaltensmuster auch von anderen Diakonissen gegenüber den von ihnen betreuten Armen" (S. 219). Zum dritten betont Albrecht im Zusammenhang mit einem höchst interessanten Ausblick auf die Geschlechterforschung: „Sie setzte ... einen deutlichen Akzent, als sie keinen Mann in ebenbürtiger oder übergeordneter Stellung zur Leitung Bethesdas heranzog", ergänzt aber: „... ein Faktum, das zwar auffällt, jedoch nicht einzigartig ist" (S. 218). Die Verfasserin konstatiert, dass in Bezug auf Averdiecks Rolle als Frau noch reichlich Klärungsbedarf bestehe, verweist u. a. auf einen Vortrag von Inge Mager, in dem sich diese mit Averdieck und Sieveking im Rahmen der Hamburger Erweckungsbewegung auseinandersetzt, und schließt mit Vorschlägen für künftige Forschungen.

Abenteuerlich klingt das Leben der Adeline Gräfin Schimmelmann (1854 geb. auf Schloss Ahrensburg in Holstein; 1913 gest. in Hamburg Eppendorf), das Jörg Ohlemacher skizziert. Es ist der Zufall, der die ehemalige Hofdame der deutschen Kaiserin Augusta 1886 auf Rügen zum Einsatz im Bereich christlicher Diakonie führte. Durch spontanes Mitleid beim Anblick Hunger leidender Fischer, später durch Sorge und Fürsorge für Seeleute fern der Heimat fand die Gräfin zu ihrer – für eine Adlige im 19. Jahrhundert ungewöhnlichen – Lebensaufgabe. Dabei war Schimmelmanns karitatives Wirken von Anfang an mit dem christlichen Missionsgedanken verbunden: Andachten in den von ihr gegründeten Seemannsheimen in Göhren auf Rügen (1887 eingeweiht) und auf der kleinen Ostseeinsel Greifswalder Oie (gegr. 1889), seelsorgerische Gespräche mit den Seemännern, Bibelstunden, das Singen von Kirchenliedern und das Verteilen religiöser Traktate gehörten zu ihrem Tageslauf. Adeline reiste bald per Schiff in zahlreiche Ostseehäfen, schließlich zu einer mehrmonatigen Vortragsreise in die Vereinigten Staaten. Plastisch schildert der Verfasser, wie Schimmelmann durch ihr Handeln viele Mitmenschen faszinierte, aber in Adelskreisen, insbesondere bei ihrer eigenen Familie, Empörung hervorrief. Weniger gelungen ist sein Versuch, den theologischen Grundgedanken der Gräfin zu erklären, den sie selbst wiederholt zusammenfasst in Sätzen wie: „Sucht keinen andern Weg zum Heil als das Blut Christi" (S. 402). Ohlemacher stellt zwar gut nachvollziehbar die persönliche Relevanz des Abendmahls für

Schimmelmann sowie die Verbindung zu lutherischem Gedankengut her, grenzt ihre Position gegen Theologen ähnlicher Couleur ab und endet konsequent mit der Aussage, dass ihre Glaubensgewissheit auf der Vorstellung „Das Blut Jesu Christi, Seines Sohnes, macht uns rein von aller Sünde" (S. 405) basiert. Leider fehlt aber jeglicher Hinweis auf einen Zusammenhang zwischen Glaubensverständnis und praktischem Handeln.

Was dem vorliegenden Werk fehlt, ist eine abschließende Würdigung dieser Frauen im Dienste der Nächstenliebe. Zwar endet das Buch mit einem Highlight, der Biographie von Brigitte Schröder (1917–2000), Urheberin des Frauen- und Familiendienstes (FFD), Gründerin der Evangelischen und Ökumenischen Krankenhaus- und Altenheimhilfe (EKH), Lokalpolitikerin und Politikergattin. Ebba Hagenberg-Miliu findet adäquate Sätze zu ihrer Wertschätzung: „Brigitte Schröder, die frühere ‚höhere Tochter', der die gewünschte Ausbildung verwehrt blieb, erarbeitete sich das Rüstzeug dafür alleine Schritt für Schritt: ... da fand ... eine einzelne Frau andere Frauen, die sich anstecken ließen. Und gemeinsam bauten sie ein neues Haus der Diakonie" (S. 563). Aber außergewöhnlichen Einsatz hat nicht nur Brigitte Schröder gezeigt, sondern auf spezifische Weise jede einzelne der 35 Frauen. Bedauerlich ist zudem, dass die in einigen Beiträgen angeschnittene Frage nach dem Selbstverständnis jener Frauen nicht hinreichend akzentuiert wird. Mag eine Einschätzung aus der Perspektive des 21. Jahrhunderts, wo uns manches Handeln längst nicht mehr spektakulär vorkommt, auch schwierig sein, so sollte man die Stärke jener Frauen angesichts all dessen, was – oft unter widrigen Umständen – von ihnen bewegt worden ist, für nicht gering erachten und ihnen das auch bescheinigen.

Barbro Lovisa

Peter Stolt, Liberaler Protestantismus in Hamburg 1870–1970 im Spiegel der Hauptkirche St. Katharinen. Hamburg, Verlag Verein für Hamburgische Geschichte 2006 (Arbeiten zur Kirchengeschichte Hamburgs 25), 373 S., zahlr. Abb.   ISBN 3-935413-11-4

„Mutig, klug und schön" – mit diesem Motto wirbt die Hamburger Hauptkirche St. Katharinen gegenwärtig für sich. Gänzlich unbegründet erscheint solches Selbstbewusstsein nicht, denn tatsächlich ist Peter Marquardts 1656–1657 geschaffene, markante Turmhaube von St. Katharinen aus der Silhouette der Hansestadt nicht wegzudenken, und mit Lessings lutherisch-orthodoxem Antipoden Melchior Goeze (1717–1786) hat ein Katharinen-Hauptpastor sogar Eingang in den deutschen Bildungskanon gefunden. Die Ge-

schichte der Katharinenkirche im späten 19. und im 20. Jahrhundert erreicht zwar nicht den Bekanntheitsgrad des Fragmentenstreites, doch ist vieles von dem, was in Peter Stolts Buch berichtet wird, durchaus beachtenswert.
Der Autor wirkte von 1982 bis 1991 als Hauptpastor an St. Katharinen. Mit der vorliegenden Darstellung wagt sich der langjährige Schriftleiter der Zeitschrift „Pastoraltheologie" an ein kirchenhistorisches Thema, das zugleich ein nicht geringes stadt- und ebenso ein theologiegeschichtliches Interesse für sich beanspruchen darf. Dieser Ausflug in die Kirchenhistorie ist dem praktischen Theologen Stolt über weite Strecken fraglos gut gelungen.

Bereits die chronologische Begrenzung auf die Epoche von 1870 bis 1970 ist insofern glücklich, als sie tatsächlich wichtige historische Einschnitte beachtet. So leitete die „Verfassung der Evangelisch-lutherischen Kirche im Hamburgischen Staate" von 1870 eine Epoche der zunehmenden Entflechtung von Kirche und Staat ein, während die 1970er Jahre das Aufgehen der Hamburgischen Landeskirche in der Neuschöpfung „Nordelbien" und damit einen institutionellen Neubeginn bedeuteten.
Der Autor beginnt seine Darstellung mit einem Blick auf die sozial- und verfassungsgeschichtlichen Rahmenbedingungen der kirchlichen Arbeit an St. Katharinen seit 1870. War der Mitte des 13. Jahrhunderts erstmals erwähnte Sakralbau bis in die frühe Neuzeit eine Kirche der Fischer, Schiffbauer, Brauer und Fernhändler, so resultierten die wirtschaftlichen und gesellschaftlichen Umbrüche des 19. Jahrhunderts in einer Veränderung der Gemeindestruktur. Als eine eigenständige gesellschaftliche Größe und zugleich als eine neue Herausforderung für kirchliches Handeln trat seit der zweiten Hälfte des 19. Jahrhunderts die Arbeiterschaft hervor. Diese zwang die Kirche, zur „sozialen Frage" Stellung zu beziehen. So führte insbesondere die im dritten Abschnitt dargestellte Erweiterung des Katharinen-Kirchspiels um den Arbeiterbezirk Hammerbrook zu verstärkten volksmissionarischen Anstrengungen der Hauptkirchengemeinde, mit denen diese der Entkirchlichung der Arbeiterschaft entgegenzuwirken suchte.
Dass sich die Pastoren an St. Katharinen dem Prozess der Modernisierung keineswegs verweigerten, belegt der Autor eindrücklich im zweiten Abschnitt seiner Darstellung. Die Theologen der Hauptkirche besaßen ein ausgeprägt liberales Profil und begründeten alsbald eine Tradition an St. Katharinen, die dort noch weit über das Ende des Kaiserreiches hinaus bestimmend sein sollte. Im ausführlich durch ein eigenes Kapitel behandelten Fall des Pastors Wilhelm Heydorn, der von 1911 bis zu seiner Entlassung im Jahr 1921 an St. Katharinen wirkte, zeigte sich freilich auch, dass einige Spielarten des Kulturprotestantismus rasch die Schwelle zum kirchenlosen Christentum zu überschreiten drohten.

Mit den eingehenden Charakterskizzen der Katharinen-Pastoren gewinnt die Darstellung zuweilen anekdotische Züge. Unbestreitbar bringt der Autor hier selbst ein typisches Deutemuster der liberalen Theologie in seine Darstellung ein, insofern er die Geschichte von St. Katharinen über weite Strecken als das Werden und die Entfaltung religiöser Persönlichkeiten versteht. Die soziologischen Daten, welche im Eingangsteil noch bestimmend waren, treten nun auffällig zurück. Der Rezensent fragt sich, ob dieser biographische Zugang tatsächlich die einzig mögliche Weise der Annäherung an die Geschichte von St. Katharinen im besagten Zeitraum ist. Überhaupt scheint der Oberbegriff des liberalen Protestantismus nur sehr bedingt als Charakteristikum der Gesamtepoche an St. Katharinen brauchbar zu sein. Schließlich handelt es sich bei „liberalem Protestantismus" doch um einen äußerst strapazierbaren Begriff, zumal dieser in Stolts Darstellung sowohl den alldeutschen Nationalliberalismus eines Oskar Jänisch als auch den davon doch grundlegend unterschiedenen pazifistischen Spiritualismus eines Wilhelm Heydorn beschreiben soll.

In jedem Fall überrascht es nicht, dass die theologische Ausrichtung der „liberalen" Pastoren an St. Katharinen dem 1934 zum Landesbischof gewählten „positiven" Christen Franz Tügel, Hamburger Leiter der „Glaubensbewegung Deutsche Christen" und bekennender Gegner des Liberalismus, ein Dorn im Auge war. Umgekehrt zählte der 1929 gewählte und bis zu seinem Tod 1942 amtierende Katharinen-Hauptpastor Karl Dubbels ab 1933 zur „widerständigen Minderheit" (S. 258) gegen den zunächst eindeutig deutschchristlich ausgerichteten und erst später kompromissbereiten Landesbischof. Dubbels sah sich bald durch die staatliche Gesetzgebung ebenso wie durch die innerkirchlichen Konflikte in seinem Wirken mehr und mehr beschränkt. Kurz vor seinem Tod im Jahr 1942 schrieb er resignierend: „Totengräber mag ich nicht sein. Aber vielleicht bin ich das so oder so" (S. 261).

Die Darstellung der Jahre des Wiederaufbaus der 1943 zerstörten Kirche und der Neuorientierung nach 1945 schließt den Band in Verbindung mit grundsätzlichen Erwägungen des Autors zum zukünftigen Ort der evangelischen Kirche in der deutschen Gesellschaft ab. Ein Überblick über die Pastoren und die Kirchenältesten ist dem Werk beigegeben.

Sehr deutlich wird beim Blick auf hundert Jahre der Geschichte der Hamburger St. Katharinen-Kirche: Viele der häufig so zwingend scheinenden Entwicklungsprognosen für diese „Citykirche" änderten sich oftmals innerhalb kürzester Zeit. Die Gegenwart macht da keine Ausnahme: So darf St. Katharinen heute wieder auf ein vor wenigen Jahrzehnten kaum für möglich gehaltenes Wachstum der eigenen Parochie hoffen. Die vom Senat der

Hansestadt geplante „Hafencity" eröffnet der Kirchengemeinde ganz neue Arbeitsfelder, doch das wäre schon der Stoff für ein neues Buch.

Martin Illert

Armin Owzar, „Reden ist Silber, Schweigen ist Gold". Konfliktmanagement im Alltag des wilhelminischen Obrigkeitsstaates. Konstanz, UVK Verlagsgesellschaft 2006 (Historische Kulturwissenschaft 8), 482 S. ISBN 3-89669-718-9

Das Konfliktmanagement im Kaiserreich, entfaltet am Beispiel der Hansestadt Hamburg, steht in dieser Forschungsarbeit im Mittelpunkt des Interesses. Der Autor hat dazu so genannte „Vigilanzberichte" aus der Zeit zwischen 1892 und 1910 ausgewertet, Berichte von Geheimpolizisten, die tagtäglich Orte in Hamburg aufsuchten, an denen Menschen sich miteinander unterhielten: Geschäfte und Bahnhöfe, Fähren und Quais sowie Lokale jeglicher Art. Diese etwa 20 000 Vigilanzberichte entstanden zu dem Zweck, die politische Stimmung in der Bevölkerung zu erfassen. Owzar baut auf einer Studie von Richard J. Evans auf, der erstmals derartige Berichte ausgewertet und als „Kneipengespräche im Kaiserreich" (Reinbek 1989) veröffentlicht hatte. Owzars Interesse richtet sich dabei weniger auf den Inhalt solcher Gespräche – die hat Evans bereits untersucht –, als vielmehr auf den Gesprächsverlauf und das Kommunikationsverhalten, insbesondere bei strittigen Fragen.

Im ersten der insgesamt fünf Kapitel beschreibt der Autor Forschungslage und Forschungsgegenstand. Die beiden Jahrzehnte vor Ausbruch des Ersten Weltkrieges waren in Europa, nicht nur in Deutschland, eine spannungsgeladene und konfliktreiche Zeit, die ihre Spuren im Alltagsleben hinterließ. Owzar untersucht das eingespielte Konfliktverhalten und die spezifischen Austragungsformen in der zwischenmenschlichen Kommunikation. Er unterscheidet dabei verschiedene Arten von Konsens- und Streitgesprächen. Zur Erfassung der Normen des Kommunikationsverhaltens in Hamburg, das sozial-, konfessions- und geschlechtsspezifisch ausgeprägt war, grenzt er seine Studie auf die zwei Jahrzehnte vor und nach 1900 ein, da sich in ihnen – etwa im Hinblick auf die Freizeit infolge der Arbeitszeitverkürzungen – „ein Wandel sowohl der Zeit- als auch der Raumstruktur" (S. 42) vollzog. Owzars Forschung richtet sich auf die in der Freizeit genutzten Räume, in denen viel miteinander gesprochen wurde und die ganz unterschiedlichen Personenkreisen zugänglich waren, unabhängig von deren sozialer Lage, ethnischer Herkunft, politischer Gesinnung, konfessioneller Bindung oder Geschlechtszugehörigkeit. Als bester offener Raum erweisen sich dabei Lokale aller Art. Die Eingrenzung auf Hamburg ist den – hier im Gegensatz zu anderen Städten vorhandenen – Vigilanzberichten zu verdanken; die darin dokumentierte Kommunikationspraxis wird anhand weiterer Quellen (Benimmbücher und Selbstzeugnisse) mit dem im Kaiserreich gängigen, z. T. auch in diesen Quellen stereotyp dargestellten, Kommunikationsverhalten verglichen.

Konkret fragt Owzar, wer mit wem (nicht) sprach. Im zweiten Kapitel „Geschlossene Gesellschaft" zeichnet der Autor „eine Topographie hanseatischer Kommunikationsgemeinschaften" und beschreibt Zeitbudget, Wohnverhalten sowie verschiedene häusliche und öffentliche Kommunikationsräume. Es gab verschiedene „vertikale Achsen der Segregation" (S. 233): Schichtzugehörigkeit, konfessionelle Bindung, Zugehörigkeit zu einem politischen Lager und ethnische Herkunft, außerdem die horizontale Achse, die durch die Geschlechtszugehörigkeit bestimmt wurde. Auf ihr war die Kommunikation – so Owzars Schluss – weitaus offener als auf der vertikalen Achse. Dem bürgerlichen Wertekatalog zufolge hatten Frauen in Kneipen eher nichts zu suchen; für Frauen war die Kirche ein Kommunikationsraum, vergleichbar der Kneipe für die Männer (vgl. S. 257).

Im dritten Kapitel „Verschlossene Gesellschaft" stehen die Inhalte und Formen interpersonaler Kommunikation, und damit weltanschaulich, politisch oder religiös ausgerichtete Streitgespräche zwischen Vertretern verschiedener Schichten, Milieus und beider Geschlechter im Mittelpunkt. Worüber und wie wurde miteinander im Elternhaus, in der Schule, am Arbeitsplatz und in der Freizeit (zu Hause, in der Kneipe, im Verein oder bei politischen Versammlungen) gesprochen? Owzar kommt zu dem Schluss, dass Dissens, Streit und Konflikt im Kaiserreich sozial geächtet waren. „Reden ist Silber, Schweigen ist Gold" – so der Titel des 4. Kapitels – war im Kaiserreich die gängige Methode des Konfliktmanagements. Owzar nennt diese Strategie „präventives Schweigen" (S. 403). Politische Fragen wurden durchaus thematisiert, jedoch vor allem dann, wenn man sich unter Gleichgesinnten befand. In Streitgesprächen entschieden Männer und Frauen sich für die Kommunikationstaktik des „beredten Schweigens" (S. 411). Im Kontakt mit Andersgesinnten gab man sich konfliktscheu.

Im vierten Kapitel fasst der Autor seine Ergebnisse zusammen. Unpolitisch – wie oft gesagt wird – war das Verhalten des deutschen Bürgertums im Kaiserreich nicht; es wurde über alles gesprochen, aber nur solange man unter sich war. Owzar wehrt sich gegen eine Deutung der wilhelminischen Gesellschaft als einer von Befehl und Gehorsam geprägten „Untertanengesellschaft" (S. 411) und plädiert für vergleichende Untersuchungen über das

Kommunikationsverhalten in anderen – westeuropäischen und nordamerikanischen – Gesellschaften im gleichen Zeitraum. Das präventive oder beredte Schweigen, das im Kaiserreich so gut funktionierte, erwies sich in der Weimarer Republik und danach nicht mehr als integrativ und befriedend; statt dessen trat seine ambivalente Funktion stärker hervor: von dem stark ausgeprägten Segregationsverhalten, einhergehend mit Empathiemangel, konnten die Nazis nur profitieren. Wie Martin Niemöller schrieb: „Als die Nazis die Kommunisten holten, habe ich geschwiegen; ich war ja kein Kommunist" (zit. S. 426). Auch bei den Sozialdemokraten und den Katholiken habe er geschwiegen; als sie ihn selber holten, habe es keinen mehr gegeben, der protestieren konnte (ebd.). Die Erforschung des Kommunikationsverhaltens erweist sich, dem Autor zufolge, als sehr fruchtbar für die Analyse moderner Gesellschaften.

Das fünfte Kapitel enthält das Literaturverzeichnis.

Die Arbeit liest sich spannend trotz mancher etwas zäher Passagen vor allem im ersten Kapitel; sie gibt viele wertvolle Anregungen auf der Schnittstelle zwischen historischer und Kommunikations- bzw. Konfliktforschung.

Angela Berlis

Günter Weitling, Deutsches Kirchenleben in Nordschleswig seit der Volksabstimmung 1920. Apenrade, Mohrdieck Buchdruckerei 2007, 143 S. ISBN 978-87-991948-0-3

Gesamtdarstellungen zur Geschichte der seit der Grenzziehung von 1920 im Süden Dänemarks beheimateten deutschen Volksgruppe der Nordschleswiger sind rar gesät. Die jetzt vorgelegte Kirchengeschichte von Günter Weitling trägt ganz erheblich zur Erweiterung der Kenntnisse auf diesem Gebiet bei. Dem Autor sei besonderer Dank beschieden, denn seine Arbeit ist das ausgezeichnete Ergebnis intensiver Quellenforschung unter Berücksichtigung und Korrektur bereits vorhandener Literatur, ergänzt durch einen akribischen Apparat und ein umfangreiches Quellen- und Literaturverzeichnis.

Dem chronologischen Abriss der Kirchengeschichte der evangelisch-lutherischen Nordschleswiger seit 1920 stellt Weitling eine Einführung voran, in der er die gegenwärtige Bedeutung von Kirche für diese deutsche Minderheit aufzeigt und auf die beiden Möglichkeiten von Kirchenzugehörigkeit hinweist, nämlich als Glied der 1923 gegründeten deutschen Nordschleswigschen Gemeinde (NG) oder aber in einer der vier in die dänische Volkskirche integrierten deutsch-dänischen Stadtgemeinden in Hadersleben, Apenrade, Sonderburg oder Tondern.

Dass diese Wahl Anfang der 1920er Jahre weniger eine lokal bedingte, sondern in erster Linie eine politisch orientierte Entscheidung war, macht Weitling überzeugend deutlich. Die Mehrheit der deutschen Bevölkerung Nordschleswigs empfand die – bis heute gültige und nach dem Ersten Weltkrieg durch ein Plebiszit erwirkte – Grenzziehung zwischen Deutschland und Dänemark als „Diktat der Siegermächte" (S. 15), welches rückgängig zu machen sei. Immerhin verlor Deutschland rund 100 Gemeinden und 112 Geistliche, von denen einige nach Schleswig-Holstein übersiedelten. Dänemark erwies sich in seiner Kirchenpolitik durchaus als tolerant, doch Weitling zeigt am Beispiel von Pastor Jürgen Braren eindrucksvoll, wie schwierig es wurde, als deutscher Geistlicher in einer Gemeinde sowohl für deutsche, als auch für dänische Gemeindeglieder Dienst zu tun. Weitere Unstimmigkeiten führten 1923 in Tingleff zur Gründung der NG, einer Freigemeinde nach dänischem Recht, die sich – anders als die Stadtgemeinden – eng an die Schleswig-Holsteinische Landeskirche anlehnte, von dieser unterstützt und wie diese im Dritten Reich seit 1935 gleichgeschaltet wurde. Zwar bestanden bis 1945 Kontakte zwischen der nationalsozialistisch geprägten NG und den antinazistisch eingestellten Stadtgemeinden, dennoch divergierten die beiden kirchlichen Gruppierungen zunehmend auseinander. Allerdings korrigiert Weitling Hasko von Bassi, indem er klarstellt, dass es zu einem totalen Bruch zwischen beiden Systemen nie gekommen sei (S. 59). Gerade die Schilderung der Situation im Dritten Reich, auf die der Autor einen besonderen Schwerpunkt gelegt hat, macht dieses Werk zu einem Gewinn für die Forschung. Weitling präsentiert unter Berücksichtigung privater Korrespondenz bisher unveröffentlichtes Material und vermag somit ganz neue Einblicke zu vermitteln. Hervorzuheben ist seine kritische Lektüre der Tagespresse, die wiederholt die gegenüber Dänemark loyale Position deutscher Stadtpastoren verzerrt dargestellt habe wie 1942 durch den Abdruck eines Predigtausschnittes des Sonderburger Pastors Carl Jörgensen, einem Anhänger der Bekennenden Kirche. In jenem Artikel war – fälschlicherweise – der Anschein erweckt worden, Jörgensen würde deutsche Vaterlandsliebe und den Kriegseinsatz deutscher Soldaten befürworten (S. 73). Dass sich die Stadtpastoren während der Besetzung Dänemarks durch deutsche Truppen seit April 1940 in Opposition zur Nationalsozialistischen Deutschen Arbeiterpartei für Nordschleswig, der NSDAP-N, begaben, zeigt Weitling an eindrucksvollen Beispielen auf. Es sei den Stadtgemeinden zu verdanken, dass es dem 1943 in Apenrade gegründeten Kirchenamt nicht gelang, den gesamten kirchlichen Bereich Nordschleswigs dem Führerprinzip zu unterwerfen (S. 84, 87f). Denn in der NG hatte man anders reagiert: „Die Besetzung Dänemarks und der ‚Anblick deutscher Soldaten hier in der Heimat' wurden als ‚Wendung durch Gottes Fügung' positiv gesehen" (S. 70). Die enge Verbindung der NG zu der – gleichgeschalteten – Schleswig-Holsteinischen Landeskirche bestand bis zur Kapitulation Deutschlands im Mai 1945 und wurde erst mit dem Kriegsende unterbrochen.

So war es in erster Linie die NG, die nach dem Abzug der deutschen Truppen in Bedrängnis geriet, zumal ihre fünf amtierenden Pastoren nach Deutschland ausgewiesen wurden (S. 94). Die Betreuung der Gemeinden durch die deutschen Stadtpastoren sowie pensionierte Geistliche linderte die seelische Not der Gemeindeglieder nur geringfügig.

Ein aufschlussreicher Abschnitt folgt mit der Darlegung der kirchlichen Verhältnisse der Nachkriegszeit. Trotz verbesserter Kontakte kam es nicht zur Vereinigung zwischen den Stadtgemeinden und der NG, welche Kirche weiterhin als Instrument zur Aufrechterhaltung von deutscher Sprache und Tradition verstehen wollte, zumal sie von der berühmten „Stunde der Kirche" (S. 91), die die Evangelische Kirche in Schleswig-Holstein zu theologischer Neubesinnung und Umstrukturierung nutzte, nichts mitbekommen hatte. Erst nach mehreren deutsch-dänischen Kirchentreffen in der Zeit von 1948–1952, vor allem durch die Zusammenkunft von Vertretern der NG sowie deutschen und dänischen Gliedern der Volkskirche am 22. 1. 1952 in Hadersleben, begann sich die deutsche Minderheit in Nordschleswig langsam kirchenpolitisch umzuorientieren. Dennoch sollten rund drei Jahrzehnte vergehen, bevor man zu einem – die Gegenwart kennzeichnenden – „grenzüberschreitenden Dialog" (S. 121) gelangte. Welche Schwierigkeiten dabei überwunden werden mussten, schildert Weitling in eindrucksvoller Weise. Das Buch schließt mit der Schilderung der gegenwärtigen Lage. Beide kirchlichen Systeme bestehen weiterhin parallel; ein Aufgehen der NG in der Volkskirche ist vorerst nicht zu erwarten. Doch der drastische Rückgang deutschstämmiger Gemeindeglieder sowie die finanziellen Engpässe der Nordelbischen Kirche haben beide Gruppierungen zum Umdenken veranlasst. Einsparungen im Personalbereich, zusätzliche Einsatzbereiche der Pastoren, eine ganz neue Konzeption von Gemeindearbeit einerseits, Toleranz und Ökumenebewusstsein andererseits bestimmen heute deutsches Gemeindeleben in Stadt und Land.

Günter Weitling bietet – in diesem Umfang erstmalig – einen hervorragenden Überblick über die Kirchengeschichte der deutschen Nordschleswiger seit 1920. Dank der vielen Einzelheiten wird sein Werk für weitergehende Forschung künftig die Grundlage darstellen. Dennoch müssen wenige kritische Anmerkungen erlaubt sein. In der Einleitung heißt es, dieses Buch habe nicht – wie ursprünglich vorgesehen – im Band 6/2 der Schleswig-Holsteinischen Kirchengeschichte erscheinen können, da der „Verein für Schleswig-Holsteinische Kirchengeschichte" von einer Drucklegung abgesehen habe (S. 5). Das ist nicht korrekt; es stimmt lediglich, dass Band 6/2 vorläufig nicht erscheint.

Zudem sei ausdrücklich darauf hingewiesen, dass es sich bei Weitlings Arbeit um ein wissenschaftliches Werk handelt, was der interessierte Käufer beim Anblick dieses Buches nicht unbedingt vermutet. Sowohl der Titel als auch der mit der Luther-Rose geschmückte Einband wirken sehr ansprechend; doch als Einstiegslektüre für theologische Laien ist Weitlings Buch eher ungeeignet. Einem Leser, der mit der Geschichte der Nordschleswiger wenig vertraut ist, wird bedingt durch die große Anzahl der aufgeführten Personen und Gremien sowie mancher Fachtermini, die nicht erklärt werden, ein hohes Maß an Konzentration abverlangt. Das Abkürzungsverzeichnis ist ausführlich, allerdings wären Erläuterungen direkt im Text zu Begriffen wie HAG (Heimatkundliche Arbeitsgemeinschaft für Nordschleswig) leserfreundlicher gewesen. Von den Männern, die für die Entwicklung der Gemeinden eine wesentliche Rolle gespielt haben, hätte man gern die wichtigsten biographischen Daten gekannt. Auch eine kleine Landkarte mit den Gemeinden Nordschleswigs wäre hilfreich gewesen. Nicht jeder ist ein so herausragender Kenner der Fakten wie der Nordschleswiger Pastor, Kirchengeschichtler und Studienrat Weitling.

Barbro Lovisa

Helmut Moll (Hg.), Zeugen für Christus. Das deutsche Martyrologium des 20. Jahrhunderts. 4. Aufl., Paderborn, Verlag Ferdinand Schönigh 2006, 1462 S., Photos. ISBN 3-506-75778-4 und 978-3-506-75778-4

Das 20. Jahrhundert hat eine große Anzahl christlicher Märtyrer vor allem unter den Diktaturen des Kommunismus und Nationalsozialismus, aber auch weltweit in Missionsgebieten hervorgebracht. Zu ihrem Gedenken hatte Papst Johannes Paul II. angeregt, eine Dokumentation zu erstellen, um die Erinnerung an sie wach zu halten. In einem zweibändigen Werk, nunmehr in vierter Auflage erschienen, hat Helmut Moll im Auftrag der Deutschen Bischofskonferenz als Herausgeber über 700 deutsche Blutzeugen zusammentragen und ausführlich dokumentieren lassen.

Nach Geleitworten von Bischof Karl Lehmann und Erzbischof Joachim Meisner stellt Moll auf 16 Seiten in einer theologischen Einführung die Grundlagen, Kriterien und die Projektdurchführung vor. Als Aufnahmekriterien werden festgelegt: a) die Tatsache eines gewaltsamen Todes (martyrium materialiter), b) das Motiv des Glaubens- und Kirchenhasses bei den Verfolgern (martyrium formaliter ex parte tyranni) sowie c) die bewusste Annahme des Willens Gottes trotz Lebensbedrohung (martyrium formaliter ex parte victimae). Dabei erstrecken sich die Erfassungsdimensionen in Raum und Zeit auf das Territorium der Deutschen Bischofskonferenz sowie der deutschen Ordensleute in den Missionsgebieten. Darüber hinaus wird der ökumenischen Dimension Rechnung getragen, die zwar nicht durch besondere Darstellungen in den Lebensbildern, aber in einem kleinen separaten Register von „Nichtkatholiken in ökumenischen Gruppen" (S. 1251) Erwähnung findet. Neben den Geschwistern Scholl werden dort Alexander Schmorell (russ.-orth.), der Lübecker Pastor Karl Friedrich Stellbrink sowie Dietrich Bonhoeffer behandelt.

Hilfreich bei der Nutzung dieses Nachschlagewerkes erweist sich für weiterführende Studien das ausführliche Quellen- und Literaturverzeichnis – wobei zu dem Letzteren gesagt werden muss, dass es nur die mindestens dreimal erwähnten Werke enthält. 135 Fachleute haben an der Erarbeitung der 700 Kurzbiografien mitgewirkt, die in folgende vier Abschnitte aufgeteilt sind: A) Blutzeugen aus der Zeit des Nationalsozialismus (S. 1–904). Unter diesen Lebensbildern werden erstmals neben den weitgehend bekannten Geistlichen und Ordensangehörigen auch 110 Laien aufgeführt. Die Gründe für deren Martyrium „liegen im wesentlichen in ihrer aus dem christlichen Glauben motivierten antinationalsozialistischen Einstellung" (S. XXXV). B) Blutzeugen aus der Zeit des Kommunismus ab 1917 (S. 907–990). In diesen Abschnitt werden sowohl die katholischen Russlanddeutschen als auch die deutschsprachigen Katholiken in Südosteuropa mit einbezogen. C) Reinheitsmartyrien (20. Jahrhundert) (S. 993–1080). Hier finden sich die Portraits von Mädchen, Frauen, Ordensfrauen sowie deren Beschützern, die meist gegen Ende des Zweiten Weltkrieges in den deutschen Ostgebieten aus Glaubensgründen Opfer von marodierenden sowjetischen Soldaten wurden, weiterhin Priester, die sich schützend vor die von Vergewaltigung bedrohten Frauen stellten und deswegen erschossen wurden. D) Blutzeugen aus den Missionsgebieten (S. 1038–1240). Nunmehr werden über 170 Männer und Frauen, Patres, Brüder und Ordensfrauen vorgestellt, die in Afrika (Ostafrika, Kongo, Simbabwe), Asien (China, Philippinen, Korea), Ozeanien (Papua-Neuguinea) und Lateinamerika (Brasilien) wegen ihres Einsatzes für den christlichen Glauben den Tod auf sich nahmen.

Wer diese Lebensbilder studiert, wird tief berührt sein von jedem einzelnen Fall, auch wenn die Verfolgungssituationen sehr verschieden gewesen sind.

Je nach Quellenlage und Forschungsstand unterscheiden sich die Biografien der oder des – meist mit einem Foto dargestellten – Betreffenden in ihrer Länge. Viele dieser Lebenswege sind in der Literatur bereits ausführlich bearbeitet, andere dagegen erstmals für das vorliegende Werk näher erkundet worden, wobei manche dieser Märtyrerviten durchaus eine weitere, intensivere Erforschung verdienten.

Hinzuweisen ist besonders darauf, dass bei diesem vorrangig römisch-katholische Märtyrer ausführlich behandelnden Werk auch evangelische Zeugen ausdrücklich Erwähnung finden, wenngleich nicht mit vollständigem Lebenslauf, aber immerhin in einigen ihr Umfeld darstellenden Passagen wie – um ein Beispiel aus Schleswig-Holstein zu nennen – der Lübecker Pastor Karl Friedrich Stellbrink, der zusammen mit seinen katholischen Mitbrüdern Hermann Lange, Johannes Prassek und Eduard Müller zu den Märtyrern des Lübecker Christenprozesses gehörte (S. 249–257).

Hans-Joachim Ramm

Lisa Strübel, Continuity and Change in City Protestantism: The Lutheran Church in Hamburg 1945–1965. Hamburg, Verlag Verein für Hamburgische Geschichte 2005 (Arbeiten zur Kirchengeschichte Hamburgs 23), XXIII, 350 S. ISBN 3-935413-07-6

Die Untersuchung, verfasst von einer Engländerin in englischer Sprache, konnte sich nur auf einige thematisch begrenzte Arbeiten zu diesem Thema und grundsätzliche Überblicke, die die Gesamtentwicklung der protestantischen Kirchen in den westlichen Ländern der Bundesrepublik betreffen, beziehen. Strübel hat in vielen, nicht nur kirchlichen, Archiven geforscht. Nur für die Württembergische, die Braunschweigsche und die Hessen-Nassausche Kirche liegen bisher entsprechende Untersuchungen vor. Die in diesen Jahren auf Hamburger Staatsgebiet liegenden Teile der Schleswig-Holsteinischen und Hannoverschen Landeskirchen sind nur marginal in den Blick genommen.

Auch wenn es Strübels ausdrückliche Absicht ist „to examine the balance of continuity and change in city Protestantism from 1945 to 1965" (S. 1), macht die Arbeit schon eingangs deutlich, dass Kontinuität bis in die 60er Jahre hinein eigentlich Restauration bedeutet und Wandel die erst darauf folgenden gesellschaftlich erzwungenen Veränderungen meint. Das Buch zeichnet eine klare Gliederung aus und bringt zwischen den einzelnen Abschnitten für eilige Leser und Leserinnen Ergebniszusammenfassungen.

In fünf Themenbereichen durchschreitet die Verfasserin mit Rückblicken auf die Zeit davor und Ausblicken auf die Zeit danach die angegebenen beiden Dekaden. Deren Inhalte – teilweise Kapitel überschreitend – umfassen: 1. Die in Verantwortung der Evangelisch-Lutherischen Kirche Hamburgs für ihre Geistlichen halbherzig und zögernd durchgeführte Entnazifizierung und die Weiter- und Wiederverwendung ehemaliger Mitglieder der Deutschen Christen oder auch der NSDAP im Pfarramt und in den kirchlichen Werken. 2. Die Entwicklung der Volkskirche, die langwierige Erarbeitung einer neuen Verfassung sowie Informationen über Wahlen, Pastoren, Vikarinnen, Gemeindeschwestern, Gemeindehelferinnen und Diakone. Dazu gibt es 19 Tabellen zur Zusammensetzung der kirchlichen Gremien. 3. Das Verhältnis der Kirche der Hansestadt zur CDU und zur SPD. 4. Kirche und Schule. 5. Die ungewollte Ökumene in Hamburg. Der Inhalt des ersten und des letzten Kapitels ist skandalträchtig. Die Verfasserin hält sich in ihrem Urteil nicht zurück.

Die Ev.-Luth. Kirche im Hamburgischen Staate genoss unmittelbar nach dem Krieg das Vertrauen der Bevölkerung und auch der Besatzungsmacht. Christliche Werte galten wieder etwas, Gottesdienste wurden gut besucht. Der Kirchenkampf hatte die Strukturen der lutherischen Landeskirche nicht aufgelöst. Sie übernahm mit ihren Hilfswerken für die hungernde und frierende Bevölkerung notwendige öffentliche Aufgaben. Der 1933 gewählte und 1934 abgesetzte Bischof Simon Schöffel wurde 1946 wieder gewählt und garantierte für die folgenden Jahre das Programm. Strübel stellt dessen überragende und damit zugleich fragwürdige Rolle sehr kritisch vor: Es ging um Rechristianisierung und Stabilisierung der alten Volkskirche (S. 41). Nicht die Kirche der Zwanziger Jahre mit ihren vielen Veränderungen, sondern die Kirche vor 1918 war für Schöffel auch nach 1945 das Modell. Er wehrte sich gegen alle neuen Einrichtungen, die nach seinem Verständnis nicht in eine traditionelle Volkskirche in einem christlichen Staat gehörten. Die Person Schöffels als leitender Geistlicher und dann als gewählter Bischof während seiner Amtsjahre bis 1955 stand überall im Vordergrund oder wirkte bestimmend im Hintergrund. Die Meinung des Bischofs war dominant. Von einer „Stunde Null" und einem Neubeginn konnte kaum die Rede sein (S. 2); denn dieselben Kirchenleute, die in Hamburg vor 1933 und vor 1945 die evangelische Kirche geleitet hatten, entschieden über ihren Weg. Schöffel, Knolle, Witte, Junge und Drechsler hatten 1933 schon einmal mit großem Einsatz und Überzeugung eine neue Kirche in einem neuen Staat aufbauen wollen und waren gescheitert; auch 1945 gab es keinen offenen Blick nach vorn.
Geradezu eine Schande war der Umgang mit der Entnazifizierung. Strübel stellt ihn ausführlich vor. Der ev. Kirche wurde in ihrem Bereich diese Auf-

gabe von der Besatzungsmacht übertragen. Die Durchführung dieses Auftrages wurde jedoch sehr nachlässig wahrgenommen und schleppte sich hin bis zu einem „Gesetz zum Abschluß der Selbstreinigung der Kirche" vom März 1950. Da waren mit einer Ausnahme alle Pastoren wieder im Amt, auch erklärte Antisemiten, ehemalige radikale Rassisten, Deutsche Christen und am Euthanasieprogramm Beteiligte. Viele von ihnen waren in ihren Gemeindepfarrämtern geblieben. Wenige waren „on health grounds" vorzeitig in den Ruhestand gegangen (S. 35). Manche leitende Pastoren, auch Bischof Franz Tügel, waren vollkommen uneinsichtig hinsichtlich ihres Verhaltens in der Nazizeit und begriffen nicht, dass sie nicht mehr tragbar waren. Öffentliche Eingeständnisse eigener Schuld sind nicht bekannt. Die Kirche war außerdem großzügig beim Ausstellen von „Persilscheinen" (S. 47). Wie konnte es auch anders sein, wenn Schöffel in einer Erklärung zu den bekannten Fragebögen der Alliierten der Meinung war, der Kirchenkampf in Hamburg sei zum größten Teil seine persönliche Geschichte gewesen (S. 59). Strübel äußert sich zu diesem Thema noch ausführlicher (S. 24, Anm. 10). Sie sieht Schöffels Einschätzung seiner Rolle im Rückblick auf die Jahre 1933–1934 und die seiner Wahl zum Bischof (1933) folgenden Ermächtigungen und Bemächtigungen sehr kritisch, wenn er beispielsweise behauptet, diese hätten dem lutherischen Führungsgedanken entsprochen und nichts mit dem „Führerprinzip" des Dritten Reiches zu tun gehabt (S. 59). Schöffel hat sich und seine Bedeutung im Kirchenkampf maßlos überschätzt (S. 60).

Strübel zeigt das fehlende Interesse kirchlicher Gremien und Personen, ihre Einstellung und Versäumnisse in der Nazizeit den deutschen Juden und den Christen jüdischer Herkunft gegenüber zu bedenken. Der Hang zur Entschuldigung war überdeutlich. Der verdeckte Antisemitismus und die Einstellung zur Judenmission waren unverändert (S. 64–69). In den Nachkriegsjahren machte die ev. Kirche auch keine Anstalten, ihre Beteiligung am Euthanasieprogramm offen einzugestehen und darzustellen (S. 70–73).

Die Gründung der Evangelischen Akademie in Hamburg, eine wirkliche Neuerung nach dem Krieg, und die ersten Jahre ihrer Arbeit werden ausführlich behandelt. Es gab eine außerordentliche Neigung, Akademikern der Universität, die sich im Dritten Reich deutlich zum Nationalsozialismus bekannt hatten, Gelegenheit zur Mitarbeit zu geben, obwohl der Leiter der Evangelischen Akademie, Pastor Dr. Hermann Junge, Gründer des Pfarrernotbundes in Hamburg war. Noch deutlicher sieht Strübel diese Tendenz unter seinem Nachfolger Gerhard Günther (S. 79–86). Ihr Urteil über den Kirchenkampf in Hamburg bei dieser Gelegenheit lautet: „The Church conflict was, indeed, an inner church affair and did not signal resistance to the state" (S. 76).

Nur kurz wird von Strübel die „Stunde der Diakonie" (S. 90) und die Zeit der sich ständig ausweitenden diakonischen Arbeit abgehandelt, die Mitte der 60er Jahre nach dem Urteil vieler Kirchenleute in eine Krise geriet (S. 90–100). Die von der Gesamtkirche organisierte Diakonie weitete sich aus und ihr Verhältnis zur diakonischen Arbeit in den Gemeinden wurde unklar. Sehr ausführlich fällt Strübels Darstellung über die Arbeit an der Verfassung aus. Die Hamburger Kirche brauchte 14 Jahre, bis 1959 endlich eine neue Verfassung in Kraft trat. Die von 1923 bis 1933 gültige hatte keinen Bischof vorgesehen und war nach Schöffels Urteil vom Jahre 1945 „parlamentarisch und liberalistisch überwuchert" (S. 108) gewesen. Der Liberalismus würde „alles Recht den Gemeinden zuschreiben und die Kirchenführung so weit wie möglich ausschalten, (und) die Laien an die Front schicken, damit keine starke Bischofshand hineingreift, wo hineinzugreifen wäre" (ebd.). Zahlreiche Statistiken über das Alter der Pastoren, über Alter, Geschlecht und Beruf der Kirchenvorsteher und Kirchenvorsteherinnen sowie der Mitglieder der Synode und die entsprechenden Prozentangaben sind diesem Abschnitt beigegeben.

Hinsichtlich des langen Weges der Frauen in das uneingeschränkte Pfarramt bis 1978 und notwendiger Veränderungen in anderen kirchlichen Ämtern referiert Strübel über die sehr zurückhaltende Einstellung der Kirche (S. 151–161).

Das Verhältnis der Kirche zu den großen Parteien wird ebenfalls umfassend erläutert (S. 162–214). CDU und die Kirche waren anfangs voller gegenseitiger Erwartungen. Die CDU wünschte sich kirchliche Unterstützung bis hin zu öffentlicher Bevorzugung. Die Kirche, einer christlichen Partei nicht abgeneigt, erhoffte von deren Mitgliedern ein öffentliches kirchliches Bekenntnis und Mitarbeit. Außerdem gab es nur eine kurze Phase der CDU-Regierung in Hamburg. Das Verhältnis von SPD und Kirche war aus alten Tagen der Antikirchlichkeit auf der einen und Verständnislosigkeit auf der anderen Seite schier unüberwindlich belastet. Eine Entspannung des Verhältnisses von Kirche und SPD zeigte sich erst mit Politikern wie Herbert Wehner und Hellmut Schmidt nach dem „Godesberger Programm" (1960) in verschiedenen Arbeitskreisen und auch in der Mitgliedschaft einiger Pastoren in der SPD.

Zwei Gebiete, auf denen sich Kirche und Politik begegnen mussten, waren besondere Konfliktbereiche. Für den kirchlichen Wiederaufbau wurde 1955 eine „Gemischte Kommission für kirchliche Angelegenheiten, überwiegend auf dem Gebiet des Kirchenbaus" eingerichtet (S. 181). Dem Verhältnis von Kirche und Schule ist ein eigenes Kapitel gewidmet, das auch über die schwierige Gründung der theologischen Fakultät berichtet (S. 215–239). Das Thema „Religionsunterricht" war jahrelang aktuell, zumal es einen Staatsvertrag zwischen Kirche und Staat nicht gab. Erst 1960 wurde die „Gemischte Kommission Schule Kirche" eingesetzt, die auch weiterhin laufend Probleme zwischen Kirche und Staat verhandelte (S. 231). Die Auseinandersetzungen in Hamburg ähnelten zeitweise einem „kleinen Kulturkampf" (S. 238).

Der Bericht Strübels über die lutherische Kirche und die Ökumene in Hamburg zeigt, wie unverständlich distanziert in einer offenen Weltstadt mit Handel und Hafen das Verhältnis der lutherischen Kirche zu den vielen anderen christlichen Kirchen und Gemeinschaften, auch eigener Nationalität, war. Schöffel war gegen ökumenische Gremien in Hamburg, weil sie der evangelischen Volkskirche schaden würden. Das historische System der Landeskirchen war für Schöffel „ein hohes heiliges Gut" (S. 248). So hatte er kaum Kontakte zur katholischen Kirche; er war ihr gegenüber misstrauisch (S. 271). Zu den Freikirchen in Hamburg waren die Beziehungen freundlich und friedlich (S. 266). Dennoch sagte Schöffel noch 1952: „Mit der Arbeitsgemeinschaft christlicher Kirchen möchten wir nichts zu tun haben" (S. 252). Dem Kirchentag 1949 in Essen hat er vorgeworfen, „weiter nichts als die Arbeitsgemeinschaft christlicher Kirchen im Sinne Niemöllers" zu sein. „Was soll ein Kirchentag mit Methodisten, Baptisten und Gemeinschaften noch zu bedeuten haben? Mir graut allmählich vor diesem Gemängsel und ich fühle mich nur wohl in der lutherischen Kirche, sei es in der Heimat oder in der Welt" (S. 282f). Sein späterer Nachfolger Volkmar Herntrich besuchte zwar viele internationale ökumenische Konferenzen, denen entsprach dann aber zu Hause kein Engagement (S. 263, 286). Das hat sich erst 1960 mit Schöffels Nachfolger im Hauptpastorenamt an der Michaeliskirche, Hans Heinrich Harms, entschieden verändert, besonders ab 1964 durch die Gründung der „Arbeitsgemeinschaft Christlicher Kirchen" (S. 262).

Merkwürdig ist, dass die auf Schöffel folgenden Bischöfe Theodor Knolle (1954–1955) und Karl Witte (1959–1964) und selbst der junge und nur kurz amtierende Volkmar Herntrich (1956–1958) nach der Darstellung Strübels ihr Amt eher im Sinne Schöffels weiterführten, statt dass sie ihm ein eigenes Profil verliehen. Erst mit Bischof Hans-Otto Wölber (1964–1983) wurde es anders. In seinem Bischofsbericht vor der Synode in Glücksburg 1965 hieß es: „Es weht der Wind der Veränderung" (S.19).

Kritisch anzumerken ist: Es werden in Strübels Buch nur wenige Namen der an der Leitung der Kirche beteiligten Laien oder auch Pastoren in verantwortlichen Positionen genannt. Auf vielen Seiten aber spricht Strübel von church, churchmen, leading churchmen, church and leading churchmen, church leadership, the most leading churchmen. Weil die Namen fehlen, denkt man – sicher in einzelnen Fällen falsch – meistens an Schöffel. Hilfreich wären als Beigaben neben den angebotenen Tabellen und Listen auch solche über die namentliche Zusammensetzung des Landeskirchenrats oder späteren Kirchenrats gewesen, abgesehen von einer Bischofs- und Hauptpastorenliste dieser Jahre, vielleicht auch einer Liste der Pastoren und Vikarinnen bzw. Pfarrvikarinnen.

Unverständlich ist, dass die Hauptpastoren – so die Verfasserin – scheinbar überhaupt keine kirchenleitende Bedeutung haben. Das bischöfliche Leitungsamt als Amt der Verkündigung und auch der Seelsorge spiegelt sich nur schwach wider, dafür um so mehr das bischöfliche Amt in der öffentlichen und oft sehr persönlichen Administration. Kann das alles gewesen sein? Ebenso verwunderlich ist, dass die Professoren der Theologie an der Universität Hamburg in dieser Studie kaum eine Rolle spielen. Die Neugierde auf die Themen und Probleme, die in den Kirchengemeinden, in den Hauptkirchen oder in den Bildungseinrichtungen der Kirche zeitgleich verhandelt wurden, wird nicht zufrieden gestellt. Es sieht so aus, als habe es in den von Strübel vorgestellten Jahren in der Evangelisch-Lutherischen Kirche in Hamburg keine offenen Konflikte gegeben. Nur der sehr ausführliche Abschnitt über die Ökumene in der Hansestadt (S. 240–287) schildert Auseinandersetzungen, belegt die Beteiligung vieler engagierter Christen und Gemeinden und nennt ihre Namen.

Strübel zeigt eine bewundernswert intime Kenntnis der Person Simon Schöffels, seiner Rolle und überragenden Bedeutung für die Nachkriegsjahre. Ihrem kritischen Urteil über die Versäumnisse der „Churchmen" jener Zeit im Blick auf ihr Leben und Reden im Nazistaat ist nur zuzustimmen. Die Auseinandersetzung wurde nicht nur vermieden, sie war absolut nicht gewollt. Beschönigen und Entschuldigen statt Bekennen war angesagt.

Gespannt ist man nach der Lektüre auf eine Fortsetzung. In den folgenden Jahren nach 1965 wehte in der Hamburger Landeskirche, solange es sie denn gab, ja nicht mehr allein ein Wind der Veränderung, sondern es ging über lange Perioden hin reichlich stürmisch zu.

Claus Jürgensen

Alexander Erdmann, Deutsch-deutsche Kirchenpartnerschaften vor und nach der Wende 1989/1990. Das Beispiel der Landeskirchen Pommern und Nordelbien. In: Zeitgeschichte regional, Sonderheft 1. Rostock, Ingo Koch Verlag 2006, 138 S., Photos und Abb.   ISBN 3-938686-85-5

Der Verfasser, dessen Dissertation als Pilotstudie zu verstehen ist, untersucht akribisch – soweit Material vorhanden – und einfühlsam – wenn Interviews und persönliche Berichte lebender Zeugen die Grundlage bilden – innerkirchliche Partnerschaften Ost/West vor und nach der Wende an zwei herausragenden Beispielen.

Das erste ist die Beziehung auf landeskirchlicher Ebene, die zu einem innerhalb Deutschlands einzigartigen Projekt führte, dem so genannten „Dorfkirchensanierungsprogramm". Dass seit 1987 bis zur Wende mit westdeutschen (!) Baufirmen und Handwerksbetrieben sowie Materiallieferungen und Gerät aus der BRD auf dem Gebiet der ehemaligen DDR mit staatlicher Genehmigung Dorfkirchen vor dem Verfall gerettet werden konnten, ist ein einmaliger und noch nachträglich als erstaunlich einzuschätzender Vorgang. Bis 1992 erfasste das Programm 33 Dorfkirchen und tatsächlich konnte 1999 konstatiert werden, dass mit einem „finanziellen Aufwand in Höhe von 32 Mio. DM" (S. 37) – mehrheitlich handelte es sich dabei um Bar- und Darlehensgelder – diese 33 Kirchen saniert worden waren. Die einzelnen Entstehungs- und Durchführungsstufen werden anschaulich wiedergegeben, die Förderer und Gestalter des Unternehmens auf west- und ostdeutscher Seite gewürdigt, die kirchlichen und politischen Aspekte, Probleme und Maßnahmen geschildert und alles in allem Sachverhalte und Atmosphäre der Jahre des geteilten Deutschlands aufgezeichnet. So darf der Kenner der Szene, an eigene Erinnerungen anknüpfend, jene Stimmung noch einmal in der solide dargestellten Gründlichkeit zur Kenntnis nehmen und der jüngere Leser dies als bereichernde Information über jene Zeit verstehen. Die Arbeit von Erdmann bietet zweifellos ein Stück wesentliche neue evangelische Kirchengeschichte.

War die Partnerschaft eine Erfolgsgeschichte? Stärkte die konkret erfahrene kirchliche Beziehungsebene vorbereitend die endlich 1990 vollzogene staatliche Einheit? Der Verfasser untersucht unter solcher Fragestellung die Partnerschaft zweier Kirchengemeinden. Franzburg auf pommerscher und Neukirchen/Ostholstein auf nordelbischer Seite fanden zu einer intensiven kirchengemeindlichen Verbindung, die detailfreudig in ihren Höhen und Tiefen geschildert wird. Dass sich innerhalb solcher Partnerschaft auch politisches Zeitkolorit widerspiegelt, liegt in der Natur der Sache. So wird noch einmal – wie am Beispiel der Dorfkirchensanierung – deutsche Geschichte während der Teilung spannend vorgeführt. Was im großen politischen Raum diskutiert wird, war vor Ort auf lokaler Ebene genauso kontrovers. Gerade die Friedensinitiativen jener Jahre gaben Impulse oder führten zu Spaltungen. Es ist erfreulich, wie lebendig und exemplarisch Zeitgeschichte im Rückblick dem Leser vor Augen gestellt wird. Es ist dem Verfasser dabei zuzustimmen, wenn er vorsichtig resümiert: „Die Kirchengemeindepartnerschaft ... trägt trotz mancher Differenzen bis heute im kleinen Rahmen zum Überwinden der inneren Teilung Deutschlands bei" (S. 85f).

Besonders aufschlussreich ist schließlich der Blickwinkel der ostdeutschen Staatssicherheit. Was allgemein an perfider Überwachung bekannt ist, wird konkret – soweit die Akten nicht vernichtet wurden (wie im Bezirk Rostock) – im Einzelnen dargelegt. Man erfährt viel (soweit man es nicht schon weiß) über Aufbau, Arbeitsweise, Umfang und Ziele der Stasi. Dass die vom Westen initiierte und verantwortete Dorfkirchensanierung und die kirchlichen Partnerschaften nicht in ihr Konzept passten, lässt sich denken. Untersagt hat die Stasi diese Aktivitäten nicht. Beides entsprach immerhin dem Bild des sozialistischen Staates, der sich nach außen tolerant und weltoffen darzustellen versuchte. Die Realität sah anders aus; es kam doch zu einem „zunehmenden Misstrauen der DDR gegenüber den Kirchenpartnerschaften" (S. 67). Die weitere Entwicklung ist bekannt. Letztlich scheiterte die DDR neben den offensichtlichen ökonomischen und ökologischen Problemen besonders an ihren eigenen menschenverachtenden Überwachungsmethoden, der massiven Bevormundung ihrer Bürger und der schwerfälligen Großbürokratie des Apparats. Dagegen konnte das Bewusstsein der deutschen Zusammengehörigkeit durch die besondere kirchliche Gemeinschaft der evangelischen Kirchen über die Grenze hinweg gestärkt und gefördert werden, und zwar zu einem Zeitpunkt, da es schien, dass die gemeinsamen Wurzeln gänzlich in Vergessenheit geraten seien. Die beiden in dieser Studie dargestellten Beispiele belegen dies. Eine Rezension kann dem nur pauschal zustimmen. Der Leser wird die Fülle der Belege im Einzelnen und die differenzierte Darlegung mit zunehmendem Interesse verfolgen.

Dem Literaturverzeichnis ist zu entnehmen, dass bereits eine hohe Anzahl von Veröffentlichungen zu deutsch-deutschen Kirchenpartnerschaften vorliegt, indes keine einzige so dezidierte Schilderung und Zusammenfassung zweier konkreter Projekte kirchlicher Partnerschaft im norddeutschen Raum. Es sei als kleine ergänzende Korrektur darauf hingewiesen, dass zwar – wie beschrieben – im Dorfkirchensanierungsprogramm die Nordelbische Synode in ihren Etatberatungen die zur Verfügung gestellten Finanzen ohne Diskussion billigte, der Hauptausschuss als zuständiges Finanzgremium jedoch sehr wohl auch über Einzelheiten informiert war. Wer wollte, konnte gründlicher nachfragen. An dieses Programm schloss sich, davon unabhängig, nach der Wende ein „Pfarrhaussanierungsprogramm" für die Erneuerung von Pastoraten und Küsterwohnungen an (S. 38f), initiiert von der Nordelbischen Kirche. Es hatte einen Umfang von knapp 33 Mio. DM bei einer Eigenbeteiligung der Gemeinden von 10%. Der im Juli 1991 berufene Vergabeausschuss beider Landeskirchen, dem zwei Vertreter der Nordelbischen

Kirche angehörten, war ab Dezember 1993 auch für das Dorfkirchensanierungsprogramm zuständig.

Bezüglich der Partnerschaften hätte der Verfasser der Rolle der Kirchenkreise, ihrer Konvente und ihrer diakonischen Werke in der Beteiligung stärkeres Gewicht beimessen müssen. Hierzu gibt es durchaus noch zu bearbeitende Hinweise oder zu befragende Personen. Dasselbe gilt für die Partnerschaften von Diensten und Werken, Diakonenschaften und Pastorenvereinen sowie christlich-sozialen Einrichtungen auf Vereinsebene.

Insgesamt bleibt indes zu hoffen, dass es bald weitere historische Untersuchungen wie diese empfehlenswerte Arbeit geben wird.

Hans-Peter Martensen

Dorothea Schröder (Hg.), GLORIA IN EXCELSIS DEO. Eine Geschichte der Orgeln in der Hauptkirche St. Petri zu Hamburg. Neumünster, Wachholtz Verlag 2006, 130 S. ISBN 3-529-02848-7

Die Wiederweihe der St. Petri-Orgel im Mai 2006 ist für die Hamburger Hauptkirche Anlass, eine Festschrift herausgeben zu lassen. Wenngleich dieser Vorgang bei umfassenden Orgel(neu)bauten nicht unüblich ist, überrascht es zunächst doch bei einer Generalüberholung. Bei der Lektüre des höchst instruktiven Buches wird jedoch bald deutlich, dass schon die geübte Gründlichkeit bei Planung und Realisierung diese Dokumentation rechtfertigt.

Beiträge verschiedener Autoren verdichten sich zu einem facettenreichen Bild einer behutsam durchgeführten Maßnahme zur Wiedergewinnung der Orgelbaukonzeption von Rudolf Beckerath aus den frühen 1950er Jahren. Zu Wort kommen der seit 1996 amtierende Organist Thomas Dahl, der die Motive für das Projekt darlegt, der von der Landeskirche bestellte Orgelsachverständige Hans-Martin Petersen mit seiner Einschätzung des Instruments, der Architekt der Orgelarchitektur Friedhelm Grundmann, der Vorsitzende des Fördervereins Joachim Metzinger und der Orgelbauer Matthias Schuke. Ergänzt werden die Beiträge durch eine wissenschaftliche Bearbeitung der im Mittelalter beginnenden Orgelbaugeschichte von Thomas Lipski und Dorothea Schröder mit biografischem Katalog der Orgelbauer sowie Transkription ausgewählter Dokumente zur Orgelgeschichte. Fotos von Hagen Wehrend dokumentieren die Bauphase in ästhetisch anspruchsvoller und dennoch sehr persönlicher – den einzelnen Personen verbundener – Weise.

Mit Ausblicken auf die Orgelgeschichte im Allgemeinen und die von St. Petri im Besonderen wird ein breiter Rahmen gesteckt, denn man erfährt, dass der heutige Bestand wegen des Totalverlusts beim großen Kirchenbrand 1842 nicht vor diese Zeit zurückreicht. Dies ist kurzweilig, und gleichwohl in der Ausführlichkeit ein wenig irritierend. Es wird deutlich gemacht, dass mit dem verschleißbedingten Anlass zur Generalüberholung der Orgel eine Rückbesinnung auf die Konzeption von 1955 verbunden war. Rudolf Beckerath entwickelte diese in Zusammenarbeit mit dem damaligen Organisten Helmut Tramnitz und dem Architekten Friedhelm Grundmann nach kriegsbedingten Schäden. Unter Verwendung der Walcker-Orgel von 1885 war jene Nachkriegskonzeption in bewusster Abkehr vom romantisch-hi-storistischen Orgelbau als mechanisch traktierte Schleifenladenorgel mit 60 klingenden Registern auf vier Manualen und Pedal entstanden. Die Veränderungen gegenüber diesem Konzept sollten jetzt gering bleiben und wurden nur für Details erwogen, wenn man glaubte, sich „im Bereich des für Beckerath Denkbaren" zu bewegen (Dahl, S. 12).

Hochwertige Orgelbaumaßnahmen bilden ein Schwergewicht der Bauvorhaben im zeitgenössischen, ansonsten eher krisenhaften Kirchenbau. Dies ist umso bemerkenswerter, als derartige Baumaßnahmen in der Regel nicht aus dem Kirchensteueraufkommen, sondern ganz überwiegend aus Spendenmitteln finanziert werden. Somit werden Unternehmen wie das Petri-Projekt direkt vom Zuspruch der Öffentlichkeit getragen. Joachim Metzinger beschreibt in nüchternen Worten, wie der eigens gegründete Förderverein in nur drei Jahren die Summe von 560.000 €, den größten Teil der Baukosten, einwarb. Der öffentliche Zuspruch ermöglichte die Absicherung einer privilegierten Bauplanung, für die vereinbart war: „Kein Zeitdruck [Absatz] – kein Kostendruck [Absatz] – Höchste Priorität hat der Klang, dann folgen funktionale und ästhetische Aspekte" (Dahl, S. 14).

Der vergleichsweise günstige Preis in Höhe von 12,80 € für eine gebundene Ausgabe des technisch hochwertig und redaktionell gewissenhaft hergestellten Fachbuchs ist offenbar dieser günstigen Ausgangslage zu verdanken. Der Wert der Festschrift liegt in der populär nachvollziehbaren, aber auch wissenschaftlichen Ansprüchen genügenden Arbeitsweise. Dieses Buch setzt damit Maßstäbe für andere anhängige Orgelbauprojekte in der Region, die von großem öffentlichen Interesse begleitet werden, jedoch keineswegs immer eine derart umfassende und ausgewogene Betrachtung erfahren.

Man ist bei der Lektüre des Buches geneigt, an einen weitgehend einvernehmlichen Prozess zu glauben. Dafür sprechen die vergleichsweise kurze

Planungs- und Realisierungszeit, die Vielzahl der Autoren, die auffällige Namensnennung von vielen – möglicherweise allen – Beteiligten bis hin zu den Handwerkern der Baugewerke. Hilfreich für den Erfolg dieses Projekts mag die mit dem Bestand überlieferte eindeutige Ausgangslage gewesen sein, die eine Entscheidung zur Orientierung am Beckerath-Konzept leicht gemacht hat. Bemerkenswert ist in diesem Zusammenhang allenfalls die im höchsten Maße konservatorische Arbeitsweise, obgleich ein Beitrag der Denkmalpflege fehlt. Der Leser kann nur mutmaßen, ob die größtmögliche Annäherung an Beckerath, „einem der großen Protagonisten im Orgelbau jener Zeit" (Petersen, S. 19), im 21. Jahrhundert aus Respekt oder aus künstlerischer Einfallslosigkeit gewählt wurde – oder aus klugem Realitätssinn. Ermüdende Diskussionen über schöpferische Neuerungen oder die Berechtigung von rekonstruierten Idealzuständen, wie z. B. bei der so genannten aber im Bestand verlorenen Schnittger-Orgel im Dom zu Lübeck, hat man sich offenbar erspart.

Ein gewisser Mangel in der von der Kirchengemeinde herausgegebenen Festschrift mag darin liegen, dass ein Bewusstsein für die herausragende liturgische Bedeutung des Instruments als Teil des Gottesdienstgeschehens nicht zu erkennen ist. Ein Beitrag, der die sakrale Besonderheit der Orgel in ihrem historischen Sinn als vasa sacra thematisieren würde, fehlt. Allein diese auffällige theologische Zurückhaltung in einem Werk, das anlässlich eines Weihegottesdienstes von einer Kirchengemeinde herausgegeben wird, böte hinreichend Anlass für eine geistliche Betrachtung zur glaubensgeschichtlichen Entwicklung.

Heiko Seidel

R. Johanna Regnath/Mascha Riepl-Schmidt/Ute Scherb (Hg.), Eroberung der Geschichte. Frauen und Tradition. Münster, LIT Verlag 2007 (Gender-Diskussion 3), 302 S.   ISBN 978-3-8258-8953-1

Die Skulptur der jungen Fischerin „Tine" (1902) auf dem Husumer Marktplatz schmückt das Umschlagbild dieses Sammelbandes, der anlässlich der Feier des zehnjährigen Bestehens des Netzwerks „Frauen & Geschichte Baden-Württemberg e.V." (2004) entstanden ist. Der regionalgeschichtliche Bezug des Buches wird in verschiedenen Beiträgen deutlich. Doch weisen viele Artikel über sich selbst auf grundsätzlichere Fragen hinaus, die sich bei der Geschichtsschreibung von und über Frauen stellen. Der Band ist in drei Abschnitte gegliedert, denen ein Geleitwort der Leiterin des Referats Frauen und Politik der Landeszentrale für politische Bildung Baden-Württemberg und die Einleitung der Herausgeberinnen vorangestellt ist.

In ihrer Einleitung verdeutlichen die Herausgeberinnen zunächst den Begriff „Tradition" und sprechen das heutige Bedürfnis an, sich auf Traditionen zu berufen, um so eine Kontinuität mit der Vergangenheit herzustellen. Nicht nur gängige Begriffe wie „erfundene Tradition" (Eric Hobsbawm; in der „Ersatz-Tradition" Kierkegaards 1850 bereits vorweggenommen, S.11f) werden hier ins Spiel gebracht, auch die Suche nach „Erinnerungsorten" (Pierre Nora, Lieux de mémoire, S.12) oder die Feier von Gedenktagen jeglicher Art zeigen, dass Erinnerung und Gedenken Konjunktur haben. Doch das kollektive Gedächtnis inklusive seiner Vergesslichkeit erweist sich alles andere als geschlechtsneutral und die Kategorie „Gender" wird im Erinnerungsdiskurs aus der Geschichtswissenschaft weitgehend ausgeklammert. Diesem Tatbestand setzen die Herausgeberinnen den Wunsch entgegen, den Teil der kollektiven Erinnerung, der Frauen zusteht, wieder zu beanspruchen. Frauen wollen sich – wie der Buchtitel sagt – ihre Geschichte erobern und dabei Traditionslinien und -brüche entdecken und aufdecken. Dazu gehört nicht nur der „Platz auf den Denkmalsockeln und in den Jubiläumskalendern" (S.16), sondern auch der in der Historiographie.

Der erste Abschnitt „Geschlecht und Erinnerung" nähert sich dem Gegenstand theoretisch-historisch. Susanne Maurer stellt „feministische Geschichtsarbeit im Prozess der Tradierung" (so der Untertitel) dar. Sie weist auf die politische Brisanz einer derartigen Geschichtsschreibung hin und plädiert für eine „reflexive Historiographie", in der auch Dissens, Verschiedenheit und Vielfalt sowie „unbequeme und mühselige Prozesse der Reflexion und des Erinnerns" ihren Ort haben (S. 28). Ausgehend von der veränderten Geschichtskultur in einer westlichen Gesellschaft wie den Niederlanden wurde dort 2006 ein historischer nationaler Kanon erstellt. Maria Grever setzt sich kritisch mit dieser Entwicklung auseinander. Irmgard Christa Becker beschäftigt sich mit weiblicher Traditionsbildung in Archiven und Museen, Astrid Messerschmidt stellt Überlegungen zum „Umgang mit dem Nationalsozialismus in der Frauen- und Geschlechterforschung" an.

Im zweiten Abschnitt „Erinnerungsdiskurse" kommt Christel Köhle-Hezinger zu dem Schluss, dass Jubiläen der Traditionsbildung und Identitätsstiftung dienen. Sylvia Paletschek beschreibt den Anteil von Frauen an der Geschichtsschreibung im 19. Jahrhundert und baut dabei auf Untersuchungen der amerikanischen Historikerin Bonnie Smith auf. Wo immer jemand die Produktions- und Rezeptionsbedingungen und die außeruniversitäre Produktion historischen Wissens in Augenschein nimmt, da werden Frauen sichtbar: Frauen schafften bei der familiären Zuarbeit oft die Rahmenbedingungen für historische Wissensproduktion, als Übersetzerinnen sorgten sie für den Transfer historischer Arbeiten und betätigten sich schließlich selbst als Verfasserinnen historischer Amateur-Literatur. Paletschek gibt einen Überblick über die ersten Promotionen und beschreibt anhand von zwei Frauenleben den Weg der ersten habilitierten Historikerinnen. Die erste war 1922 die leibliche Enkelin von Leopold von Ranke, Ermentrude Bäcker von Ranke in Köln. Einem Berufsleben ganz anderer Art, das nach wenigen Jahren schon an den bürgerlichen – männlichen und weiblichen – Moralvorstellungen scheiterte, geht Mascha Riepl-Schmidt nach: Henriette Arendt war die erste Polizeiassistentin Stuttgarts und des Deutschen Reiches. Ute Scherb listet mit viel Anschauungsmaterial Frauen auf, die im Kaiserreich und in der Weimarer Republik „auf den Sockel gebracht" (so der Titel) wurden: außer Fürstinnen auch Vertreterinnen der hohen Künste oder eine Unternehmerin, sogar eine einfache Frau wie die Dienstbotin Johanna Stegen aus Lüneburg, die in den Befreiungskriegen eines Tages (2. April 1813) unversehens zum „Heldenmädchen" wurde. Interessant ist der Beitrag nicht nur deshalb, weil er aufzeigt, dass im Kaiserreich das Stiften von Personen-Denkmälern – anders als das Stiften von Bildungsprogrammen für Frauen – im Allgemeinen keine Frauenangelegenheit war. Dies bedeutete jedoch nicht, dass Frauen den Symbolgehalt von Denkmalkulten nicht internalisiert hätten – im Gegenteil, viele bürgerliche Frauen unterstützten ihn durch das damals sehr beliebte Sammeln von Denkmalansichtskarten, auf denen oft nicht nur nationale Denkmäler zu sehen waren, sondern Werbung für Schokolade oder Babynahrung gemacht wurde. Waren Denkmäler für Frauen schon außergewöhnlich, so waren es von Frauen gestiftete Denkmäler noch mehr. Sybille Oßwald-Bargende geht in ihrem Beitrag darauf ein, wie „die ganze gebildete Frauenwelt" Tübingens (so die zeitgenössische Presse, vgl. S. 185) auf Initiative Mathilde Webers 1887 der Literatin Ottilie Wildermuth in Tübingen ein Denkmal setzte und damit einen Beitrag zum damaligen „Boom der Traditionsstiftung" (ebd.) leistete, indem sie hier einen der wenigen Erinnerungsorte für die bürgerliche Frauenbewegung schuf. Dass der populäre Denkmalgedanke relativ wenig Widerhall in der Frauenbewegung fand, zeigt übrigens auch Oßwald-Bargendes Beitrag auf. Offensichtlich empfanden die meisten Frauen eine Stiftung als angemessenere Art, der Leistungen von Frauen zu gedenken, als ein steinernes Denkmal. Mit Stifterinnen beschäftigen sich der Beitrag von Kerstin Lutzer (Großherzogin Luise von Baden) sowie der von Ruth Jansen-Gefott, Anne Junk, Cornelia Roth und Ute Scherb gemeinsam verfasste Artikel über einige Offenburger Stifterinnen des 19. und 20. Jahrhunderts; die letzte, die erwähnt wird, ist die im Jahr 2005 verstorbene Aenne Burda.

Der dritte Abschnitt „Erinnerungskultur in der Praxis" enthält drei Beiträge von Mascha Riepl-Schmidt: zunächst einen chronologischen Überblick über die zehnjährige Geschichte des Netzwerks „Frauen & Geschichte Baden-Württemberg e.V.", dann einen Aufsatz, in dem das Vereinsprofil dargelegt wird, schließlich einen Kurzbericht über einen im Jahr 2004 gehaltenen Workshop zum Verhältnis von „Tradition und Medien". Susanne Maurer demonstriert in einem weiteren Artikel die Schwierigkeiten, weibliche gesellschaftliche Erfahrungen an die folgende Generation zu überliefern. Corinna Schneider berichtet über Jubiläumsveranstaltungen anlässlich der Feier des 100-jährigen Frauenstudiums an der Universität Tübingen im Jahr 2004.

Zum Schluss sei noch auf ein paar kleine Ungereimtheiten hingewiesen: Hannah Arendt war die Nichte, nicht die Tante Henriette Arendts (vgl. S. 130); das auf S. 159 beschriebene Bild war nicht auffindbar; und sollte man den Vornamen von Mathilde Webers Ehemann Max der Leserschaft unterschlagen (S. 192f)?
Insgesamt ist Herausgeberinnen und Autorinnen ein fundiertes, anregendes Buch gelungen, das viel Wissenswertes aus der badischen und württembergischen Lokalgeschichte auf eine weitere Verständnisebene zu heben und auf breitere Fragestellungen historischer Erinnerungskultur zu beziehen versteht. Am Ende der Lektüre wird man/frau sich jedenfalls nicht mehr darüber wundern, warum die Husumer „Tine" die Titelseite dieses Buches ziert.

Angela Berlis

Kurzanzeigen

Reimer Hansen, Die Kirche des Dominikanerklosters in Meldorf als Problem und Gegenstand der historischen Forschung. In: Dithmarschen – Zeitschrift für Landeskunde, Kultur und Natur 4/2006, S. 101–119.

Der aus Dithmarschen stammende emeritierte Professor für Geschichte der Freien Universität Berlin bietet eine musterhafte, quellen- und literaturgesättigte Arbeit, zu deren Verständnis die zahlreichen Abbildungen außerordentlich hilfreich sind. Der Aufsatz, den er dem Gedenken seines Lehrers und langjährigen Mitglieds des Vorstands für Schleswig-Holsteinische Kirchengeschichte Erich Hoffmann (1926–2005) gewidmet hat, ist ein veritabler Beitrag zu einer Kloster- und Kirchengeschichte Dithmarschens. Behandelt werden die Lokalisierung des Klosters, der Bau von Kirche und Klausur und das Bestehen des Klosters über die Einführung der Reformation hinaus.

Günter Weitling, St. Jørgens Hospital i Sønderborg 1307–2007. Sonderburg, Jelling Buchdruckerei 2007, 128 S., zahlr. Abb.   ISBN 978-87-991884-0-6

Zum 700-jährigen Bestehen des St. Jürgen Hospitals im dänischen Sonderburg hat unser Vereinsmitglied, der Kirchengeschichtler Dr. Günter Weitling, langjähriges Mitglied der Hospitalsdirektion und einer der letzten Hospitalsprediger, einen eindrucksvollen Jubiläumsband verfasst. Spannend und informativ schildert er die wechselvolle Geschichte jenes Gebäudes: gegründet um 1307 als Leprahospital unter dem Patronat von St. Jürgen (die hiesige Bezeichnung des Heiligen Georg), Armenhaus nach der Reformation, Krankenhaus seit Mitte des 19. Jahrhunderts, in den 1960er Jahren verlegt und modernisiert, seit wenigen Jahren Wohnheim für Seniorinnen. Neben der bekannten St. Jürgen-Statue aus der Kirche von Broacker auf dem Einband illustrieren weitere 27 Fotos sowie 11 Portraits die Geschichte des Hospitals. Dass sich das Werk – ohne Apparat, dafür mit einer Literaturliste von einer Seite – an ein breites Publikum richtet, schmälert keineswegs seinen fundierten, wissenschaftlichen Charakter, zumal es sich um die erste umfassende Darstellung eines zweckentfremdeten ehemaligen Klosters in Dänemark handelt. Eine Übersetzung ins Deutsche wäre wünschenswert.

Karl-Emil Schade, De Lütte Katechissen vun D. Martin Luther. Plattdüütsch vun Karl-Emil Schade. Neumünster, Wachholtz Verlag 2005, 46 S. ISBN 3-529-04962-X

Karl-Emil Schade (1927–2007) hat erst das Neue und dann das Alte Testament ins Plattdeutsche übersetzt. Dann ließ er der Bibelübersetzung eine Übersetzung des Kleinen Katechismus Luthers folgen. Die knappe Einleitung (S. 5) ist nicht ganz zutreffend: Schon die erste niederdeutsche Ausgabe des Kleinen Katechismus enthielt eine Auslegung des Vaterunsers (vgl. Martin Luther, Der kleine Katechismus. Die Hamburger Drucke von 1529. Hg. und mit einem Nachwort von Johannes Schilling, Hannover 2000).
Schließlich wüsste man gern, nach welcher Vorlage Schade seine Übersetzung angefertigt hat. In einer möglichen zweiten Auflage ließen sich solche Informationen auf den leeren Seiten 47 und 48 gewiss nachtragen. Das Büchlein ist geeignet, Leserinnen und Lesern, denen Plattdeutsch eine lebendige Sprache ist, einen der wichtigsten Texte des evangelischen Christentums in Erinnerung zu rufen.

Enno Bünz, Erforscher der Kirchengeschichte Dithmarschens. Zur Erinnerung an Claus Rolfs (1856–1926). In: Dithmarschen – Zeitschrift für Landeskunde, Kultur und Natur 4/2006, S. 120–126.

Der Leipziger Historiker, aus dessen Feder in absehbarer Zeit eine Kirchengeschichte Dithmarschens zu erwarten ist, stellt Leben und wissenschaftliches Werk von Claus Rolfs (4. 1. 1856 – 14. 3. 1926) vor. Rolfs war nach dem Theologiestudium in Kiel und Erlangen 1883–1893 Pfarrer von St. Annen (Norderdithmarschen) und 1893–1925 von Hoyer (Nordschleswig). Beiden Gemeinden hat er eine Chronik bzw. eine ausführliche Darstellung gewidmet. Er gehörte zu den Gründungsmitgliedern des Vereins für Schleswig-Holsteinische Kirchengeschichte und war bis zu seinem Lebensende Mitglied des Vorstands. Dieser Aufsatz von Enno Bünz stellt eine schöne Würdigung Rolfs' dar und bietet zudem eine unverzichtbare Bibliographie seiner Arbeiten.

Martin Becker/Gert Kaster, Kulturlandschaft Holsteinische Schweiz. Neumünster, Wachholtz Verlag 2007, 197 S., zahlr. Photos und Abb. ISBN 3529-02531-9

Dieser fünfte Band der Reihe über die so unterschiedlichen „Kulturlandschaft(en)" Schleswig-Holsteins richtet sich in erster Linie an Architektur-, Kunst- und Kulturinteressierte sowie Einheimische und Touristen. Doch auch Kirchenhistoriker, die sich mit Geschichte und Kultur der Holsteinischen Schweiz beschäftigen, sollten sich – schon auf Grund der vielen hervorragend gelungenen und signifikanten Landschaftsaufnahmen sowie der Abbildungen diverser historisch relevanter Karten und Skizzen – diesen Band nicht entgehen lassen. Neben der Einführung in die Region Holsteinische Schweiz/Wagrien mit ihrer Geschichte, ihren frühen Siedlungen und mannigfaltigen Bauformen mittels Texten und Gebietskarten, mit geographischen und historischen Daten zu über 40 Städten und Ortschaften, ergänzt durch ein aktuelles Literatur- und Quellenverzeichnis, bieten die Verfasser aufschlussreiche Informationen zum Eutiner Schloss und seinem Schlossgarten, zum Plöner Schloss und zum Kloster Preetz.

Mitarbeiterinnen und Mitarbeiter dieses Bandes

Prof. Dr. Ruth Albrecht
Hasselwisch 11a, 22397 Hamburg
ruth.albrecht@hamburg.de

Prof. Dr. Angela Berlis
Kinderhuissingel 78, NL 2013 AV Haarlem
a.berlis@uu.nl

Prof. Dr. Enno Bünz
Historisches Seminar der Universität Leipzig
Beethovenstraße 15, 04107 Leipzig
buenz@rz.uni-leipzig.de

Dr. Simon Gerber
Berlin-Brandenburgische Akademie der Wissenschaften
Schleiermacherforschungsstelle
Jägerstraße 22/23, 10117 Berlin
gerber@bbaw.de

Prof. Dr. Lorenz Hein
Waldweg 155, 22393 Hamburg

Dr. Martin Illert
Englische Planke 9, 20459 Hamburg
m.illert@st-michaelis.de

Claus Jürgensen
Espellohweg 30, 22607 Hamburg
clausjuergensen@t-online.de

Dr. Barbro Lovisa
Itzehoer Chaussee 70, 24808 Jevenstedt
barbrolovisa@aol.com

Frank Lubowitz M.A.
Claedenstraße 9, 24943 Flensburg

Prof. Dr. Inge Mager
Eichenstraße 86, 20255 Hamburg
inge.mager@gmx.de

Hans-Peter Martensen
Matthias-Claudius-Straße 27, 24939 Flensburg

Dr. Gottfried Mehnert
Dörfflerstraße 4, 35037 Marburg
mehnert-marburg@t-online.de

Dr. Hans-Joachim Ramm
Hauptstraße 3, 24848 Kropp
drramm@web.de

Wolf Werner Rausch
Nordelbisches Kirchenamt
Dänische Straße 21/35, 24103 Kiel
wrausch.nka@nordelbien.de

Prof. Dr. Dr. Johannes Schilling
Institut für Kirchengeschichte
Christian-Albrechts-Universität zu Kiel
Leibnizstraße 4, 24118 Kiel
jschilling@kg.uni-kiel.de

Dr. Heiko Seidel
Kitzeberger Weg 17, 24248 Mönkeberg
seidel.h@gmx.de

Prof. Dr. Volker Seresse
Historisches Seminar
Christian-Albrechts-Universität zu Kiel
Leibnizstraße 8, 24098 Kiel
seresse@histosem.uni-kiel.de

Dr. Joachim Stüben
Bibliotheks- und Medienzentrum Nordelbien
Nordelbische Kirchenbibliothek
Königstraße 54, 22767 Hamburg

Dr. Günter Weitling
Ringgade 27, DK 6330 Padborg
helvigweitling@mail.dk